面向"十二五"示范应用型高校规划教材

U0737180

企业管理与市场营销案例

主编　王寅嵩　　刘书娴

合肥工业大学出版社

图书在版编目(CIP)数据

企业管理与市场营销案例/王寅嵩,刘书娴主编.—合肥:合肥工业大学出版社,2015.9

ISBN 978-7-5650-2320-0

Ⅰ.①企…　Ⅱ.①王…　Ⅲ.①企业管理—案例—高等学校—教材②市场营销—案例—高等学校—教材　Ⅳ.①F270②F713.50

中国版本图书馆 CIP 数据核字(2015)第 161750 号

企业管理与市场营销案例

王寅嵩　刘书娴　主编　　　　　　责任编辑　马成勋

出　版	合肥工业大学出版社	版　次	2015 年 9 月第 1 版
地　址	合肥市屯溪路 193 号	印　次	2015 年 9 月第 1 次印刷
邮　编	230009	开　本	710 毫米×1000 毫米　1/16
电　话	理工编辑部:0551—62903200	印　张	23
	市场营销中心:0551—62903198	字　数	430 千字
网　址	www.hfutpress.com.cn	发　行	全国新华书店
E-mail	hfutpress@163.com	印　刷	合肥学苑印务有限公司

ISBN 978-7-5650-2320-0　　　　　　　　　　定价:46.00 元

如果有影响阅读的印装质量问题,请与出版社发行部联系调换。

前　　言

改革开放近40年来,我国经济发展从"计划经济"转变为"市场经济",国家和人民生活发生了巨大的改变。

家庭是社会的细胞,企业是经济的细胞。企业管理和市场营销是市场经济的两大理论板块,也是独立的学科和专业。企业管理和市场营销也是企业在运营过程中密不可分的,本书把两大板块分别叙述并加以融合。旨在帮助读者逐渐接触和熟悉企业的组成、运营和发展以及市场的细分、进入和变化,使其思索如何把所学的知识运用到经济建设中去。树立投身经济建设、创造社会价值的主流价值观。

全书共分为10章,主要内容包括企业管理概论、企业经营管理、企业生产管理、企业质量管理、企业人力资源管理、市场与营销概念、市场调查与市场预测、市场预测、目标市场营销、企业市场营销组合等。

与同类教材相比,本书的主要特色体现在以下3个方面:

(1)从企业管理的基本理论原理出发,按照企业管理的系统重点介绍企业的专业职能管理,并附加有关企业管理的专项内容简述。

(2)为了便于学生更好掌握学习本书内容以及教师组织课堂教学,每个知识点后都附上一则"案例分析",通过大量实际案例分析,可以帮助学生理解蕴藏在案例中的知识,并协助教师通过案例分析有效的组织课堂教学。

(3)为了突出对学生应用实践能力的培养,本书在基本理论原理阐述的基础上,各章都增添了多个思考与练习,着重培养学生活学活用的实践应用能力,增强了本书的应用性与可读性。

本书由皖西学院王寅嵩老师、刘书娴老师主编,王寅嵩老师负责提纲拟定、统稿、定稿。本书在编写过程中,参考了许多专家、学者的有关论著,吸取了多方面的研究成果,借此机会向他们表示最诚挚地谢意。

由于作者水平有限,书中难免存在错误和疏漏之处,欢迎大家批评指正。

王寅嵩

2015 年 7 月

目　　录

第1章　企业管理概述

1.1　现代工业企业

1.1.1　现代企业的概念

（1）企业［Enterprise］

"企业"一词，最早是由英文"Enterprise"翻译而来，国外通常把它作为工商业组织的全称。今天企业主要指独立的营利性组织，并可进一步分为公司和非公司企业，后者如合伙制企业、个人独资企业、个体工商户等。

根据经济学完整的定义：企业是以盈利为目的，为满足社会需要，依法从事商品生产、流通和服务等经济活动，实行自主经营、自负盈亏、自我发展的法人实体和市场竞争主体。

（2）形成企业应具备的条件

① 企业必须是活跃在生产、流通和服务等领域的经济组织，从而使它有别于行政机关组织和教育事业单位。国家的政府机构虽然也有经济管理的职能，但因为它只能从宏观上进行间接地调控，并不直接从事经济活动的运作，因此不能算是经济组织；科技教育等事业单位，其目的是发展高新技术、培养社会需要的各类人才和具有高素质的社会劳动大军，以及不断发展社会文化事业，虽说也要考虑投入与效益状况；但由于其从事活动的目的不是盈利，因而它们也就不属于企业的范畴。

② 企业必须是具备盈利的资源条件而从事社会化生产、流通和服务的个体经济实体。企业发展到今天，它必须拥有盈利的有形资产，如固定的生产经营场所，一定数量的现代设施条件和资本金，以及一定的从业人员，还要有一个相对稳定的组织机构；更必须具有无形财富，像具有战略意识的企业家队伍，利用与创新现代科技的科技人才，拥有市场经营才能的经营管理者，从而使企业与什么都没有的"皮包公司"相区别，也使它区别于手工业、小

生产的自然经济单位。

③ 企业必须是一个自主经营、自负盈亏、自我约束、自我发展的商品生产经营单位。产业已不是政府的附属物，而是相对独立的社会经济"细胞"，因此企业的生产经营活动必须全面体现"四自"的要求。所谓自主经营，是指企业能够在国家宏观调控指导下，根据市场需求，自主地对生产经营计划、资金投向安排、流动资金支配、产品劳务定价以及企业内部的劳动、人事、工资奖金分配等方面做出决策，并组织实施的权利。自负盈亏，是指企业能够对其生产经营成果独立地享有相应权益和承担相应责任的行为。自我约束，是指企业能够遵守国家法律法规的规定，正确处理国家与企业、企业与职工以及企业与企业的各种关系，兼顾全局利益和局部利益、当前利益与长远利益、自觉规范企业行为的内部机制。自我发展，是指企业能够在市场竞争中，通过增加投入，推动技术进步，强化经营管理，增强竞争实力，实现企业资产的增值能力。

④ 企业必须取得法人的地位。所谓法人，是指依法成立并能以自己的名义行使权利和承担义务的组织。它是法律用语，是"自然人"的相对称呼。所以说，企业要取得法人资格，必须按照法律的程序组建，依据法律、法规从事经营活动，并可用法律的手段来保护自己合法的经济权益。与此同时，也要直接承担在经济活动中的法律责任。因此，企业法人是具有民事权利能力和民事行为能力的经济组织。它们就像自然人一样享有法律上的权利与义务，可以发起或接受诉讼。具有民事权利能力和民事行为能力，依法独立享有民事权利和承担民事义务。

综上所述，企业是拥有有形资产和无形资产的社会组织，是采用现代化的生产技术和市场营销手段从事生产、流通、服务等活动的经济组织，是实行"四自"要求以盈利为目的的商品生产经营组织，是具有一定权利和义务的法人组织。因而，企业只是现代社会经济活动的一种组织形式，是社会再生产过程的基本单位或"细胞"，是市场竞争的主体和法律约束的实体。

(3) 公司

公司是指一般以盈利为目的，从事商业经营活动而成立的组织，通俗意义上区别于"厂"。公司在英美称 Company，公司在日韩称こうしゃ，翻译成中文就是"会社"。

根据现行中华人民共和国之公司法（2005 年）第二条：本法所称公司是指依照本法在中国境内设立的有限责任公司和股份有限公司。两类公司均为法人（民法通则 36 条），投资者可受到有限责任保护。通过下面的网址可以加以区别。

案例 1.1

你知道以下网址的区别吗？

http：//www.baidu.com.cn（百度网址）

http：//www.wxc.edu.cn（皖西学院网址）

http：//www.xinhua.org（新华网网址）

http：//www.luan.gov.cn（六安市人民政府网）

http：//www.gimoo.net（积木网，学习编程技术网址）其中：com（Company）公司；edu（Education）教育；org（organization）非营利性组织；gov（Government）政府；net（XML Web services）网络服务公司，为个人或是商业提供服务。

（4）法人

法人是指法律上具有人格的组织，它们就像自然人一样享有法律上的权利与义务，可以发起或接受诉讼。具有民事权利能力和民事行为能力，依法独立享有民事权利和承担民事义务。就像自然人一样，法人可以承担刑事责任，不过跟自然人不同之处就是自由刑对法人而言并不适用，法人所接受的刑罚一般以罚款为限。自由刑是以剥夺人的基本权利之一的自由为主要内容的刑罚，受刑者在一定的设施内被拘禁。从法律的意义来理解，是个人法益的剥夺。

（5）有限责任公司

在中国大陆一般简称为有限公司。有限公司是一种公司的组织形态，《中华人民共和国公司法》允许有限责任公司的建立。公司名称必须有"有限公司"或"有限责任公司"的字样。在某些地方，有限公司与股份有限公司不同，有限公司相对适合中小型企业，股份有限公司相对适合大型企业。但是两者的责任都是有限的。它的特征是：

① 股东人数较少。$2 \leqslant N < 50$，但新公司法准许成立一人有限责任公司。

② 股权买卖受限制。这类公司不对外公开发行股票股东的出资额由股东们自己协商确定，资本无需等额股份，股单只能作为享有权益的凭证，不能自由买卖。股东出让股权时，一般要征得其他股东的同意，而且老股东具有优先认购权。

③ 人合性强。由于股东人数少，股东身份也比较稳定，因此股东之间的关系相对紧密，容易同意意志和组织管理，并且绝大多数股东直接参与公司的管理经营，管理者能够保持较高的责任心。

④ 公司信用程度不高。有限公司成立、歇业、甚至解散的程序比较简单，内部机构设置灵活，同时无需向公众公开账目。正因如此，其筹集资金范围

和规模比较小，难以适应大规模生产经营活动的需要，只适用于中小企业。此类企业数量大，但资本总额与股份有限公司相差甚远因而其经济地位相对较弱。

（6）股份有限公司

它是把全部资本分为等额股份，并通过发行股票筹集资金，由若干负有限公司的股东按一定的法律程序组建的企业法人。公司以其全部资产对公司承担债权债务。其特征是：

① 发行股票集资，股东人数的下限受到限制。

② 股权平等。股东按持股比例享受权利和承担义务。

③ 股权依法自由转让。可以通过自由买卖随时让渡股份。

④ 定期公布通过审定的财务报告。为了保护投资者的权益，股份公司在每个财务年度末公布公司的年度报告，其中包括董事会的年度报告、公司损益表和资产负债表。

⑤ 绝大多数股东不直接参与企业的日常经营管理，而是通过股东大会对董事会、监事会、经理人员分层委托授权，建立法人治理机构来完成对企业的经营管理。

（7）有限责任制度

无论是有限责任公司还是股份有限公司都以其全部财产对公司的债务承担责任。有限责任公司的股东以其认缴的出资额为限对公司承担责任；股份有限公司的股东以其认购的股份为限对公司承担责任。

案例 1.2

王先生办了一个养牛场，登记了一家乳制品有限公司，注册资金为 50 万元人民币，由于经营不善，在两年里就破产了，赔偿全部债务之后，尚拖欠工人工资 20 万。在某天下午王先生看到自己厂里的员工聚集在自己家的门口而且扬言要把屋子里的家电等值钱的东西拿去变卖作为工资抵债。这时王先生和讨债的员工商量不好，情急之下王先生只好报警。警察来了之后劝退了员工，并且警告这些员工要是再出现这种情况就要对其追究法律责任。站在工人的角度，要回自己的工资，挽回损失是没有错的。但是站在王先生的角度，法律是否准许工人侵害王先生的私有财产？你对此案如何理解？

（8）现代企业的特征

① 明晰的产权关系；

② 所有者和经营者相分离；

③ 拥有并系统采用现代技术；

④ 实施科学管理；

⑤ 企业规模化和专业化统一。

（9）生物技术企业

指运用基因技术、组培技术、蛋白质技术，利用生物体（含动物，植物及微生物的细胞）来生产有用的物质或改进、改良生物的特性，以降低成本及创新物种生产医学、环境、农业、粮食类产品的现代技术型企业。

案例 1.3

安徽圣农生物科技股份有限公司是由国内颇具影响的浙江精工建设产业集团有限公司投资组建。公司主要实施安徽省 861 重点计划项目——"霍山石斛产业化"的开发，项目用地 6000 亩，其中组培中心、智能化温室、产品深加工基地 1000 亩，霍山县栽培基地 5000 亩。一期建设投入 5 亿元，建成霍山石斛种苗组培中心、智能化温室及霍山石斛深加工工厂。目前公司已研制生产出拥有多项专利技术的霍山石斛枫斗、霍山石斛浸膏、霍山石斛颗粒等深加工产品，霍山石斛种苗和鲜品也受到了消费者的一致认可。形成以霍山石斛组培育苗、原产地栽培、产品深加工为主业，打造大别山中药植物资源开发的龙头骨干企业。公司在"中国石斛之乡"——霍山县建设的"霍山石斛原生态栽培基地"目前已成为国内最大的霍山石斛原生态栽培基地。

1.1.2　现代工业企业的生产技术特征

（1）生产社会化程度高，具有广泛密切的外部联系；
（2）大规模采用机器和机器体系，系统应用最新科技成果；
（3）劳动分工精细，协作关系更加严密；
（4）生产过程具有高度的连续性、节奏性、比例性。

1.1.3　工业企业的类型

（1）按照生产资料所有制的性质划分

① 国有企业

国有企业也称国营企业、公营企业，是指由政府投资或参与控制的企业。通常不仅指一个国家的中央政府或联邦政府投资或参与控制的企业，也涵盖地方政府投资参与控制的企业。国有企业作为一种生产经营组织，形式同时具有营利法人和公益法人的特点。其营利性体现为追求国有资产的保值和增值。其公益性体现为国有企业的设立通常是为了实现国家调节经济的目标，起着调和国民经济各个方面发展的作用。

② 集体企业

是指财产属于劳动群众集体所有，实行共同劳动、在分配方式上以按劳分配为主体的社会主义经济组织。

③ 个体企业

个体企业是由业主个人出资兴办，由业主自己直接经营的企业。业主个人享有企业的全部经营所得，同时对企业的债务负有完全责任。个体企业一般规模较小，内部管理机构简单。

④ 私营企业

⑤ 外商投资企业

这种分法具有典型的社会主义初级阶段的中国特色，在《中华人民共和国公司法》（2005）不再提及集体企业、个体企业、私营企业、外商投资企业，除"国有独资公司"外，一律淡化所有制问题。

案例 1.4 国家电网

国家电网公司成立于 2002 年 12 月 29 日，是经国务院同意进行国家授权投资的机构和国家控股公司的试点单位，以建设和运营电网为核心业务，承担着保障更安全、更经济、更清洁、可持续的电力供应的基本使命，经营区域覆盖全国 26 个省（自治区、直辖市），覆盖国土面积的 88%，供电人口超过 11 亿人，公司用工总量超过 186 万人。公司在菲律宾、巴西、葡萄牙、澳大利亚等国家和地区开展业务。2012 年，公司名列《财富》世界企业 500 强第 7 位，是全球最大的公用事业企业。

图 1-1 国家电网公司标志

案例 1.5 中国移动

CMCC 的全称为"China Mobile Communications Corporation"，为中国移动通信集团公司（简称"中国移动"），于 2000 年 4 月 20 日成立，是一家基于 GSM，TD-SCDMA 和 TD-LTE 制式网络的移动通信运营商。中国移动通信集团公司是根据国家关于电信体制改革的部署和要求，在原中国电信移动通信资产总体剥离的基础上组建的国有骨干企业。2000 年 5 月 16 日正式挂牌。中国移动通信集团公司全资拥有中国移动（香港）集团有限公司，由其控股的中国移动有限公司（简称"上市公司"）在国内 31 个省（自治区、

图 1-2 中国移动标志

直辖市）和香港特别行政区设立全资子公司，并在香港和纽约上市。

除原有"动感地带"、"神州行"、"全球通"、"动力 100"、"G3"外，中国移动在 2013 年 12 月 18 日公布了与正邦合作设计的 4G 品牌"And! 和"，标志着中国移动 4G 业务的正式启动，发展口号是：移动 4G，国际主流，快人一步。

（2）按企业所属行业划分

① 两大生产部类：生产资料生产和消费资料生产。

② 三大产业：

A. 第一产业：农业——种植业、林业、牧业、副业和渔业

B. 第二产业：工业和建筑业

C. 第三产业：除第一、二产业以外的其他各业包括：

a. 流通业——交通运输业、邮电通讯业、批零贸易和餐饮业；

b. 生产服务业——综合技术服务和信息咨询服务等；

c. 生活服务业——旅馆、理发店、生活用品修理部等；

d. 社会文化业——学校、医院、体育馆，电影院等；

e. 社会管理业——国家各级行政机关、社团组织等

③ 行业：农业企业、工业企业、高新技术企业、建筑安装企业、交通运输企业、商业企业、金融企业等。

（3）按企业依赖的主要经营资源成分划分

① 劳动密集型企业：技术装备程度低、用人多。

② 资金密集型企业：占用资金多、技术装备程度高、用人少。

③ 知识技术密集型企业：综合运用现代化科技成果含量高。

劳动密集型行业，员工人数是重要指标；资金密集型行业，资本数额是重要指标。

（4）也可按企业经营对技术的依赖程度分为

① 传统企业

② 科技型企业

③ 高新技术企业

案例 1.6 传统企业

陶华碧老干妈牌油制辣椒是贵州的风味食品。几十年来，一直沿用传统工艺精心酿造，具有优雅细腻，香辣突出，回味悠长等特点。是居家必备，馈赠亲友之良品。

1984 年，陶华碧女士凭借自己独特的炒制技术，推出了别具风味的佐餐调料，令广大顾客大饱口福，津津乐道。1996 年批量生产后在全国迅速成为销售热点。老干妈是国内生产及销售量最大的辣椒制品生产企业，主要生产

风味豆豉、风味鸡油辣椒、香辣菜、风味腐乳等20余个系列产品。

在大多数国外购物网站上老干妈都直接译成"Lao GanMa"，也有译成"The godmother"。2012年7月，美国奢侈品电商Gilt把老干妈奉为尊贵调味品，限时抢购价11.95美元两瓶（约人民币86.3元）。美国"老干妈"绝对算得上是"来自中国的进口奢侈品"。

图1-3 老干妈辣椒制品

案例1.7 科技型企业

阿里巴巴集团，是一家由中国人创建的国际化的互联网公司；经营多元化的互联网业务，致力为全球所有人创造便捷的交易渠道；自成立以来，集团建立了领先的消费者电子商务、网上支付、B2B网上交易市场及云计算业务，近几年更积极开拓无线应用、手机操作系统和互联网电视等领域。集团以促进一个开放、协同、繁荣的电子商务生态系统为目标，旨在对消费者、商家以及经济发展做出贡献。

图1-4 阿里巴巴标志

阿里巴巴集团由本为英语教师的马云于1999年带领其他17人所创立，集团由私人持股，服务来自超过240个国家和地区的互联网用户；集团及其关联公司在大中华地区、印度、日本、韩国、英国及美国70多个城市共有20400多名员工。

2014年9月19日晚，阿里巴巴正式在纽约交易所挂牌交易，股票代码BABA，价格确定为每股68美元，其股票当天开盘价为92.7美元，阿里在交易中总共筹集到了250亿美元资金，创下了有史以来规模最大的一桩IPO交易。

2014年11月11日，阿里巴巴执行副董事长蔡崇信表示，阿里巴巴与苹果公司正在商讨支付领域的潜在合作事宜。

2014年11月20日，在浙江乌镇出席首届世界互联网大会的中共中央政治局委员、国务院副总理马凯介绍，阿里巴巴、腾讯、百度、京东4家企业进入全球互联网公司十强。

2014年12月15日，首上由世界品牌实验室编制的2014年度（第十一届）《世界品牌500强》排行榜500强榜单。

案例 1.8　高新技术企业

中国核工业集团公司是经国务院批准组建、中央直接管理的国有重要骨干企业，由 100 多家企事业单位和科研院所组成，现有员工约 10 万人，其中专业技术人才达 3.6 万人，中国科学院、工程院院士 17 人。中国核工业集团公司作为国家核科技工业的主体，拥有完整的核科技工业体系，是国家战略核力量的核心和国家核能发展与核电建设的主力

图 1-5　中国核工业集团标志

军，肩负着国防建设和国民经济与社会发展的双重历史使命。中国核工业集团公司主要从事核军工、核电、核燃料循环、核技术应用、核环保工程等领域的科研开发、建设和生产经营，以及对外经济合作和进出口业务，是目前国内投运核电和在建核电的主要投资方、核电技术开发主体、最重要的核电设计及工程总承包商、核电运行技术服务商和核电站出口商，是国内核燃料循环专营供应商、核环保工程的专业力量和核技术应用的骨干。

（5）按企业规模划分

① 大型企业

同时满足人数 2000 人及以上，资产总计在 4 亿元及以上，产品销售收入 3 亿元及以上的为大型工业企业。

② 中型企业

人数 300 人～2000 人，或资产总计 4000 万元～4 亿元，或产品销收入 3000 万元～3 亿元的企业为中型工业企业。

③ 小型企业

人数 300 人以下，资产总计在 4000 万元以下，产品销售收入 3000 万元及以上的为小型工业企业。

表 1-1　企业分类表

分类标准	分类情况
按企业财产组织方式的不同	个人独资企业　合伙企业和公司独资企业等
按资金来源不同	内资企业　外商投资企业和港澳台商投资企业
按企业财产所有制性质不同	全民所有制企业　集体所有制企业　私营企业混合所有制企业等
按企业规模大小的不同	大型企业　中小企业和小型企业

（续表）

分类标准	分类情况
按企业所属行业	工业企业　农业企业　商业企业　金融企业　建筑企业　各种服务性企业
按企业的法律地位	法人企业和非法人企业
按企业行政隶属关系的不同	中央企业　地方企业　乡镇企业等
按企业组织形式的不同	公司企业和非公司企业

1.2　企业管理原理

1.2.1　企业管理的概念

（1）管理

"管理就是设计和保持一种良好环境，使人在群体里高效率地完成既定目标。"

——哈德罗·孔茨

从字面意义上来看，管理是管辖和治理的意思。主其事叫管，治其事叫理，两者结合起来统称管理。管理是群体活动的产物，管理实践活动与人类历史一样久远，但把管理实践经验上升到理论高度并形成系统化的知识体系，则是工业文明的产物科学管理的兴起，是20世纪的一大"枢纽"事件。侧重于工商企业管理的现代管理学发展于欧洲和美国推广到日本和亚洲，已受到各国的普遍重视。管理科学虽然以惊人的速度发展，但对管理概念的理解却众说纷纭，可以归纳为以下几种较有启发意义的观点。

①"管理就是通过他人来完成工作"；

②"管理就是决策"；

③"管理就是信息的收集与处理"；

④"管理就是计划、组织和控制"；

⑤"管理是一种经济资源一种职权系统一个阶段或一批优秀人物"。

（2）企业管理

企业管理是企业管理者为实现企业目标，根据企业外部环境和内部条件，对企业的生产经营活动进行计划、组织、领导和控制等一系列职能活动，以提高经济效益，实现盈利的目的。

（3）企业管理的特点

① 企业管理需要企业员工分工协作、共同劳动。

② 企业管理是环境、资源、组织、理念、机制和方法等要素组成的系统。

③ 企业管理具有明确的、统一的目标。

④ 企业管理的对象是企业经营活动及相关的环境、资源。

⑤ 企业管理的出发点和终极目标是最大限度地提高经济效益。

⑥ 企业管理具有较高的专业性。

1.2.2　企业管理的性质和职能

（1）管理的性质

① 监督劳动：管理的社会属性，同生产关系直接相联系。

② 指挥劳动：管理的自然属性，同生产力直接相联系。

③ 促进劳动：管理的科学性和艺术性，同生产者直接相联系。

（2）企业管理的职能

① 计划

确定目标，使活动按计划进行。在社会主义市场经济形势下，企业要提高经济效益，创造更多利润，就必须按照市场需要和企业自身条件确定企业经营目标，运用综合平衡的方法、制定企业经营计划。制定计划就必须搞好市场调查和预测工作，掌握市场变化的规律，保证企业做出正确的生产经营决策。

② 组织

对生产经营活动进行合理的分工和协作，合理配置和使用企业的资源，正确处理员工关系。企业为了实现生产经营活动的目标和计划，必须把生产经营活动的各要素、各部门、各环行以及同企业外部的各种联系，合理地组织起来。为此，就要有组织保证、合理设置组织机构，明确各职能机构的作用、分工和职责；要建立统一的，强有力的，高效率的生产指挥系统，保证企业统一步调，协调发展。

③ 指挥

对企业的各种生产经营活动发出指令、调度和信息。一是带领，它的意思是在实现组织目标，完成组织任务的过程中，领导者不仅要明确方向，更要身先士卒，以身作则；二是指挥，指领导者负有指导下属完成任务的责任。

④ 协调

调节生产过程与对外协作中所出现的各种矛盾和问题，以实现计划的最优化。领导者在领导过程中，必须与被领导者充分沟通，这样才能做到上下一致，同心协力，心往一处想，劲往一处使。

⑤ 控制

严格监督决策与计划的实施，并防止和纠正越出既定目标和计划轨道的各种活动。控制是指为保证组织目标得以实现，决策得以执行，对组织行为过程进行监督、检查、调整的管理活动。

1.2.3 企业管理的基本原理

新时代到来，管理理论发展趋势明显，其表现是管理研究的规律性加大，技巧性增强，综合性提高；对人的管理日益重要，管理科学向人的科学发展，并且对管理者的素质要求越来越高，"通才化"的高级管理人员将成为社会中坚力量，其作用日益突出。所以任何一个企业要获得成功，都必须全面系统地把握七个根本要素，即经营战略（strategy）、组织结构（structure）、制度系统（sys－terms）、人员（staff）、作风（style）、技能（Skill）和共同价值观（shared－values），这七个要素的英文字头都是 S，故称为"7－S"模型，它是一种企业管理的新型系统模式。我们常把战略、结构、制度三要素构成管理技术特征的"硬三角"，而把人员、作风、技能构成管理艺术特征的"软三角"，并运用"共同的价值观"这一最高目标把两个"三角"紧密地结合在一起，使企业内部组织一体化，从而形成强大的竞争力。正因如此，战略管理随之兴起，企业文化受到重视，并以知识裂变为导向、人力资源开发为核心的企业创新体系成为新世纪的管理理论要点。

（1）系统管理原理

企业是复杂的社会技术经济系统，企业管理的各要素及其过程是相互制约和影响的，具有内在规律性的。企业整体管理绩效的提高和企业各管理环节的优化组合，是企业管理追求的目标。

企业管理具有系统管理的基本特征：集合性、整体性、目的性、相关性、层次性、适应性。

（2）整分合原理

整是前提，整体观念，统一管理；分是关键，分工、分权、分级、分块管理，做到专业、有序、高效；合是保障，整分结合，有效协作。

（3）人本原理

人本原理是以人为本的管理。以人为本的管理是"依靠人的管理"、"为了人的管理"、"激励人的管理"。

人是管理主体及企业最重要的资源。一切管理都应运用各种激励手段，充分调动和发挥人的积极性和创造性，实现人的自身价值，以不断增强企业活力。

（4）能级原理

依据能量大小按层次排列叫作能级。现代企业根据系统、岗位、职责的要求，安排、组合与其相称能量的人员和组织，从而形成完整的、有层次的、尽责尽才的管理能级，保证企业管理最大能量的发挥。

① 组织能级：依据工作性质、特点、范围、重要程度等；

② 个人能级：体现在个人能力的合理开发与使用上。

通用型企业管理结构：战略决策层、职能管理层、基层业务层。

（5）动力原理

充分利用各种管理要素、环境、机制，创造激励人的各种动力。

① 物质动力，通过物质利益诱导和激励企业成员的行为，如运用工资、奖金等各种物质手段。

② 精神动力，通过观念、理想、信仰等精神方面的追求形成动力，具有持久性、稳定性。

③ 工作动力，通过工作设计和任务、职权的授予，激发组织成员。

（6）动态管理原理

管理者以运动和发展的观点看待管理系统，不断创新，应对千变万化的市场环境。权变：因地、因时、因人制宜；弹性：留有余地，保持灵活性；博弈：竞争意识＋制胜策略。

（7）效益原理

管理者在管理活动中，要牢固树立效益观念，把追求最大的经济效益和社会效益放在管理工作的重要位置，克服一切忽视效益的管理方式，这就是管理的效益原理。

① 有效性原则：效率是指特定的系统在单位时间内的投入与所取得的效果之间的比率。这个比率是一个经常用来衡量管理水平的标准。例如，要衡量企业管理的水平，就必须考察企业投入的资金、技术、人力、物力等因素与所获得的利润之间的比率。在一定的时间内，如果消耗的物资、能量等因素越少，而产生的效果越大，就意味着效率越高；反之，如果消耗的物资、能量等因素越多，而产生的效果越小，就意味着效率越低。

② 价值原则：即效益的核心是价值，必须通过科学而有效的管理，对人、对组织、对社会有价值的追求，实现经济效益和社会效益的最大化。

1.2.4　现代管理思想的发展

（1）传统管理阶段

18 世纪末到 20 世纪初，代表人物：（英）亚当·斯密、大卫·李嘉图等，成本费用管理和工资资金管理是企业管理主要内容。主要特点：

① 管理者是资本家；

② 依靠个人经验进行生产和管理；

③ 采用师傅带徒弟方式培养员工。

（2）科学管理阶段

19 世纪末到 20 世纪初，管理上升到一个新的水平，尤其是大量自然科学和社会科学成果的运用，代表人物：（美）泰罗，被称为"科学管理之父"。主要特点：

① 工作方法的标准化；

② 工时的科学利用；

③ 实行有差别的计件工资制；

④ 按标准操作方法培训工人；

⑤ 明确划分（管理者）计划职能和（劳动者）执行职能。

各个国家的管理学者在这一时期纷纷提出各自对管理的认识。被人们比较熟悉的有

A. 代表人物 1（德）韦伯——提出了理想的行政组织体系理论；

B. 代表人物 2（美）甘特——运用线条图制定、控制生产作业计划；

C. 代表人物 3（法）法约尔——管理具有计划、组织、指挥、协调、控制五项职能，企业存在技术、商业、财务、安全、会计及管理六类活动，企业管理具有劳动分工、统一指挥、合理报酬等 14 项原则。

（3）现代管理阶段

20 世纪上半叶到现在，管理的理论上升到全新的水平，主要的流派有行为科学管理和心理科学管理。

① 行为科学管理

其代表人物（美）管理学家 E·梅奥，主要思想包括：

A. 工人是"社会人"；

B. 企业中存在非正式组织；

C. 新的领导在于提高员工的需求满足程度。

② 心理科学管理

其代表人物（美）心理学家 A·H·马斯洛：

A. 人类的需求可以归纳为生理、安全、社交感情、自尊以及自我实现五个层次；

B. 管理人员必须通过发现和满足需求将员工行为引导到企业目标上来。

③ 其他管理科学思想

背景：垄断和国际化导致竞争激烈；现代运筹学、社会学以及系统论、信息论和控制论等促使企业管理在思想、组织、管理有更快发展。

A. 代表人物（美）管理学家巴纳德：企业组织及其成员是一种协作的社会系统关系。

B. 代表人物（美）心理学家西蒙：决策贯穿于管理全程，管理任务是追求合理性。

C. 代表人物（美）管理学家伯法：管理就是制定和运用数学模型与程序的系统。

D. 代表人物（英）心理学家琼·伍德沃德和（美）菲德勒：管理要因时、因地、因事、因人制宜，不存在一成不变的模式。

1.2.5　企业管理及其现代化

（1）企业管理基础工作

管理是一门科学，也是一项系统工程，一系列的现代化的方法和手段被应用到管理的过程中来，按照系统工程的原理，首先要收集已经发生的事项的大量数据建立基础数据库，在此基础上记录正在发生的事项的数据，按照时间区间把现在的数据和以往的数据进行对比，了解企业生产和销售的进展，根据这些对比制定生产任务和销售定额以及一系列管理活动。所以说企业的基础数据库的建立是管理的基本条件。

（2）管理现代化的内容

① 管理思想现代化

思想观念的转变是经济迅速发展的先导。正确的经营思想是企业管理现代化的根本。所谓管理思想现代化就是要使企业的经营管理思想，适应现代化大生产和市场经济发展的客观要求。要通过树立一系列观念来体现：A. 经济效益观念；B. 市场观念；C. 竞争观念；D. 金融观念；E. 时间和信息观念；F. 人才开发观念

② 管理组织合理化

管理组织是企业经营管理系统中的重要组成部分。管理组织合理化是根据统一指挥、分权与集权相结合而建立起来的高效运作组织模式。它要适应科学进步和生产力发展的需要，能从本企业的特点和实际出发，对企业组织机构、生产指挥系统、服务保障系统进行不断调整，使组织机构合理化、高效化，并建立科学的责任制度和严格的规章制度。

③ 管理方法科学化

管理方法科学话是要求企业在经营管理中，广泛应用符合客观规律的科学方法。它也是科学技术成果在管理上的具体应用。现代管理方法不下几十种，最常用的有：预测技术、决策技术、成组技术、目标管理、看板管理、全员设备管理、经济责任制、价值工程、ABC 分析法、量本利分析法、正交

实验法等到。当然企业推行现代化管理方法，必须结合企业自身条件，注重适用、效能，有选择、有分析地采用。坚决反对违背客观实际、好高骛远、求全求新、哗众取宠、追求一时轰动效应的形式主义。

④ 管理手段电子化

管理手段电子化是要求企业在管理的各个方面，广泛积极地采用包括电脑以及经济、行政和法律在内的一切管理手段。随着市场经济的发展，科学技术的进步，使企业管理的信息量越来越大，关系越来越复杂，对信息处理的速度和准确性提出了更高的要求。同时，信息量的增大，依靠手段进行的收集、整理和分析已不适应。为完善企业生产经营活动高效有序，应用电子化设备十分必要。企业管理电子化开发一定要有系统思想，从人才培训到设备选择以及软件开发等都要有的战略观点。要建立起不同水平的计算机管理信息系统，结合企业、专业特点、适应不同企业的需要，尽快开发出各种类型的软件，实现技术有偿转让和专利制，一件事和避免在软件开发方面低水平的重复。

⑤ 管理人才现代化

推进企业管理现代化，归根到底是要靠知识、靠人才，靠广大职工的聪明才智和创造性。没有大批具有现代化管理知识、富有实践经验、头脑敏锐、视野开阔、善于吸收国内外先进科学技术成果和管理经验的开拓性人才，就没有企业管理现代化，管理人才现代化包括以下三个方面：

A. 人才观念现代化。指的是尊重知识、尊重人才，树立人才在现代化建设中的重要作用的观念。

B. 人才结构现代化。要求企业不仅在人员总量上合理，而且各类专业和各个层次的人才构成要合理。要有一支门类齐全、成龙配套的生产经营队伍。同时，要求每个管理人员既有纵向的专业知识，又有横向的系统知识。

C. 人才管理现代化。要求企业做好人才选拔、使用、培养和考核，充分调动和发探各类人才的积极性和能动性。

1.3 企业组织

1.3.1 组织概述

企业组织是将企业的各种资源按照一定形式相结合的社会系统。企业组织分为：生产劳动组织，班组、工段、车间；企业管理组织，总工室、生产处、财务科。

（1）管理组织的构成要素

① 管理人员：哈罗德·孔茨（美国管理学家，管理过程学派的主要代表人物之一。）认为管理人员是指在组织中行使管理职能、指挥或协调他人完成具体任务的人，其工作绩效的好坏直接关系着组织的成败兴衰。

② 规章制度：企业管理规范、、章程、制度、标准、办法、守则等的总称。它是用文字形式规定管理活动的内容、程序和方法，是管理人员的行为规范和准则。

③ 企业信息：企业信息化（Enterprises information），企业信息化实质上是将企业的生产过程、物料移动、事务处理、现金流动、客户交互等业务过程数字化，通过各种信息系统网络加工生成新的信息资源，提供给各层次的人们洞悉、观察各类动态业务中的一切信息，以做出有利于生产要素组合优化的决策，使企业资源合理配置，以使企业能适应瞬息万变的市场经济竞争环境，求得最大的经济效益。

目前应用的企业信息化管理系统主要有：MES（Manufacturing Execution System）制造执行管理系统；DNC（Distributed Numerical Control）生产设备及工位智能化联网管理系统；MDC（Manufacturing Data Collection & Status Management）生产数据及设备状态信息采集分析管理系统；PDM（Product Data Management）制造过程数据文档管理系统；Trcaker 工装及刀夹量具智能数据库管理系统等等。

（2）建立和完善企业管理组织的原则

① 统一指挥、分级管理；

② 组织设置力求精干、高效和节约；

③ 合理确定管理幅度和管理层次；

企业层次设计：小企业两个，中企业三个，大企业四个层次；

企业管理幅度设计：高层 5～8 人，中层 8～15 人，基层 15 人以上。

④ 系统性和协调性原则；

⑤ 扁平化原则：扁平化管理是企业为解决层级结构的组织形式在现代环境下面临的难题而实施的一种管理模式。当企业规模扩大时，原来的有效办法是增加管理层次，而现在的有效办法是增加管理幅度。当管理层次减少而管理幅度增加时，金字塔状的组织形式就被"压缩"成扁平状的组织形式。

⑥ 适应性原则

1.3.2 组织机构的形式

（1）直线制

直线制是一种最早也是最简单的组织形式。它的特点是企业各级行政单位从上到下实行垂直领导，下属部门只接受一个上级的指令，各级主管负责人对所属单位的一切问题负责。

案例 1.5

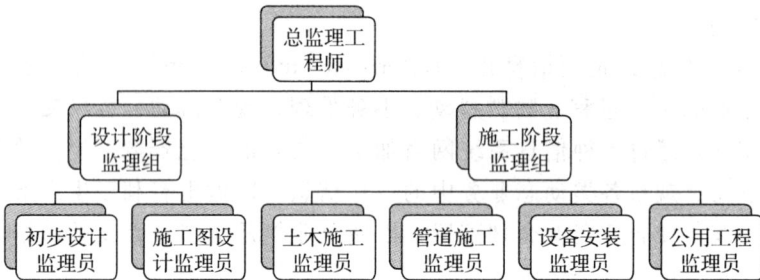

表 1-1 直线制

（2）直线—职能制

直线职能制组织结构是现实中运用得最为广泛的一个组织形态，它把直线制结构与职能制结构结合起来，以直线为基础，在各级行政负责人之下设置相应的职能部门，分别从事专业管理，作为该领导的参谋，实行主管统一指挥与职能部门参谋、指导相结合的组织结构形式。

案例 1.6

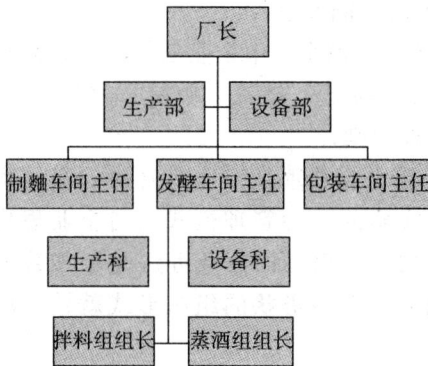

表 1-2 直线—职能制

（3）事业部制

事业部制是一种常见的组织结构形式，最早起源、应用于通用。事业部制结构又称分公司制结构。

案例 1.7

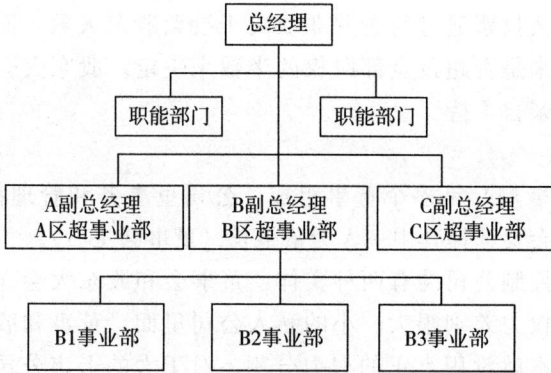

表 1-3　事业部制

（4）矩阵组织结构制

组织结构是一个组织的载体和支撑。一个组织要能够高效率运转，必须有一个分工明确、责权利清晰、流程顺畅而且能协作配合的组织结构。随着企业的发展，企业组织结构形式也经历了一个发展变化和不断完善的过程。目前常见的组织结构形式有：直线制，职能制，直线职能制，事业部制，模拟分权制，矩阵结构等。

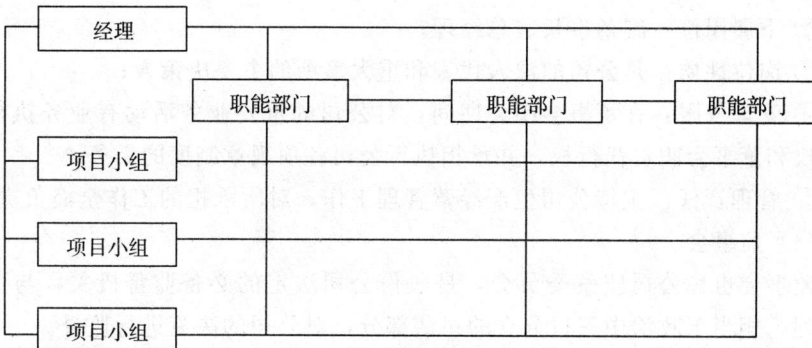

表 1-4　矩阵组织结构制

1.3.3 公司治理结构

（1）股东大会

股东大会由全体股东组成，是公司的最高权力机构。分为年度股东大会和临时股东大会。年度股东大会每年召开一次，应当于上一会计年度结束后的 6 个月内举行。临时股东大会则会在特殊情形时在法律规定期限内召开。

股东会的议案投票通过与否并非取决于投票股东人数，而是由投票股东的持股比例加起来是否超过全部股权的半数来决定。股东大会由公司的负责人（如董事长）亲自主持。

（2）董事会

董事会（董事局）是多个董事组成，公司里事务和管理都由董事负责。很多时候，董事会要选择其中一人为董事长（董事会主席）。

理论上说，控制公司的有两种实体：董事会和股东大会。实际上，不同的公司董事会的权力差别很大。小的私人公司里面，董事和股东一般就是同一个人，所以根本就没用真正的权力分割。对于大的上市公司，董事会一般会有很大的权力，各个董事的职责和管理权限也不同。一般由个别专业的执行董事（常务董事）专门负责那些专业领域的事务，例如财务董事和市场推广董事。

（3）董事长

董事长（英语：Chairman of the Board，简称：Chairman），即董事会主席，在日韩称为会长，指的是一家公司的最高领导者，统领董事会。董事长也是董事之一，由董事会或股东选出，其代表董事会领导公司的方向与策略。

董事长的职责和权限：

① 直接上级：董事会；

② 下属岗位：副董事长、总经理；

③ 岗位性质：是公司的法人代表和重大事项的主要决策人；

④ 管理权限：在董事会闭会期间，对公司的重要业务活动有业务执行的处理权和董事会职责代行权，并承担执行公司各项规章制度的义务；

⑤ 管理责任：主持公司生产经营管理工作，对所承担的工作全面负责。

（4）监事会

监事会也称公司监察委员会，是股份公司法定的必备监督机关，与董事会并列，相当于政治中三权分立的司法部分，对公司的决策进行监督。

（5）总经理

① 总经理的分类

总经理（General Manager，缩写 GM）是公司或集团日常业务的负责人。

实际上，总经理所在的层级，还是会因公司的规模而有所不同。例如在单一中小企业，总经理通常就是整个组织里职务最高的管理者与负责人、统筹各业务部门的事务，位阶仅次于董事长。而在规模较大的组织里，例如跨国企业，总经理的角色是其某个关系企业、事业体或分支机构的最高负责人，之上可能还有总裁、CEO 等行政主管。

董事总经理（Managing Director，缩写 MD）表示他既是董事会成员之一的董事，又是负责经营大权的总经理；若仅仅只是总经理职位，至多只能列席董事会，无法参与表决。

总经理只是一个组织内的职位名称而已。总经理的权力有多大，要参考其雇佣合约条款及工作范围。总经理位置有多高，要研究其组织架构图（Organizational chart），正常企业内部通常只有一个总经理或董事总经理。

②《中华人民共和国公司法》规定的总经理的权限

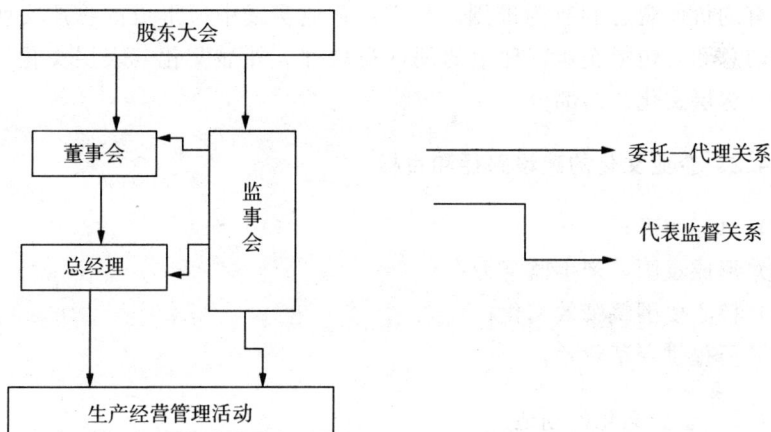

表 1-5 公司组织结构关系

A. 主持公司的生产经营管理工作，并向董事会报告工作；

B. 组织实施董事会决议、公司年度计划和投资方案；

C. 拟订公司内部管理机构设置方案；

D. 拟订公司的基本管理制度；

E. 制订公司的具体规章；

F. 提请董事会聘任或者解聘公司副总经理、总会计师；

G. 聘任或者解聘除应由董事会聘任或者解聘以外的管理人员；

H. 拟定公司职工的工资、福利、奖惩制度，决定公司职工的聘用和解聘；

I. 提议召开董事会临时会议；

J. 在董事会授权范围内决定单项金额不超过公司最近一期经审计的净资

产值的 2‰ 且 500 万元的投资方案、代表公司处理业务和签署经济合同。董事会特别授权除外；

K. 公司章程或董事会授予的其他职权。

1.4 企业文化

1.4.1 企业文化及其构成

文化：一定领域体现的思想、观念、道德、行为规范、风俗、习惯等，即共有的价值体系。

企业文化：狭义：企业实践中形成的一种基本精神和凝聚力，企业全体员工共有的价值观念和行为准则。广义：企业实践中所形成的物质文明和精神文明的总和，包括企业管理中的硬件与软件、外显文化（表层文化）与内隐文化（深层文化）两部分。

1.4.2 企业文化的建设路径和目标

（1）目标明确；

（2）形成氛围，产生监督力；

（3）核心要围绕绩效文化；

（4）要提供变革舞台。

1.4.3 企业文化的创建

（1）企业文化建设的内容

① 培育进步的价值观念、杰出的企业精神；

② 形成严谨、规范的制度文化体系；

③ 创造优秀的物质文化。

（2）企业形象塑造

① 提高企业知信度；

② 注重社会效益；

③ 开展传播活动。

1.4.4 企业识别系统（Corporate Identity System，CIS）

一般称为企业形象战略，是指将企业的经营理念与精神文化，运用统一的整体传达系统，特别是视觉传达设计，传达给企业外界的组织或团体，并使其对企业产生一致的认同感和价值感。包括：理念识别、行为识别和视觉识别。

（1）理念识别（MIS）

理念识别（Mind Identity System）就是企业经营的观念，我们也称之为指导思想。它属于思想、意识的范畴。在发达的国家中，现在越来越多的企业日益重视企业的理念，并把它放在与技术革新同样重要的地位上，通过企业理念引发、调动全体员工的责任心，并以此来约束规范全体员工的行为。从 CIS 战略来理解识别包括两层含义。一是统一性，二是独立性。

其具体含义是指企业在长期的经营实践活动中形成的与其他企业不同的存在价值、经营方式，以及生产经营的战略、宗旨、精神等。日本著名的百货商店银座松屋店曾将"顾客第一主义"作为其理念。麦当劳的企业理念是："时间、质量、服务、清洁、价值"。企业理念识别的实质，在于确立企业的自我，以区别于其他企业。

理念识别是企业识别系统的核心。它不仅是一企业经营的宗旨与方针，还包括一种鲜明的文化价值观。对外它是企业识别的尺度，对内它是企业内在的凝聚力。完整的企业识别系统的建立，首先有赖于企业经营理念的确立。

以理念识别而言，如果企业领导与员工对企业的使命、制度、价值观等理念不一，就是缺乏统一性。二是"独立性"，也就是使每个企业的理念区别于其他企业，只有独立性才能达到识别的目的。因此，每个企业在确定企业理念时，不能千篇一律，而应体现出企业的"个性"，让广大消费者通过这种有个性的企业理念来认识企业。那么，究竟什么是理念识别呢？通过上述分析，我们认为：理念识别（MI）是得到社会普遍认同的、体现企业自身个性特征的、促使并保持企业正常运作以及长足发展而构建的反映整个企业明确的经营意识的价值体系。而且我们认为，MI 的概念应该永远是一个开放性的体系，它随 CIS 战略的导入，将会不断融入我们国家自身的文化精髓，并适应我们国家高速发展的经济形势，形成有中国特色的、有中国民族工业特点的企业信息传播的识别理念。

那么，企业理念识别的价值体系包括哪些内容呢？企业理念主要包括下面三个要素：企业存在的意义（企业使命）、企业的经营理念（经营战略）和企业的行为规范（员工的行为准则）。

理念识别三要素之间的关系：企业使命是企业的最高原则，由此决定企业的经营理念（经营战略），而经营理念又决定企业每一个员工的行为准则，这三者之间是环环相扣、密不可分，共同构成一个整体。

① 企业使命

企业使命是指企业依据什么样的使命在开展各种经营活动。企业使命是构成企业理念识别的出发点，也是企业行动的原动力。没有这个原动力，企业将会是处在瘫痪状态，企业即使在营运，也将是没有生气的、走向破产的边缘。对于企业而言，企业使命至少有二层含义：其一是功利性的、物质的要求。也就是说，企业为了自身的生存和发展，必然要以实现一定的经济效益为目的。如果企业丧失了这一使命，就失去了发展的动力，最后逐步萎缩下直至破产。其二是企业对社会的责任。因为企业作为社会的一个构成、一个细胞、一个组成部分，它必须担负着社会赋予它的使命。企业如果只知道经济效益、追求利润，而逃避社会责任，必然遭到社会的报复，直至被社会所抛弃。

要使企业取得成功与成就，其领导人所具有的事业的理想、社会的责任感、是十分重要的，企业的理念往往是这种理想和使命的延伸。仅仅靠发财的欲望是无法支撑一个真正成功的大企业。

② 经营理念

经营理念或经营战略是企业对外界的宣言，表明企业觉悟到应该如何去做，让外界真正了解经营者的价值观。如果说企业的存在意义（企业使命）还有一定的抽象性，那么，经营理念就无法停留在抽象的概念上。

A. 企业的经营方向

企业形象的好坏在很大程度上取决于企业经营方向是否正确，以及对目标市场需求的满足程度。企业一定要依据自身的经营条件和能力选定目标市场，根据目标市场的需求状况变动趋势，生产经营适销对路的产品，不断调整产品结构，使顾客的需求得到最大限度的满足。

B. 企业的经营战略

这是企业经营理念的最核心的部分。经营战略，简单地说，就是企业根据自己内部条件和外部环境，来确定企业的经营宗旨、目的、方针、发展方向近远期目标的规划，以及实现经营目标的途径。

企业经营战略的原则。企业经营战略的原则主要有：竞争原则、盈利原则、用户至上原则、质量原则、创新原则和服务原则。

C. 企业经营思想

是指导一个企业全部经营活动的根本方针和政策，是企业各方面工作的中心和主题。它规定企业的经营方向和业务活动范围，从而确定企业的性质和形象，规定企业的经营目标、长远发展目标和中短期目标，提出达到经营目标的战略方针、途径和重点，还决定具体的行动计划和实施方案。

③ 行为规范

理念识别的第三个要素就是行为规范。行为规范不仅指企业的行为规范，也包括企业每一个员工的行为准则。

企业理念识别 MI 的功能包括：导向功能，渗透功能和凝聚功能。

企业理念的类型：创新型企业理念，人本型企业理念和顾客型企业理念。

A.“创新”型：这一类型的企业理念，其只要特色是提倡创新意识和冒险精神，鼓励员工不断试验，勇于革新，强化企业内部的公平竞争。

B.“人本”型：这一类型的企业理念的主要特色是：人不是机器，而是有血有肉、有头脑有智慧的创造者。

C.“顾客”型：其主要特色是“顾客至上”，不仅仅只是服务态度和待客利益方面的“至上”，根本在于一切从顾客需求出发。

正确把握 MI 应明确三点：

A. MI 是企业的灵魂与宗旨，是企业赖以生存的原动力。在 CI（企业识别系统，包括理念识别 MI，行为识别 BI 和视觉识别 VI）中，MI 处于最核心的位置，统帅和领导着 VI 和 BI。

B. MI 是当代企业信息传播识别性的内核，MI 不仅是要求企业内部员工明确并掌握的行为准则，而且也是通过传媒向社会公众宣传，并希望得到社会公众认同的识别内容。

C. MI 应该是一个永远开放的体系，融入文化，适应文化。

（2）行为识别（BIS）

企业行为识别系统（BIS）是企业理念识别系统的外化和表现。企业行为识别是一种动态的识别形式，它通过各种行为或活动将企业理念观测、执行、实施。在企业行为识别系统中，企业主体特征是最基本的基础性因素。企业的行为包括的范围很广，它们是企业理念得到贯彻执行的重要体现领域，包括企业内部行为和企业市场行为两个方面。各种行为只有在企业理念的指导下规范、统一，并有特色，才能被公众识别认知、接受认可。

行为识别的要旨是企业在内部协调和对外交往中应该有一种规范性准则。这种准则具体体现在全体员工上下一致的日常行为中。也就是说，员工们的一招一式的行为举动都应该是一种企业行为，能反映企业的经营理念和价值取向，而不是独立的随心所欲的个人行为，具体包括以下两个方面的内容。

① 遵守规章制度

同时这种行为准则又不应该像“上班不迟到，下班不早退”这类遵守规章制度的行为。如果说，遵守规章制度，只需要按照既定的条款照章办事，那么行为识别则需要员工们在理解企业经营理念的基础上，把他变为发自内心的自觉行动，只有这样，才能使同一理念在不同场合、不同的层面中具体落实到管理行为、销售行为、服务行为和公共关系行为中去。企业的行为识别是企业处理、协调人、事、物的动态运作系统。行为识别的贯彻，对内包括新产品开发、干部培训、员工教育、生产管理、环境保护、利益分配以及文明礼貌规范等。对外包括市场调研及商品促销、各种服务及公关准则，与金融、上下游合作伙伴以及代理经销商的交往行为准则。

②　与具体的规章制度相比

行为识别虽然也需要条款和制度的规范，然而这种制度规范与规章纪律的约束全然不同。它侧重于用条款形式来塑造一种能激发企业活动的机制，这种机制应该是自己独特的、具有创造性的，因而也是具有识别性的。如日本本田公司为了鼓励员工提出各种合理化建议，就建立了一种按提出建议的数量与质量给予评分的奖励制度。分数可以累积，分值每到一定程度就可以获得各种奖项。分值达到某个数值还可以由公司出钱出国旅游。现代企业可以说比过去任何时候都重视人的因素。充分尊重企业内的每一个员工，鼓励他们积极创造而不是单靠企业规章制度的约束是知识经济时代的一大特征。日本大荣百货有一种"人才盘点"规则，每半年盘点一次。适当调整各种岗位，破除等级观念，及时选拔一些更合适的人来担任合适的职务，同时，让各个岗位的人能多一点视角来观察企业的各种岗位。把企业看成一个整体，使上下都懂得了每一个岗位都重要，每一个岗位也都明白其他岗位的难处，提高了协作精神。

（3）视觉识别（VIS）

视觉又称为 VIS，是英文 Visual Identity System 的缩写。其意是指将企业的一切可视事物进行统一的视觉识别表现和标准化、专有化。通过 VIS，将企业形象传达给社会公众。视觉识别系统（VIS）又可分为两大主要方面。

一是基础系统，包括企业名称、品牌标志、标准字体、印刷字体、标准图形、标准色彩、宣传口号、经营报告书和产品说明书等九大要素；二是应用系统，它至少包括十大要素，即产品及其包装、生产环境和设备、展示场所和器具、交通运输工具、办公设备和用品、工作服及其饰物、广告设施和视听资料、公关用品和礼物、厂旗和厂徽、指示标识和路牌等等。

视觉识别最主要的特征是外在、直接、具有传播力和感染力。视觉识别是将企业标志的基本要素，以强力方针及管理系统有效地展开，形成企业固有的视觉形象，是透过视觉符号的设计统一化来传达精神与经营理念，有效地推广企业及其产品的知名度和形象。

当企业视觉识别最基本要素标志、标准字、标准色等被确定后，就要从事这些要素的精细化作业，开发各应用项目。视觉识别通常最基本的是企业名称的标准字与标志等要素组成一个单元，以配合各种不同的应用项目，各种视觉设计要素在各应用项目上的组合关系一经确定，就应严格地固定下来，以期达到通过统一性，系统化来加强视觉祈求力的作用。

CIS是企业的整体经营策略和全方位的公共关系战略措施，是企业与公众沟通的一种有效的手段。企业理念识别（MI）是企业长期发展过程中形成的，具有独特个性的价值观体系，是企业宝贵的精神资产，是企业不断成长的驱动力。行为识别（BI）是在企业理念识别指导下逐渐培育起来的，是企业全体员工自觉的工作方式和行为方法。视觉识别（VI）是企业所独有的一套识别标志。视觉识别是理念识别的外在表现，理念识别是视觉识别的精神内涵。没有精神理念，视觉传达只能是简单的装饰品；没有视觉识别，理念识别也无法有效地表达和传递。

有部分学者认为：CIS除由MI、BI、VI组成统一体外，还有EI。EI是英文 Environmental Identity 的缩写，即环境识别。它主要是指企业在所处自然环境或社会环境之中显示出来的独特个性。比如企业建筑物的外貌风格、布局特色、环境与生态保护等。

案例 1.8　海尔 VI

海尔的第一代识别是象征中德儿童的吉祥物海尔图形。第二代企业识别是以"大海上冉冉升起的太阳"为设计理念的新标志，中英文标准字组合标志以及"海尔蓝"企业色，这个阶段中企业名称简化为"青岛琴岛海尔集团公司"，产品品牌也同步过渡为琴岛海尔品牌，实现企业与产品商标的统一。1993 年，海尔将第二代识别中图形标志去掉，将企业名称简化为海尔集团，将英文 Haier 作为主识别文字标志，集商标标志、企业简称于一身，信息更加简洁、直接，在设计上追求简洁、稳重、信赖感和国际化。为了建立长期稳固的视觉符号形象，以中文海尔及海尔吉祥物与 Haier 海尔组合设计作为辅助推广。

1.5　成立新公司的程序

1.5.1　选择公司的形式

普通的有限责任公司最低注册资金 3 万元，需要 2 个（或以上）股东，从 2006 年 1 月起新的公司法规定，允许 1 个股东注册有限责任公司，这种特殊的有限责任公司又称"一人有限公司"（但公司名称中不会有"一人"字样，执照上会注明"自然人独资"），最低注册资金 10 万元。

如果你毕业后和朋友、家人合伙投资创业，可选择普通的有限公司，最低注册资金 3 万元；如果只有你一个人作为股东，则选择一人有限公司，最低注册资金 10 万元。

1.5.2　注册公司的步骤

（1）核名

到工商局去领取一张"企业（字号）名称预先核准申请表"，填写你准备取的公司名称，由工商局上网（工商局内部网）检索是否有重名，如果没有重名，就可以使用这个名称，就会核发一张"企业（字号）名称预先核准通知书"。这一步的手续费是30元。

30元可以帮你检索5个名字，很多名字重复，所以一般常见的名字就不用试了，免得花冤枉钱。

（2）租房

去专门的写字楼租一间办公室，如果你自己有厂房或者办公室也可以，有的地方不允许在居民楼里办公。租房后要签订租房合同，并让房东提供房产证的复印件。

签订好租房合同后，还要到税务局去买印花税，按年租金的千分之一的税率购买，例如你的每年房租是1万元，那就要买10元钱的印花税，贴在房租合同的首页，后面凡是需要用到房租合同的地方，都需要是贴了印花税的合同复印件。

（3）编写"公司章程"

可以在工商局网站下载"公司章程"的样本，修改一下就可以了。章程的最后由所有股东签名。

（4）刻私章

去街上刻章的地方刻一个私章，给他们讲刻法人私章（方形的）。费用大概20元左右。

（5）到会计师事务所领取"银行询征函"

联系一家会计师事务所，领取一张"银行询征函"，必须是原件，会计师事务所盖鲜章。

（6）去银行开立公司验资户

所有股东带上自己入股的那一部分钱到银行，带上公司章程、工商局发的核名通知、法人代表的私章、身份证、用于验资的钱、空白询征函表格，到银行去开立公司账户，你要告诉银行是开验资户。开立好公司账户后，各个股东按自己出资额向公司帐户中存入相应的钱。

银行会发给每个股东缴款单、并在询征函上盖银行的章。注意：公司法规定，注册公司时，投资人（股东）必须缴纳足额的资本，可以以货币形式（也就是人民币）出资，也可以以实物（如汽车）、房产、知识产权等出资。到银行办的只是货币出资这一部分，如果你有实物、房产等作为出资的，需要到会计师事务所鉴定其价值后再以其实际价值出资，比较麻烦，因此建议你直接拿钱来出资，公司法不管你用什么手段拿的钱，自己的也好、借的也好，只要如数缴足出资款即可。

（7）办理验资报告

拿着银行出具的股东缴款单、银行盖章后的询征函，以及公司章程、核名通知、房租合同、房产证复印件，到会计师事务所办理验资报告。一般费用 500 元左右（50 万以下注册资金）。

（8）注册公司

到工商局领取公司设立登记的各种表格，包括设立登记申请表、股东（发起人）名单、董事经理监理情况、法人代表登记表、指定代表或委托代理人登记表。填好后，连同核名通知、公司章程、房租合同、房产证复印件、验资报告一起交给工商局。大概 3 个工作日后可领取执照。此项费用约 300 元左右。

（9）刻公章

凭营业执照，到公安局指定的刻章社，去刻公章、财务章。后面步骤中，均需要用到公章或财务章。

（10）办理企业组织机构代码证

凭营业执照到技术监督局办理组织机构代码证，费用是 80 元。办这个证需要半个月，技术监督局会首先发一个预先受理代码证明文件，凭这个文件就可以办理后面的税务登记证、银行基本户开户手续了。

（11）去银行开基本户

凭营业执照、组织机构代码证，去银行开立基本账号。最好是在原来办理验资时的那个银行的同一网点去办理，否则，会多收 100 元的验资账户费用。

开基本户需要填很多表，你最好把能带齐的东西全部带上，要不然要跑很多趟，包括营业执照正本原件、身份证、组织机构代码证、公财章、法人章。

开基本户时，还需要购买一个密码器，密码器需要 280 元。今后公司开支票、划款时，都需要使用密码器来生成密码。

（12）办理税务登记

领取执照后，30 日内到当地税务局申请领取税务登记证。一般的公司都需要办理 2 种税务登记证，即国税和地税。费用是各 40 元，共 80 元。

办理税务登记证时，必须有一个会计，因为税务局要求提交的资料其中有一项是会计资格证和身份证。小公司刚开始可以先请一个兼职会计。

（13）申请领购发票

如果你的公司是销售商品的，应该到国税去申请发票，如果是服务性质的公司，则到地税申领发票。

（14）最后就开始营业了

每个月按时向税务申报税，即使没有开展业务不需要缴税，也要进行零申报，否则会被罚款的。

【思考与练习】

1. 企业及企业管理的含义。

2. 什么是现代企业制度？

3. 应如何把握企业文化的建设？

4. 如何全面理解企业的含义。

5. 企业具有哪些特征？你认为还有哪些重要特征？

6. 描述一个企业的系统构成。

7. 企业投资、经营者和生产者之间的关系结构。

8. 企业与公司企业有哪些区别？

9. 责任公司与股份有限公司各自的特点是什么？

10. 制度的合同什么？它哪些特征和内容？

11. 全面理解"管理"的含义的。

12. 特性有哪些？其中哪些是最基本的特性？

13. 形成导致管理阶段划分为哪几个阶段？

14. 新世纪的管理理论还有哪些新特点？

15. 现代企业工作的内容和特点？

第 2 章　企业经营管理

【学习目标】

1. 了解企业经营战略的概念；
2. 熟悉企业经营战略的基本内容构成；
3. 熟悉经营决策的类型与基本过程；
4. 掌握经营决策的方法；
5. 了解经营计划的内容与基本编制要求。

1. 经营与管理

经营是商品经济特有的范畴，是营利性经济组织的内涵功能。一般把经营定义为：商品生产者为实现企业的目标，以市场为对象，以商品生产和商品交换为手段。使企业生产技术、经济活动与外部环境达成动态均衡的一系列有组织活动的总称。现代企业是具有公司制度的企业，它是生产与流通的结合，是公司内部能力与外部环境的结合，是开放型、自主决策的组织，因而天然地应该成为市场经营主体，必然要把生产经营融为一体，把经营管理融为一体；必然将经营战略与具体管理方法相结合，成为生产经营型管理组织。所以说，现代企业没有离开经营的管理，也没有不需要管理的经营，经营为管理设定目标和意图，管理为经营提供方法和手段。在这个意义上可以理解经营是一种更高层次的管理。

然而，管理是劳动社会化的产物，而经营则是商品经济的产物；管理适用于一切组织，而经营只适用于企业组织；管理旨在提高作业效率，而经营则以提高经济效益为目标。所以经营与管理相联系。经营管理就有广义和狭义之分，主要表现为内容和范围有所不同。广义的经营管理包括生产管理在内的全部企业管理（大经营论），狭义的经营管理则是以企业经营活动为对象的管理。是与生产管理（以生产活动为对象的管理）相对应的一个范畴。体现了经营、管理同等重要，二者作为企业管理的两个组成部分，并驾齐驱（经营、管理等同论）。正因如此，我们经常说，"生产"就是指在物质上把投入变为产出的活动；而"经营"是通过出售产出，获取最大效用的经济活动。

2. 经营管理的职能

企业经营管理的职能，是指经营者为了进行有效的经营活动而必须具备的功能。它包括战略、决策、开发、财务、公共关系这五个方面的职能。

（1）战略职能

战略是企业经营管理的首要职能。现代企业所面对的经营环境是一个非常复杂的环境。影响这个环境的因素不仅很多、变化很快，而且竞争激烈。因此企业在这个环境里，欲求长期稳定的生存与发展，就必须高屋建瓴、高瞻远隔．善于审时度势、随机应变．从而也就需要实施战略经营，就是在没有得到最难确的答案之前就采取行动的经营活动。战略经营的具体体现是经营者要树立战略观念，并制定经营战略。经营战略包括战略目标、战略置点、战略方针与对策以及战略规划等内容。

（2）决策职能

经营管理的中心内容是决策，甚至可以说经营管理就是经营决策。最重要的决策莫过于经营战略的决策。决策的主体不仅仅是企业最高领导层，而应包括整个企业的所有管理者和全体职工。因为企业的经营战略必须经由所有管理者和全体职工长期不懈的努力，身体力行、不断革新，才能最终实现。企业经营的优劣与成败，完全取决于决策职能的发挥程度。决策正确。企业的优势能够得到充分的发挥、扬长避短，在风险经营环境中以独特的经营方式，取得压倒群雄的优势；决策失误，格会使企业陷入困境而不能自拔。

决策职能主要是通过环境预测，制订决策备选方案并进行方案优选、方案实施诸过程来完成的。

（3）开发职能

企业有效的经营，必须善于有效地开发和利用各种资源，经营管理的开发职能，不在于人、财、物这些狭义资源的开发，其重点在于产品的开发、市场的开发、技术的开发和能力的开发。卓越企业的制胜法宝就是第一流的人才、第一流的技术、第一流的产品，创造出第一流的市场竞争力。人才、技术、产品三者的综合力量，是技压群雄，开拓并占领市场的必要条件所在。因此，人才或能力开发、技术开发、产品开发、市场开发"四位一体"，构成企业经营管理开发职能的主体。

（4）财务职能

企业经营过程自始至终都伴随着资金的筹措、运用与增值等财务过程。财务职能集中表现为资金筹措职能、资金运用职能、增值价值分配职能以及经营活动分析职能。可以说企业的经营管理职能始于财务职能，终于财务职能。企业经营的战略职能、决策职能、开发职能，都必须以财务职能为基础，并通过财务职能做出最终评价。美国企业管理始终建立以财务管理为核心的企业管理模式，原因就在于此。

（5）公共关系职能

企业是社会的细胞，是社会经济系统的一个子系统。它的生存与发展，必须按照环境适应论的观念，同它赖以存在的社会经济系统的诸多环节保持协调，这种协调社会关系的职能就是企业的公共关系职能。企业这个投入—产出系统，不仅受政治、经济、社会文化、科学技术、自然条件等许多因素影响，而且同投资者、往来厂商、从业人员、顾客、竞争者以及行政机关、社区居民之间有着密切的，甚至是相互制约关系，而这些关系存在着"正向关系""负向关系甚至"对立关系"。公共关系职能正是要求以企业为中心，有意识地进行积极的协调和必要的妥协，各种利益集团根据各自的立场，对企业的生存与发展给予协作或承认。所以说，公共关系职能是企业生存和发展的必要条件。

2.1　经营战略

2.1.1　企业经营战略及其基本内容

（1）企业经营战略是企业所制定的"策略规划"，是以企业未来为出发点，旨在为企业寻求和维持持久竞争优势而做出的有关全局的重大筹划和谋略，是企业为自己确定的长远发展目标和任务，以及为实现这一目标而制定的行为路线、方针政策和方法。企业经营战略也简称为企业战略。

（2）企业战略管理主要包括战略分析、战略选择、战略实施、战略控制四个有机的动态过程。

① 战略分析阶段主要明确"企业目前状况"。确定企业的使命和目标，外部环境分析，内部条件分析。

② 战略选择阶段要解决的问题是"企业走向何处"。制定战略选择方案，评估战略备选方案，选择战略。

③ 战略实施就是将战略转化为行动。

④ 战略控制就是通过检验、评价企业的经营业绩，审视战略的科学性和有效性，对企业战略规划和实施方法、资源进行调整与修正。

2.1.2　经营战略的类型

（1）按照战略的目的性，可把经营战略分为成长战略和竞争战略

① 成长战略

企业为了适应企业外部环境的变化，有效地利用企业资源，以企业成长

为目标，研究企业如何选择成长基点（经营领域）、成长指向等成长机会，并为保证实现成长机会所采取的战略。成长战略的重点是产品战略和市场战略，即具体选择产品和市场领域，并规定产品和市场开拓的方向与幅度。中小企业多采用成长战略。

② 竞争战略

企业在特定的产品或市场范围内，为取得差别优势、维持和扩大市场占有率所采用的战略。竞争战略要从企业所处的竞争地位出发，处于优势地位的企业，要通过战略来维持这种优势并伺机扩大这种优势；而处于劣势地位的企业，要以竞争战略去改变劣势或缩小同优势企业的差距。例如，某一小型企业以"我的奶油不含蔗糖"作为进入市场的竞争战略，以不是"名牌"的劣势，而市场定位于"产品差别优势"。迅速树立起了品牌形象，挤入强手如林的奶粉市场并获得竞争成功。竞争战略的重点是提高市场占有率和销售利润率，因此常采用成本领先战略、差别化战略、集中优势战略等。大型企业多采用竞争战略。

（2）按照战略的实施对象，分为产品战略、市场战略和投资战略

产品战略、市场战略和投资战略互相关联，形成一个有机联系的"战略金三角"。在这战略金三角中，产品战略居于主导地位，市场战略是一种支持战略，投资战略是一种保障战略。如图 2-1 所示。

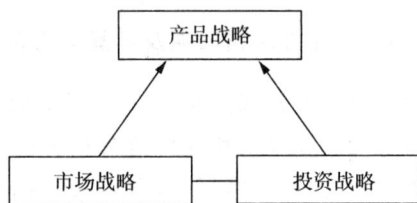

图 2-1　战略金三角

（3）按照战略对环境的适应程度，分为进攻战略、防守战略和撤退战略

① 进攻战略

这种战略的特是不断地开发新产品和新市场，掌握市场竞争的主动权，逐步提高市场占有率。其具体内容包括：一是技术开发，以加大投资率先进行技术研究，占领技术制高点；二是产品发展，以比同行企业更高的投资增长率去发展新产品，占领产品制高点；三是市场扩展，增加投资以提高企业进入市场和提高市场占有率的能力、占领市场制高点；三是市场扩展，以扩大生产规模或扩散生产以及企业联合兼并等方式，增大批量而降低成本，占领成本制高点。

② 防守战略

这种战略的特点不是消极防守，而是以守为攻，后发制人。具体内容有：一是战略方针上避实就虚，乘虚而入，不与强劲对手正面抗衡；二是在技术上实行拿来主义，以购买专利为主，不搞风险型开发投资，这是二战后日本发展

经济惯用的策略；三是在产品开发方面实行紧跟主义，后发制人；四是生产方面不盲目追求生产规模化的扩大，而着眼于提高效率降低成本的集约方式。

③ 撤退战略

也称收缩战略，是一种战略性撤退。其撤退的指导思想通俗地说就是："穷骨头也要榨出四两油。"撤退战略实施有四种可能情况：一是环境突变，对企业经营产生严重的冲击，原定战略已失去作用；二是战略转移，这是因为环境变化带来了更好的机会；三是局部撤退，即"丢卒保车"策略、将优势力量全部投向需要保证的重点进攻方向，以便取得更大胜利；四是先退后进，暂时退却，审时度势进行战略调整，再图进取。

（4）按照战略的层次性，可分为公司战略、事业战附和职能（部门）战略

① 公司战略

企业最高层次的战略。这种战略侧重点：一是从全局出发，选择企业从事经营范围的领域、其选择的出发点包括营利性和关联性；二是在各项事业之间的资源分配。

② 事业战略

这是一种分散型经营战略，在分散经营（集团化的事业部组织机构设置）的条件下，各事业部也要制定战略。其侧重点是确定该项事业所经营的产品、市场及地区范围，并根据竞争能力的优劣，确定是否扩展、维持或撤退。

③ 职能（部门）战略

这是一种按经营职能分别确定积累与运用经营资源的方法。具体内容是通过生产、销售、技术、财务等部门，为保证事业战略所追求的竞争优势制定长期规划。

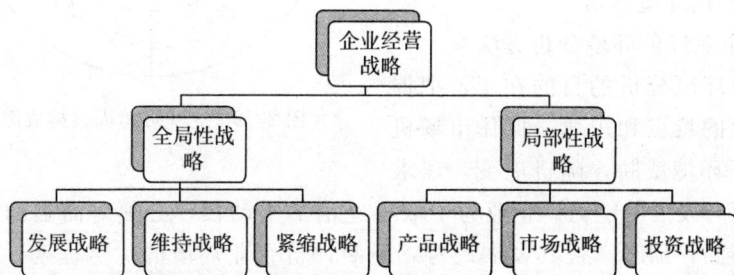

表 2 - 1　职能战略

2.1.3　经营战略的分析和选择

（1）企业外部环境分析

企业外部环境是指企业外部的、影响企业生存与发展的各种因素的总称。

企业的生存与发展，取决于企业对外部环境变化的适应程度和驾驭能力。企业环境是一个多主体、多层次、发展变化的多维结构系统。由于研究的目的不同、要求各异。因此对环境的划分方法也各不相同。如以时间为标准，可分为过去环境、当前环境与未来环境；以空间为标准，可分为微观环境、中观环境和宏观环境；根据环境因素对企业经营活动的影响程度，一般分为间接环境因素和直接环境因素两大类。

① 间接环境因责

间接环境因素，一般是指影响企业的宏观环境因素，如政治的、法律的、自然的、经济的、科技的和文化的因素发生重大变化，无形地会给企业的生存与发展带来重要的影响。

A. 政治法律环境因素

B. 经济环境因素

C. 科学技术环境因素

D. 社会文化环境因家

E. 自然环境因素

② 直接环境因素

一般指能更直接地影响企业的生产经营活动，并与市场相关的一些环境因素。它包括需求因素、资源因素、竞争因素、分销因素等。

A. 需求环境因素

B. 资源环境因素

C. 竞争环境因素

D. 分销环境因素

③ 企业经营环境分析方法

企业环境分析的目的在于，把握环境变化的特点和规律，抓住市场机会，避开环境威胁，随机应变，谋求

图 2-2　企业环境因素构成图

企业生存与发展的能力。企业为了取得经信的主动权，必须对面临的环境因素进行监测，随时掌握其发展趋势，不断评价企业环境的优劣程度，不失时机地利用经营机会，并尽可能避开威胁，以减少风险带来的损失。

④ 企业经营环境的评价

任何一家企业都是处于经营机会与风险并存的环境之中，有机会就有风险．有风险也就必然存在着某种机会，只不过机会与风险孰大孰小而已。根据机会与风险程度的大小，可以运用一个矩阵把企业经营环境划分为四种环

境，即理想的环境、风险的环境、萎缩的环境、恶化的环境。如图 2 - 3 所示。

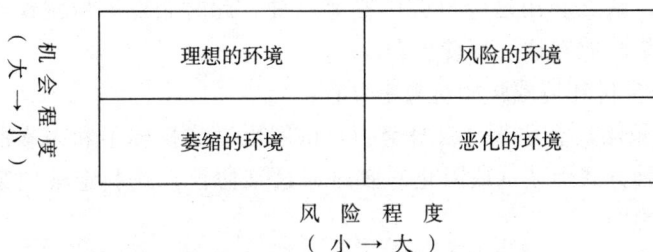

图 2 - 3　企业所处环境示意图

从上图中可以看出：

A. 理想的环境。机会大风险小，环境的变化具有确定性。这种环境的竞争必然会十分激烈，捷足先登者往往会掌握竞争优势。判断和掌握这种机会的前提是做出科学的预测并不失时机地做出战略选择。餐饮业与食品工业均属于此种环境。

B. 风险的环境。机会大而风险也大，这种环境或其变化具有不确定性，或退出的障碍也大。进入这种环境，要有风险意识和承担风险的能力。时装业、微电子等高科技产业、金融市场属于这种环境。

C. 萎缩的环境。机会小风险也小，环境的变化虽然是确定性的，但是因投资的收益率很低，或因市场日益狭窄，对于经营者越来越丧失吸引力。为此，企业在进行维持性经营的同时，必须当机立断实行战略转移，像教学仪器、小商品、普通机电产品市场均属这种环境。

D. 恶化的环境。机会小而风险大，这种环境的形成大都有其特殊的原因，或是由理想环境演变而来，或是老化环境的进一步恶化。像汽车工业原来有着理想的环境，但加入 W. T. O. 后，变成了恶化的环境，这种恶化是暂时的；像钢铁工业，在新技术的冲击下，这一环境开始老化，随着新材料的出现，这一老化的环境还将进一步恶化。面对这种环境，企业必须采取相应战略予以摆脱。

⑤ 企业面临环境机会与威胁的对策

A. 企业面临环境机会时，通常有三种策略可供选择：

a. 及时利用。当环境机会与企业经营目标相一致，企业又具备利用这一机会的资源条件，并享有竞争的差别利益时，企业应及时调整自己的战略与策略，充分利用市场机会，求得新的发展。

b. 等待时机，适时利用。有些市场机会相对稳定，在短期内不会发生大的变化，而企业又暂时不具备利用这一环境机会的必要条件，可以积极准备，创造条件，待时机成熟时再加以利用。

c. 果断放弃。有些市场机会十分有吸引力，但是与企业的目标和资源都有一定距离。缺乏利用这一机会的必要条件，此时企业不应犹豫不决，顾此失彼，应该果断放弃这一环境机会。

B. 企业应付环境威胁的对策主要有：

a. 对抗策略。企业通过自身努力，试图限制或扭转不利因素的形成和放大。加以各种方式促使（或阻止）政府通过某协议，或制定某项策略来抵制不利因素的影响。

b. 减轻策略。企业通过挑战、改变策略，尽量减轻环境威胁的程度。如通过加强管理、提高效率、降低成本、扩大销售等来消化原材料涨价给企业带来的威胁。

c. 转移策略。将受威胁的产品转移到其他市场，或将投资转移到其他更有利的产业，实行多角化经营。如长虹集团在彩电市场竞争激烈的条件下，除将继续原有的彩电生产，又不断开发空调、冰箱、彩电产品。实行多角化经营，以减轻企业经营风险。

（2）企业内部条件分析

不少企业经营实践证明，有的企业环境十分有利，如产品畅销，已建立了一定的市场信誉，但由于关键资源的短缺，而错过迅速发展的机会；也有的企业环境虽然不利，但由于有明显竞争优势，发挥了其独特的长处，如利用优良的售后服务，而使其能够立于不败之地。由此看来，系统分析企业内部条件是企业抓住外部环境机会，充分利用企业有限资源形成竞争优势的关键所在。

企业内部条件分析的主要内容是：企业素质与经营活力分析，产品与市场营销状况分析，企业经济效益的评价分桥以及企业资源分析等。

① 企业素质与经营活力分析

A. 企业素质。

是指构成企业各要素的质量及其相互结合的本质特征。它决定企业生产经营活动所必须具备的基本要求的有机结合所产生的整体功能。它是一个动态概念，企业素质的好坏不仅与其"先天"因素有关，而且与其"后天"的因素有关。尤其是随着科学技术的发展和社会消费结构的提高，对企业素质提出更高的新的要求，企业必须不断改善和提高自己的素质。企业素质包括技术素质、管理素质和人员素质。技术素质是企业素质的基础；管理素质是企业素质的主导，是技术素质发挥作用的保证；人员素质是企业素质的关键，它包括企业各类人员的政治素质、文化素质、技术素质及身体素质以及各种结构的配套状况。企业素质是通过企业能力，即产品的竞争力、管理者的能力、生产经营能力和企业的基础能力得以反映，企业能力是企业素质的表现形式。

B. 企业经营活力。

是指企业作为有机体通过自身的素质和能力，在与外界环境交互作用的良性循环中所呈现出的自我发展中的旺盛生命力状态。所谓交互作用，是指企业的活力既不完全取决于外界环境，也不完全取决于企业自身素质，是二者不断相互作用的结果；所谓良性循环，是指在内外环境交互作用中，要不断地向更好的方面转化，并在转化中达到新的平衡。影响企业活力的因素主要是它的获利能力、竞争能力、生长能力、应变能力和凝聚能力。企业获利能力是企业赖以生存的员基本的要求，是企业竞争能力、生长能力、应变能力和凝聚能力的基础和综合体现，是企业活力的结果；企业竞争力是企业生存本能的表现，竞争增强活力；企业生长能力是企业在竞争中生存的前提条件，企业的生存必须建立在扩大再生产的基础之上；企业适应能力是企业对外界环境的应变能力，它主要通过改善企业经营管理来实现；企业凝聚力是以企业职工对企业的态度表现出来的，凝聚力的强弱关系到企业职工积极性和创造性以及企业整体功能的发挥。

② 企业产品与市场营销分析

A. 企业产品分析。

产品是企业生产经营与市场需求之间的纽带。企业产品分析主要是产品结构分析和产品市场竞争力分析。产品结构最佳化分析最常用的方法是市场增长率－市场占有率矩阵（又称波士顿矩阵图）。如图 2-4 所示。

企业的产品若集中于"瘦狗类"产品区域，其经营状态肯定十分困难；若集中于"金牛类"产品区域，目前形势虽好，但因受产品生命周期规律的制约以及对经营环境的适应性差，容易陷入困境；若过分集小于"问题类"或"明星类"区域，经常状态都还会稳定。一般来说，最佳的产品结构是"问题类"产品约占公司全部产值销售额的 20％～30％，"明星类"产品约占 30％～40％，"金牛类"产品约占 40％～50％，"瘦狗类"产品约占 5％～10％左右。当然，合理的产品结构必须符合国家宏观经济政策，适应市场及用户要求，具有良好的经济效益和自我调整机制。

B. 产品市场竞争力分析

实际上是对企业当前销售的各种产品自身的市场地位、盈利性、成长性、竞争性进行分析。产品市场地位就是某种产品对市场的占有程度，它反映出产品的竞争力的强弱，衡量产品市场地位的指标主要是市场占有率和市场覆盖率；产品盈利能力是指某产品提供经济效益的水平，衡量产品盈利能力的指标主要有销售利润率、边际利润率和资金利润率；产品成长性是指某产品的销售增长趋势，一般是用近三五年的销售量或销售额，以时间顺序为横坐标绘制曲线，再用销售增长率和市场扩大率来表示；产品竞争力分桥就是将本企业产品与竞争对手的产品相比较，找出其优势与不足。产品竞争力分析的主要方法是对比评分法。

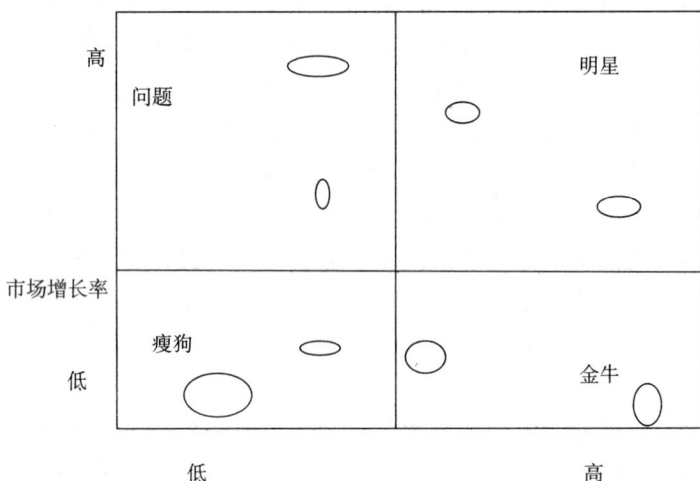

图 2-4　对比评分法

2.1.4　企业经营战略的制定过程

企业经营战略的制定是一个多层次的复杂系统。它既包括企业与外部环境的协调，也包括企业内部网络的调整。所以企业经营战略的制定过程，一般出以下几个步骤构成。

（1）选准经营领域与目标市场

经营领域，是指企业生产什么产品，满足哪部分顾客的需要，在此要把环境机会与企业机会区别开来。环境机会，泛指所有尚未满足的市场需求；而企业机会是指适合于本企业优势发挥，并能取得最佳经济效益的环境机会。所以适合于企业经营的环境机会愈多，企业经营成功的可能性就愈强，企业机会就愈多。

目标市场就是企业经过环境分析后，寻找与发现有利于企业发展的、能用企业内部资源扬长避短、发挥优势去满足的市场需求，是企业决定要进入的市场范畴。经营战略应该明确回答：企业在未来时期内将在哪些经营领域活动，以便将企业有限的各种资源有机组合，投向被选定的经营领域，根据目标市场的需求组织生产经营活动，出产适销对路的产品满足目标顾客的需要。

（2）明确经营领域的差别优势

差别优势是指在同一经营领域内，本企业相对竞争对手而言，具有哪些长处与短处，可能遇到的威胁是什么，以及有哪些市场机会可以利用等。差别优势的表现形式有很多，诸如得力的管理人才、雄厚的技术实力、优先取得的资源、得天独厚的地理位置、已经创出的名牌产品、比较低廉的生产成本、更为完善的服务体系以及与众不同的经营理念，等等。只有通过对企业外部环境和内部条件进行综合性的战略分析，才能找出差别优势，有助于更好地优化经营领域，并为战略的成功指明途径。

（3）确定企业经营战略的目标

把企业所选定的经营领域与自身的差别优势相结合，就能确定企业总的战略目标，即企业在一个较长时期内主要经营领域和过程活动所要达到的经营状况与水平。一般由市场地位、经营成长、经营效率、经营改革和盈利性目标来表示。当然这一目标体系的确定应经过科学的预测和可行性论证。这些目标可以具体化为：追求资产的最大收益、提高内部效率、增强产品竞争地位、改善企业形象、分取经营风险等。尽管经营战略目标是多元化的，但其目标体系的构成指标还是不宜太多，而且应该循序渐进量力而行。

（4）选择战略行动与战略模式

确定了战略目标之后，企业就必须采取相应的战略行动，选择相应的战略模式。战略行动规定着实施战略目标所需要的措施、手段、方法、步骤和资源分配状况等，它是实现战略目标的保证；战略行动是与一定的战略模式相适应的。因此战略模式的选择是指企业如何选择最适宜的有利于企业满足的目标市场，以及选择占领并扩大该目标市场的方式方法。战略行动与模式相结合，有利于及时利用市场机会，充分发挥企业优势，有效满足市场需求，最佳得经济效益。经过优选的战略行动与模式，应与所处政治、经济、技术、社会、文化等环境要素相匹配，能被决策者所接受，且要求满足技术先进、经济上合理、实施上可行，并与社会心理相适应：

（5）调整与优化组织结构

组织是协调与平衡群体行为的活动，组织运行的框架结构就是组织结构。它是战略实施的基础。组织结构一般具有三个方面的基本问题：一是组织的决策权问题，指企业领导所拥有的决策权的大小；二是组织的专业化问题，指的是组织活动的职能化程度；三是组织的刚性问题。是指组织的软硬程度，有的组织结构较为死板，而有的则较为灵活。对于一个特定的企业，究竟建立什么样的组织结构最为有效，这要看企业的内部条件和外部环境，以及在此基础上形成的经营战略规定。

（6）制定战略计划并指导实施

要将经营战略付之于实践，就必须制定好战略实施计划。它应该包括四个基本问题：

① 企业目前的态势；

② 期望企业未来的态势；

③ 企业发展的可能障碍；

④ 实现总的战略目标与总战略的分阶段推进步骤、大体时间安排行动计划。

显然，企业的经营战略是否成功，最终将取决于战略实施的有效性。如果说战略制定是企业领导人的一项带有系统性和决策性的重要工作的话，那么战略实施则是，需要通过企业员工的共同努力方能达成的艰巨任务，它带有强的管理性与实践性。从这一点来看，战略实施较之战略制定更为困难。说到底，再优秀的经营战略，若不能变成全体员工的实际行动，那将是一纸空文。

2.1.5 企业经营战略的特征

（1）全局性

战略是带全局性的策略，确定企业战略就要从整个企业的生存和发展来加以考虑。以企业全局为对象，根据企业总体发展的需要而规定企业的总体行动，从全局去实现对局部的指导，使全局目标得以实现。

（2）长远性

企业着眼于未来，对较长时期内如何生存和发展进行全盘筹划，应站在长远的角度来考虑。也就是说，战略决策者面临的问题并不是企业明天应该怎么办？而是"为了应付不确定的明天，我们今天应该如何做？"战略是要考虑未来一个较长时期的问题，它的效果有时不能在短期内体现。

（3）风险性

企业经营战略是关于企业在激烈的竞争中如何与竞争对手抗衡的行动方案，同时也是针对来自各方面的许多冲击、压力、威胁和困难，迎接这些挑战的行动方案。它与那些不考虑竞争、挑战而单纯为了改善企业现状、增加经济效益、提高管理水平等为目的的行动方案不同。只有当这些工作与强化企业竞争力量和迎接挑战直接相关、具有战略意义时，才能构成经营战略的内容。应当明确，市场如战场，现代的市场总是与激烈的竞争密切相关的。经营战略之所以产生和发展，就是因为企业面临着激烈的竞争、严峻的挑战，企业制定经营战略就是为了取得优势地位，战胜对手，保证自己的生存和发展。

（4）创新性

战略是以未来为主导，与环境相联系，以现实为基础，对企业发展的策划、规划，它研究的是企业的明天。创新是一个过程，可以说企业的发展过程是不断创新的过程。创新又是一种较量，要围绕着种种不利于企业成长的环境进行创新。创新也是一种挑战，推动企业不断成长壮大。

2.1.6 企业经营战略的构成

经营策略是为了实现经营战略目标，而对企业内部和外部各种具体的经营问题所做出的反应与对策。它是战略实施的手段或措施。采用经营策略的重要性在于，不论环境发生什么变化，经营策略都可以灵活地、机敏地、连续不断地做出反应。所以对应于经营战略的特征，可以看出经营策略具有针对性、多变性、暂时性、局部性和现实性等特点。正因如此，企业经营策略是一种适应体系，是一种协调方式，也是一种竞争手段。可以分为以下五点：一是经营战略思想，二是经营目标，三是战略重点，四是战略任务，五是经营战略措施。

经营策略服务于经营战略，补充着经营战略，保证着经营战略的实现。因此，要理解经营策略体系的有机构成，就有必要结合经营战略一起分析。

(1) 围绕"战略金三角"可供选择的经营策略体系

① 产品战略

它的主要策略包括，产品的扩展、维持、收缩策略，更新换代策略，多样化策略，以及产品组合策略，产品线变化策略等。每种策略又可分解为多种次级策略。如多样化策略又可分为垂直多样化、水平多样化、斜向多样化和整体多样化；产品更新换代策略又可分为老产品性能、基型产品系列化变型、全新同类用途产品发展策略等。

② 市场战略

围绕市场战略，除市场战略的四大指向策略（市场渗透、市场开拓、产品开发与多角化）外，还有产品寿命周期市场策略、市场细分策略、市场营销组合策略等。

③ 投资战略

它是一种资源分配战略。其主要的策略包括产品投资策略、市场投资策略、技术发展投资策略、规模化投资策略、企业联合与兼并策略；就其类型来说，分为扩张性投资、维持性投资和撤退性投资策略。

(2) 以"竞争战略"为核心的经营策略体系

美国学者波特认为，在行业竞争中。蕴藏着三种能够战胜其他对手的竞争策略，即成本领先策略、差别化策略和目标集中策略，作为企业经常采用的常规"武器"。

① 成本领先策略

其指导思想是，企业力争以最低的总成本取得行业中的领先地位，并按照这一基本目标采用一系列的方针、手段和措施。运用此策略时，首先要求企业必须拥有先进的设备和生产设施，并能有效地提高设备利用率；其次要充分利用管理科学的实践经验，加强成本与费用的控制，全力以赴地降低成本；再次，最大限度地减少研究开发、推销、广告、服务等方面的费用支出。总之，要采用各种有效措施降低经营总成本，使成本低于竞争对手，依靠处于领先地位的成本，使企业在竞争中占据优势而获得高额利润，以实现竞争战略目标。

实施成本领先策略，对企业综合资源和管理能力具有较高的要求：必须能达到行业所需要的、产生最佳效益的规模；有较高的市场占有率和可靠的原料与其他资源的供应渠道；拥有先进的设备、工艺和丰富的管理经验；还要有较强的再投资能力等。

② 差别化策略，又称为别具一格策略

其指导思想要求企业的产品在设计、工艺、性能、款式、品牌、顾客服务等方面与众不同，具有显著的独特性。企业可以利用产品的差别，有效地降低顾客对价格的敏感性；并建立起顾客对企业产品的信任与偏爱，就能在一定程度上避开同行的竞争，还为竞争对手的进入设置较高的障碍。产品差别化通常表现在：

A. 由产品技术物理特性导致的差别，主要表现为产品的款式、性能、质量和包装等方面的不同。

B. 由买方的主观印象导致的产品差别。即顾客对不同企业产品品牌，企业形象的主观印象和评价的差异，以及由此而形成的顾客不同企业产品的偏爱。

C. 由产品的生产或销售地理位置导致的产品差别化。

D. 由营销渠道及营销服务的不同导致的产品差别化。像中间商在服务品位、服务内容、服务质量和服务方式上的不同，都会使顾客对不同企业产品产生不同的偏好程度。

实行产品差别化要求企业具有很强的产品创新能力和市场营销能力；有先进的技术和工艺加工能力；有在市场、产品的研究开发广告宣传等方面大量投入资金的能力；具有与经销商、代理商高度协调与合作的能力；在行业中有悠久的历史或声誉卓著等。

③ 目标集中策略

这一策略的方针是企业将所拥有的产品开发、设计、制造和营销能力集中在某个特定的、比较狭小的目标市场上，使企业与竞争对手相比，能够以更高的效率、更好的效果满足特定目标市场的需求。在这个特定目标市场内，还可以力争成本领先地位，也可以树立产品差别优势，甚至二者兼施。这样企业就能在目标市场上获得竞争优势，同样可以赢得较高水平的利润。它的具体形式可采用：

A. 产品类型专一化，集中企业全部资源生产经营特定产品系列的一种产品，以便集中优势，获得竞争优势。如光学仪器制造企业只生产望远镜，甚至只生产海洋望远镜；品牌商品专卖店基本都是采用此策略占据优势地位。

B. 顾客类型专一化，企业只为某种类型的顾客提供产品或服务。如，老年人用品商店、"残缺商店"、女性用品专卖等都属于此种策略的运用。

C. 地理区域专一化，是把企业产品经营范围局限于某一特定地区。以当地市场为主的中小企业，大多依靠地域经营的成本优势稳固地占据着一定的市场份额。

实行专一化策略，实质上是在缩小了的市场范围内选择成本领先或差别化策略。因此它对企业资源与能力的实施要求．视成本领先策略和差别化策略要求的具体条件组合而定。

2.2　经营决策

2.2.1　经营决策及其种类

(1) 经营决策的概念

所谓经营决策，是指企业为了达到经营目标在对企业内部环境和外部环境条件分析的基础上，运用一定的科学方法和手段，制定若干个可行方案并从中选择一个最满意方案的分析判断过程。经营决策是企业经营活动的基本行为，它贯穿于企业经营活动的始终，企业每一名管理人员都需要在自己的业务范围内做出决策。

(2) 经营决策的特点与类型

① 企业的经营决策的特点

A. 目标性

企业的每一项经营活动，都要预先明确此项活动要解决什么问题、达到什么目标，经营决策必定是为达到经营目标而拟定、选择经营方案以及实施方案的过程。因而，目标是决策的出发点，也是决策的归宿点。

B. 优选性

企业经营决策的实质是寻求达到目标的最优化途径的过程。因此，就有必要制定若干个可行方案，通过对各方案的评价，从中选择出满意方案并付诸实施。若不追求优化，决策就失去意义。

C. 系统性

经营决策是提出问题、分析问题、解决问题的系统分析过程。正因如此，经营决策必须在市场调查与预测分析的基础上，对企业内外环境状况全面认识的条件下，及时抓住机遇，面对环境变化，勇于承担风险而做出的抉择。所以，企业经营决策还具有预测性、时效性和风险性等特点。

② 经营决策的类型

企业经营决策可以从不同角度进行分类。

A. 按经营决策问题的性质和重要程度，划分为战略决策、管理决策和业务决策。战略决策是关系到企业全局性、长远性和方向性问题，对企业生存与发展起决定性作用的重大决策。如对企业的经营方针、经营目标、产品开发、技术改造和横向联合等战略问题的决策。一般由企业高层管理者完成。管理决策，是为实现企业战略决策的目标，而在人力、物力、财力和组织等方面所做出的决策。如营销决策、生产决策、财务决策、提高质量与降低成本的决策等均属于管理决策的范畴。一般内中层管理人员完成。业务决策，是属于日常生产经营活动中，为提高效率所作的具体决策。如定额制定、生产调度、经营调、库存储备和物资采购等方面的决策属于业务决策一般是中层或基层管理者做出。

B. 按经营决策问题的重复程度，划分为常规决策和非常规决策。常规决策，是对生产经营活动中重复发生的问题，决策者把其决策过程标准化，甚至建立一定的数学模型，应用计算机来进行的程序化决策。如企业经常性的材料采购、配送、供应和产品销售决策等。非常规决策，是对不经常发生的非重复性问题所做出的决策。如企业改建、扩建或技术改造决策．产品开发决策等。这种决策大多是没有先例经验可供借鉴的一次性决策，决策的正确与否，取决于决策者的知识、经验和魄力以及决策方法的科学性。

C. 按经营决策问题的确定程度，划分为确定型决策、风险型决策和不确定型决策。确定型决策，是指影响决策的因素（自然状态）是明确的、肯定的，每一种方案只有一种结果，并且这种结果是应以预先确定的决策；如生产任务的分配、作业安排等经营决策等。风险型决策，是指决策存在着两种以上的影响因素（自然状态）．未来将出现什么状况，决策者只能凭经验或统计资料来推断其概率，决策的最后结果受概率的影响，决策具有风险性。如企业技术引进决策、产品开发决策以及营销策略等，均属于风险型决策。不确定型决策，是指虽然存在两种以上的影响因家（自然状态），但未来将出现什么状态，决策者难以确定其出现的概率，需要进行综合分析，做出决策。如研制全新产品，未来市场状况由于缺乏资料而无法估算每种状态出现的概率值，屑于不确定型决策。

此外，经营决策还可以根据决策目标的多少，划分为单目标决策和多目标决策；也可以根据管理职能的不同，划分为生产决策、销售决策、财务决策和人力资源开发决策等。

2.2.2　经营决策的程序

经营决策是发现问题、分析问题与解决问题的工作过程。为保证决策的科学、合理性，它必须遵循科学的决策程序来进行。企业经营决策的科学程序，应按如下步骤进行：

（1）提出问题，确定决策目标

企业经营决策是为了解决企业经营中发生的实际问题的。因此，提出问题，确定解决问题的目标是决策的前提。企业经营问题，是指企业在经营活动中的现实状况与应当达到的或希望达到的状况之间的差距。因此，提出问题必须做到：

① 明确企业应该达到的或希望达到的经营状况；

② 确定企业目前的实际经营状况；

③ 对比分析找出差距。在提出问题的基础上，作深入的调查研究，认真分析企业外部环境和内部条件后，确定合理的决策目标。

（2）拟定实行方案

拟定两个以上的备选方案是构成一顶决策的基本条件。因此，拟定若干种可行方案以备评价与选择，是经营决策的基础。拟定的可行方案必须做到条理化、直观化和统一化，并以确切的定量数据反映其结果。

（3）方案评价与优选

方案评价与优选是整个决策过程的关键，确定合理的评价与选择标准至关重要。为此，有必要对题个备选方案进行可行性论证、评价、比较、筛选，突出技术先进、经济合理以及实践的可行性，在此基础上，按照评价标准综合评价，将雷同的方案合并，重点保留可行性强并能够实现决策目标的方案，并从中选择出最为满意的优选方案。

（4）优选方案的实施和反馈

决策方案付诸实施是决策过程的最后阶段，决策方案只有实施才能取得实效。在实施过程要建立信息反馈系统，在对实施方案追踪检查的过程中，及时发现实施结果与决策目标之间的差距．以便采取措施使决策取得更加满意的结果。

上述步骤构成一个完整的决策过程，各步骤之间是相互衔接、紧密配合的一个整体。

2.2.3 经营决策的方法

随着决策实践与决策理论的发展，决策方法可概括为两类：一类是定性决策法；另一类是定量决策法。

（1）定性决策法

是指有些问题不可能用数字计算，主要靠决策者的分析判断做出的决策。如，机构的调整、干部的选拔、新产品是否上马等问题都属于定性决策。

主观型决策法也称定性决策法，凭借决策者的经验和学识，充分发挥领导专家及有关业务人员的集体智慧进行决策的方法，该方法一般适用于受社会因素影响较大的问题的决策，或所含因素错综复杂的经营战略决策，它是企业经营决策的主要方法之一。

该决策法的优点是灵活简便、省时省力，有利于发挥决策者的集体智慧，有利于调动群众的积极性，从而为经营决策的顺利进行打下良好的基础。

缺点是由于受决策者知识、经验和能力方面的局限性和思维过程中的片面性，会使决策结果掺杂一些主观因素，因而影响到决策的质量。

① 主观概率决策法

主观概率决策法就是有若干个专家对决策问题做出主观的预测，然后计算预测值的平均值，决策者根据平均值做出决策。这是专家们的预测值，不同于客观概率，预测值是各位专家决策问题发生的可能性大小的一个经验信念量度。其中，0≤主观概率≤1。

例1：某生物工程贸易公司对2013年夏季是否大批量经营干扰素要做出决策，资料表明：2012年5月～7月的销售增长率在9%～13%之间。要求是：如果销售额增长率大于10%，则大批量经营，如果销售额增长率小于9%则少量经营。五位专家（甲、乙、丙、丁、戊）对此用得出结论，如表2-2所示。

表2-2 主观概率决策法

概率预测 增长率	甲	乙	丙	丁	戊	$\sum$
6%	0.2	0.1	0.3	0.2	0.4	1.2
10%	0.6	0.5	0.4	0.5	0.4	2.4
14%	0.2	0.4	0.3	0.3	0.2	1.4
$\sum$	1.0	1.0	1.0	1.0	1.0	5

$$预测值 = \frac{1.2 \times 6\% + 2.4 \times 10\% + 1.4 \times 14\%}{5} = 10.16\%$$

根据五位专家预测，2013 年夏季销售增长率为 10.16％，大于 10％，因此，该公司决定采取大批量经营的策略。

A 用以判断产品产销量的亏损或盈利区域，进行决策。

B 用以判明企业的经营安全状态，进行决策。

C 用以确定实现目标利润的产销量，进行决策。

② 领导集体决策法

领导集体决策法就是企业领导班子经过集体分析讨论后进行决策的方法。

其优点是充分发挥集体领导的作用，避免个人决策的失误，在决策过程中，能及时、经济、修改方便，不需要大量的统计资料，进行分析、计算、处理等。

缺点是由于对决策问题的分析缺乏系统的数据处理，决策质量往往不高，为了克服这一方法的不足，提高决策质量，一般将领导集体决策法与主观概率法结合起来应用，这样工作量增加不多，意见集中，就可以使决策效果更好些。

③ 专家咨询决策法

专家咨询决策法又称德尔菲法。此法是专家班子面对面预测的基础上发展起来的一种背靠背预测的方法，它在 20 世纪 40 年代创始于美国兰德公司，由该公司研究员赫尔默和达尔奇设计提出，命名为 Delphi（德尔菲），这是古希腊城市名，因有太阳神阿波罗神殿而出名。

目前，德尔菲已成为一种广为适用的预测方法。在长远规划的决策者心目中，该方法享有较高威望，并逐渐成为一种重要的经营决策工具。

A 对问题的性质、条件等方面彻底明确。有专人负责，通过精心设计问卷，要求专家提供可能解决问题的方案。

B 聘请 10—40 名专家，由专人向他们发出函询表并提供有关资料。

C 专家们"背靠背"，不发生任何形式的联系，独立完成问卷。

D 由专人收集问卷集中归纳、编辑、整理，把不同意见及理由及时反馈给专家们，请他们进一步提出方案。第一轮的结果常常能够激发出新的方案或改变某些专家原来的观点。

E 重复以上步骤，不断相互启发，提出新的可行性方案，排除不切实际的方案，缩小各种不同意见的差距，直到预测结果达成共识，有一个较为满意的结果。

德尔菲法特点：

Ⅰ．匿名性。在进行德尔菲法过程中，专家小组人员彼此互不相知，应答者可以不公开地改变自己的意见，从而无损于自己的威望，各种不同的论点都可以得到充分的发表。

Ⅱ．反馈性。大量的反馈信息，有利于专家们互相启迪，可以集思广益，并依次做出各自的新的判断，从而构成专家之间的匿名相互影响，排除或减少了面对面会议所带来的缺点，从而充分发挥集体的智慧。

Ⅲ．统计性。作定量处理是德尔菲法的一个重要特点，对预测结果采用统计评定回答的方法，最后得到一个定量的预测结果。

（2）定量决策法

是指可以用数学方法进行优选的决策。如产量多少、成本、价格、运费、保险费等就是数量化的决策，即定量决策。

计量决策法又称定量方法或"硬"方法。是指在决策中应用数学、运筹学、统计学以及电子计算机技术进行决策的方法。这是为了弥补定性方法的不足，适应复杂情况下的决策需要，迅速发展起来的方法。此法可以分为确定型决策、不确定性和风险性决策 3 种。

① 确定型决策方法

A. 量本利分析决策法

盈亏分析法又称保本分析法或量－本－利分析法是根据与决策有关的产品产量（或销售）、成本（费用）和利润的相互关系，分析决策方案对盈亏发生的影响评价和选择方案的一种决策法。

盈亏分析法的关键，首先在于正确划分固定成本和变动成本。

固定成本是指一定时期内不随产量变化而变化的成本，主要包括固定资产折旧、固定工资、设计费、间接费和相关管理费等。

变动成本是指在一定时期内随着产量的变化的那一部分成本，主要包括原材料费购入部件费、生产工人工资、外协加工费、工具消耗费、燃料动力费和包装及运输费用等。

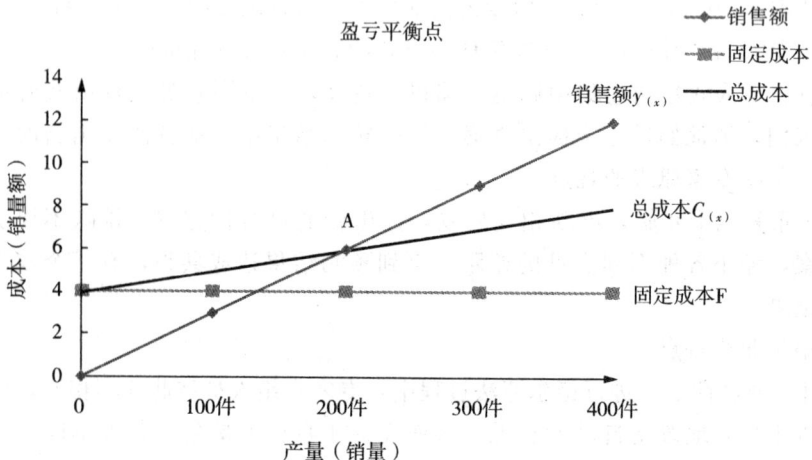

图 2-5　盈亏平衡点

图中 A——盈亏平衡点（保本点）；

$y_{(x)}$——销售额；

$C_{(x)}$——总成本；

F——固定成本；

x_A——盈亏平衡点的产量（销量）。

盈亏分析法的核心问题是确定盈亏平衡点产量（或销量）。盈亏平衡点产量是指在盈亏平衡点时销售额等于总成本而利润为零时的产量，其计算过程为：

销售额：$y_{(x)} = xp$

总成本：$C_{(x)} = F + V = F + C_V \cdot x$

利润：$E_{(x)} = y_{(x)} - C_{(x)} = (P - C_V) x - F$

式中 $E_{(x)}$——利润；

x——计划产量（销售）。

B. 线性规划法

② 风险型决策

A. 决策收益表法

B. 决策树法［Decision tree］

决策树由一个决策图和可能的结果（包括资源成本和风险）组成，用来创建到达目标的规划。决策树建立并用来辅助决策，是一种特殊的树结构。决策树是一个利用像树一样的图形或决策模型的决策支持工具，包括随机事件结果，资源代价和实用性。它是一个算法显示的方法。决策树经常在运筹学中使用，特别是在决策分析中，它帮助确定一个能最可能达到目标的策略。如果在实际中，决策不得不在没有完备知识的情况下被在线采用，一个决策树应该平行概率模型作为最佳的选择模型或在线选择模型算法。决策树的另一个使用是作为计算条件概率的描述性手段。

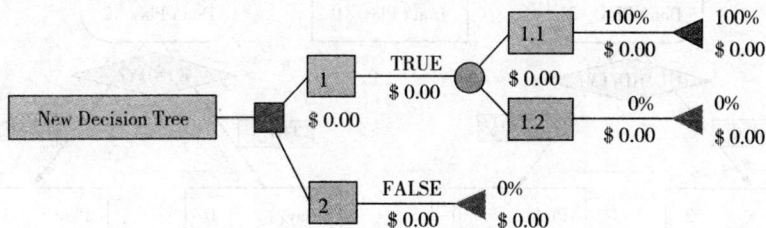

图 2-6 决策树

一个决策树包含三种类型的节点：①决策节点——通常用矩形框来表式；

②机会节点——通常用圆圈来表式；③终结点——通常用三角形来表示。

决策树法的决策程序如下：

Ⅰ绘制树状图，根据已知条件排列出各个方案和每一方案的各种自然状态。

Ⅱ将各状态概率及损益值标于概率枝上。

Ⅲ计算各个方案期望值并将其标于该方案对应的状态结点上。

Ⅳ进行剪枝，比较各个方案的期望值，并标于方案枝上，将期望值小的（即劣等方案剪掉）所剩的最后方案为最佳方案。

案例：小王是一家著名高尔夫俱乐部的经理。但是他被雇员数量问题搞得心情十分不好。某些天好像所有人都来玩高尔夫，以至于所有员工都忙得团团转还是应付不过来，而有些天不知道什么原因却一个人也不来，俱乐部为雇员数量浪费了不少资金。

小王的目的是通过下周天气预报寻找什么时候人们会打高尔夫，以适时调整雇员数量。因此首先他必须了解人们决定是否打球的原因。

在2周时间内我们得到以下记录：天气状况有晴，云和雨；气温用华氏温度表示；相对湿度用百分比；还有有无风。当然还有顾客是不是在这些日子光顾俱乐部。最终他得到了14列5行的数据表格。

决策树模型就被建起来用于解决问题。

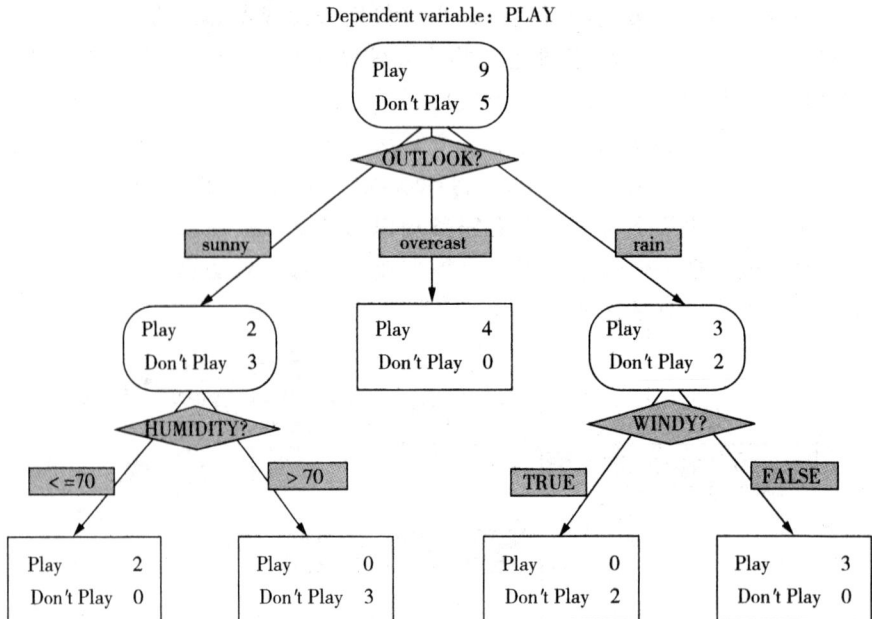

图 2-7　决策树模型

　　决策树是一个有向无环图。根结点代表所有数据。分类树算法可以通过变量 outlook，找出最好地解释非独立变量 play（打高尔夫的人）的方法。变量 outlook 的范畴被划分为以下三个组：晴天，多云天和雨天。

表 2-2　打高尔夫的数据集

	Independent Variables			Dep. var
Oulook	Temperature	Humidity	Windy	Play
Sunny	85	85	False	Don't play
Sunny	80	90	True	Don't play
Overcast	83	78	False	Play
Rain	70	96	False	Play
Rain	68	80	False	Play
Rain	65	70	True	Don't play
Overcast	64	65	True	Play
Sunny	72	95	False	Don't play
Sunny	69	70	False	Play
Rain	75	80	False	Play
Sunny	75	70	True	Play
Overcast	72	90	True	Play
Overcast	81	75	False	Play
rain	71	80	True	Don't play

　　注：Independent variables　独立变量；Out look　出来看；Temperature　温度；Humidity　湿度；Windy　有风的；Overcast　阴天的；Sunny　晴天；Rain　下雨天；False　错误的；True　正确的。

　　我们得出第一个结论：如果天气是多云，人们总是选择玩高尔夫，而只有少数很着迷的甚至在雨天也会玩。接下来我们把晴天组的分为两部分，我们发现顾客不喜欢湿度高于 70% 的天气。最终我们还发现，如果雨天还有风的话，就不会有人打了。这就通过分类树给出了一个解决方案。小王在晴天，潮湿的天气或者刮风的雨天解雇了大部分员工，因为这种天气不会有人打高尔夫。而其他的天气会有很多人打高尔夫，因此可以雇用一些临时员工来工作。

　　③ 不确定型决策

2.3　经　营　计　划

企业在一定时期内确定和组织全部生产经营活动的综合规划。它在国民经济计划指导下，根据市场需求和企业内外环境和条件变化并结合长远和当前的发展需要，合理地利用人力、物力和财力资源，组织筹谋企业全部经营活动，以达到预期的目标和提高经济效益。

2.3.1　经营计划的类型

企业经营计划按时间可分为长期经营计划、中期经营计划和短期经营计划3种；按管理层次可分为全厂经营计划职能部门经营计划和车间经营计划；按计划内容又可分为供应、销售、生产、劳动、财务、产品开发、技术改造和设备投资等计划。

2.3.2　经营计划的内容

（1）长期计划：规定企业 10 年或 10 年以上的发展方向规模和主要技术经济指标的纲要性计划，又称战略经营计划或远景经营计划。它根据国家的方针、政策、法令、发展国民经济长远计划对企业提出的任务和社会需求，同时考虑市场环境和技术发展以及企业自身条件和变化等情况而制定。

长期经营计划的内容因行业和企业的特点而有所不同，一般包括：

① 科研和新产品开发计划，规定企业产品品种发展方向、新产品开发和老产品整顿任务和有关探索性的科研项目等。

② 企业改造和固定资产投资计划，规定企业在一定计划期限内的设备更新、技术改造、产品品种结构调整和环境保护等项目及其完成的进度、费用预算和预期达到的目标等。

③ 生产能力利用计划，规定设备、厂房、仓库、运输工具等设施的报废、更新、处理、添置等的数量、时间和费用预算等。

④ 人才开发和职工培训计划，规定智力投资、人才开发、职工教育和技术培训的人数、时间和费用预算等。

⑤ 企业主要技术经济指标的发展计划，规定利润目标、产品质量指标、产品成本指标、劳动生产率增长指标、流动资金周转速度指标、能源消耗和材料利用指标等。

⑥ 职工生活福利设施计划，规定职工宿舍、托儿所、医院、俱乐部、食堂等公共设施的发展计划。

（2）中期计划：中期计划是长期计划的具体化。它以国民经济和社会发展战略的目标和步骤为根据，对长期计划的各项任务，给以一定时间里的数量要求，并规定为达到计划要求的途径和手段。其主要内容有：经济增长速度和重要比例关系，财政、信贷、外汇、物资、市场、劳动力等方面的平衡，固定资产投资的规模、方向、效益，主要产品的新增生产能力，以及大中型建设项目和重要配套项目，科学技术攻关项目和重大科学技术成果的推广应用项目，人口出生率，城乡居民物质、文化生活水平，自然资源综合利用水平和环境保护指标，重要的经济政策和科学技术政策及重大措施等等。

（3）年度计划（即执行计划）：由企业的年度销售、生产供应财务、成本等计划构成的综合性计划。它是长期经营计划的具体化和实施方案。20 世纪 50 年代初以来，中国企业年度综合计划采用生产技术财务计划的形式。70 年代末开始改革经济管理体制，企业扩大了自主权，成为社会主义商品生产的相对独立的经济实体，在国家计划指导下，主动从事生产经营的全部活动。企业开始编制年度经营计划，取代已往的生产技术财务计划。

年度经营计划一般包括 9 个方面的内容。

① 销售计划：根据国家计划、市场预测和订货合同编制，是编制生产计划的重要依据它规定企业在计划年度内销售产品的品种、数量、销售收入、销售利润、交货期、产品质量和销售渠道等，是保证利润计划实现的关键性计划。

② 生产计划：以销售计划为主要编制依据。它规定企业在计划年度内所生产的产品品种、质量、数量和生产进度以及生产能力的利用程度，是编制劳动工资计划、物资供应计划和技术组织措施计划的依据，对企业实现销售计划起保证作用。

③ 劳动工资计划：根据生产计划和技术组织措施计划编制。它规定企业在计划年度内为完成生产计划所需的各类人员的数量、定员、定额，劳动生产率提高水平，工资总额和平均工资水平，奖励制度和奖金，职工培训指标等，对企业提高劳动生产率，提高职工的文化和技术业务水平起重要作用。

④ 新产品试制计划：它是新产品开发计划的具体落实，对推动企业不断创新和开展市场竞争起重要作用它规定企业的新产品设计和研制、新工艺攻关和投产前的技术准备等指标。

⑤ 物资供应计划：根据生产计划、新产品试制计划和技术组织措施计划等编制，起合理利用和节约物资减少资金占用的作用。它规定企业在计划年度内生产、科研、维修等所需的原材料、燃料、动力、外协件、外购件、外购工具等的需要量、储备量和供应量、供应渠道、供应期限等。

⑥ 产品成本计划：以生产计划、劳动工资计划和物资供应计划为主要编

制依据，对企业节约人力、物力、财力和增加盈利起保证作用。它规定在计划年度内生产和销售产品所需的全部费用，具体包括主要产品单位成本计划、全部商品产品成本计划和产品成本降低计划等。

⑦ 财务计划：根据生产销售、供应、劳动工资、成本等计划编制，对保证企业的经营和合理使用资金起重要作用。它包括固定资产计划、流动资金计划、利润计划、专用基金计划和财务收支计划，是企业生产经营状况的综合反映。

⑧ 技术组织措施计划：规定企业在计划年度内改进技术和组织的各项措施的项目、进度、预期的经济效果及实现措施所需的人力、材料、费用和负责人及执行单位。它是实现生产计划和新产品试制计划等的技术组织保证，对企业动员内部潜力、改造薄弱环节和增产节约起重要作用。

⑨ 其他计划：包括设备维修计划工具生产计划、动力计划、动能生产计划和运输计划等。

2.3.3　经营计划的特点

① 经营计划具有决策性

它是以企业作为相对独立的商品生产者和经营者为前提，根据企业外部环境和内部实力制定和编制的，它直接关系到企业的生存与发展。

② 经营计划具有外向性

它与社会、市场和用户有着密切的联系，其基本目的就是实现企业与外部环境的动态平衡。并获得良好的经济效益和社会效益。

③ 经营计划具有综合性

它的基本内容既包括市场调查、预测、生产、销售，也包括技术、财务和后勤，是指导企业全部生产经营活动的纲领。

④ 经营计划具有激励性

它把国家利益、企业利益和职工个人利益有机结合起来，形成一股强大的动力，能激励企业全体职工为之而奋斗。

2.3.4　经营计划的原理

① 限定因素原理：管理人员越是能够了解掌握限制目标实现的因素，就越能够有针对性地、有效地拟定各种行动方案。

② 许诺原理：计划是对完成各项工作所做出的许诺，许诺越大，实现的时间就越长，实现的可能性就越小。

③ 灵活性原理：计划的灵活性越大，由于未来风险引起损失的危险性就越小。

④ 改变航道原理：计划的总目标不变，但实现目标的进程（即航道）可以因情况的变化随时改变。

2.3.5　经营计划的管理制度

制度：企业的经营计划是实现其经营目标的重要手段也是组织和指导企业生产有序进行的依据因而企业管理者必须加强经营计划管理工作对企业的生产任务进行统筹安排使其人财物等各种资源都得到充分利用建立科学有效地经营计划管理制度是加强计划管理的前提和基础其具体内容主要有：①经营方针目标管理制度；②经营计划管理制度。

采购管理：采购是现代物流链中的一个基础环节，它的管理状况关系着整个物流链的进程。因此搞好公司的采购管理工作，对整个公司的经营活动的进行至关重要。具体做法包括：采购工作管理目标；采购管理系统；采购管理工作内容；标准采购作业程序；标准采购作业细则；公司采购规程；采购工作实施办法；采购入库验收管理规定等。

销售管理：产品销售是公司实现利润与经营目标的关键环节因此产品销售是现代公司最重要的一项管理制度一家公司缺乏现代的产品销售管理制度不一定卖不出产品但肯定不能达到最好的效果现代公司的产品销售管理制度主要有以下几个方面：年度销售计划管理制度；销售方针计划书；销售管理制度；销售促进计划；产品定价管理制度；产品降价销售管理规定；特约销售组织制度；公司特约销售经营制度；公司经销商年度奖励办法；业务员开拓新客户奖励办法；公司销售人员管理制度；销售人员考核与奖惩办法；卖场服务标准；售后服务管理制度；客户投诉经济处罚细则；客户投诉行政处罚条例；客户投诉管理制度；客户投诉案件处理办法；客户提案意见处理规定等。

2.3.6　经营计划的要求

① 重视协调性：计划既要注意内部各环节、各部门之间的相互协调，又要注意企业与外部环境条件之间的充分协调。协调计划的根本目的是使企业的目标得以实现。每种计划的指标都存在一个可以接受的范围。协调计划的最终结果应能使企业获得最大限度的效益。

② 加强灵活性

首先，计划指标要留有余地。

一要积极：经过努力可以办到的事，要尽量安排，努力争取办到。

二要可靠：计划指标，要以资源条件做保证，通过努力能够实现。尽力而为和量力而行相结合，使计划既具有先进性又具有科学性。

其次，要有应变措施。

第三，要有备选方案。

如美国的米德公司有 3 套（A、B、C）短期计划。A 计划是"激进的"，B 计划是"基本的"，C 计划是"保守的"。

③ 消除计划隔阂："计划隔阂"是指存在于企业内部各部门和个人之间的有关期望、目标和基本观念的分歧。各个部门和个人之间的出发点不同，他们对于计划的目标、步骤等的理解也会不同这也会导致计划隔阂的产生。

④ 填补计划空隙"计划空隙"是指在企业内部由于缺乏充分的信息沟通而造成某些管理层次对总目标，计划的前提、策略、政策，上下级的计划等方面的不了解。

首先，计划信息应当尽可能具体和详尽。

其次，上级主管人员应向下级阐明并解释计划。

第三，尽可能地给下级参与计划的机会。让计划工作人员和主要下级人员一起制定计划、建立计划工作委员会、成立管理俱乐部。

2.3.7 经营计划的任务

① 把经营目标具体化；

② 分配各种资源；

③ 协调各单位生产经营活动；

④ 提高经济效益；

【思考与练习】

1. 什么是企业经营战略？

2. 企业战略管理的内容主要有哪些？

3. 进攻战略和防御战略的背景是什么？

4. 企业经营战略的构成有哪些？

5. 战略实施的原则有哪些？

6. 如何进行战略控制？

7. 经营决策的方法中有哪些定性决策法？

8. 简述滚动计划法的基本方法。

第 3 章　企业生产管理

3.1　生产管理

3.1.1　生产管理

生产管理是指为实现经营目标，有效地利用生产资源，对企业的生产过程活动进行的一种管理活动，也就是对生产过程活动进行的一系列计划、组织和控制的工作。

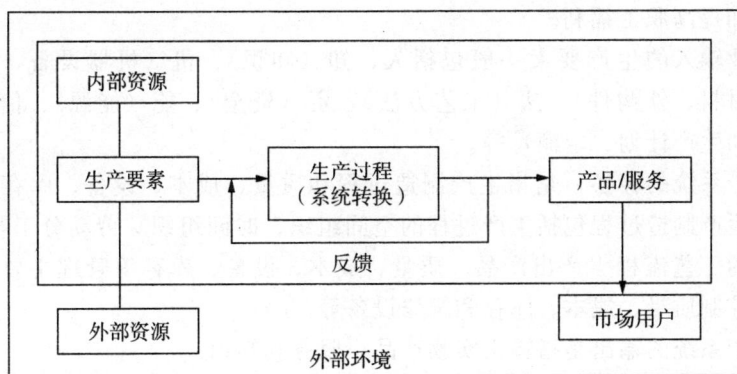

图 3-1　生产系统图

3.1.2　生产系统管理

生产管理是将管理的基本原理应用于生产系统，以保证在最低耗费下，按时间、按质量要求生产出所需产品的活动，得到最大的投入产出比。

生产系统管理主要有两方面的工作。一方面是生产系统设计方面的工作，如厂址选择、工厂与车间布置、生产工艺选择等。另一方面的工作是生产计划与控制，它是生产管理中的日常管理活动。

（1）为实现日常管理，生产管理必须具备以下两种功能：

① 是计划功能。编制生产计划，包括劳动力的职、生产前各项技术准备工作的组织与协调。

② 是控制功能。是指围绕完成生产计划所进行的检查、监督工作。主要的内容包括生产准备控制、生产过程控制、产品质量控制、物资消耗及生产成本控制、库存和资金占用控制等。

（2）为搞好生产管理，提高企业的经济效益，在生产管理中应贯彻以下基本要求：

① 市场竞争导向。它是指把市场作为生产的出发点和落脚点，这是社会主义市场经济的基本要求。

② 讲求经济效益。它具体体现在生产管理的目标上，就是要做到数量多、质量好、交货及时、成本低等。

③ 均衡生产。它要求企业在生产过程中有计划、按比例地组织生产，消除盲目生产，克服前松后紧等现象。

④ 科学管理。它是指尊重客观规律，积极推行符合现代化大生产的制度和方法。

按系统功能，生产系统的定义是：生产的输入、转换、输出实物产品、服务和认识的过程，其目的是实现价值增值满足社会（用户）需要，增加企业利润和提高职工福利。

企业输入的生产要素一般包括人、知（知识）、机（机器设备、工具）、料（原材料、外购件）、法（工艺方法）、资（资金）、能（能源）、信（生产信息，如生产计划、定额）等。

生产系统的转换，是指生产制造过程和质量、成本、设备、库存等管理过程。生产制造过程包括生产过程的空间组织、时间组织．劳动分工与协作，按预定的工艺流程生产出产品。质量、成本、设备、库存等管理主要指生产过程中控制质量、成本、库存和维修设备等。

生产系统的输出是指输出实物产品、服务和知识。

生产系统要有明确的目的性，这是系统设立的前提。在社会主义市场经济条件下，生产系统设立的目的就是为了实现价值增值，满足国家经济建设的需要、用户需要，增加企业利润和提高职工福利。生产系统要强调效益性，争取输出大于输入，提供高效益。

外部环境与少产系统之间存在物质、能量与信息的转换。生产系统要不断适应外部环境，加强内部协调性工作。为了改善生产工作，还应随时注意信息的反馈，从而使生产顺畅地进行，生产出符合要求的产品或提供服务。企业要增加生产系统对外部环境的适应性，在不断变化的外部环境中能应付自如。

3.1.3 生产系统的属性

生产系统是一个人造系统或复合系统。它具有以下属性；

（1）集合性

企业生产系统是由人、知、机、料、法、资、能、信等要素构成地结合。形成一个整体，实现预定的目标。

（2）相关性

在构成生产系统的要素之间，表明了事物的内在联系，也就是存在着相互关系和相互作用。几个单元组合在一起，仅能叫做一个"组"。在这些单元之间具有相互关系或相互作用，这样的组才可以能被认为是一个系统。为达到既定的目标，利用这种关系使系统成为有机整体。

（3）目标性

一个系统要解决什么问题，目标自始至终应该是明确的，所以生产系统应具有目标性。系统有单一目标也有多目标，而现代化的系统大多是多目标的系统。

（4）竞争性

生产系统又是具有竞争性的系统，系统本身要先进，否则必然失去竞争能力。

（5）环境的适应性

生产系统必须能适应其周围事物或外部环境的变化。一方面环境特性的变化往往引起系统特性的变化；另一方面由于系统的作用不同也会引起环境的变化。因而系统要有一种特殊的功能，在外部环境变化的情况下，也能始终保持最优状态。

3.1.4　生产系统结构

生产系统结构是系统构成要素及其相互间组合关系的体现。它是实现生产系统各项功能的基础。生产系统的构成要素很多，按性质和作用可简单划分为结构化要素和非结构化要素。

（1）生产系统结构化要素

生产系统结构化要素是指构成生产系统物质形式的那些硬件及它们之间的相互关联。生产系统结构化要素主要包括以下几方面内容：

① 生产技术

它主要是指由生产工艺技术的特点、工艺技术水平、生产设备的技术性能等。它通过生产设备的构成和技术性能反映生产系统的工艺特征、技术水平。

② 生产设施

它主要是指生产中的设置并体现出相互联系方式。

③ 生产能力生产装置的构成及规模、设施的布局和布置

它主要是指生产系统内生产设备的技术性能、数量、种类及组合关系决定的反映生产系统的能力。

④ 生产系统的集成

它主要是指生产系统的集成范围、集成方向（即生产过程的纵向集成、横向集成）、生产系统与外部的联系等，它表达出企业生产系统的结构形式。

结构化要素是形成生产系统框架结构的基础。建立这些要素需要的投资多，一旦建立起来并形成一定的组合关系之后，再进行调整难度较大，所以决策时应该慎重。当然进行必要的调整还是不可避免的。

（2）生产系统非结构化要素

非结构化要素是指在一定的结构化要素组合形成框架构成基础上，起支撑和控制生产系统运行作用的要素。非结构化要素大部分是以软件的形式出现和存在。非结构化要素主要包括以下几个部分：

① 人员组织要素

它主要包括：人员素质特点、要求；工作设计；人事管理制度；组织机构激励政策等。它是从人员的角度对生产系统进行组织使其很好运作的决定因素。

② 生产计划要素

它主要包括：生产计划的类型、编制及其实施、控制。它决定着生产系统的顺利运行。

③ 库存控制要素

它主要包括：库存系统类型、库存控制方式等。它直接影响生产系统的经济效益。

④ 质量管理要素

它是生产系统正常运转的基本条件之一。它主要包括：质量标准的制定、质量控制、建立质量保证体系等。它是生产系统正常运作的基本保证。

随着企业不断发展和进步，非结构化要素的作用越来越大。在某些情况下，它能够以很大的作用力影响结构化要素。优化生产系统的结构，对于搞好企业生产管理是非常重要的。

3.1.5 生产管理的内容

生产管理主要有两个方面的工作：

（1）生产系统设计。

① 产品开发管理。包括产品决策、产品设计、工艺选择与设计、新产品试制与鉴定管理等。其目的是为产品或服务的生产及时提供全套的能取得令

人满意的技术经济效果的技术文件，并尽量缩短开发周期，降低开发费用。

② 设施构建管理。包括厂址选择、生产能力决策、厂房设施建设、设备选择与购置、工厂与车间布置等。其目的是为了以最快的速度、最少的投资，建立起最适宜企业生产的、能形成企业固定资产的生产系统主体框架．

（2）生产系统运行的计划和控制。

生产计划的运行和控制是指企业根据市场需求以及自身的生产经营目标，在设计好的生产系统框架下，不断进行综合平衡，科学安排生产系统的各个环节和阶段的生产任务，妥善协调生产系统各方面的复杂关系，对生产过程进行有效控制，确保生产系统正常运行。它是生产管理中的日常管理活动。

3.1.6　生产管理的绩效

生产管理绩效是指生产部所有人员通过不断丰富自己的知识、提高自己的技能、改善自己的工作态度，努力创造良好的工作环境及工作机会，不断提高生产效率、提高产品质量、提高员工士气、降低成本以及保证交期和安全生产的结果和行为。生产部门的职能就是根据企业的经营目标和经营计划，从产品品种、质量、数量、成本、交货期等市场需求出发，采取有效的方法和措施，对企业的人力、材料、设备、资金等资源进行计划、组织、指挥、协调和控制，生产出满足市场需求的产品。相应地，生产管理绩效主要分为以下六大主要方面：

（1）效率（P：Productivity）

效率是指在给定的资源下实现产出最大。也可理解为相对作业目的所采用的工具及方法，是否最适合并被充分利用。效率提高了，单位时间人均产量就会提高，生产成本就会降低。

（2）品质（Q：Quality）

品质，就是把顾客的要求分解，转化成具体的设计数据，形成预期的目标值，最终生产出成本低、性能稳定、质量可靠、物美价廉的产品。产品品质是一个企业生存的根本。对于生产主管来说，品质管理和控制的效果是评价其生产管理绩效的重要指标之一。所谓品质管理，就是为了充分满足客户要求，企业集合全体的智慧经验等各种管理手段，活用所有组织体系，实施所有管理及改善的全部，从而达到优良品质、短交货期、低成本、优质服务来满足客户的要求。

（3）成本（C：Cost）

成本是产品生产活动中所发生的各种费用。企业效益的好坏在很大程度上取决于相对成本的高低，如果成本所挤占的利润空间很大，那么相应的企业的净利润则相对降低。因此，生产主管在进行绩效管理时，必须将成本绩效管理作为其工作的主要内容之一。

（4）交货期（D：Delivery）

交货期是指及时送达所需数量的产品或服务。准时是在用户需要的时间，按用户需要的数量，提供所需的产品和服务。一个企业即便有先进的技术、先进的检测手段，能够确保所生产的产品质量，而且生产的产品成本低、价格便宜。但是没有良好的交货期管理体系，不能按照客户指定的交货期交货，直接影响客户的商业活动，客户也不会购买你的产品。因此交货期管理的好坏是直接影响客户进行商业活动的关键，不能严守交货期也就失去了生存权，这比品质、成本更为重要。

（5）安全（S：Safety）

安全生产管理就是为了保护员工的安全与健康，保护财产免遭损失，安全地进行生产，提高经济效益而进行的计划、组织、指挥、协调和控制的一系列活动。安全生产对于任何一个企业来说都是非常重要的，因为一旦出现工作事故，不仅会影响产品质量、生产效率、交货期，还会对员工个人、企业带来很大的损失，甚至对国家也产生很大的损失。

（6）士气（M：Morale）

员工士气主要表现在三个方面：离职率、出勤率、工作满意度。高昂的士气是企业活力的表现，是取之不尽、用之不竭的宝贵资源。只有不断提高员工士气，才能充分发挥人的积极性和创造性，让员工发挥最大的潜能，从而为公司的发展做出尽可能大的贡献，从而使公司尽可能地快速发展。

因此，要想考核生产管理绩效，就应该从以上六个方面进行全面的考核。

3.1.7 生产管理的任务

运用组织、计划、控制等职能，把投入生产过程的各种生产要素有效地整合起来，形成有机的体系，按最经济的生产方式生产出满足社会所需要的产品。

高效、低耗、灵活、准时地生产合格产品，为客户提供满意的服务。

（1）高效：迅速满足用户需要，缩短订货、提货周期，为市场营销提供争取客户的有利条件。

（2）低耗：人力、物力、财力消耗最少，实现低成本。

（3）灵活：能很快适应市场变化，生产不同品种不断开发新品种。

（4）准时：在用户需要的时间，按用户需要的数量，提供所需的产品和服务。

（5）高品质和满意服务：是指产品和服务质量达到顾客满意水平。

3.2　生产过程组织

3.2.1　生产过程的概念

生产过程是指从原材料投入生产开始到成品制造出来为止的全部过程。

3.2.2　生产过程及其组成

主要可分为生产技术准备过程、基本生产过程、辅助生产过程、生产服务过程等。

任何工业企业的产品生产，必须经过系列的生产过程。所谓生产过程是指从原材料的投入开始，经过一系列的加工，到成品生产出来的全部过程。在生产过程中，主要是劳动者运用劳动工具，自接或间接地作用于劳动对象，使之按照人们预定的目标成为工业产品。但在某些特定的生产技术条件下、实现产品的生产，还需借助自然力的作用。这时，生产过程就是一系列相互联系的劳动过程和自然过程相结合的全部过程。

工业企业的生产过程一被是由许多部分组成的。根据各部分在生产过程中的作用不同，可划分为以下四部分。

（1）生产技术准备过程

生产技术准备过程指为保证生产的顺利进行在正式投人生产前所进行的准备工作。如产品及工艺的设计、柑料及工装的猴备、劳动组织的调整等。

（2）基本生产过程

基本生产过程是指对构成产品实体的劳动对象直接进行工艺加工的过程。如机械企业中的铸造、机械加工和装配等过程，基本生产过程是企业的主要活动。

（3）辅助生产过程

辅助生产过程是指为保证基本生产过程的正常进行而从事的各种辅助性生产活动的过程。如为基本生产过程提供动力、工具和维修等。

（4）生产服务过程

生产服务过程是指为保证生产活动的顺利进行而提供的各种服务性工作。如供应、运输、检验等。

上述几个方面彼此结合在一起，构成工业企业的整个生产过程。其中，基本生产过程是主导部分，其余各部分都是围绕基本生产过程进行的。

为了加强生产管理，必须对生产过程进一步划分。现代企业管理中一般以工序作为生产过程的基本单位。工序是一个或几个工人，在同一工作地，对一个或几个劳动对象，连续进行的生产活动。工作地是劳动者使用劳动工具对劳动对象进行生产活动的场听，它是由一定面积的场地、机械设备及辅助工具组成。

3.2.3 合理生产过程的基本要求

指合理地处理生产过程各个部分之间的关系，使其在时间上、空间上密切配合、协调一致，以保证均衡、有节奏的生产。目的是使产品在生产过程中行程最短、时间最省、耗费最小、效益最高。

组织生产过程必须实现以下要求：第一，生产过程的连续性。第二，生产过程的比例性。第三，生产过程的均衡性。第四，生产过程的平行性。第五生产过程的准时性。第六生产过程的适应性（也称柔性化）。

（1）生产过程的连续性

连续性是指劳动对象始终处于被加工或处理的状态，没有不必要的停顿和等待。这就要求生产过程的各环节在时间亡紧密衔接，减少各种原因造成的停顿。保持和提高生产过程的连续性，可以缩短产品生产周期。减少在制品占用，节约库存面积，提高经济效益。生产过程的连续性同工厂布置和企业的技术及管理水平有关。

（2）生产过程的比例性

比例性是指生产过程各阶段、各工序之间在生产能力上保持一定的比例关系。比例性是生产顺利进行的前提，是提高设备利用率和劳动生产率的保证。为了保持生产过程的比例性，在设计和建设企业时，就应根据产品性能、结构以及生产规模、协作关系等统筹规划；同时，还应在日常生产组织和管理中，搞好综合平衡和计划控制。生产过程的比例性不是固定不变的，生产技术的进步产品品种的改变、原材料构成的改变等，都会改变原有比例，要求建立新的比例关系。

（3）生产过程的平行性

生产过程的平行性是指生产过程的各个阶段、各个工序实行平行作业。如机械产品是由许多零部件组成的，每一个零部件的生产和装配都可以单独进行而不影响其他零部件的加工和装配。提高生产过程的平行性，可以大大缩短产品的生产周期，在同一时间内生产更多的产品。生产过程的平行性是生产过程连续性的必然要求，只有组织平行交叉作业，才能真正达到生产过程连续性的要求。

（4）生产过程的均衡性

均衡性是指生产过程各环节的工作，都能按计划、有节奏地进行，在相同的时间间隔内完成相同或递增的工作量，使各工作地和工人的负荷均衡。生产过程的均衡性决定于投入、生产和产出三者的统一，三个环节的统筹安排是均衡性的基本保证。实现均衡性生产，既要加强基本生产过程的管理，又要强化辅助及服务性生产的管理，特别是生产前的技术准备工作和生产过程中的物资供应工作。

（5）生产过程的准时性

生产过程的准时性是指生产过程的各个阶段、各工序都按后续阶段和工序的需要生产。即在需要的时候，按需要的数量，生产出需要的零部件。准时性将用户和企业紧密联系起来。企业所做的一切都是为了让用户满意，用户需要什么样的产品，企业就生产什么样的产品，需要多少就生产多少，何时需要，就何时提供。准时性是市场经济对生产过程提出的要求。它是企业当前与长远生产和发展的关键。

（6）生产过程的适应性（柔性）

适应性是指生产过程的组织应变能力强，能对迅速变化的市场要求做出快速的反应，生产出满足市场需求的新产品。为了提高生产过程的适应性，企业应以多品种、小批量为发展方向。这也是企业生产发展的新趋势。

3.2.4　企业的生产类型

（1）生产类型的概念

生产类型是生产结构类型的简称，是产品的品种、产量和生产的专业化程度在企业生产系统技术、组织、经济效果等方面的综合表现。不同的生产类型所对应的生产系统结构及其运行机制是不同的，相应的生产系统运行管理方法也不相同。

（2）生产类型的划分

各个工业企业在产品结构、生产方法、设备条件、生产规模、专业化程度、工人技术水平以及其他各个方面，都具有各自不同的生产特点。这些特点反映在生产工艺、设备、生产组织形式、计划工作等各个方面。对企业的技术经济指标有很大影响。因此，各个企业应根据自己的特点，从实际出发建立相应的生产管理体制。这样，就有必要对企业进行生产类型的划分。

① 按产品的大小、复杂程度和年产量的多少来划分。

A. 单件生产；

B. 成批生产；

C. 大量生产。

② 按生产计划的来源划分

A. 订货生产方式。它是根据用户提出的具体订货要求后，才开始组织生产，进行设计、供应、制造、出厂等工作。生产出来的成品在品种规格、数量、质量和交货期等方面是各不相同的，并按合同规定按时向用户交货，成品库存甚少。因此，生产管理的重点是抓"交货期"，按"期"组织生产过程各环节的衔接平衡，保证如期实现。

B. 存货生产方式。它是在对市场需要量进行预测的基础上，有计划地进行生产，产品有一定的库存。为防止库存积压和脱销，生产管理的重点是抓供、产、销之间的衔接，按"量"组织生产过程各环节之间的平衡，保证全面完成计划任务。

③ 按生产的连续程度划分

A. 连续生产。它是长时间连续不断地生产一种或很少几种产品。生产的产品、工艺流程和使用的生产设备都是固定的、标准化的，工序之间没有在制品储存。例如，油田的采油作业等；

B. 间断生产。输入生产过程的各种要素是间断性地投入。生产设备和运输装置必须适合各种产品加工的需要，工序之间要求有一定的在品库存。例如，机床制造厂、机车制造厂、轻工机械厂等。

④ 按产品品种和生产数量划分

按产品品种数量来划分又称为按工作地的专业化程度划分生产类型。在通常情况下，企业生产的产品产量越大，产品的品种则越少，生产专业化程度也越高，而生产的稳定性和重复性也就越大。反之，企业生产的产品产量越小，产品的品种则越多，生产专业化程度越低，而生产稳定性和重复性亦越小。可见，决定生产类型的产品产量、产品品种和专业化程度有着内在的联系，并由此而对企业技术、组织和经济产生不同的影响和要求。

⑤ 按品种生产量角度划分

按品种生产量角度划分生产类型，可以分为少品种大量生产、中量（成批）生产和多品种少量生产。而在成批生产中，又可划分为大批生产、中批生产和小批生产。由于大批和大量生产特点相近，单件和小批生产特点相近，所以在实际工作中，通常分为大量大批生产、成批生产和单件小批生产。在一般情况下，大批大量生产具有生产稳定、效率高、成本低、管理工作简单等特点。但也存在着投资大（专用夹具和专用机械设备的配备）、适应性差和灵活性差等特点。这样会给产品更新换代带来巨大损失。单件小批生产，由于作业现场不断变换品种，作业准备改变频繁，造成生产能力利用率低（人和机器设备的闲置等待）所以生产稳定性差、效率低、成本高、管理工作复杂等。因此，必须尽力做好作业准备、作业分配、作业进度计划和进度调整等工作。中批生产特点介于上述二者之间。

（3）划分生产类型的程序和方法

划分生产类型的步骤是确定工作地的生产类型，然后依次确定小组、工段、车间、企业的生产类型。

① 工作地生产类型的划分；

② 小组、工段、车间、企业生产类型的划分。

3.2.5　生产过程的组织形式

（1）生产过程的空间组织

空间组织就是指企业的各个生产单位的组成、相互联系及其在空间上的分布情况。

工业企业进行生产活动，实现产品的生产过程，不仅要有一定的场地、厂房建筑物和机器设备等，而且还要将这些生产物按照一定的原则加以组合，划分成占有一定空间位置的生产单位。生产过程的空间组织，应包括工厂的总平面布置和基本生产车间的组织形式，在此主要介绍后者。工业企业内部生产车间的组织，一般有工艺对象化和对象专业化两种基本形式。

① 工艺专业化设备布置

指按照生产工艺性质的不同设置车间、工段和班组。

工艺专业化的特点主要是工艺特点相同。具体表现为"三个相同，一个不同"，即设备、工种、工艺方法相同，产品不同。通常叫作"机群式"生产单位。

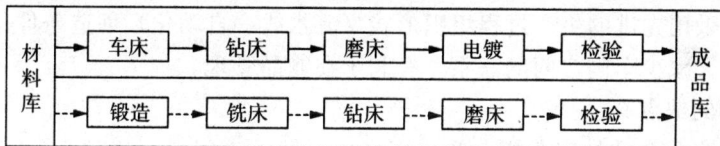

图 3-2　工艺专业化设备布置图

具有的优点：

A 可以充分利用设备。

B 适应产品品种的要求，适应分工的要求。

C 便于工艺管理和提高技术水平。

其缺点有：

A 加工路线长。

B 经过许多车间，增加交接等待时间。

C 车间之间的相互联系比较复杂，使计划管理和在制品管理工作更加复杂。

② 对象专业化

指按照加工对象来设置生产单位。在对象专业化生产单位里，集中着加工同种类产品所需要酌不同机器设备和各种工人，对同种产品进行不同工艺的加工。也就是"三个不相同，一个相同"，即设备、工种、工艺方法不同，产品相同。

对象专业化的优、缺点，正好与工艺专业化相反。工艺专业化的优点就是对象专业化的缺点。

对象专业化和工艺专业化同时并存在一个生产单位中，叫混合专业化。

企业应根据实际情况，选择运用专业化形式。一般地说．组织对象专业化应具备的主要条件如下：企业的生产专业化方向比较稳定，产品结构稳定。品种少，产量大，任务足，拥有的设备数量多和齐全．生产类型属于大量大批或成批生产等。

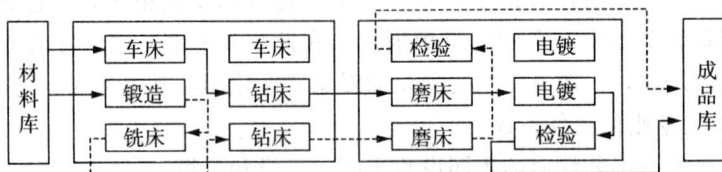

图 3－3　对象专业化设备布置图

具有的优点：

A 加工路线短。

B 为采用先进的生产过程组织形式（流水线、自动化）创造条件。

C 大大减少车间之间的联系，有利于在制品管理。

存在的缺点有：

A 对产品变动的应变能力差。

B 设备利用率低。

C 工人之间的技术交流比较困难，因此工人技术水平的提高受到一定限制

③ 成组加工单元

④ 柔性加工单元

柔性加工单元是成组技术与数控技术相结合的产物。在柔性生产单元中，产品、零部件或加工工艺变化时，不必对设备或生产线进行大的变更，而只要变更某些控制程序就可以适应新的产品、零部件和新的工艺加工方法的需要。

柔性加工单元与成组加工单元的不同点：

A. 加工机床为数控机床或数控加工中心。

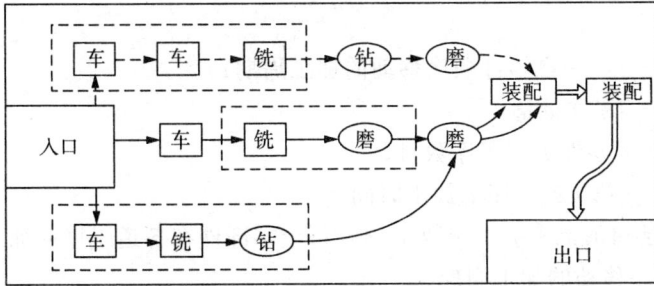

图 3-4　成组加工单元设备布置图

B. 传递装置为自动传送系统或自动抓握装置。

C. 工件和刀具自动传递装卸。

D. 采用集中数控或计算机控制。

（2）生产过程的时间组织

时间组织主要研究劳动对象在车间之间、工段之间及工作地之间的运动，在时间上如何配合与衔接，以最大限度地提高生产过程的连续性和节奏性，达到提高生产率，降低成本，缩短生产周期的目的。

生产过程时间组织的目的，就是要缩短产品生产周期，节约生产时间。缩短产品生产周期，就是要缩短零件的生产周期。缩短零件的生产周期，就必须正确地选择工序在时间上的结合方式。工序结合方式，指一批零件在各道工序的移动方式和时间上如何衔接。如果同时制造一批相同的零件，经几道工序加工，有三种不同的移动方式：顺序、平行、平行顺序移动方式。

① 零件的移动方式

A. 顺序移动方式

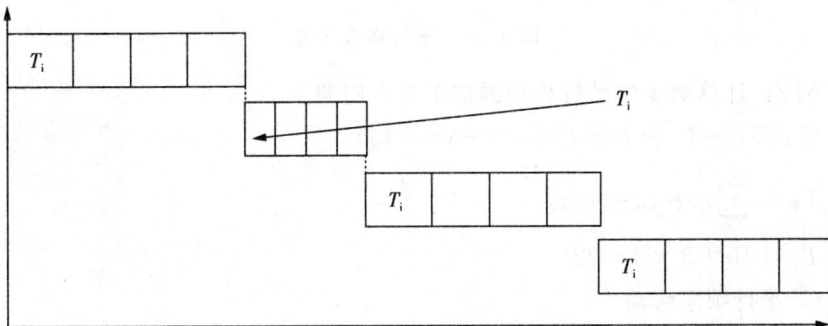

图 3-5　顺序移动方式

计算公式如下：

$$T_{顺} = n \sum_{i=1}^{m} t_i$$

式中　　$T_{顺}$——一批零件顺序移动的加工周期；

　　　　n——零件批量；

　　　　m——零件加工工序数目；

　　　　t_i——第 i 道工序的加工时间。

例1：已知每批零部件个数 $n=4$，每个零部件在各道工序的加工时间分别为：计算顺序移动的加工周期

解：$T_{顺} = n \sum_{i=1}^{m} t_i$

$n=4$；$t_1=2$；$t_2=4$；$t_3=1$；$t_4=3$

$T_{顺} = 4 \times (2+4+1+3) = 40$

特点：零件在加工过程中没有停歇、管理与组织比较简单，但加工时间长。

B. 平行移动方式

平行移动方式指每一个零件在前一道工序加工完毕之后，立即转入下一道工序进行加工，零件在工作地之间是一个一个的运输的。

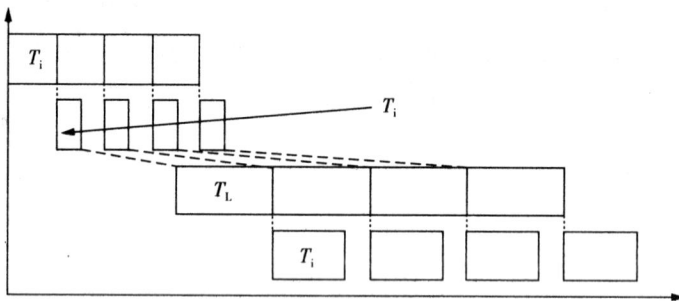

图 3-6　平行移动方式

例2：计算例1中平行移动的加工生产周期

解：$T_{平} = (t_1+t_2+t_3+t_4) + (n-1) t_3$

$T_{平} = \sum_{i=1}^{m} t_i + (n-1) t_长$

$T_{平} = 10 + 3 \times 4 = 22$

C. 平行顺序移动

平行顺序移动指一批零件或产品在每一道工序都必须保持连续，又与其他工序平行地进行作业的一种移动方式。

如何保证既连续又平行：

当 $t_1 > t_2$ 时，零件逐个移动；

当 $t_1 < t_2$ 时，零件在前一道工序生产足够数量，能够保证下一道工序连续，才传送到下一道工序。

计算公式：$T_{\text{平}} = n \sum_{i=1}^{m} t_i - (n-1) \sum_{i=1}^{m-1} t_{min}(t_i, t_{i+1})$

其中：T_{min}——每相邻两道工序中较短的单件工序时间。

例 3：计算例 1 中的平行顺序移动的加工生产周期

解：$T_{\text{平顺}} = 40 \times 3(2+1+1) = 28$

可见：$T_{\text{平}} < T_{\text{平顺}} < T_{\text{顺}}$

平顺的特点：综合效果好

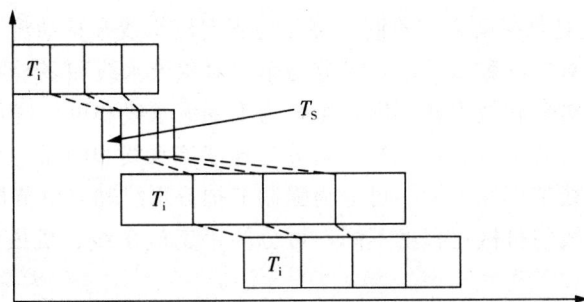

图 3-7　平行顺序移动

② 考虑因素

表 3-1　考虑因素

批量大小	尺寸	加工时间	专业化形式	方式
不大	小	短	工艺专业化	顺序移动
大	大	长	对象专业化	平行、平行顺序

3.2.6　流水生产的组织与控制

(1) 流水线生产的概述：

流水线生产是一种先进的生产组织形式。它是按照产品生产的工艺顺序排列上作地，使产品按照一定的速度，连续地和有节奏地经过各个工作的依次加工，直到生产成成品。

流水生产，又叫流水作业，它实质是对象专业化组织形式的进一步发展。现代流水生产方式起源于棉特制。美国福特汽车公司为扩大汽车生产量，建立了传送带式的流水生产线。由于采用扩流水生产方式，大大增加了单位时间的产量，降低了单位产品的生产成本，从而使福特财团的资本迅速上升。

（2）流水生产及其优越性

① 流水生产线的特征

A. 流水生产线上每个工作地完成一道或几道工序都是固定的，因此，工作地专业化程度高；

B. 工作地和设备按产品加工顺序排列；

C. 各道工序的加工时间之间，规定着相等或倍比关系；

D. 按规定的节拍或时间间隔出产产品；

E. 生产过程具有高度的连续性。

② 流水生产线的分类

A. 按生产对象移动方式不同，可分为固定流水线和移动流水线；

B. 按生产对象的数目不同，可分为单一对象流水线和多对象流水线；

C. 按生产对象轮换方式不同，可分为不变流水线和可变流水线；

D. 按生产过程连续程度不同，可分为连续流水线和间断流水线；

E. 按流水线节奏性不同，可分为强制节拍流水线和自由节拍流水线；

F. 按流水线的机械化程度不同，可分为手工流水线、机械流水线和自动生产线。

③ 组织流水生产线的条件

A. 要有足够大的产品产量，以保证流水线上各工作地充分负荷；

B. 产品结构和工艺过程相对稳定；

C. 工艺过程能划分为简单的工序，而工序的分解与合并可以满足工序同步化的要求。

（3）流水线的组织设计

流水线设计工作包括技术设计和组织设计。流水线组织设计的步骤与有关计算方法：

① 确定流水线平均节拍

平均节拍是指流水线上连续出产前后两件产品之间的时间间隔。

平均节拍的计算公式：

$$r_{平} = \frac{T_{效}}{Q}$$

式中 $r_{平}$ —— 流水线的平均节拍（分／件）；

    T —— 计划期有效工作时间（分）；

    Q —— 计划期产品出产量（件），包括计划产量和预计废品量。

② 组织工序同步化（同期化）

是指通过采取技术组织措施，使各道工序的加工时间与流水线的平均节拍相等或成倍比关系。这是组织连续流水生产线的必要条件。

③ 确定设备(或工作地)数量

计算公式：

$$N_{计} = \frac{t_i}{r_{平}}$$

式中　　$N_{计}$ —— 某工序需配置的设备(或工作地)数量；

　　　　t_i —— 第 i 道工序单件时间定额。

④ 计算设备(或工作地)负荷率和流水线的平均负荷率

在确定各工序实际采用的设备(工作地)数后，还应分别计算各工序的负荷率与整条流水线的平均负荷率。

计算公式：

$$n_i = \frac{N_{计}}{N_{实}} \quad \bar{n} = \frac{\sum N_{计}}{\sum N_{实}}$$

式中　　n_i —— 第 i 道工序的设备(工作地)负荷率；

　　　　$\bar{n}$ —— 整条流水线平均负荷率，一般要求 $\geqslant 75\%$；

　　　　$N_{计}$ —— 某工序计算所需设备(工作地)数；

　　　　$N_{实}$ —— 某工序实际采用设备(工作地)数。

⑤ 确定流水线所需工人人数

流水线上工人人数，要根据工作地数、工作轮班数、一名工人可同时看管的设备(工作地)数和工人的缺勤率来确定。

流水线所需工人数的计算公式：

$$S_{总} = \sum_{i=1}^{m} S_i(1+a) + C$$

式中　　$S_{总}$ —— 所需工人总数；

　　　　S_i —— 第 i 道工序所需工人数；

　　　　a —— 缺勤率；

　　　　C —— 后备多面手工人。

其中：

$$S_i = \frac{N_{实}}{V_i} \times b$$

式中　　V_i —— 第 i 道工序一个工人同时看管的设备(工作地)数；

　　　　b —— 流水线工作轮班数。

⑥ 选择流水线的运输工具

最常用的是传送带，它可节省辅助工人，缩短运输时间，按规定节拍进行生产。

传送带的长度和速度的计算公式：

$$L = 2\left(\sum I_1 + \sum I_2\right) + I_3$$

式中　L——传送带总长度；

　　　$\sum I_1$——工作地长度之和；

　　　$\sum I_2$——工作地之间距离之和；

　　　I_3——传送带两端需要长度。

$$V_速 = \frac{I_4}{r_平}$$

式中　$V_速$——传送带速度；

　　　I_4——相邻两件加工产品之间的中心距离。

⑦ 流水线的平面布置和设备（工作地）的排列

流水线的平面布置要有利于工人操作，运输路线最短以及有效利用生产面积。流水线上设备（工作地）的排列，要符合工艺路线的顺序，符合产品总的流向，以尽可能缩短运输路线，减少运输工作量。

（4）多品种混流生产的组织

指将工艺流程、生产作业方法基本相同的若干个产品品种，在一条流水线上科学地编排投产顺序，实行有节奏、按比例地混合连续流水生产，并以品种、产量、工时、设备负荷全面均衡为前提的生产方式。

多品种混流生产主要适用于加工工艺基本相同，生产设备不需要调整，工、模、夹具可以快速调换，而设备负荷又能负担多品种生产的流水生产和成批生产的企业。

混流生产方式编排投产顺序的方法主要包括生产比例法、逻辑运算法和分支界限法四种方式。

（5）生产平面布置

主要有直线型、L型、U型、E型、环型、S型。

3.3　生产计划

3.3.1　生产计划基本概念

（1）生产计划

生产计划是关于工业企业生产系统总体方面的计划。它所反映的并非某几个生产岗位某一条生产线的生产活动，也并非产品生产的细节问题以及一些具体的机器设备、人和其他生产资源的使用安排问题，而是工业企业在计划期（通常为 1 年）应达到的产品品种、质量、产量和产值等生产方面的指标，并在时间上对产品出厂进度做出安排。

生产计划是指导工业企业计划期生产活动的纲领性方案。必须具备以下三个特征：

① 有利于充分利用销售机会，满足市场需求；

② 有利于充分利用盈利机会，并实现生产成本最低化；

③ 有利于充分利用生产资源，最大限度地减少生产资源的浪费和限制。

（2）生产计划的分类

生产计划可以按其在工业企业生产经营活动中所处的地位和影响的时间长度，划分为长期、中期、短期三个层次。这三个层次的生产计划各有侧重点，相互联系，协调配合，构成了一个完整的生产计划体系。

① 长期生产计划

它也叫生产战略计划。其时间长度一般为 5 年和 10 年。它是工业企业经营战略的组成部分，即有关产品开发、总产值、总产量、质量、生产能力规模、品种结构优化、资源发展等方面的长远的统筹安排。长期生产计划要根据企业长期经营目标、环境预测和企业各种资源计划、财务计划的可能，进行动态平衡来确定。长期生产计划是指导中期生产计划的一个纲领性文件。

② 中期生产计划

它也叫生产总体计划或生产计划大纲。中期生产计划的长度一般为 1 年或 1 季。生产总体计划和主生产进度计划是它的两个组成部分。生产总体计划规定企业在计划年度内的生产目标．即规定企业在计划年度内应该生产的产品品种、质量、产量、产值和交货期等方面应达到的水平。主生产进度计划是按产品品种规格来规定的年度分季、分月的产量计划。制定中期生产计划，

要依据长期生产计划规定的年度任务、销售预测、生产技术准备计划和企业能力需要计划等。

③ 短期生产计划

它又叫生产作业计划。这种计划的时间长度是月度以下，具体包括月、旬、周、日、轮班、小时。生产作业计划是生产总体计划的具体执行计划，包括厂部作业计划和车间作业计划、物料需求计划、生产能力需求计划、生产作业控制等。

3.3.2　生产计划工作的主要内容

（1）确定生产目标。生产目标即生产指标，指企业在计划期内应完成或

达到的产品品种、质量、产量和产值指标。

（2）生产能力的核定与平衡

生产目标不能脱离实现目标的条件——生产能力，只有以生产能力为基础，才能保证生产能力得以充分利用，生产计划得以实现。

（3）确定生产进度

就是将全年的生产计划任务分配到各季度、各月份，保证在订货合同规定的交货期内均衡地生产产品。

（4）组织和检验生产计划的实施

如何保证生产目标及生产进度的实现，是生产计划必不可少的部分。生产计划的编制必须能保证生产计划实现的方法、途径、措施，如劳动组织措施、跟踪检查计划执行等。

3.3.3　生产计划的主要指标

目前工业企业生产计划的主要指标有四类：品种、质量、数量及产值。

（1）品种指标

它是指企业在计划期内应生产的品种数。随着经济的不断发展求变化很快，产品更新换代时间大大缩短，品种指标越来越重要。

（2）质量指标

它是指企业在计划期内生产的产品应达到的质量标准。通常用合格品率、一等品率、优质品率、废品率、废品返修率等指标表示。质量指标反映企业的整体技术水平和管理水平，生产管理就要保证完成质量指标，并不断提高优质品率，降低废品率。

（3）产量指标

它是指计划期内应生产的产品的数量，以实物计量单位计算。产品的产量包括两部分：成品的产量和在制品的产量。产量指标表示企业的生产规模，根据国家计划、市场需求来制定，与资金、物资供应、生产能力等相平衡。

（4）产值指标

它是指以货币形式表示的产品产量。包括以下三种：

① 工业总产值

指以货币表现的工业企业在报告期内生产的工业产品总量。它是反映一定时期内工业生产总规模和总水平的指标，是计算企业生产发展速度和主要比例关系，遵从一些经济指标的依据。它在企业中已不考核，是计算指标。工业总产值包括成品价值，工业性作业价值，自制半成品、自制设备、在产品期末期初结存差额价值。价格根据不同需要采用可变价格或不变价格。

② 工业商品产值

是工业企业在一定时期内生产的预定发售到企业外的工业产品的总价值，是企业可以获得的货币收入。利用商品产值和企业的销售实际比较，可以体现企业生产与市场需求的吻合程度，两者差距越少，说明生产越符合市场需求。商品价值包括：企业利用自备材料生产成品价值；利用订货者的来料生产成品的加工价值；完成承接的外单位的生产品作业的价值等。

③ 工业增加值

是企业在报告期内以货币表现刨工业生产活动的最终结果。工业增加值与工业总产值比较，它们确定最终成果的范围不同。工业增加值以社会最终成果作为计算的依据，而工业总产值是以企业的最终成果作为计算的依据。以社会范围确定最终成果，不包括企业之间、部门之间相互消耗产品的转移价值。工业增加值的价值构成是新创造的价值加固定资产折旧。

3.3.4　生产能力核定与平衡

生产能力是生产性固定资产在一定的技术组织条件下，在单位时间内，生产一定品种、质量的产品的数量。生产能力是一个综合反映企业生产可能性的指标。

（1）生产能力核定

它是指确定企业生产能力的大小。计算公式如下：

生产能力＝设备数量×设备产量定额×有效工作时间

实际生产能力往往因原料、操作人员或辅助服务原因而达不到上述计算值。

（2）生产能力平衡

在编制生产计划的过程中，需要进行生产任务与生产能力的平衡工作，以便使生产任务得以落实，生产能力得以最大限度的利用。

生产任务与生产能力的平衡工作，首先是将两者进行比较，然后根据比较结果进行相应的调整。生产任务与生产能力平衡工作比较结果有三种情况：一是生产能力等于生产任务，这说明生产任务得到落实，实现有保证，企业的生产能力得到充分利用，这是最佳状态；二是生产能力大于生产任务，这说明企业现有生产能力除完成任务外还有空余，这种植况下，企业应进行市场调查和研究，开发新产品，充分利用企业的生产能力；三是生产任务大于生产能力，这种情况下，企业的生产任务得不到落实，这时应注意分析生产能力不足的原因。通过分析找出提高生产能力的有效途径，以完成生产任务。

3.3.5 安排产品生产进度

（1）编制生产计划的要求

① 目的和作用

企业生产计划是指企业未来生产活动的安排。它对企业的生产任务做出统筹安排，规定企业在计划期内（一般是年度）产品生产的品种、质量、数量和进度等指标。因此，生产计划是管理者对生产管理的根本依据。而生产计划的编制又是其中一项重要工作环节，它为企业目标任务的实现产生重要作用。

② 管理职责

A. 根据企业以销定产的总体原则，市场营销部应在规定的时间期限内将产品销售计划编制出来并及时送达生产作业部。

B. 编制和检查生产计划的主管部门即生产作业部，应根据企业整体经营计划和具体的产品销售计划的内容，抓好生产计划的编制方面的各项管理工作。在具体运作中，要严格按照本制度的规定要求，做好调查研究和统筹平衡工作，在规定的时间内编制出切实可行的生产计划并及时送达到有关部门。

C. 在编制生产计划的过程中，需要得到其他各职能部门的协助和配合，生产作业部对计划工作所需要调研的各种资料，各职能部门应全力提供，并为资料的真实可靠性负责。

③ 生产计划中应当明确的指标

A. 品种指标。产品的品种指标是指企业在计划期内应该生产的产品品名和品种数（包括新产品）。企业在品种方面满足市场需求的程度，反映了企业的技术水平和管理水平，也反映了企业开发新产品和产品的更新换代能力。

B. 质量指标。产品质量指标是指企业在计划期内各种产品应该达到的质量标准。常用的综合性质量指标是产品品级指标，如合格品率、一等品率、优质品率等。该指标不仅仅反映了产品的内在和外在质量，也综合反映出企业的技术、管理水平。

C. 产量指标。是企业在计划期内应当生产可供销售的产品实物的数量和工业性劳务的数量。产量指标一般以实物单位计量，它反映企业向社会提供有使用价值产品的数量以及企业生产发展的水平，也是企业产销平衡、产供平衡的依据。

D. 产值指标。产值指标是用货币表示的产量指标。它分为产品产值、总产值、净产值三种，分别具有不同的内容与作用。

Ⅰ. 产品产值。是企业在计划期内生产可供销售的产品价值。它是编制成本计划、销售计划、利润计划的重要依据。产品产值包括：a. 本企业生产的全部成品价值。b. 本企业生产的用于销售的半成品价值。c. 来料加工产品的加工收入。d. 其他工业性劳务收入。

Ⅱ. 总产值。是用货币表现企业在计划期内完成的工作总量。该指标可以反映一定时期企业的生产规模水平，是分析企业生产发展速度，计算劳动生产率、固定资金利用率、产值资金率等指标的依Ⅰ据。总产值除了包括前面所述产品产值的全部价值内容外，还应包括来料加工产品的材料价值和企业的在制品、自制工具、模型等期末与期初结存量差额的价值。

Ⅲ. 净产值。是指企业在计划期内工业生产活动新创造的价值。从总产值中扣除各种物资消耗费用即为企业的净产值。物资消耗费用包括：原材料、辅助材料、燃料、动力、固定资产折旧费等。

E. 有关说明

Ⅰ. 上述各项指标是相互联系的统一体。在编制生产计划时，应当首先安排落实产品的品种、质量与产量指标，然后据以计算产值。

Ⅱ. 不列为计划指标，但在考核计划完成情况时列为考核指标的，还有合同完成率、按期交货率、设备完好率以及产品出厂进度计划执行情况和安全生产的实现情况等。

Ⅲ. 生产计划是按年度分季编制的，由于市场或其他因素的动态变化，生产计划也要随之进行滚动调整。生产计划是企业生产的纲领性计划，在具体生产管理中应当按编制的生产作业计划（按月分旬、周编制）内容实施。

④ 生产计划的编制程序

生产主管在指导计划职能人员编制生产计划时，应要求其遵循以下程序：

A. 调查研究，收集资料。首先应当将制订计划的各种依据资料、参考资料收集起来，并加以研究分析。收集资料主要从三方面来进行：

Ⅰ. 过去的历史资料，主要用于分析总结以往的经验与教训。

Ⅱ. 现在经济活动有关资料，主要是分析企业目前内、外部环境条件情况。

Ⅲ. 将来发展变化的有关资料，主要用于判断企业发展的张力和生产的潜力。对以上三方面资料反映的情况加以分析研究，使计划职能人员在头脑中产生计划指标的大致轮廓。

B. 统筹安排，初步提出生产计划指标（草案）。计划编制人员通过全面调研分析后，要从更好地满足市场需求和提高企业的经济效益出发，再根据销售计划的内容和企业的生产能力的情况，先初步提出生产计划的各项指标，并对全年的生产任务做出统筹安排。该阶段虽然只是做出计划草案，但工作却要细致地做，要把全厂的生产指标分解到各个车间及需要配合执行的有关部门。

C. 讨论计划，征集意见。生产计划关系到其他部门某些计划的编制，同时生产计划实施时也需要一些部门的工作与之相配合，因此制订计划一定要充分听取各方面的意见，而且计划初稿是否符合企业整体经营方针，也需要听取企业高层领导的意见。所以计划编制人员应将初步计划方案复制后分发到各级部门进行讨论，听取各方面的反馈意见。

D. 综合平衡，确定生产计划指标。征集意见后，该阶段工作是进行综合平衡工作，主要是把计划的指标期望与实现的可能性结合起来。这时，需要用科学的态度，把各方面的意见和上级的旨意综合成的各项生产计划指标同各个方面的条件进行平衡。要进行细致的测算工作，检验各个方面对生产任务的保证程度，使所确定的生产计划指标建立在科学合理的基础上，通过努力能够实现。

E. 完稿上报，审批确定。对生产计划指标，经过反复核算平衡后即可编制出工业产品产量计划表"和"工业产值及考核指标计划表"，同时编写出"生产计划编制说明书"及指标分解到各车间的"生产计划各车间明细任务书"。上述文件全部完成后，经生产作业部长进行检查无误，签字后报企业计划委员会进行复核，最后由总经理审批确定。

F. 制定正式文本，颁发执行。总经理做出最后审批后，计划编制人员应根据审批意见对计划任务的各个文件做出最后的定稿，形成企业年度生产计划正式文本，并按有关规定分发到各部门贯彻执行。

⑤ 计划指标的确定依据与参考资料

A. 统筹规划部应提供的资料。

a. 企业中长期经营计划。

b. 与生产相关的长期经济协议。

c. 企业领导对生产指标的建议和有关指示。资料作用：研究在生产计划中贯彻企业经营方针和战略意图的具体措施。

B. 市场销售部应提供的资料。

a. 国内外市场的经济技术发展与变动趋势情报。

b. 潜在目标市场的开发及产品市场份额的预测。

c. 下年度产品销售计划。

d. 上期合同执行情况及现有成品库存量。资料作用：研究在生产计划中如何适应市场变化和满足用户的需求和应采取哪些策略，包括品种、数量、质量、交货时间等方面的要求。

C. 其他各职能部门应提供的资料。

a. 上期生产计划的完成情况。（生产计划部）

b. 技术改造措施计划与执行情况。（技术管理部）

c. 计划生产能力与产品工时定额调整方案。（技术工艺部）

d. 新产品试制计划书及批量投产时间表。（技术研发部）

e. 物资供应渠道、价格、供方情况有何变化。（物控部）

f. 设备大修理计划及设备改造更新计划。（设备管理部）

g. 质量持续改进措施方案。（质管部）

h. 人力资源规划及计划期劳动力调整与人才引进的可能程度。（人力资源部）资料作用：了解企业各方面条件对生产任务的适应性和可能性以及各个部门对生产计划任务能够提供的保证程度和衔接程度。

⑥ 生产任务的统筹安排

在编制生产计划时，要对生产任务进行统筹安排。需要进行的工作主要有：产量优选、产品出产进度安排、产品的品种搭配、安排车间任务。

A. 产量优选。生产产量的确定，首先应该从市场需求来考虑，应尽量满足用户提出的要求；但同时也要从企业自身的利益考虑，如何才能增加利润，如何才能利用企业的生产能力。产量与利润之间存在一个盈与亏的分界点（即盈亏平衡点）量小于这个界限时，企业就要亏损；产品产量大于这个界限，企业才有盈利。因此企业必须在符合市场需求的前提下，尽量扩大销路、增加生产，使产品产量的生产计划数超过界限产量（盈亏平衡点的量）使企业获利。界限产量可用以下公式计算：界限产量＝固定总费用额÷（产品单价－单位产品变动费用）当然，也不是产量越大越好，若产量超过企业的生产能力时，就会无法保障合同的履行，同样也会给企业带来负面作用。因此，编制计划进行产量优选时还要考虑到人力、设备、材料、技术、资金、时间等制约因素，综合加以分析和考虑。

B. 产品出产进度。安排编制生产计划时，除了要确定全年总的产量任务，还要将任务具体安排到各个季度和月份，这就是安排产品的出产进度。合理安排产品的出产进度，可以使企业的销售计划进一步落实，为完成用户订货合同提供数量和交货期限上的保证。而且，也有助于有效地运用企业的各种生产要素，提高劳动生产率、降低成本、节约流动资金，从而提高企业生产的经济效益。将全年任务分季、分月安排时，产量增长幅度的确定取决于多种复杂的因素，主要是：企业的生产能力和工人生产效率在各季、各月的变化；重大技术措施完成的时间期限；原材料、燃料、动力不同时期的供应情况；各个时期自然条件的变化对生产的影响作用等。所以，编制计划产量分季、分月安排时，要分析计划期各项条件的变化，掌握主要影响因素，全面综合考虑确定。产品出产进度安排的具体操作方法是：在市场需要量比较稳定时，产量安排可采用平均分配法；在市场需要量不断增加时，可用平均递增法；在新产品投入生产时，可用抛物线递增法。（抛物线递增法就是新产品从投入到逐步增加生产，一直到产量与市场需求平衡，然后逐步递减到产品亟待更新换代，它的发展过程呈抛物线状。）

C. 产品的品种搭配。企业如果执行多品种的生产任务，在编制计划时就需要考虑将哪些品种搭配一起在同一时期内生产。搞好品种搭配的注意事项如下：

Ⅰ. 首先安排经常生产的和产量较大的产品。对于这类产品，应在签订订货合同的前提下，采用"均衡安排，细水长流"的策略，尽可能使全年各个季度、月度都能生产一些这类产品，以保持企业生产上的稳定性。

Ⅱ. 对于其他品种，应实行"集中生产、品咱轮番"的策略。即加大对某一品种产品或同类型（同系列）产品的生产批量，在较短的时间完成全年任务，然后轮换别的品种。采用这种生产安排方式能减少各季、各月同期生产的品种数目，从而简化生产管理工作，提高经济效益。

Ⅲ. 新老产品交替生产。不要采用"齐上齐下"的方式，以避免产量的过大波动。在交替过程中，新产品产量应逐渐增加，老产品产量要逐渐减少。这样将有利于生产作业人员逐步提高对生产新产品的熟练程度。

Ⅳ. 对于尖端产品与一般产品、复杂产品与简单产品、大型产品与小型产品等，均应合理搭配生产，使各个工种、设备及生产场地在生产时得到均衡负荷，避免松紧不一的现象发生。

Ⅴ. 在安排品种生产的先后及各品种轮番时，还应当考虑各品种的生产技术准备工作的完成期限，还有各种产品的关键材料和与之配套的外协件供应期限等方面的因素。

D. 安排车间任务

在编制生产计划时，要将整个企业的生产任务分解落实到各个生产车间，规定车间的生产任务。安排车间任务的作用在于：更具体地进行平衡工作，使企业的生产任务得到落实和保证；使各车间明确计划期内产品生产方面的经济责任，更好地调动车间的积极性并提前做好各项准备工作。安排车间生产任务时应注意的事项：

Ⅰ. 要保证整个生产计划得以实现。要从全局考虑，使各车间相互之间在品种、数量和进度上能够较好地衔接，以保证企业整体计划按期完成。

Ⅱ. 要从缩短生产周期和减少流动资金占用方面采取措施，以提高生产的经济效益。

Ⅲ. 要充分利用车间的生产能力。布置到各车间的生产任务应当与该车间的机器性能和设备条件相适应，使机器设备得到充分利用，不要有的车间过忙，有的过闲。

Ⅳ. 安排车间任务的方法，一般是首先安排基本生产车间的生产任务，然后在安排辅助生产车间的生产任务。

⑦ 生产任务与生产要素之间的综合平衡

产品的生产需要将各生产要素有效地结合起来，而生产任务必须在各生产要素所能提供的条件范围之内，才能使生产任务的期望变成可能。企业编制生产计划任务时，应做好以下五个方面的平衡工作：

A. 生产任务与生产能力之间的平衡。工业企业的生产能力，是指一定期内（通常为一年）企业以全部生产性固定资产，在一定的组织技术条件下所能生产一定种类和一定质量的产品的最大数量。这里说的生产性固定资产，是指参与企业产品生产过程或直接服务于产品生产的各种厂房、建筑物、机器设备等固定资产。工业企业的生产能力，是企业各个生产环节的各种生产性固定资产，在保持生产要求的一定比例关系的条件下所具有的综合生产能力。因此，在编制生产计划时要测算企业的设备、生产面积对生产任务的保证程度。只有当生产能力大于等于生产任务时，任务的完成才有保障。

B. 生产任务与劳动力之间的平衡。安排生产任务要考虑到劳动力的保证程度，因此要对企业的劳动生产率水平进行计算，如果劳动生产率水平低于生产任务量则说明劳动力不足无法完成生产任务；如果劳动生产率水平大于生产任务量，则表示劳动力有余而出现人力的闲置浪费。因此，编制生产计划时既要使总体任务完成又能使所有劳动力的工作满负荷。此平衡过程还应包括测算各个工种劳动力对生产任务的适合度。

C. 生产任务与物资供应之间的平衡。在编制生产计划时，要对物资供应条件进行摸底，要验算主要原材料、动力、工具、外协配套件等对生产任务的保证程度及生产任务与材料消耗水平的适应程度。只有当物资的可供量大于或等于物资需要量时，生产任务的完成才能得到保障。

D. 生产任务与生产技术准备的平衡。生产技术工艺准备工作与生产任务有着紧密的联系，编制生产计划时要充分考虑到生产技术工艺的准备情况。除此之外，计划编制人员还应通过新产品试制计划、设备修理计划、技术改造计划，从中掌握计划实施的进度期限与生产任务的完成在时间上的衔接程度以及在技术水平上的适应程度等。

E. 生产任务与资金占用的平衡。这里说的资金占用，主要是指流动资金的占用。工业企业的流动资金是指垫支于劳动对象（包括原材料、辅助材料、燃料等），准备用于支付工资和其他生产费用等方面的资金。编制生产计划必须了解资金的循环与周转情况，测算流动资金对生产任务的保证程度和合理性。

（2）产品生产进度的安排方法

① 产量优选

企业的产量任务的确定，首先应该服从市场的需求，同时也应考虑充分利用企业的生产能力，增加利润。产量与利润的关系，可以运用盈亏平衡点法来衡量。所谓盈亏平衡点，就是当产量增加到一定界限时，产品生产所支付的固定费用和变动费用才能为销售收入所抵偿产品产量小于这个界限，企业就要亏损；产品产量大于这个界限，企业才有盈利。这个界限就叫盈亏平衡点。

② 产品生产进度安排

生产计划不仅要确定全年总的产量任务，而且要进一步将全年生产任务具体安排到各个季度和各个月份，这就是安排产品的生产进度。合理安排产品的生产进度，可以使企业的销售计划进一步落实，为完成计划与用户订货合同提供数量和交货期限上的保证。合理安排产品的生产进度，也有助于有效地运用企业的人力和设备资源、提高劳动生产率、降低成本、节约流动资金，从而提高企业生产的经济效果。

③ 产品生产进度的安排方法。

有的企业，其产品的各季、各月的市场需求量比较稳定，或者企业生产任务饱满。这类企业的产品生产进度的安排，应当实行均衡生产的方针。这就是把全年的产量任务均衡地分配到各个季度和各个月份，以便充分利用生产能力，增加产量，更好地满足社会需求。所谓生产进度的均衡安排，并不等于各季、各月的平均日产量绝对相等，而是可以有以下多种分配形式：

A. 平均分配。即全年生产任务等量分配，各季各月的平均日产量相等。

B. 分期递增。即产量分期分阶段增长，每隔一段时间平均日产水平有所增长，而在该段时期内平均日产水平大致相同。

C. 小幅度连续增长。随着企业生产技术水平与工人熟练程度的不断提高，各季、各月的产量逐渐地、小幅度地不断上升。

D. 抛物线形递增。主要指新产品，开始是小批生产，然后逐渐扩大批量以至大量生产。由于工人技术熟练程度提高，开始日产量提高较快，以后逐渐趋于稳定。

有些企业，其产品的需求具有季节性，例如某些农业机械和农药、某些人民消费用品等。这时，全年任务的进度安排，就可以有多种方式供我们选择：

A. 均衡安排方式。各月产量相等或基本相等。这样，有的月份产量大于销售需要，就有一部分产品作为库存储备起来，以供旺季时的需要，而有的月份则产量小于销售需求，则动用原有库存，如有不足，为了不致脱销，还需要组织外协。

B. 变动安排的方式。各月生产量的安排，随着市场销售量的变动而变动。销售量增长，生产量也随之增长；销售量下降，生产量也随之下降。其累计的产量线与需求线基本重合，基本上没有库存和脱销现象。

C. 折衷方式。这是上述两种安排方式的结合。将全年划分为三个阶段，分别采取三个不同的月产水平。为了与市场需求相适应，5～8月的月产水平最高，1～4月次之，9～12月的月产水平最低。这种方式，全年的进度安排变动三次，少于变动安排方式，而其库存水平又低于均衡安排方式，所以是介乎前两种方式之间的一种折中方式。

④ 品种搭配

多品种生产的企业，生产任务的安排不仅要合理安排产品的出产进度，而且要搞好品种搭配工作。所谓多品种生产的品种搭配，就是在同一时期内，将哪些品种搭配在一起进行生产。合理组织各种产品的搭配生产，有利于按期、按品种完成订货合同，有利于稳定企业的生产秩序，有利于提高企业生产的经济效果。因此，品种搭配是多品种企业安排生产任务中的一项重要工作。搞好品种搭配，一般应该考虑下面几个问题：

A. 要首先安排经常生产的和产量较大的产品。对于这种产品，应该在符合订货合同要求的前提下，采用"细水长流"的办法，尽可能在全年作比较均衡的安排，使各个季度、月度都能生产一些这种产品。这样可以保持企业生产上的稳定性。

B. 对于企业生产的其他品种，实行"集中轮番"的安排方式，加大产品的生产批量，在较短时间完成全年任务，然后轮换别的品种，对于同类型（同系列）的产品，宜采用这种方式，它能够在不减少全年产品品种的前提下，减少各季、各月同期生产的品种数，从而简化生产工作，提高经济效益。

C. 新老产品交替要有一定的交叉时间。在交叉时间内，新产品产量逐渐增加，老产品产量逐渐减少。这样可以避免由于"齐上齐下"带来产量的过大波动，也有利于工人逐步提高生产新产品的熟练程度。

D. 尖端产品与一般产品、复杂产品与简单产品、大型产品与小型产品等，均应合理搭配，使各个工种、设备及生产面积得到均衡负荷。

E. 各个品种轮番时，谁先谁后，应当考虑生产技术准备工作的完成期限、关键材料和外协件的供应期限等因素。

⑤ 安排车间任务

生产任务的安排，不仅要对企业总的生产任务做出进度安排，而且要将整个企业的生产任务分解到各个车间（或分厂），规定车间的生产任务。安排车间任务的作用在于：更具体地进行平衡工作，使企业的生产任务得到落实和保证；使各车间明确计划期内产品生产方面的经济责任，更好地调动车间的积极性，并提前作好各项准备工作。

安排车间生产任务，应该实现下列要求：

A. 必须保证整个企业的生产计划得到实现。为此，规定给各个车间的生产任务，应当在品种、数量和进度上相互衔接，以保证企业计划的按期完成。

B. 要缩短生产周期和减少流动资金占用量，以提高生产的经济效益。

C. 要充分利用车间的生产能力。规定给各个车间的任务应当适合这个车间的机器性能和设备条件，并能充分利用这些机器设备，不要有的车间过忙，有的过闲。

安排车间任务的方法，一般是首先安排基本车间的生产任务，然后安排辅助车间的生产任务。规定基本车间生产任务的方法，取决于各基本生产车间的专业化形式。对象专业化的基本生产车间。各车间是平行地完成相同或不同产品的生产任务，各个车间之间没有依次提供半成品的关系。工艺专业化的基本生产车间，各车间之间有着依次提供半成品的关系。关于辅助生产车间的任务安排，也有几种情况。有些辅助车间，它的任务同基本生产车间的任务有着明显的、直接的联系。这些车间的任务，就要根据基本生产车间的任务来规定。

3.3.6　生产作业控制与现场管理

在生产管理的职能中，生产计划与生产控制十分重要。生产控制就是对生产作业计划实施过程进行监督、检查，发现执行中已出现和可能出现的偏差，并通过调度防止利纠正上述偏差，以保证计划的圆满实现。

（1）生产控制的任务

生产控制的任务大体有作业安排、测定偏差、偏差处理和提供计划执行信息四个方面。

① 作业安排

即检查生产计划规定的各个事项（材料、工夹具、机床设备、外协件和人员等）是否按指令做好了准备，核实现有负荷和加工余力，按日程计划对每个操作人员进行作业分配，下达开始作业的指令。

② 测定偏差

为了保证交货期和计划产量，在作业进行过程中要不断地检查计划和实际之间是否存在着差距。一般对三个方面进行重点控制：进度管理、在制品管理和加工余力管理。

③ 偏差的处理

当计划与实际产生差距时，应按照产生差距的原因、差距的内容和大小，采取相应措施处理。调整和消除差距可以采取以下措施：预测差距的发生，事先采取利用加工余力、更改作业开始的顺序、加班、外协、利用库存、返倍皮次品等措施；将差距向生产计划反馈，修改产生差距后的计划，再重排计划；

将差距向生产计划部门反镇，将差距的修正量编入下期以后的计划之中。

④ 提供执行计划的信息

作业结束以后，通过对计划与执行结果的比较，综合研究和评价交货期限生产数量、质量和成本等，以及加工余力和库存量的变化，作为下期计划的资料。

（2）生产控制的组织

生产控制的重要地值，要求企业必须建立强有力的、高效能的生产控制部门，从人员、组织上给予保证。企业中的生产控制职能主要是通过生产调度部门具体实现的。

调度工作的组织机构通常与作业计划管理体制相适应，根据企业生产规模、类型及特点的不同，在企业可设置三级（厂、车间、工段）或两级（厂、车间）生产调度机构，采取三级或两级管理。生产调度还应建立日常工作制度：值班制度、现场调度制度和调度会议制度。

① 厂部调度工作机构

厂部生产科下设调度组或调度室，在主管科长领导下，负责全厂生产调度工作。规模较大的工厂也可成立生产调度科，专门负责此项工作。

调度组（室）配备一定数量的专业调度人员，分工负责。调度员的分工有三种形式：按条分工，调度人员分工主管一种产品的调度业务；按块分工，调度人员分工主管一个车间的调度业务；条块结合，根据具体条件，采用"条块结合，以条为主"或"条块结合，以块为土"。

② 车间的调度工作机构

车间内部调度工作往往勺作业计划编制工作结合员，具体组织形式有以下几种：

A. 集中在车间。车间计划调度组配备调度员，分工负责一个或几个工段的调度工作，这种形式适应于按工艺专业化组织手段的车间

B. 分散在工段。在上段长领导下设立工段计划调度员，业务上受车间计划调度指导。这种形式一般适应于按对象专业化组织工段的车间。

C. 混合形式。车间计划调度组配备少量分工主管几个工段的计划调度员，问时在工段也配备工段计划调度员。

除基本生产部门外，生产服务部门和辅助牛产部门也需要建立相应的调机构，配备专职调度人员，业务上由牛产调度部门指导，形成一个强有力的集生产技术耽备、供、产、销各部门于林的全厂调度指挥系统。

（3）生产控制的方法

① 生产进度控制

A. 投入进度控制。

B. 出产进度控制它是指对产品（零部件）的出产日期。

② 在制品占用量的控制

零库存是指某种或某类商品、原材料或半成品基本上不处于库存状态。企业采取零库存的仓库储存策略，有利于降低在仓库存货方面出现的费用，也可以避免出现仓库存货出现老化等问题。零库存的仓库储存策略的关键在于使商品、原材料或半成品处于周转的状态，而不是处在积压储存的状态。并不是说必然不存在仓库。

3.3.7 生产调度工作

编制生产作业计划，虽然对日常生产活动安排很细致而又具体，但是生产的发展不可能预见到一切因素。在作业计划执行过程中，必然还会出现这样那样的缺点和偏差，造成生产脱节。因此，必须经常进行作业核算，预防产生缺点和偏差，及时处理问题，保证生产正常进行。这种对生产作业计划的执行进行经常的、迅速的、集中的核算、监督、对出现的偏差进行处理和预防工作，这就是生产调度工作。

【思考与练习】

1. 何谓产品生产过程？合理组织生产过程有哪些要求？
2. 简述划分企业生产类型的标志、步骤和方法。
3. 对象专业化和工艺专业化各有何有缺点？
4. 什么是精益生产方式、柔性生产方式、计算机制造系统及大规模定制？
5. 在"看板方式"生产中，工序看板运行应遵守哪些规则？

第 4 章 企业质量管理

4.1 质量管理及发展

产品的质量管理是企业管理中一项重要的质量和任务，也是整个企业管理的中心环节。产品质量是企业工作的综合反映，企业的各项工作质量，最终是通过产品质量表现出来的。围绕提高产品质量抓企业管理，就是可以把企业各项工作带动起来。

随着现代化工业的发展，没有一套科学的质量管理方法，就不可能把产品质量提高到一个新的水平。产品质量的管理已经从 20 世纪初的"事后检查把关"发展到今天的"事后预防控制"，即从已检查为主的质量控制发展到全面质量管理。

4.1.1 质量概念

质量有广义和狭义之分。广义的质量是指：产品、过程或服务满足顾客某种需要的特征和特性的总和。根据这一定义，质量可分为产品质量、工序质量和工作质量三个方面。

（一）产品质量

产品质量是指产品适用于规定的用途，满足社会和人们一定需要的特性。概括地说，产品质量就是指产品的适用性，及产品的使用价值和自身质量特性。产品质量的好坏，一般用质量特性来衡量。产品质量特性是指是指产品质量可以满足人们和社会要求的程度，通常表现为内在特性和外观特性两方面。内在质量特性包括：产品的结构、性能、精度、强度、功率、材质，即机械、物理及化学成分等。外观质量特性包括：外观、款式、形态、色彩、气味、手感等。工业产品质量是内在质量特性和外观质量特性的有机统一。其主要质量特性有性能、寿命、可靠性、安全性、经济性五个方面。

① 性能

是指产品能满足使用目的所具备的技术特性，即产品是否使用的程度。

② 寿命

指产品在规定的条件下，能够使用的年限。

③ 可靠性

是指产品在规定的期限内和规定的条件下，完成工作任务的能力。如某一通信设备，不仅在启用时各种性能指标要符合要求，而且在使用过程中保持良好状态等。可靠性的技术参数指标主要有：可靠度、故障（失效）率、积累故障率、使用寿命、平均故障间隔期、精度保持性、有效度等。

④ 安全性

指产品在操作或使用过程中的保证安全度。如产品设备造成的伤害事故，以及产生公害、污染环境等的可能性。

⑤ 经济性

指产品的结构、用料、用工等生产费用以及它在使用中的动力、燃料的消耗费用等。

上述产品的五种质量特性中，其性能和经济是最基本的质量特性。总之，现代企业在对产品造型、设计以及零部件确定的决策过程中，必须从五个质量特性方面对产品进行全面的权衡，正确地进行评价。

产品质量标准是把反映产品质量主要特性的技术参数或技术经济指标明确规定下来，即所形成的技术文件。它是衡量产品质量是否合格的尺度，它是产品生产和质量检验的依据，是企业搞好产品质量工作的重要措施。目前，现代企业产品质量八项综合要求是：可靠、耐用、高效、经济、好看、好用、好造、好修。

（二）工序质量

工序质量（工程质量）是指工序能够稳定地生产合格产品的能力。工序质量是通过建立岗位责任制、工作标准体系等来保证工作质量和产品质量的提高。所谓工艺，就是生产过程中，五大质量因素（人的因素、原材料、设备、仪器、工艺和环境）同时对产品质量起作用的过程。

在工序质量管理中，必须把管理的重点放在对工程质量的管理上。重视工程质量的研究和管理，估计是控制生产过程中的产品质量。这不仅可以控制"现在"，而且还可以控制生产过程的"将来"。因此，实现了对工艺质量的控制，可以起到质量预防的作用。工序质量和产品质量的关系是，工序质量直接决定产品质量，而产品质量又是工序质量的直接体现。总之，产品质量也好。工序质量也好，都与工作质量有着密切的关系。

（三）工作质量

工作质量是指企业的管理工作、技术工作和组织工作对达到质量标准和提高质量的保证程度。它是产品质量的保证和基础，提高产品质量要从工作质量入手，把它作为质量管理的主要内容和工作重点。

（四）产品质量、工序质量与工作质量之间的关系

产品质量、工序质量和工作质量虽然是三个不同的概念，但三者之间有着密切的联系。即产品质量是工序质量的直接体现，而工序质量直接决定产品质量；工序质量是工作质量的直接体现，工作质量又直接决定工序质量；产品质量是各项工作的综合反映，而工作质量是产品质量、工序质量的保证和基础。三者都决定于人的素质，要提高产品质量，关键的问题是要提高人的素质。

4.1.2　质量管理及发展

质量管理，指确定质量方针、目标和职责，并在质量体系中通过诸如质量策划、质量控制、质量保证和质量改进使其实施的全部管理职能的所有活动。

质量管理这个概念是随着现代工业生产的发展逐步形成、发展和完善起来的。美国在 20 世纪初开始搞质量管理，在这方面有代表性。日本在 50 年代逐步引进美国的质量管理，结合自己的国情，又有所发展。我国在 50 年代末 60 年代初开始引进，"文革"期间被迫中断，直到 1978 年又开始逐步推广应用。总之，质量管理在国外大体经历了三个发展阶段。

（一）质量检验阶段；

（二）统计质量控制阶段；

（三）全面质量管理阶段。

4.1.3　全面质量管理和质量保证体系

（一）全面质量管理的概念

费根堡姆在他的著作《全面质量管理》提出了全面质量管理的概念："全面质量管理是为了能够在最经济的水平上并考虑到充分满足用户要求的条件下，进行生产研究、设计、生产和服务，把企业内各部门的研制质量，维持质量和提高质量的活动构成为一体的一种有效体系。"

这一概念有三个要点：一是"充分满足用户要求"，以市场为中心；二是"在最经济的水平上"，以效率和效益为中心；三是包括服务部门各种质量活动的统一的管理体系。

从这一概念我们可以看出，全面质量管理有四个特点，即管理内容的全面性、管理范围的全面性、管理方法的全面性、参加管理的全员性。

① 管理内容的全面性它不仅对产品质量进行管理，同时也对相应的工作

质量、如生产工作、技术工作和组织工作进行全面管理。因为离开了工作质量的改善，提高产品质量是不可能的。

② 管理范围的全面性即要求实现全过程的质量管理。它表现在两个方面：一是从管理生产制造过程扩大到管理市场调查、研制、物资供应、工艺技术、劳动人事、设备维修、销售服务各个环节；二是从事后检验转向事前控制，做到预防为主，防检结合，把影响产品质量的因素消灭在形成过程中。

③ 管理方法的全面性质量管理方法是各种各样的。应把这些方法综合起来发挥其对质量管理的作用。因为，影响产品质量的因素是多种多样的。只有根据企业产品质量管理的特点和实际情况，选择和运用综合而全面的管理方法、复合的管理技术，控制影响产品质量的诸要素，才能使产品质量稳定而且不断提高。

④ 参加管理的全员性产品质量是企业职工素质、技术素质、管理水平、领导素质的综合反映，涉及全体部门和每个职工，提高产品质量单纯依靠质量检验部门和专职人员远远不够，它必须依靠企业全体人员共同参加质量管理，树立强烈的"质量第一"观念，人人关心产品质量，不断地运用科学的质量管理理论和方法，提高工作质量。

（二）质量保证体系

质量保证体系，是指针对顾客的需要，并考虑组织自身的利益，运用系统的原理和方法，以保证和提高产品质量为目标。把企业各部门、各环节的生产经营活动严密地组织起来，规定它们在质量管理方面的职责、任务和权限，并建立统一、协调这些活动的组织机构。使企业形成一个完整的质量管理有机体。质量保证体系是全面质量管理深入发展的必然产物，也是全面质量管理的精髓和核心。

① 基本内容。

质量保证体系的基本内容主要体现在设计、制造、辅助生产和使用过程的质量管理中。

A. 第一，设计过程的质量管理。广义的设计过程包括：市场调研、试验开发、产品设计、工艺设计及新产品的试制鉴定等，它是产品正式投产前的全部技术准备过程，设计过程的质量管理活动是全面质量管理的起点，也是企业生产活动的最基本环节，对产品质量起着决定性的作用。设计过程质量管理主要有以下几个方面：

a. 在考虑用户的要求、国内外有关的新技术发展和应用的情况，以及企业自身的生产技术情况下，制定产品的质量目标。

b. 根据已定的质量目标，对设计任务书、技术设计、工艺设计等进行评议和审查。

c. 参加新产品的试制与签订。

d. 技术文件包括产品图纸、工艺规程、检验标准等的质量保证。

B. 制造过程的质量管理。制造过程是产品的形成过程，也是产品质量目标的实现过程。它主要抓好两项工作：

a. 加强质量管理，严把质量关，确保生产的产品达到质量标准。

b. 在制造过程中做好对人、机器、原料、工序以及生产工艺流程五方面酌质量控制，预防废品发生。

C. 辅助过程的质量管理。辅助过程主要包括物资供应、设备维修、工具的制造与供应等内容，它们是为生产第一线创造物质条件的，这一个过程质量管理的主要任务，一方面是为制造过程提供优良的物质条件，另一方面需不断提高自身的服务质量。

D. 使用过程的质量管理。产品使用过程既是企业质量管理的归宿，又是出发点，产品的质量情况是由用户给予鉴定和评价的，同时质量的改进和提高的依据也源于用户的需求或潜在需求，其工作主要内容包括：

a. 认真做好销售技术服务及宣传工作。

b. 加强使用情况调查及质量信息反馈。

c. 搞好售后服务等工作，

② 运行方法质量保证体系运行的基本方法是 PDCA 循环，它反映了质量管理体系应遵循的科学程序。也是全面质量管理的基本活动方法。PDCA 循环也括四个阶段八个步骤。

第一阶段是计划（Plan），就是制定质量目标、活动计划、管理项目和实施方案。计划阶段又可分为四个步骤：

A. 分析现状，找出存在的质量问题。

B. 分析产生质量问题的各种原因或影响因素。

C. 找出影响质量的主要原因。

D. 针对影响质量的主要原因，制定质量活动计划和措施方案，并预计效果，同时确定具体的执行者、时间进度、地点和完成方法等。

第二阶段是执行（Do），就是根据预定计划和措施要求，努力贯彻和实现计划目标和任务。这是 PDCA 循环的第五个步骤。

第三阶段是检查（check），就是检查实施情况，总结经验，找出存在的质量问题和原因。这是 PDCA 循环的第六个步骤。

第四个阶段是处理（Action），它包括两个步骤：

A. 根据检查结果，把成功的经验和失败的教训加以总结整理，并制定相应的标准或制度，将成功的加以推广或供其遵循，失败的加以借鉴。

B. 把没有解决的遗留问题，转入下一个循环，作为下一个阶段的计划目标。这是 PDCA 循环的第七、第八两个步骤。

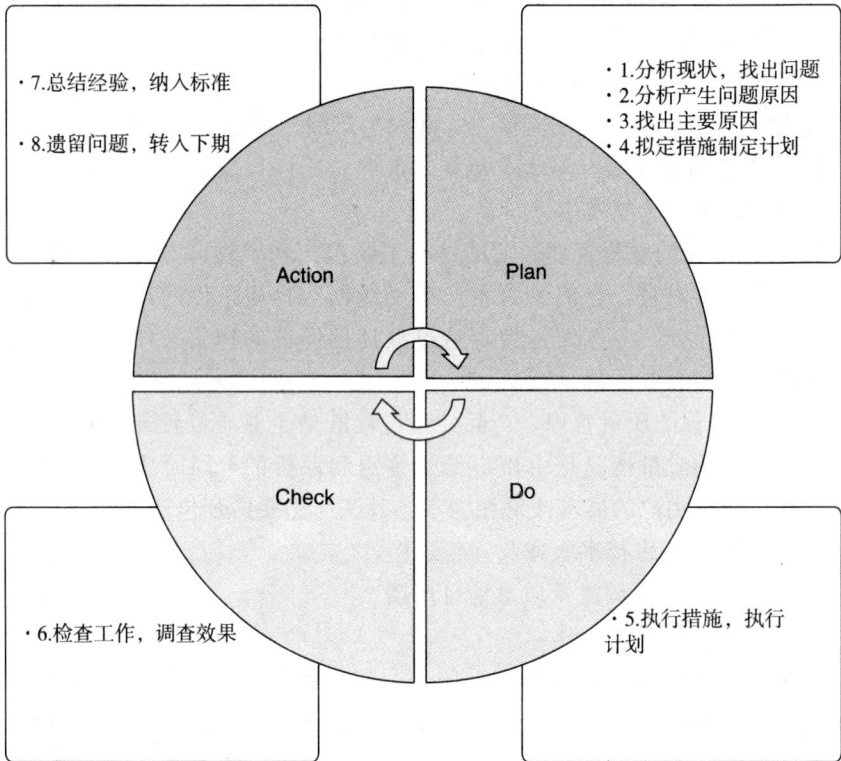

图 4-1　PDCA 循环的八个步骤

PDCA 循环具有三个明显的特点：

第一，如果将全厂的工作比作一个大的 PDCA 循环，那么，各个车间、小组或科室有个人都有各自的小循环，并且上一级则小循环是下一级小循环的依据，而下一级的小循环是下一级小循环的落实和保证。这样企业就形成了一个大环套小环、小环保大环的循环体系。

第二，阶梯式上升。PDCA 循环每转动一次，就提高一步，到下一步循环，又有厂新的目标和内容，如此循环往复，使管理的水平不断提高。

第三，统计工作和各种管理方法的应用。PDCA 循环的一个重要特点，是涉及大量的数据及信息，需要有一套科学的数理统计方法和各种管理方法为发现、解决问题的有效工具支撑。

③ 体系的建立，建立质量保证体系主要抓好以下几个主要环节。

A. 明确质量目标，制定质量计划。

质量目标是规定企业在一定时期内在质量方面预期要达到的成果。企业必须在充分考虑用户需求的前提下，提出明确、具体的质量目标，并尽量使其数量化，企业质量保证体系就是围绕质量目标的实现建立并有效运行。企业质量计划是企业质量目标的具体落实，以保证质量目标的实现，同时它也是各部门、各环节开展质量工作的行动纲领。企业质量计划一般包括质量目标计划质量发展计划、质量指标计划和质量改进措施计划。

B. 建立健全质量管理机构，大力开展群众性质量管理活动

建立质量管理机构并配备必要的人员，是质量保证体系的组织保证。企业应对自身的规模、生产类型及组织机构设置等情况建立一个由企业领导直接领导下的专职质量机构，并形成以其为核心，群众性质量管理小组参与的、专群结合的全面质量管理网络。

企业应大力开展以车间为单位的质量管理小组的活动，它是群众参加质量管理活动的有效形式，可充分调动全体员工的积极性和主动性，使质量管理工作的顺利进行获得保证。

C. 建文高效灵敏的质量信息系统

质量信息犹如质量保证体系的神经系统，它支配着整个体系的运转。这必然要求企业建立一套高效灵敏的质量信息反馈系统，以保证质量信息及时反馈。质量信息主要来源于两个方面：a 厂内信息。如工序质量测试数据，合格品率、废品率、生产现场的情况等。b 厂外信息。如国内外市场情况、同行业技术、质量情况，用户的满意程度等。

建立质量信息反馈系统还应规定各种信息的传递和反馈方法、路线和程序；需要时还应建立相应的管理机构。

D. 实现管理业务标准化和管理工作程序化

管理业务标准化就是把大量具有一定规律性，重复发生的管理业务按性质分类归纳，并将处理方法制成各种标准，纳入规章制度，作为员工处理同类工作共同行动准则。把质量管理业务处理过程所经过的路线和处理方法登录下来，通过分析、研究、改进、总结，并用图文表示标准的管理工作程序和方法，就是管理工作的程序化。这样便于各项质量管理活动系统化、规范化、专职化。

E. 积极贯彻 GB/T1900—ISO9000 系列标准，开展质量认证活动。

4.2　常用的质量管理方法

全面质量管理的基本特点之一就是要用"数据说话"，通过对数据的收集、整理和分析，从而为控制产品质量提供依据。其常用的统计分析方法分别有旧七种和新七种，下面分别加以介绍。

4.2.1 旧七种工具

（1）分层法

分层法又叫分类法，是整理质量数据的一种重要方法。它是把所收集起来的数据按不同的目的加以分类，将性质相同、生产条件相同的数据归为一组，使之系统化，便于找出影响产品质量的具体因家。

分层法常用的分类标志有：

① 按不同的时间分：如按不同日期、不同的班次等分层。

② 按操作人员分：如按性别、文化程度、技术等级、工龄等分层。

③ 按使用设备分：如按不同型号的设备、不同的工装夹具、新旧程度等分层。

④ 按原材料分：如按不同的材料规格型号、供应单位、成分等分层。

⑤ 按操作方法分：如按不同的工艺方法、操作的连续程度、机械化程度等分层。

⑥ 按检测手段分：如按不同的检测人员、检测仪器等分层。

⑦ 按产生废品的缺陷项目分：如按铸件的裂纹、气孔、缩孔、砂眼等分层。

⑧ 其他分类：如按不同助工作量、使用单位、使用条件等分层。

分层法必须根据所研究酌问题的目的加以运用，分层时应使在同一层内数据的波动尽可能小，每一层内的数据尽可能均匀、层与层之间的差别要尽可能大；同时，要考虑层与层间的各因家对产品质量的影响是否相关。

（2）排列图

排列图又称帕累托图，其根据是"关键的少数和次要的多数"的关系即 20～80 原则，亦即 80％的术合格品是由 20％的原因造成的，只要克服了 20％的不良因素即可消除 80％的不合格品。因而排列田在质量管理中成了改善质量活动，寻找影响质量主要因素的一种重要的分析工具。

排列图是由两个纵坐标，一个横坐际，几根柱形条和一条折线组成，左纵坐标表示频数（可以是金额、件数、时间等），右纵坐标表示频率（用百分比表示），横坐标表示影响质量的各种因素。按其影响程度大小从左向右依次排列，其他项放在最后，柱形条的高度表示某个因素影响大小，从高到低，从左向右依次排列，折线表示各影响因素大小的累计百分数，是从左向右逐渐上升，称帕累托曲线。通常用虚线把累计百分数分为 3 类：0％～80％为 A 类因素，也就是主要因素；80％～90％为 B 类因素，称为次要因素；90％～100％为 C 类因素，称为一般因素。这种 A、B、C 分类法不仅用在质量管理，而且在其他各项管理工作中都十分有用，它不仅能使情况明晰化，而且能在工作中抓住主要矛盾。

例如：某厂曲轴加工车间车主轴颈出现的 260 件不合格品，经整理见表 4-1。

表 4-1 不合格品原因统计表

序号	影响轴承套圈质量因素	不合格品数	累计不合格品数	频率	累积频率（%）
1	内径	60	60	50.0	50.0
2	外径	35	95	29.2	79.2
3	内沟	12	107	10.0	89.2
4	外沟	8	115	6.7	95.9
5	平面	3	118	2.5	98.4
6	裂纹	2	120	1.6	100.0
	合格	120	——	100.0	

使用排列图时应注意以下三点：

① 因素应小于或等于三个，否则要将各因素重新分层，从而抓住主要矛盾，提出改进措施。改进措施。

② 对于影响质量的主要因素可进一步细分排列，加以分析。

③ 在采取措施后，为验证其实际效果，还要再次收集数据，重新画排列图进行对比分析；并注意原先分析出的 A 类因素是否已大为消除，否则说明执行措施不当。

（3）因果分析图

排列图只能找出影响质量的主要问题，而要解决这些问题，必须把产生这些问题的原因找到，以便有的放矢地解决问题。质量问题的产生常由多种原因综合作用造成，以结果作为持性，以原因作为因素的因果分析团，恰好能有效、简便地从错综复杂的原因中理出头绪，找出真正起主导作用的原因。因果分析图的绘法：

① 明确分析对象，将要分析的质量问题写在右侧的方框内，画出主干线箭头指向右侧方框。

② 找出影响质量问题的大原因，与主干线成 60 度夹角画出大原因的分支线。一般地，导致工序质量问题的大原因常归为人、机器、材料、工艺法则、检测手段和器具及环境六个方面。

③ 进行原因分析，找出影响大原因质量的中原因，再进一步找出影响中原因的小的原因……依此类推，步步深入，直到能够采取措施为止。

④ 找出影响质量的关键原因，采取相应的措施加以解决。

（4）直方图

直方图是频数直方图的简称，它是将数据按大小顺序分成若干间隔相等的组，以组距为底边，以落入各组的频数为高所构成的矩形图。直方图是对数据进行整理分析，通过数据的分布特征来验证工序是否处于稳定状态，以及判断工序质量的好坏等。

① 正常型直方图：呈中间高、两边低，左右近似对称，此时工序处于稳定状态。

② 折齿型直方图：直方图出现数块凹凸不平的形状，往往是由于作图时数据分组不当，或测量仪器误差过大，或观圈数据不准确等原因造成的。

③ 偏态型：直方图的顶峰偏向一侧，有时偏左，有时伯右，原因是有形位公差要求的特性值是偏向分布，如下限受控成偏左型，另外操作者习惯也可造成，如在加工孔时往往偏小。

④ 孤岛型：在直方图旁边有孤立的小直方图，当工序产生异常、原料发生变化、在短期内有不熟练工人替班加工等，都会造成孤岛型分布。

⑤ 岛双峰型：直方图出现两个峰，这是由于测量值来自两个总体分布，现混在一起造成的，应加以分层。

⑥ 平顶型：没有突出的顶峰，呈平顶形，通常是由于生产过程中某些缓慢的倾向在起作用。如工具的磨损，操作者的疲劳等。

另外，通过直方因实际尺寸分市范围与规格范围（即公差）比较工序质量的稳定性做出判断。

（5）控制图

在生产过程中，产品质量总是波动的，其波动的原因一般可归纳为两类：

一类是偶然性出素。这类原因是指对产品质量影响十分小，技术上难以查明和消除的原因，如原材料成分微小变化、机床的微小震动等。如果生产仅存在偶然性因素，产品质量的波动就会符合一定的统计规律，产品或工序质量是处于受控状态，其质量波动称为正常的波动。

另一类是系统性因素。这类原因是指在一定的时间和范围内，存在某种按规律变化破坏了生产过程稳定状态的因素。如机床的主轴轴承变形、夹具严重松动等。存在这种原因时，产品质量特性值的分布将出现异常离散或偏离目标值状态，由这类原因引起的质量波动称为异常波动。

控制图就是对生产过程是否处于统计控制状态做出判断，并根据统计学原理对质量特性数据进行统计分析，引入控制界限从检验和判断是否有异常原因存在而产生的质量波动的一种图表。它是质量控制中常用的一种统计分析方法。

（6）散布图

分析产生质量问题原因时，需要分析各变量之间的关系。散布图就是将两个存在密切关系的数值对应列出，并标在坐标图中，观察它们之间的关系，即散布图。其目的在于确定变量之间是否存在相关关系及其相关密切程度如何及对产品质量的影响的情况。

（7）统计分析表

统计分析表是为掌握在生产过程中或试验现场的情况，根据分层的思想而设计的一类记录表，它是用来记录和收集数据并进行简化处理的有效形式，并在此基础上对影响产品质量的原因做出粗略的分析的一种方法。统计分析表的形式很多，随着使用场合、对象、目的、范围等的不同，其表格形式和内容亦不同，应根据实际情况灵活设计应用，常用的统计表有不合格品项目统计调查表、工序分布检查表、缺陷位置调查表、不合格要因检查表等。

综上所述，各种统计方法用途皆不相同，实际工作中应根据具体工作需要有选择地使用，或相互交叉综合运用。

4.2.2　新七种工具

（1）关联图法

关联图法是为了谋求解决那些有着原因与结果、目的与手段等关系复杂而互相纠缠的问题，并将各因宏的因果关系逻辑池连接起来而绘制成关联图、这种方法适用于有几个人的工作场所，经过多次修改绘制关联图，使有关人员澄清思路，认清问题，促进构想不断转换，最终找出以至解决质量关键问题。

关联因法与因果关系图最大的不同之处在于，关联阐说明了六大因素（人机料法环测）之间的横向联系。同时，关联图法对于那些复杂因果关系的问题，可以采用自由表达形式，显示出它们的整体关系。

（2）KJ 法

KJ 法又称亲和法。就是从未知、未经历的领域或将来的问题等杂乱无章的状态中，把与之有关的事实或意见、构思等作为语言资料收集起来，根据亲和性（亲缘关系）加以整理，绘制成图，然后找出所要解决的问题及各类问题相互关系的一种方法。主要用于制定质量管理方针、计划等。

（3）系统图法

系统图法即运用系统的观点，把目的和达到目的的手段依次展开绘制系统图，以寻求质量问题的重点和最佳手段的方法。具体来说，是从基本目的出发，采取从上而下层层展开和自下而上层层保证的方法来实现系统的目标。

（4）矩阵图法

矩阵图法即把各个质量问题的影响因素按矩阵的行和列进行排列，找出问题所在。这是一种多维思考的模式。

（5）矩阵数据分析法

矩阵数据分析法即对于矩阵中相互关系能够定量化的各因素进行数据分析的方法。主要用于市场调查，新产品设计与开发，复杂工程分析和复杂的质量评价等。

（6）过程决策程序图法

即对于事态可能的发展变化做了充分的设想，并拟订出不同的方案，以增加计划的应变能力和适应能力。它主要用于制定目标管理、技术开发的执行计划等。

（7）网络图法

网络图法即运用网络图对有关质量问题进行计算、分析与处理的综合方法，它是选择最佳工期和实施有效进度管理的一种方法。

4.3 ISO9000 系列标准及质量认证

4.3.1 ISO9000 系列标准

（1）ISO9000 系列标准的由来

ISO 系列标准即《质量管理和质量保证系列标准》，是由国际标准化组织（ISO）于 1987 年颁布的国际标准。许多国家都等效转化为本国的标准。我国于 1992 年 10 月将此标准等同转化为国家标准，代号为 GB/T19000—ISO9000。有时也称之为双编号系列国家标准 ISO9000 是国际标准化组织向各国推荐的标准。我国国家标准 GB/T19000 系列也是推荐性的，不是强制性的，企业可以自愿采用。然而当今的趋势是许多国家的采购商和认证部门纷纷将此标准纳入其检查要求中，即在商业活动中，买方格越来越多地提出这方面的要求。因此，力争取得系列标准的认证不仅有利于企业建立健全质量体系。具备生产合格产品的能力，而且有利于企业的产品列入国际市场。

ISO9000 系列标准从根本上讲是将购方对质量管理事项标准化，要求供方遵守它，借此来获得一定质量标准的产品保证。文件中记述了由组织进行的活动和工序的目的及方法。客观地明确了在哪里和应该做些什么，明确了各个作业和整个体系的关系，并以此整体化的观点从各自活动的目的出发把复杂体系运转中所必须完成的作业和顺序，以标准化的形式规定下来，并以此使体系运转；这样等于将质量体系变为可以看得见的东西，从而使产生的结果和产生结果的过程处于可以控制的状态，使人们能够掌握应该在何处怎么做。由于这样将每个人应该完成的工作以文件的形式明确下来，能够提高整体活动的效率，使得质量得到保证。

（2）实施 ISO9000 系列标准的意义

① 实施 ISO9000 系列标准是开展国际贸易的需要。

② 实施 ISO9000 系列标准是提高企业竞争能力的需要。

③ ISO9000 系列标准与 TQC 互相促进、互相补充，共同完善企业的质量管理。

（3）ISO 族简况

ISO9000 系列标准主要包括以下内容：

① ISO8402—1986《质量术语》，包括 22 个质量术语。

② ISO9000—1987《质量管理和质量保证标准——选择和使用指南》。

ISO9000 是整个体系的说明，它帮助供应商和用户两方面理解该标准的基本原理及它们的特性、现有模式、应用的最佳场合和时间，并描述了各模式应包含哪些要素。它对证实文件的提供、合同的评价及合同的编制提出了要求。

③ ISO9001—ISO9003 是为供应商选择、用于满足购方要求的三种基本模式；

ISO9001《质量体系—设计/开发、生产、安装和服务的质量保证模式》；

ISO9002《质量体系—生产和安装的质量保证模式》；

ISO9003《质量体系—最终检验和试验的质量保证模式》；

④ ISO9004—1987《质量管理和质员体系要素指南》。

ISO9004 是能切实建立和实现质量标准的条件，它相当于一套建筑材料。它包括企业运行的各种要素，从而可以作为实现内部质量管理目标的手段。

4.3.2　质量认证

（1）认证制度的由来与发展

质量认证是随着现代工业的发展作为一种外部质量保证的手段逐步发展起来的。在此之前，企业之间进行贸易活动，为取得对方对产品质量的信任，往往采用"合格声明"的方式。但这种方式有相当大的局限性。因此，为顺应供方树立其产品信誉、社会保障、消费者利益以及安全防范的需要，由第三方证实产品质量的现代质量认证制度便随之产生。从 20 世纪 40 年代开始，质量认证得到了较快的发展、到 50 年代基本上已在大多数工业发达国家普及。

随着时间的推移，质量认证制度本身也得到了较大的发展。起初，各认证机构只对产品本身进行检验和试验，仅能证明供方以后继续遵守技术规范。

后来认证机构增加了对供方质量保证能力的检查和评定，以及获证后的定期监督，从而证明了供方生产的产品持续符合标准。到 70 年代，质量认证制度又有了新的发展，出现了单独对供方质量体系进行评定的认证形式。目前，实行质量认证制度已经成为一种世界潮流。

实行质量认证制度可以起到以下作用：
① 帮助消费者选购商品，维护消费者利益；
② 推动先进标准的贯彻，实现扶优限劣的政策；
③ 帮助企业建立健全质量体系，促进企业提高质量管理水平；
④ 促进国家计量水平的提高；
⑤ 减少社会的重复检验和试验，节省大量的试验费用；
⑥ 提高产品在国际上的竞争能力；
⑦ 给销售带来信誉和经济利益；
⑧ 有利于国家对产品质量宏观控制；
⑨ 降低承包产品质量责任的风险。

我国质量认证工作从 1981 年起步，目前已经颁布了《中华人民共和国标准化法》、《中华人民共和国产品质量法》和《中华人民共和国产品质量认证管理条例》等一系列法律法规，明确了由国家经贸委管理的国家技术监督局是统一管理我国认证工作的职能部门。

我国认证制度的总体方案中明确了我国认证体系的组织结构共分为四个层次：

第一层次是授权机构。这是由主管标准化和质量工作的技术监督局组成的。它的职能是授权认可机构负责对认可机构的认可，并批准认可的结果。

第二层次是认可机构，它的职能是制定认可准则并依此开展对认证机构、实验室和审核人员的资格认可。

第三层次是从事认证实践的机构和人员，包括产品认证机构、质量体系认证机构、校准和实验室以及注册审核员和评审员。

第四层次是企业。企业在自愿申请后，按认证的程序文件接受认证机构的检验、评审以及事后监督。

（2）认证制度的基本内容

认证制度又称合格评定，是指为进行认证工作而建立的一套程序和管理制度。一般包括两个方面：产品和质量体系的认证，认证机构的认可。

第一，产品和质量体系认证

① 产品质量认证。产品质量认证是指依据产品标准和相应的技术要求，经认证机构确认并通过颁发认证证书和认证标志证明某一产品符合相应标准和相应技术要求的活动。

② 质量体系认证。质量体系认证是依据国际通用的《质量管理和质量保证》系列标准，经过认证机构对企业的质量体系进行审核，并以颁发证书的形式，证明企业的质量体系和质量保证能力符合相应的要求，授予合格证书并予以注册的全部活动，义称质量体系注册。

应注意，产品认证往往要同时进行企业质量体系的检查评定，所以产品认证包括了质量体系认证。但二者都可称为第三方认证。

第二，认证机构的认可

认证是由权威性组织依据程序对某一团体或个人具有从事特定任务的能力所给予的正式承认。在此，是对认证机构资格的认可。需认可的认证机构有：产品认证机构，体系认证机构，检验、鉴定机构，培训机构，还有审核员的资格注册等。

（3）认证的步骤

① 企业进行管理层培训，成立指导委员会；

② 企业确定目标、时间进行质量与质量体系的自查；

③ 企业确定资源需求，编写质量手册，选择审核机构

④ 企业先后提出认证注册申请意见书、申请书，同时提交质量保证手册；

⑤ 认证注册机构接受申请，审核手册，企业修改补充完善手册及宣传贯彻手册；

⑥ 企业编写、贯彻制度文件；

⑦ 审核机构预审；

⑧ 企业进行整改，并通过内部予以完善；

⑨ 签发认证注册证书。

整个过程通常需要 12～18 个月

（4）认证证书和认证标志

① 产品认证证书和认证标志

A. 认证证书。这是由国务院产品质量监督部门统一管理、审批、发并有规定编号，由产品质量认证委员会颁发的。它具有法律效力。企业不得私自转让证书。

B. 产品质量认证标志。这是认证机构为了证明某个产品符合认证标准和技术要求而设计、发布的一种专用质量标志。其作用在于向用户传递正确可靠的质量信息。这是一种法定标志，需经批准方可使用，也不得擅自转让。

目前，我国已颁发的产品质量认证标志可分为 3 类，即方圆标志其变形、PRC 标志和长城标志。共 9 个认证标志：①PRC 标志；②长城标志；③方圆Q（质量）标志；④方圆 S（安全）标志；⑤标样标志；⑥SG 标志；⑦CCES标志；⑧方圆 S 标志变形；⑨萌芽标志。

C. 质量体系认证证书和认证标志

通过认证的企业可以获得认证证书。有效期为三年。通过认证的企业可获权使用认证标志。可以做广告宣传，但不可标在产品上。

② 认证机构的监督管理

A. 通报。即认证合格企业应及时向认证机构通报运行中出现较大变化的情况。

B. 监督检查。这是指认证机构对仲系认证合格的企业的质量体系的维持情况进行现场检查，包括定期和不定期检查。

C. 认证暂停。认证机构村队比合格企 4k 的质量体系发生不符合认证要求的情况时，可以来取认证暂停的警告措施。

D. 认证撤销：认证机构可以撤销合格的证明：书面通知对方，撤销注册，收回证书，停止使用认证标志。

E. 认证有效期延长。在认证有效期满的认证机构提出延长认证有效期的申请。

4.4　企业环境质量管理

经济的发展，一方面是物质文明的高速发展，另一方面则是自然环境的极大破坏。资源枯竭、环境污染、生态环境破坏等，直接威胁着人类的生存和发展。目前，世界经济的发展已经受到环境因素的严重制约和挑战。我们不得不重新审视我们的自然观和经济发展思路，重新制定企业的生产、经营和管理思路，实现企业和社会经济的可持续发展。

4.4.1　企业开展环境质量管理的意义

ISO14000 系列环境标准，指明了它是一个企业管则体系的环境管理方式。它改变了过去那种内政府强制政策，企业被动执行的环保管理方式而是把环境与企业的未来有机结合起来。对企业的发展有着积极的意义，这主要表现在以下几个方面：

第一，推行 ISO14000 是企业实现出粗放型经营向集约型经营转变的手段。ISO14000 的实施始终和节约资源、能源紧密联系在一起，企业推行ISO14000 的过程就是企业规范管理，努力提高资源、能源利用率和劳动生产率，尽可能少污染或不污染环境的过程。通过这个过程，企业可以从深层次上提高经济增长质量。近年来，我国不少企业在外国商品不断涌人和本国竞争企业不断增多的双重压力下举步维艰，究其原因主要是产品技术含量低，质量不高，缺乏竞争力。如不采取有效措施最终将丧失市场而退出竞争舞台。而实行 ISO14000，对于企业由粗放型经营向集约型经营转变，从而最终达到提高企业产品竞争力具有重要意义。

第二，推行旧 ISO14000 会给企业带来丰厚的经济效益实行 ISO14000 标准需要投入一定的人力、物力和财力。在本包括技改资金和添置设备的情况下，实施 ISO14000 认证的费用大约在 10 万至 30 万元之间。因此，有些企业领导时是否实施存在疑惑。事实上，以中国首批通过 ISO14000 认证的青岛海尔冰箱厂为例，其产品通过率由认证前的 98.2％提高到 98.5％。废品率由 7％降到 54％，虽说投入较大，但却使海尔集团声名鹊起，至今已有成倍回报。

第三，实行 ISO14000 有助于破除国际贸易中的绿色壁垒。早在 1996 年公布 ISO14000 的同时，国际化标准组织就宣布对这——新的认证标准只给 2～3 年的缓冲朗，缓冲期过后，国际市场就有可能会对未获取认证的企业和产品做出若干限制。一些发达国家很有可能借此对第三世界国家的产品构筑非关税贸易壁垒。例如：美国已明确表示，从 2001 年起，将对所有在国内上市的商品进行绿色认证检咨，并宣称美国厂商将在贸易绿色化方面同其他国家展开竞争。而欧洲的一些国家甚至认为，实施绿色认证不仅可保护本国环境，还可将外多向品拒之门外，而且有可能增加本国工厂的开工率和社会就业率。因此，企业若能通过 ISO14000 认证，取得国际认可，就等于取得一张国际贸易的绿色通行证，就可以打破一切发达国家正积极设置的绿色壁垒。

此外，实施 ISO14000 将使企业有更好的融资环境，目前，同际信贷利经济援助已逐渐向绿色倾斜，一些国际金融机构，如世界银行已将贷款项目的环境影响评估作为主要的贷款衡量标准之一来考虑，以支持绿色新兴产业的发展，我因政府也将会对绿色产业采取倾斜政策，因此企业应看到这一变化相机遇，及时实施 ISO14000。

4.4.2　ISO14000 系列标准简介

ISO14000 的全称是"系列标准环境管理体系"，它是国际化标准组织为保护全球环境，促进世界经济可持续发展，针对全球工业企、商业部门、非营利性团体和其他用户制定的一系列环境管体系标准。ISO14000 包含了环境管理体系、环境行为评价、环境审核和环境监测、寿命周期评定、环境标志，以及产品标准中的环境指标六个子系列。它综合采集于各国环保管理先进经验，以协调保护外境与可持续发展的关系，提供了一套以预防为主，减少和消除环城污染的管理方法。

ISO14000 系列标准于 1993 年开始由国际化标准组织（ISO）第 207 技术

委员会（TC207）制定以来，已有五个关于环境管理体系审核的标准分别于 1996 年 9 月，10 月由国际化标准组织（ISO）正式颁布。

（1）ISO14000 系列标准的指导思想和原则

① 指导思想

ISO14000 系列标准的指导思想是：无论对环境好的地区还是环境差的地区。ISO14000 系列标准应不增加贸易壁垒；

ISO14000 系列标准可用于对内对外的认证、注册等。

ISO14000 系列标准必须回避对改善环境无帮助的任何行政干预。

② 关键原则

从以上三个指导思想出发，TC207 对 ISO14000 系列标准规定了以下几个关键原则：

A. ISO14000 标准应有真实性和非欺骗性；

B. 产品和服务的环境影响评价方法和信息应有意义、准确和可检验；

C. 评价方法、实验方法不能采用非标准方法，而必须采用 ISO 标准、地区标准、国际标准或技术上能保证再现性的实验方法；

D. 应具有公开性和透明度，但不应损坏机密的商业信息；

E. 非歧视性；

F. 能进行特殊的有效的信息传递和教育培训

G. 应不产生贸易障碍，对国内外应一致。

（2）已颁布的 ISO14000 系列标准

ISO 秘书处为 TC207 预留了 100 个标准号 ISO14001—ISO14100

ISO14000 系列标准。

现已颁布［90140］肋系列标准有：

ISO14000—14009 为环境管理体系（EMS）

ISO14010—14019 为环境审核（EA）

ISO14020—14029 为环境标志（EL）

ISO14030—14039 为环境行为评价（EPA）

ISO14040—14049 为生命周期评定（LCA）

ISO14050—14059 为术语和定义

ISO14060—14069 为产品标准中的环境指南（EAPS）

ISO14070—14100 为预备今后的标准

其中 ISO14001 环境管理体系—规范及使用指南规范是环境系列标准的进化和主体部分，也是企业实施环境管理的依据。它规定了对环境管理体系的要求，明确了环境管理体系的诸要素，要求组织建立环境管理体系，确定环境方针和目标，实现并向外界证明其环境管理体系的符合性。

（3）ISO14001 标准简介

在 ISO14000 系列标准中，ISO14001 最为重要，它是企业建立环境管理体系以及审核认证的基本准则，是系列标准的基础。它要求组织在其内部建立并保持一个符合标准的环境管理体系，通过体系的有效运行，使组织的环境行为得到持续改进。

ISO14001 标准具有下列特点：

① 它是自愿性标准。以往的环境保护工作主要是由政府推进的，依靠制定法律、法规和环境管理标准来强制企业执行。ISO14001 标准强调的是非行政手段，企业建立环境管理体系、申请认证完全是自愿的，是出于商业竞争、塑造企业形象或提高自身管理水平的需要，以此向外界展示其实力和对环境保护的态度。

② 它强调对有关法律、法规的持续符合性，没有绝对的环境行为要求。不同的国家、不同的企业由于经济技术发展水平相差很大，不可能用统一的环境行为标准来衡量。制定 ISO14001 的宗旨是希望各种类型的组织都能建立这一体系，遵守所在国家的法律、法规和其他有关要求，不断改进环境行为，而没有绝对的环境行为要求。

③ 它强调污染预防和持续改进，这是 ISO14001 两个最基本的思想。污染预防是通过对组织的活动、产品和服务的全过程进行控制，力图使每一个环节的环境影响最小化，从而达到组织整体环境影响最小化的目的；标准没有规定具体的环境绩效，没有极限值要求，组织应自己与自己进行比较，不管现在做什么，都必须改进。

④ 它强调的是管理体系，特别注重体系的完整性，要求采用结构化、程序化、文件化的管理手段，强调管理和环境问题的可追溯性，体现出整体优化的特色。

⑤ 它具有广泛的适用性。不仅适用于企业，也适用于事业单位甚至政府部门；不仅适用于第一、二产业，也适用于第三产业。

ISO14001 对环境管理体系提出了六个方面的要求，由 17 项具体要求构成，其构成框架及其在消除环境污染方面的作用。

① 环境管理总要求：要求企业要按本标准的要求建立并保持环境管理体系，以实现自身对环境的承诺。

② 环境方针：企业通过制定环境方针，确定环境管理体系框架，以实现自身对环境持续改进和污染预防的承诺。

③ 规划（策划）：企业依据自身资源和环境法律法规的要求，分析和确定环境因素，制定环境目标和指标，拟定环境管理方案。以实现自身对环境持续改进和污染预防的承诺。

④ 实施与运行：企业通过组织运作、教育培训、信息交流，制定环境管理体系程序和文件，依据所制定比划，控制其活动、产品和服务，以实现其承诺。

⑤ 检查和纠正措施：企业在进行环境管理和污染预防的过程中要不断进行监测和测量，一旦发现异常要及时做出纠正和预防措施。要对内部环境进行定期审核、以确保真正做到根除污染。

⑥ 管理评审：企业要针对其自身的环境管理及污染预防的效果进行定期评价，以确认其落实性和否效性。

上述①、②、③条是企业目标制定阶段——"想做好"的，④和⑤是目标实施阶段——"真去做"的，⑥是企业证明自己的目标实现阶段——"已做好"的。这一完整的体系覆盖了企业从期望到行动乃至最终实现"环境零污染"目标的整个过程。

通过对 ISO14001 环境管理体系框架的剖析，我们不难了解它对改善环境所起到的积极作用。再回想一下影响人类生活质量提高的诸多因素中，哪一项不与环境问题息息相关？由此可见，能否成功地解决环境问题已成为影响人类生活质量提高的主要"瓶颈"因素。因此，大力推行 ISO140 叨环境管理系列标准，以提高企业乃至全社会的环境保护意识，不失为解决人类环境问题的一条有效途径。

4.4.3 我国实施 ISO14000 系列标准的基本原则和措施

(1) 我国实施 ISO14000 系列标准的基本原则

在中国实施 ISO14000 系列标准，应遵循以下四条原则：

① 符合国际标准基本要求的原则。为与国际接轨，便于国际相互认可，中国实施 ISO14000 系列标准，应当符合国际标准的基本要求，按国际标准规范操作程序。

② 结合中国环境保护工作实际的原则。中国的环境保护工作与其他国家的环境保护工作有不少共同点，但也有自己的特点，应把中国现行的环境管理制度与国际标准结合起来。只有这样才能有效地促进中国的环境保护工作。

③ 大力实行统一管理原则。环境保护工作涉及社会、经济的方方面面，政策性较强，对 ISO14000 系列标准的实施必须实行统'管理，方便企业。保证我国环境管理体系认证工作有序、健康发展。

④ 坚持积极、稳妥、适时、到位的原则。

(2) 我国企业加强环境管理建设措施

我国政府一直高度重视 ISO14000 的实施工作。国家技术监督局已于1995 年 10 月成立了全国环境管理标准化技术委员会和中国环境管理体系认证委员会，由这两个委员会负责实施 ISO14000 环境标准的认证工作，并于 1996 年 12 月将 ISO14000 系列标准等同转化为国家标准。目前，国际认可论坛，太平洋地区认可工作组织已正式接纳我国环境管理体系认证机构认可委员会为正式成员。我国认证人员国家注册委员会环境管理专业委员会也成为国际审核员培训与注册协会的正式成员。这意味着我国环境管理体系认证与国际接轨的工作已全面展开。而作为企业来说，应抓住机遇，尽早行动起来。在具体实施时，要做好以下几个方面的工作：

提高全体职工的环保意识，必须认识到推行 ISO14000 是企业自身发展的需要。加强环境管理，认真贯彻 ISO14000 是对人类赖以生存的环境负责，是对消费者负责、是对子孙后代负责，也有助于企业加强成本控制、节约能源，减少污染事件的发生，达到有关环保法规的要求，并建立有助于可持续发展的出口商品结构。同时要认识到实施 ISO14000 系列标准成功的关键是全体成员的积极参与，为此必须加强环境保护科普宣传教育，从而提高全体员工的环保意识，最终保证 ISO14000 的顺利实施。

② 制定适当的内控环保标准

ISO14000 环境管理标准的实施必须以一定的环保标准为坐标。与 ISO9000 相似，为使 ISO14000 标准具有普遍性，标准只告诉人们该做什么，而没有说明该怎么做。在 ISO14000 引言部分明确指出：本国际标准除了要求在方针中遵循有关法律、法规和进行不断改进做出承诺外，并未提出对环境绩效的绝对要求。"这样既给贯标组织提供了灵活性，也使贯标组织落入无所适从的境地。由于企业通常对产品和工艺都制定了内控质量标准，因此这种灵活性并不影响企业贯彻 ISO14000 标准，然而企业基本上没有产品和工艺流程的环保标准，甚至不知道在哪些方面设立环保标准，这种灵活性使一些企业在贯彻 ISO14000 时失去了环境目标和坐标。鉴于我国目前与 ISO14000 标准配套的环保法规不健全，所以，企业应在参考国外先进的环保标准的基础上，结合本企业的实际情况，制定出产品和工艺流程的内控环保标准，在此基础上才能试行生产。

③ 依据 ISO14000 环境管理标准，系统规范的建立环境管理体系

企业要根据自身情况和规模大小，按照 ISO14000 的要求，或单独建立环境管理体系，或在实施 ISO9000 的基础上把环境管理体系的内容纳入质量管理体系中，从产品的设计、原材料采购、工艺制造、产品出厂、安装使用等活动均按 ISO14000 标准要求，从而在企业内部建立起一套立足于生态文明的现代科学技术管理体系和生产环境。具体实施时，企业恪守现代国家的专门咨询机构咨询，对将参与建立并进行体系管理的主要人员进行培训，熟悉环境管理体系各要素，然后在咨询机构的协助下，依据标准体系中《ISO14000

环境管理体系原理，体系和支撑技术通用指南》所提出的具体方式，建立自己环境管理体系。环境管理体系建立后，还要通过有计划的评审和持续改进的循环，以保持体系的完善和提高。

④ 将现有体系和环境管理体系结合起来，使环境哲理体系成为企业管理体系中的一部分

企业要实现环境方面的永久发展，必须在 ISO14000 环境管理体系所提供的完整框架基础上实现由传统的末端治理，逐步向污染预防、清洁生产等转变。也就是要维护和持续改进已建立的环境管理体系，落实作业和文件管理工作，执行内部审核与配套的纠正预防措施，注意更新环保技术与获得法律法规信息。

⑤ 实施清洁生产

对于贯彻 ISO14000 的企业来说，实施清洁生产是十分必要的。清洁生产包括了清洁的生产过程和清洁产品两层含义。前者要求再生产过程中对环境不污染和少污染，后者要求产品在使用和最终报废过程中不对环境造成损害。实施清洁生产的关键是确定清洁生产的技术方法，企业可以通过清洁生产审计，找出实行清洁生产的技术方法。清洁生产审计也称污染预计评价或废物最小量化评价。企业实施清洁生产审计可分为两个过程。首先，要求对企业的具体生产工艺和操作进行仔细评审，从而掌握企业产生废物的种类和数量的详细情况，判断如何减少有毒和有害物料的使用、生产，以及废物产生的机会。其次，再对各种备选方案进行技术、经济和环境等的可行性分析，从而选定供实施的最佳清洁生产方案。值得一提的是推行清洁生产本身就是一个不断完善的过程，它要求企业应随着经济的发展和科技的进步，适时地提出新的目标，争取更高的水平。

⑥ 积极争取绿色环境标志

为增强企业建立环境管理体系的积极性，ISO14000 实施了环境标志制度。环境标志又名"生态标签"，是一种印刷或贴附在商品或其包装上的图案，是一种商品"认证标志"，证明该商品在其生命周期中符合环保要求，不危害人体健康，对环境无害或危害极小，有利于资源的回收和利用。企业通过取得环境标志，向社会展示其产品与非标志产品在环境行为上的差别，可产生巨大的社会效应。对企业而言，产品取得绿色标志，不但要求产品环境质量得到保证，而且要求产品使用质量必须符合产品质量标准。

⑦ 开展绿色营销，营销观念应当随着竞争和市场的变化而变化

我国的市场正在走向完善，并且日益与国际市场接轨，因此中小企业必须不断吸收国外先进营销理念，如社会营销观念、绿色营销，定位绿色市场，确定绿色价格，开展绿色促销。营销策略和观念随着市场需求变化而变化。

⑧ 企业要借鉴国内外企业的成功经验，结合自我特点走成功之路

创新无疑是我国中小企业建立环境管理体系，走出低效，获得持续发展的强大动力。在这方面，企业既要有新产品、新工艺的创新，还要有管理、技术的创新。鉴于目前我国大部分中小企业的设备、技术均落后于国外先进水平，可以通过与大专院校和科研院所结合的方式将其科研成果直接转化为产品；同时注意借鉴国外成功的经验，特别是与那些已通过 ISO14000 认证的大企业集团的经验交流，为中小企业自我开发新产品、新工艺，实施ISO14000 标准奠定基础。

⑨ 健全法律法规的执行

这里所说的法律、法规和其他要求，主要是指我国的环境保护方面的法律、法规、标准、制度和一些行业规定等，如《中华人民共和国环境保护法》、《中华人民共和国水污染防治法》、《地面水环境质量标准》、《污水综合排放标准》、《建设项目环境保护管理办法》、"三同时制度"、"环境影响评价制度"等。

⑩ 为企业参与国内外竞争创造条件

一方面，要设法减少跨国经营的贸易壁垒；另一方面，企业在引进外资过程中，要注重遵循"环保与发展"并重的原则。近几年来发达国家在产业升级过程中，把许多能耗大，污染严重的夕阳产业不断转移到我国企业，因我国生态环境造成了严重影响也给我国企业实施 ISO14000 带来不利因素。因此，企业吸收外资时应严格把住环保关，把环保作为企业引资立项的重要因素，以防止发达国家的"污染转移"。

总之，企业要持续地开展全面质量管理活动，加强质量管理保证体系的建设，积极推行 ISO9000 认证和 ISO14000 系列认证。

4.4.4 ISO9000 系列、ISO14000 系列与 TQC 的关系

(1) ISO9000 与 TQC 的关系

质量管理是企业生产系统有效运营的一个重要组成部分。质量管理理论也在不断地发展和提高。其中最有代表性的就是全面质量管地。然而，由于TQC 具有非常深奥的内涵，其实质精神往往不容易掌握，在施行中可能会遇到很多障碍。因此真正通过开展 TQC 取得深入持久收效的企业并不多见。这是企业管理的一大难题。进入 80 年代中期，国际标准化组织开始在质量管理方面进行探索，力图能够使质量管理更具有标准性和可操作性，于是产生了ISO9000 系列标准。所以，TQC 与 ISO9000 之间存在一定的共同点：

① 两者的根本目标是一致的；

② ISO9000 使 TQC 的质量保证体系更加具体化、通用化、标准化，更具

有可操作性；

③ 两者都强调不断改进；

④ 两者都运用现代科学理论作为基础

⑤ 两者都需要企业领导的高度重视。

可见，二者是相互补充、相互促进的关系。没有 ISO9000，TQC 就容易走入虚而不实的结果；没有 TQC，ISO9000 系列标准就成了无本之木。但是也应该看到，ISO9000 系列标准只是一个最低标准，它只是把质量管理中能够标准化的部分标准化了。德国《经济周刊》的文章认为，"ISO 认证只是进入全面质量管理的手段，其目标是 TQC，是按日本模式不断改善的过程。只有全面质量管理才能带来真正的竞争优势"。

TQC 与 ISO 在理论上是相同的，在方法上是相通的，在具体做法上是相近的。但是由于东西文化背景的不同。还存在着如下一些不同：

① ISO 的全员没有 TQC 的范围广泛，ISO9000 只是与质量体系有关的人员参加；

② ISO 全面质量的含义比 TQC 广泛；

③ 虽然没有全过程控制的内容，但 ISO900 更注重文件化、而 TQC 更注重方法和工具；

④ TQC 强调顾客满意和社会的收益，而 ISO9000 强调为顾客提供证实企业具有持续提供合格产品的能力；

⑤ ISO9000 具有国际通行的认证效果，TQC 则不能；

⑥ ISO9000 具有较强的可操作性，规范化、可比较，而 TQC 则比较抽象，不容易掌握。

但是二者的共性是主要的、根本的，差异只是形式上的。TQC 不断寻求更高要求和不断提高的机制是 ISO9000 所不具备的，也是它不如 TQC 最根本的一点。所以二者是动态和静态、基础和发展的关系。

（2）ISO9000 系列标准与 ISO14000 系列标准的关系

① 两者的区别

A. 适用的对象和口的不同。ISO14000 系列标准的主要目的是帮助组织建立、运行和不断改进环境管理体系，通过识别和控制环境因素特别是重大环境因素，以求实现环境状况的显著改善；而 ISO9000 系列标准则主要针对产品和服务质量，目的是指导组织建立和运行质量体系，通过影响和改进质量活动的过程的控制，达到提高组织的质量管理和质量保证能力，最终达到顾客满意。

B. 服务的对象不同。ISO9000 系列标准服务点在于产品和域服务的质量。满足顾客的需求 ISO14000 系列标准是针对组织的活动、产品和服务过程中的环境影响，使建立起来的环境管理体系服务于众多的相关方的需要，同时满足社会对环境保护的需要。

② 两者的联系

A. 基本思想和方法一致。都强调领导的作用和全体员：正参与的重要件，着眼于预防为主和持续改进。

B. 运行模式相同。都遵循 PDCA 循环。

C. 最终愿望相同。都旨在通过标准的实施，建立一套完整的、有效的文件化管理体系来分别规范组织的质量行为和环境行为，从而使企业的管理行为程序化、规范化、标准化，并通过管理体系的运行和改进，对组织的活动、过程和服务进行控制和优化，提高管理的有效性，以达到顶期的目的，最终使组织获得更大的收益。

D. 相互协调和相容。两个标准体系分别作为整个管理体系的一部分，尽管使用范围和目的不同，但其遵循共同的管理原则，在管理对象上也是互补的，可以相容的。

通过以上分析，我们可以看出：ISO9000 系列标准、ISO14000 系列标准与 TQC 二者之间相互联系，又相互区别。ISO9000 系列标准和 ISO14000 系列标准是 TQC 思想的具体体现，TQC 是两个系列标准的指导思想，但两个系列的推行不能代替全面质量管理活动。

【思考题】

1. 什么是全面质量管理？它的特点有哪些？

2. 简述 PDCA 循环的特点。

3. 比较分析质量管理旧七种方法的基本要点。

4. 比较分析质量管理新七种方法的基本要点。

5. 什么是环境质量管理？开展环境质量管理有什么意义？

6. 简述 ISO14000 系列标准的内容和作用。

7. 简述 ISO9000 系列标准、ISO14000 系列标准和 TQC 的关系。

8. 举一个你熟悉的企业开展质量管理和环境质量管理的例子。

第5章　企业人力资源管理

5.1　人力资源开发与管理概述

5.1.1　人力资源的基本概念

（1）人力资源的概念

人力资源管理是指运用科学方法，协调人与事和关系，处理人与人的矛盾，充分发挥人的潜能，使人尽其才，事得其人，人事相宜，以实现组织目标的过程。简而言之，是指人力资源的获取、整合、激励及控制调整的过程。包括人力资源规划、人员招聘、绩效考核、员工培训、工资福利政策等。

从广义上讲，智力正常的人都是人力资源。

狭义上讲，是指能够推动生产力发展，创造社会财富的能进行智力劳动和体力劳动的人们的总称。

（2）人力资源的构成

人力资源由数量和质量两个方向构成。人力资源数量又分力绝对数量和相对数量两种。人力资源绝对数但从宏观上看，是指一个同家或地区中具有势动能力，从事社会劳动的人口总数。它是一个国家或地区劳动适龄人口减去其中丧失劳动能力的入口，加上劳动适龄人口之外具有劳动能力的人口。

人力资源相对数量即人力资源率，它是指人力资源的绝对量占总人口的比例，它是反映经济实力的更重要的指标。一个国家或地区的人力资源率越高，表明该国家的经济有果种优势。因为，在劳动生产率和就业状况既定的条件下，人力资源率越南，表明可投入生产过程中的劳功数量越多，从而创造的国民收入也就越多。

影响人力资源数量的因素主要有两个方面：①口总量及其再生产状况。②人口的年龄构成。③人口迁移。

人力资源的质量是人力资源所具有的体质、智力、知识和技能水平，以及劳动者的劳动态度。它一般体现在劳动者的体质水平、文化水平、专业技术水平、劳动的积极性上，它们往往用健康卫生指标、教育状况、劳动者的技术等级状况和劳动态度指标来衡量。人力资源的质量更为重要。随着科技进步对人力资源的质量要求更高。人力资源的质量主要受以下几个方面的影响：①遗传和其他先天因素。②营养因素。③教育因素。

中国的教育投资强度低、效益差，我国教育投资占国民生产总值（GNP）的 3％左右，而发达国家为 6.1％，发展中国家为 4％，世界平均水平为 5.7％；中国人均教育投资为美国的 0.9％，9 本和英国的 1.6％；中国依靠教育投资和技术进步等因素对经济增长的贡献为 9.7％，而发达国家为 49％，发展中国家为 31％。

企业中人力资源的构成也是由数量与质量两个方面构成，人力资源的绝对数量一般由正在企业被雇佣的员工和欲从企业外人力资源市场招聘的潜在员工两部分构成，前者主要包括雇佣的未成年员工、适龄员工和老年员工，但不包括即将离开企业酌员工（如即将被解雇的员工、辞职的员工、退休、病退和死亡的员工）；后者是可能来自于人力资源市场的任何一部分。企业人力资源的相对量——企业人力资源率是企业人力资源总量与企业总员工数（包括离退休员工因特殊原因不能工作的职工）的比率，它反映了企业的竞争力。这个比率越高，则企业人力资源的可利用率就越高，企业的负担越轻，竞争力就越强，相反，企业竞争力就越弱。

企业中人力资源质量在构成上与一个国家或地区的人力资源质量的构成是一样的。

（3）人力资源的特点

人力资源是进行社会生产最基本最重要的资源，与其他资源相比，有如下几个特点：

① 能动性

这是人力资源与其他资源的根本区别。人力资源具有思想、情感和思维，具有主观能动性、能有目的有意识地主动进行其他资源去推动社会和经济的发展，因而在经济建设和社会发展中起到积极的主动的作用。

人力资源的能动件体现在三个方面：A. 自我强化：通过接受教育成主动学习，提高素质；B. 选择职业：报据自我的爱好和特长自由的选择职业；C. 积极主动：积极主动地利用自身的知识和能力、有效地利用各种资源、创造性地开展工作。

② 社会性

人类劳动以结合的方式进行。每个人受自身民族文化和社会环境的影响不同，所以个人价值观也不同。因此个人行为创造力受社会环境，文化氛围的影响和制约。

③ 两重性

人力资源既是投资的结果，同时又能创造财富，或者说既是生产者，又是消费者。根据舒尔茨人力资本理论，人力资本的投资主要由个人和社会双方进行，人力资本投资的程度决定了人力资源质量的高低，人们要获得知识和技能，必须接受教育和培训，就要花费财富和时间，同时也会失去许多就业机会和获得收入，这构成人力资本的成本。从生产与消费角度看，人力资本投资是一种消费行为，这种投资带来的收益是很高的。

④ 时效性

人力资源是一种具有生命的资源，它的形成、开发和利用都要受到时间的限制。作为生命有机体的人，在其生命周期的不同时期体能和智能不同，劳动能力不同，且利用程度也不相同。在人力资源的使用和开发中要特别注意这一特点。

⑤ 再生性

人力资源在使用过程中，有一个可持续发展，丰富再生的独特过程。使用过程也是开发过程，且人在工作后，可以不断学习更新自己的知识和提高技能，同时还可以积累经验，充实自己。因此，人力资源能够实现自我补偿、由我更新、自我充实、持续开发。

5.1.2 人力资源开发与管理

（1）人力资源开发与管理的含义

人力资源开发与管理，是指由一定管理主体为实现人力扩大再生产和合理分配使用人力而进行的人力开发、配置、使用、评价诸环节的总和。人力资源开发与管理渗透于社会各领域，具有较大的复杂性。人力资源开发与管理根据管理范围的不同，分为宏观人力资源开发与管理和微观人力资源开发与管理。本章着重讨论的是微观人力资源开发与管理。

（2）人力资源开发与管理的主要内容

人力资源开发与管理的主要内容十分丰富，概括地讲，主要有 4 个方面：

① 人力资源规划和工作分析是人力资源开发与管理的基础。

② 人力资源的吸收，即人员招聘、选聘和录用，是人力资源开发与管理的第一步。

③ 人力资源开发与培训是提高人力资源质量的重要方面。

④ 人员绩效评估是衡量员工工作成效，进行奖惩、晋升及确定报酬的依据。

5.1.3　现代企业人力资源管理的任务

（1）通过规划、组织、调配和招聘等方式，保证以一定数量和质量的劳动力和各种专业人员，满足企业发展的需要。

（2）通过各种方式和途径，有计划地加强对现有员工的培训，不断提高他们的文化知识与技术业务水平。

（3）结合每一个员工的具体职业生涯发展目标，搞好对员工的选拔、使用、考核和奖惩工作，做到能发现人才、合理使用人才和充分发挥人才的作用。

（4）采用各种措施，激发员工的工作积极性。

（5）做好工资、福利等工作，协调劳资关系。

5.2　人力资源规划和工作分析

5.2.1　人力资源规划的概念

人力资源规划是根据组织的战略目标，科学的预测组织在未来环境变化中的人力资源供给予需求状况，制定必要的人力资源获取、利用、保持和开发策略，确保组织对人力资源在数量和质量上的需求，使组织和个人获得长远的利益。该定义包含了四层含义：

（1）组织的战略目标是人力资源规划的基础，制定人力资源规划必须以组织的战略目标为依据。

（2）必须根据环境的变化，对组织人力资源供求状况进行预测，确保组织在一定时期对人力资源的需求。

（3）组织要制定相应的人力资源改革措施，确保组织对人力资源需求的实现。

（4）使组织和个人都得到长期的利益。

这是指组织的人力资源规划要创造良好的条件，充分发挥组织中每个人的主观能动性，使其提高工作效率，进而实现组织目标，同时，切实关心组织中员工的各方面需求，帮助他们在实现组织目标的同时实现个人的目标。

5.2.2　人力资源规划的任务及内容

（1）人力资源规划的任务主要包括下列方面：

① 根据企业的总的整体战略发展规划和中长期经营计划，研究市场变化

趋势，掌握科学技术革新的方向，确定各种和各类程度的人力需求。

②组织的调整设计对人力需求的影响极为重大，因此人力资源规划必须研究未来企业组织变革的可能性，确定由于机械设备的变更、企业活动范围的扩大而导致组织原则"原则与形态的变更，进而推定未来之人力需求的变动情形。

③分析现有人力的素质、年龄结构与性别结构、变动率及缺勤率、工作情绪的消长趋势等状况，决定完成各项生产经营工作所需的各种类别和等级的人力。

④研究分析就业市场的人力供用状况，确定可以从社会人力供给中直接获得或者须与教育及培训机构合作预先为之培养的特种类别和等级的人力。如果发现某一种类别和等级的人力，上述两种途径都不可能取得，则还须自行定人力训练计划、培养人才。

⑤使人力资源规划体系中的各项具体的计划保持平衡，并使之与企业的发展规划和经营计划能够相互衔接。

（2）人力资源规划的内容

人力资源规划的内容包括两个层次，即总体规划及各项业务计划。人力资源的总体规划市有关计划期内人力资源开发利用的总目标、总政策、总体实施步骤业总项算的安排；而人力资源规划所属的业务计划包括人员补充计划、人员使用计划、人才变更及提升计划、教育培训评价及激励计划、劳动关系计划、退休解聘计划等等，每一项具体业务计划也都由目标、政策、步骤及预算等部分构成。业务计划是总体规划的展开和具体化，是人力资源总体规划目标实现的保证。

人力资源总体规划和各项业务计划的详细内容参见表5-1。

5.2.3 人力资源供求预测

人力资源供求预测是从企业发展战略目标出发，在调查人力资源现状的基础上，根据国内外环境发展的趋势和可能提供的条件，对未来人力资源的供求状况做出的一种估计，这一估计确定了企业未来所需的人力数量、质量、规格以及如何优化配置。因此，这是人力资源规划中技术性较强的关键性工作。

（1）人力资源需求预测

①人力资源需求预测的内容。

人力需求量预测。主要是根据企业的内外环境和发展战略内所需要的人力数量。

人力资源环境预测。主要包括社会经济发展（产业结构、行业结构及整个社会结构的变化）预测及科技发展（新技术、新工艺、新材料、新设备的发展趋势）预测；社会发展（人口、教育、动态、社会基础结构的变化）预测、企业发展预测等。

表 5-1 人力资源总体规划与各项业务计划的内容

计划类别	目标	政策	步骤	预算
总规划	总目标（绩效、人力总量、素质、员工满意度等）	基本政策（如扩大、收缩、改革、稳定等）	略	总预算××万元
人员使用计划	部门编制，人力结构优化及绩效改善，职务轮换程度	任职条件、职务轮换范围及时间	拟定标准（×月）广告宣传（×月）考试（×月）录用（×月）	按使用规模、类别及人员状况决定的工资、福利预算
人员补充计划	类型、数量、对人力结构及绩效的改善等	人员标准、人员来源、起点待遇	略	招聘、挑选费用××万元
人才接替及提升计划	后备人才数量保持，提高人才结构及绩效目标	选拔标准、资格、试用期、提升比例、未提升资深人员安置	略	职务变动引起的工薪变化
教育培训计划	素质及绩效改善，培训类型数量、转变态度及作风	培训时间的保证，培训效果的保证（如待遇、考核、使用）	略	教育培训总投入、脱产损失
评价及激励计划	降低人才流失，提升士气水平绩效改进	激励重点、工资政策、奖励政策反馈	略	增加工资、资金额
劳动关系计划	减少非期望离职率，干群关系改进，减少投诉率	参与管理、加强沟通	略	法律诉讼费
退休解聘计划	编制，劳务成本降低及生产率提高	退休政策解聘程序等	略	安置费、人员重置费

人力资源结构预测。这是由专业结构预测、学历结构预测、年龄结构预测、职称结构预测等部分组成。基本要求是确定企业人力合理的比例结构，实现人力群体的最佳功能。

人力减员量预测和补充量预测。主要是推断在计划期内企业的自然减员、调出和内部晋升的数量，可能得到的人力补充量。

② 人力资源需求预测的方法

预测的方法可分为两部分。一是总量预测，根据企业经营规模及技术进步对总的人力需求进行预测，方法有生产函数预测法、统计推断法答；二是分类预测，即按不同类别或不同部门分别预测，然后再汇总。方法有定额法、任务分析法、经验比例法等。

（2）人力资源供给预测

人力资源供给预测主要是对企业在未来发展的过程中各类人力余缺状况的一种估计，是制订人力资源规划的重要内容之一。它包括内部、外部两个方面。

① 企业内部人力供给预测

人力资源供给预测应首先从内部开始，最常用的方法有马尔可夫模型和人员接替模型。这里主要介绍马尔可夫模型。

这里有操作人员向技术人员、管理人员的晋升；由技术人员、管理人员向领导人员的晋升；也有技术人员与管理人员之间、不同类别操作人员之间的转移；还有人员的进出也可看做是一种转移。如果能通过历史统计资料掌握各种转移比率的概率（称为转移概率），则可利用马尔可夫模型来推断未来的人。

② 企业外部人力供给预测

影响企业外部人力供给状况的因素很多，如人口和体制背景、教育状况、国家就业政策和分配政策、劳动力市场、就业者的心理和价值取向等等，预测时要充分考虑这些因素的影响，深入劳动力市场和人才市场进行调查研究。常用的预测方法有：德尔菲法、时间序列预测法、因果预测法等。

企业内部各类人员是有规律地转移的，常见的转移去向如图5-1所示。

5.2.4 人力资源规划的综合平衡

人力资源规划的综合平衡主要在于以下两个方面：

（1）人力的供求平衡

人力供给予人力需求可能出现如下的不平衡：人力不足；人力过剩；两者兼而有之的结构性失衡，即某些类别的人力不足，而另一些类别的人力过剩。

在进行人力的供求平衡时，常常可以采取如下做法：如人员不足，首先在企业内部调剂、提拔；其次可以考虑外部招聘。同时可以采取调整晋升政策、培训开发、职位轮换、任务转包、加速自动化等一系列措施。在人力过剩时，则可组织转岗培训、缩短工作时间、辞退临时工、实行提前退休、外办三产等，利用多种渠道妥善安置员工。

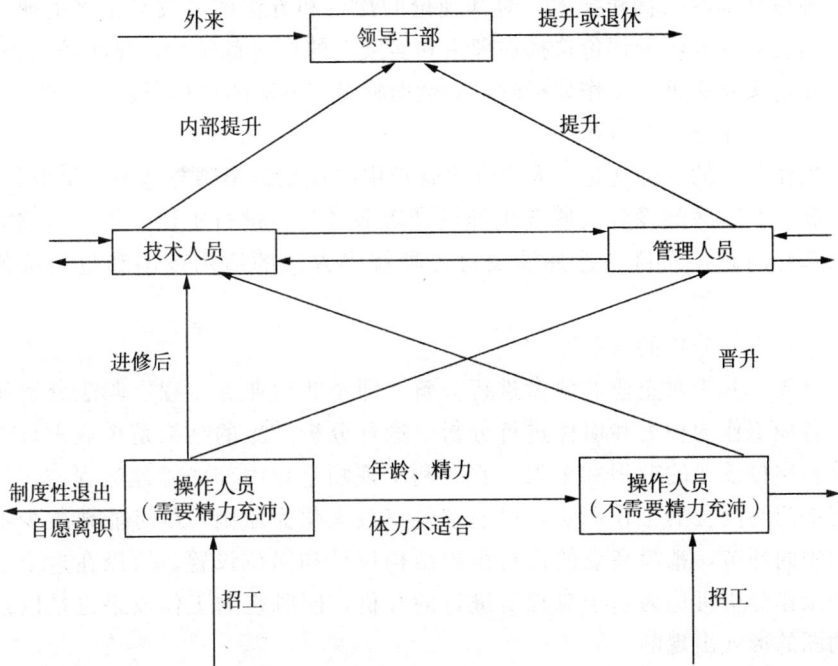

图 5-1　转移去向图

（2）总体规划与各项具体计划之间的平衡

人力资源规划的总目标是通过执行各项具体计划实现的，因此应当将总目标分解为各项具体计划的分目标，并制定相应的政策，规定具体的措施和步骤。在实际操作过程中，坚决贯彻局部服从整体的原则，保证系统的整体优化。

同时，各项具体计划之间也应注意相互平衡协调，例如人员培训计划与工资报酬计划之间、晋升计划与工资报酬计划之间、人员招聘计划与退休解聘计划之间，等等，都必须相互协调配套。

5.2.5　工作分析

（1）工作分析的概述

工作分析，亦称岗位分析，职位分析，是人力资源的基础和平台，是整个人力资源管理的依据和参考，离开了工作分析，一切的管理工作都是感性的行为，毫无科学性可言。工作分析，是指对企业各类岗位的性质、任务、职责、劳动条件和环境以及员工承担本岗位任务应具备的资格条件所进行的分析和研究，并制定出岗位规范、工作说明书等劳动人事文件的过程。它作为一种最基本的工具和技术，对其理论的探讨和方法的开发有诸多的研究文献，但是对其方法的评价选择在理论和实践上的探讨都很少，显然较为薄弱，而企业在实践中进行工作分析时，必然面临对其方法的选择问题。

（2）工作分析的目标

工作分析的目标就是为人力资源管理中的规划、招聘与选拔、绩效评估、培训和开发、薪酬设计、职业生涯设计等服务的。进行工作分析，面临多种方法选择问题，而这一选择涉及对各种技术方法的适用范围和应用价值的评价。

（3）工作分析的重要性

首先，基于对企业的使命进行分解，即企业的业务流程、职能分解所涉及的各项工作的种类和属性进行分析。这种分析产生的结果是企业进行组织设计和岗位设置的前提和依据，它有利于理顺企业内部的管理流程，合理的界定部门与岗位的工作职责，以追求效率最大化为原则，尽可能地减少不必要的中间环节，精简高效的进行组织结构设计和岗位设置。所以在这个层次上的工作分析可称为基于流程所进行的分析，同时它的工作成果也是以组织结构图的形式出现的。

其次，在结构与部门职能确定后，根据"鱼骨图"的模型分解部门职责形成不同的工作岗位，然后针对具体岗位的任职资格、工作范围、工作条件、权限以及任职者所应具备的知识技能和生理、心理上的要求所进行的分析。在这个阶段上进行的分析，可以说是整个工作分析中工作量最大的内容，涉及组织内部所有部门和岗位，这也是我们通常意义上所说的工作分析。一般的工作也就是针对这一部分，由于它分析的对象是具体的岗位，所以在这个部门我们可以称之为给予岗位所进行的工作分析。它最终的工作成果是以工作说明书（或称之为岗位说明书）的形式出现的，在工作说明书中涉及一个岗位的存在问题。

第三，也是工作分析的最后一个层次，就是找对某项集体的操作过程、步骤所进行的分析，它主要的目的在于分解具体工作的每一个环节，使之形成一种定式、一种规范或章程。这种工作分析一般针对操作要求比较高的岗位或工作，它所产生的工作成果是工作标准等类似的规范性文件，严格要求按章操作。直接可以在员工的岗位培训、绩效考核、安全管理等反面应用。

（4）工作分析方法

① 基本分析方法。包括：观察分析法、工作着自我记录分析法、主管人员分析法、访谈分析法、记录分析法及问卷调查分析法等。

② 综合分析法。

5.3　人力资源吸收——员工招聘

人力资源吸收又称为员工招聘，是人力资源开发与管理中非常重要的一个环节。员工招聘是指组织为了发展的需要，根据人力资源规划的数量与质量要求，吸收人力资源的过程。

5.3.1　员工招聘的意义

（1）员工招聘能确保组织发能展所必需的高质量人力资源

市场竞争归纳为一点是人才的竞争，企业经营战略发展的各个阶段必须要有合格的人才作为支撑点。人员招聘对组织来说意义重大。如同生产高质量的产品必须有高质量的原材料一样，组织的生存与发展也必须有高质量的人力资源。如何获得人力资源对组织而言就显得尤为重要。员工招聘就是为了确保组织发展所必需的高质量人力资源而进行的一项重要工作。

（2）弥补组织内人力资源供给不足

当组织内部的人力资源不能够满足组织发展和变化的要求时，组织就需要根据人力资源规划的数量和质量的要求，从外部吸收人力资源，为组织输入新生力量，弥补组织内人力资源供给不足。

（3）为组织注入新的管理思想，带来技术上的重要革新

对高层管理者和技术人员的招聘，可以为组织注入新的管理思想，可能给组织带来技术上的重要革新，为组织增添新的活力。

（4）使个人发展目标与组织目标趋于一致，有利于发挥员工潜能

成功的员工招聘可以使组织更多地了解员工到本组织工作的动机与目标，组织可从诸多候选人中选出个人发展目标与组织目标趋于一致的，并愿与组织共同发展的员工，这样组织可更多地保留人力资源，减少员工离职，减少因员工离职而带来的损失。另一方面，成功的招聘，也可使组织外的劳动力能更多地了解组织，根据自己的能力、兴趣与发展目标来决定自己是否参加组织，与组织共同发展。这对发挥员工的潜能是十分重要的。

（5）员工招聘使得组织的知名度得到扩大

大量的招聘广告，使外界能更多地了解本组织。

（6）它有利于劳动力的合理流动

目前员工离职现象越来越普遍，因而也使得员工招聘工作更加日常化和重要化了。

5.3.2 招聘的原则

（1）公开原则

它是指把招考单位、种类、数量，报考资格条件，考试方法等均向社会公告周知，公开进行。一方面给予社会上的人才以公平竞争的机会，达到广招人才的目的；另一方面使招聘工作置于社会的公开监督之下。

（2）竞争原则

它是指通过考试考核，使应聘者进行公平竞争，择优选择。

（3）平等原则

它是给予所有报考者同等竞争的机会，不拘一格，选拔秀人才。

（4）级能原则

它是根据工作岗位的要求选拔合格的人才。

（5）全面原则

它是指对报考人员从品德、知识、能力、智力、心理，过去工作的经验和业绩等方面进行全面的考试、考核和考察。

（6）择优原则

这是招聘的根本目的和要求。指在招聘工作中，要采取科学的考试考核方法，精心比较，谨慎筛选。

5.3.3 员工招聘的程序

员工招聘大致分为招篡、选拔、录用、评估四个阶段，这四个阶段可用图5-2来表示。

传统的人事管理与现代人力资源管理在员工招聘工作中的职责分工是不同的，在传统的人事管理中员工招聘与录用的决定权在人事部门，而在现代人力资源管理中，决定权一般在业务部门，而人事部门起组织和服务职能，其目的是让用人的部门有录用决定权。表5-2是关于招聘过程中用人部门与人力资源晰的工作职责分工。

表5-2　用人部门与人力资源部门的职责分工

用人部门	人力资源部门
（1）招聘计划的制定与审批 （3）招聘岗位的工作说明书及录用标准的提出 （5）应聘者初选，确定参加面试的人员名单	（2）招聘信息的发布 （4）应聘者申请登记，资格审查 （6）通知参加面试的人员
（8）负责面试考试工作	（7）面试、考试工作的组织 （9）个人资料的核实、人员体验

（续表）

用人部门	人力资源部门
（10）录用人员名单、人员工作安排及录用期间待遇的确定 （13）正式录用决策 （15）员工培训决策 （17）录用员工的绩效评估与招聘评估 （18）人力资源规划修订	（11）试用合同的签订 （12）试用人员报到及生活方面的安置 （14）正式合同的签订 （16）员工培训服务 （17）录用员工的绩效考评与招聘评估 （18）人力资源规划修订

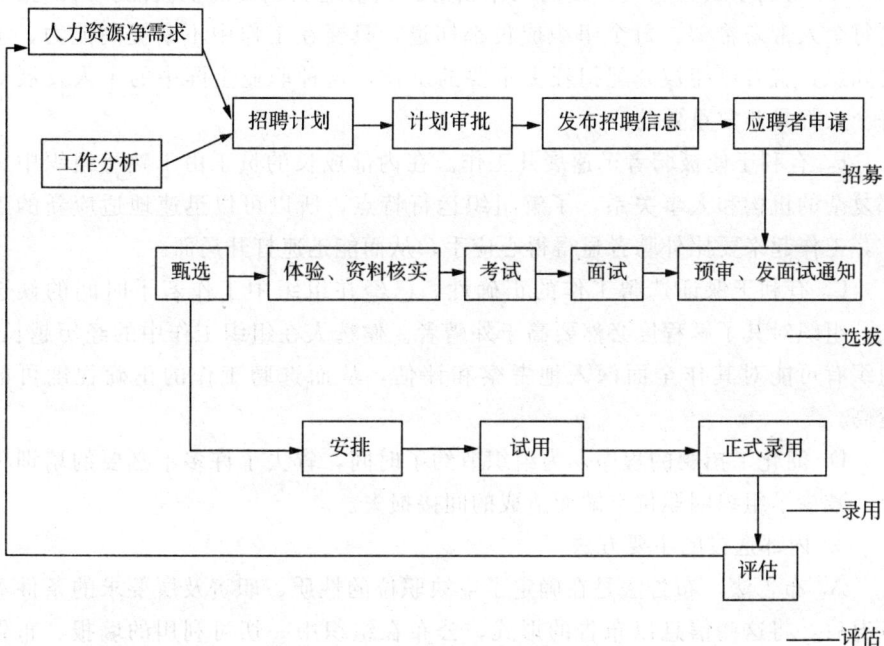

图 5-2　员工招聘流程图

5.3.4 招聘的途径和方法

招聘是寻找和鼓励潜在的应征者申请现有的或预期的空缺职位的过程。这一过程中组织应致力于使应征者得到工作要求和职位机遇的全面信息。根据应征者的来源可将招聘分为内部选拔和外部招聘。

（1）内部选拔

当组织出现初级以上职位空缺时，大多数公司采用的政策是晋升或调动员工来弥补。通过这种方式，组织可以使招聘、选拔、培训和发展现有员工的投资资本化。

内部选拔是员工招聘的一种特殊形式，严格讲，不属于人力资源吸收的范畴，而应届于人力资源开发的范畴。但它确实是企业中与员工招聘关系最密切的一部分工作，因此，在这里一并简述。

① 内部选拔的优点

在内部招聘小，让企业内部符合条件的员工从一个较低级的岗位晋升到一个较高级的岗位的过程就是内部提升。当把员工调到同层次或下一层次岗位上去工作的过程称之为内部调用。具体采取哪种形式要根据企职位空缺的情况及其预期确定，其优点如下：

A. 有利于鼓舞士气，提高工作热情，调动组织成员的积极性。内部招募给每个人带来希望。每个组织成员都知道，只要在工作中不断提高能力、丰富知识，就有可能被分配担任吏重要的工作，这种职业生涯中的个人发展对每个人都是非常重要的。

B. 有利于使被聘者迅速展开工作。在内部成长的员工由于熟悉组织中错综复杂的机构和人事关系，了解组织运行特点，所以可以迅速地适应新的工作，工作起来要比外聘者显得得心应手，从而能迅速打开局面。

C. 有利于保证选聘工作的正确性。已经在组织中工作若干时间的候选人，组织对其了解程度必然要高于外聘者。候选人在组织工作中的经历越长，组织有可能对其作全面深入地考察和评估，从而选聘工作的正确程度可能越高。

D. 简化了招聘的程序，为组织节约了时间，省去了许多不必要的培训项目，减少了组织因职位空缺而造成的间接损失。

② 内部选拔的主要方法

A. 布告法。布告法是在确定了空缺职位的性质、职责及所要求的条件等持况后，将这些信息以布告的形式，公布在组织中一切可利用的墙报、布告栏、内部刊物上，尽可能使全体员工都能获得信息，号召有才能、有志气的员工毛遂自荐，脱颖而出。对此职务有兴趣者可到主管部门和人事部门申请。主管部门和人事部门经过公正、公开的考核择优录用。

B. 推荐法。推荐法可用于内部招聘，也用于外部招聘。它是由本组织员工根据组织的需要推荐熟悉的合适人员，供用人部门和人力资源部门进行选择和考核。由于推荐人对用人部门与被推荐者均比较了解，使得被推荐者更容易获得组织与职位的信息，便于其决策，也使组织更容易了解放推荐者，因而这种方法较为钉效，成功的概率也较大。

C. 档案法。人力资源部门都有员工档案，从中可以了解到员工在教育、培训、经验、技能、绩效等方面的信息，帮助用人部门与人力资源部门寻找合适的人员补充职位。员工档案对员工晋升、培训、教育、绩效等方面信息的变化应及时做好记录，为人员选择与配备做好准备。

（2）外部招募

内部选拔虽然有许多优点，但它明显的缺点是人员选择的范围比较小，往往不能满足组织的需要，尤其是当组织处于创业初期或快速发展的时期，或是需要特殊人才时，仅有内部招聘是不够的，必须借助于组织外的劳动力市场。采用外部招募的方式来获得所需的人员。外部招募的主要来源与方法有：

① 广告

招募广告是外部招募常用的方法。它通过新闻媒介向社会传播招募信息，其特点是信息传播范围广、速度快，应聘人员数量大、层次丰富，组织的选样余地大。招募广告应包括以下内容：组织的基本情况；政府劳动部门的审批情况；招聘的职位；数量与基本条件；招聘的范围；薪资与待遇；报名的时间；地点；方式及所需的资料；其他有关注意事项。

② 学校

学校是人才资源的重要来源，每年学校有几百万的毕业生走出校门，进入社会。学校毕业生已成为各组织技术人才和管理人才的最主要来源。一些组织为了不断地从学校获得所需人才，在学校设立奖学金，与学校横向联合，资助优秀或贫困学生，借此吸引学生毕业后去该组织工作。有的还为学生提供实习机会和暑期雇佣机会，以期日后确定长久的雇佣关系，并达到试用观察的目的。对学生则提供了积累工作经验、评估在该组织工作与发展的价值的机会。有的则在学校中建立"毕业生数据库"，对毕业生逐个进行筛选。

对学校毕业生最常用的招募方法是一年一次或两次的人才供需洽谈会，供需双方直接见面，双方选择。除此以外，有的组织则自己在学校召开招聘会。在学校中散发招聘广告等。有的则通过定向培养、委托培养等方式直接从学校获得所需要的人才。

③ 就业媒体

随着人才流动的日益普遍，人才交流中心、职业介绍所、劳动力就业服务中心等就业媒体应运而生。这些机构承担着双重角色，既为组织择人，也为求职者择业。借助于这些机构，组织与求职者均可获得大量的信息，同时也可传播各自的信息。这些机构通过定期或不定期地举行人才交流会，供需双方面对面地进行商谈，增进了彼此的了解，缩短了招聘与应聘的时间。实践证明，这是一条行之有效的招聘与就业途径。

④ 信息网络招聘与求职

它是通过信息网络进行招聘、求职的方法。由于这种方法信息传播范围广、速度快、成本低，供需双方选择余地大，且不受时间、地域的限制，因而被广泛采用。招聘单位、求职者、就业媒体均通过信息网络来达到目的。

5.3.5 员工选择

员工选择是从一组求职者中挑选最适合特定岗位要求的人的过程。大多数管理者承认，员工选择是最困难，也是最重要的决策之一。选择的目的是使人员与工作岗位相适应。如果员工条件过高、过低或者由于各种原因与工作岗位或组织不相适应，他们可能会离开企业。虽然在某些情况下，员工流动对一个组织有积极作用，但是代价很高。高流动率会导致产品研究开发被延误，制造过程缺乏效率，市场营销渗透缓慢，使企业几乎不可能有好的业绩。

人员选择是一个复杂的过程，人员选择的质量取决于该过程中每一步工作的质量。因此必须做好每一步工作，选择最恰当的方法使每一份工作更富有成效。

（1）资格审查与初选

资格审查是对求职者是否符合职位的基本要求的一种审查。最初的资格审查是人力资源部门通过审阅求职者资料或应聘申请表进行的。人力资源部门将符合要求的求职者人员名单与资料移交用人部门，由用人部门进行初选。初选工作的主要任务是从合格的应聘者中选出参加面试的人员。由于个人资料和应聘申请表所反映的信息不够全面，决策人员往往凭个人的经验与主观臆断来决定参加面试的人员，带有一定的盲目性，经常产生漏选的现象，因此，初选工作在费用和时间允许的情况下应坚持面广的原则，应尽量让更多的人员参加面试。

（2）面试

由于人员资格审查与初选不能反映应聘者的全部信息，组织不能对应聘者进行深层次的了解，个人也无法得到关于组织的更为全面的信息，因此需要通过面试使组织与个人各自得到所需要的信息，以便组织进行录用决策，个人进行是否加入组织的决策。面试是双向选择的一个重要手段。与传统人事管理只注重知识掌握不同的是，现代人力资源管理注重员工的实际能力与工作潜力。进一步的面试还可帮助组织（特别是用人部门）了解应聘者的语言表达能力、反应能力、个人修养、逻辑思维能力等；而应聘者则可了解到自己在组织的发展前途，能将个人期望与现实情况进行比较，组织提供的职位是否与个人兴趣相符等。面试是员工招聘过程中非常重要的一步。

（3）测试

测试，也叫测评，是在面试的基础上进一步对应聘者进行了解的一种手段。通过测试还可以消除面试过程中主考官的主观因素对面试的干扰，增加招聘者的公平竞争。验证应聘者的能力与潜力，有助于剔除应聘者资料和面试中的一些"信息"，提高录用决策的正确性。测试分为心理测试与智能测试。心理测试主要包括职业能力倾向性测试、个性测试、价值观测试、职业兴趣测试、情商测试等等。智能测试主要用于对应聘人员的智力、技能和专业知识的测试。

（4）体检、资料核实

这里所说的体检不同于一般的身体健康检查，它包括：健康检查、身体运动能力测试等。组织内的员工不仅要有健康的体院，而且必须具备一定的运动能力。

资料核实是对应聘者的教育状况、工作经历、个人品质、工作能力、个人兴趣情况进行调查。假学历、假成绩单、虚无的工作经历与经验、言过其实的工作能力、精心伪装的个人品质与兴迎合严重妨碍员工选择的公正性、准确性，会挫伤组织内员工的积极性，给组织带来损失。

（5）录用求职者

假设体验与资料核实未查出任何问题，那么求职者就可以被录用了。

5.4　绩效考评

5.4.1　绩效的含义

员工工作绩效是指那些经过考评的工作行为、表现及其结果。对组织而言，绩效就是任务在数量、质量及效率等方面完成的情况；对员工来说，则是上级和同事对自己工作状况的评价。企业通过对其员工工作绩效的考评，获得反馈信息，便可据此制定相应的人事测定与措施，调整和改进其效能。所以对绩效的考评是具有监控功能的。

5.4.2　绩效的特征

对员工工作绩效进行考评时应首先注意绩效的多因性、多维性与动态性等特征。

（1）多因性

绩效的多因性是指绩效的优劣不是取决于单一的因素，而要受制于主、客观的多种因素影响。图 5—3 所示的工作绩效模型，列出了影响工作绩效的四种主要因素，即员工的激励、技能、环境与机会，其中前两者是属于员工自身的、主观性影响因素，后两者则是客观性因素。

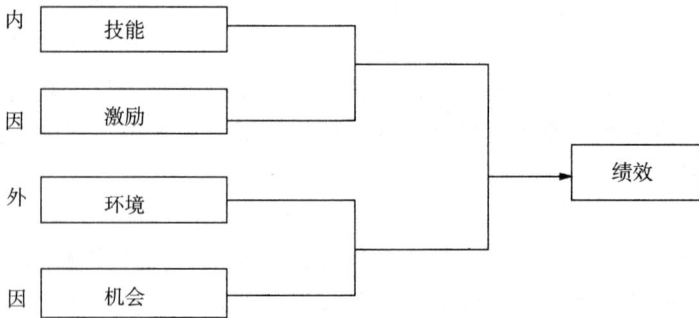

图5-3 工作绩效模型

这个模型也可用如下公式表示：

$$P = f(S, O, M, E)$$

式中 P 是绩效，S 是技能，O 是机会，M 是激励，E 是环境。技能激励、机会与环境四变量的函数。

激励是指员工的工作积极性。激励本身又取决于员工个人的需要结构、个性、感知、学习过程与价值观等个人特点，其中需要结构影响最大。员工在谋生、安全与稳定、友谊与温暖、尊重与荣誉、自为与自主以及实现自身潜能诸层次的需要方面，各有其独特的强度组合，企业需要调查摸底，具体分析，对症下药予以激发。

技能是指员工工作技巧与能力的水平，它也取决于个人天赋、智力、经历、教育与培训等个人特点。其中培训不仅能提高其技能，还能对达成目标的期限要求及对目标实施的抱负树立自信心，从而增强对他们的激励强度。

影响工作绩效的客观因素，即环境与机会，虽只起间接作用，却也不容忽视。环境因素首先指企业内部的客观条件，如劳动场所的布局与物理条件（室温、通风、噪音、照明等），任务的性质，工作设计的质量，工具、设备与原料的供应。上级的领导作风与监控方式，公司的组织结构与规章政策，工资福利、培训机会以及企业的文化、宗旨及氛围等。环境因素当然也包括企业之外的客观环境，如社会政治、经济状况，市场竞争强度等宏观条件，但这些是较间接的。机会则是偶然性的，如某项任务正巧分配给甲员工，乙员工当时不在或因纯随机性原因而未分派给此项任务，其实乙的能力与激励均优于甲，却无从表现。不能否认，"运气"是有的，现实中不可能做到真正的彻底而完全的平等。此因素是完全不可控的。

（2）多维性

绩效的多维性，即从多种角度或方面去分析与考评，例如一名工人的绩效，除了产量指标完成情况外，质量、原材料消耗率、能耗、出勤，甚至团结、服从、纪律等硬软方面都需综合考虑，逐一评估，尽管将维度可能权重不等，各评侧重点会有所不同。

（3）动态性

绩效的动态性，即员工的绩效是会变化的，随着时间的推移，绩效差的可能改进转好，绩效好的也可能退步变差，出此管理者切不可凭一时印象，以僵化的观点看待下级的绩效。

总之，管理者对下级绩效的考察，应该是全面的、发展的、多角度的和权变的，力戒主观、片面和僵化。

5.4.2 绩效评估的重要性

几乎每一个现代企业都会考虑如何提高本组织的生产率，尤其在外部竞争日趋激烈和内部生产率增长的速度日趋减缓的情况下。一般来说，现代企业产生效益不仅要靠技术和资金，也要靠人力资源，但许多企业往往侧重于前二者而忽视人力资源。在大多数企业内，人力资源管理相当薄弱。我们应该看到，不论形式为正式或非正式，绩效评估都是重要的人力资源管理工具。涉及员工的调任、升迁、加薪等重大决定，都必须依据精确的考核结果。大体而言，绩效评估的重要性主要体现在三个方面。

（1）影响组织的生产率和竞争力

员工表现对组织的生产率和竞争力的影响是非常重要的，它可以通过出勤率和工作绩效来衡量，其中，出勤率仅仅只能说明员工是否在工作岗位上从事工作，而工作绩效才能说明员工究竟在其工作岗位上干得怎么样，是否达到预定目标，对于管理人员来说，后者尤其重要。

（2）作为人事决策的指标

绩效评估是做人事决策时重要的参考指标，诸如升迁、任免、调任、加薪等人事决策，都涉及绩效的评估。例如，一家生物制药公司，高薪聘请了一份生物工程研究方面的留美博士担任该公司产品部经理（公司实行产品经理制），结果发现该药品的销售业绩非但没有起色，还有严重滑坡迹象，经调查，该经理虽然对生物制药知识比较内行，但是对产品运作其他方圆的经验十分缺乏，加上本人性格不是很善于处理部门中的员工关系，导致部门管理不力，效率厂降。人事部决定将其调到公司的产品研究开发中心，不久这位博士就在新岗位了取得了出色的成绩。

同样，在升迁和加薪之前，如果不进行绩效评估，就失去了选择的标准。在一群年龄、学历部相似的员工里面。究竟应该选拔哪一位当经理呢？当然应该选择工作成绩出色的。否则，很难令其他员工信服达足一次公平的选拔。

有了绩效评估，就使选拔标准的透明度增强了，而且对员工有正面的引导作用，使他们明确自己的努力方向。

（3）有助于更好地进行员工管理

绩效考评往往作用于两个目标：评价和帮助员工发展，这两个方面是员工管理的重要方面。

评价方面包括：①绩效衡量。绩效大小反映个人对组织贡献的大小，任免、提升等人事决策提供依据。②补偿。由评价工作绩效大小而决定薪水和资金的多少。对其付出的劳动给予合理对等的补偿。③激励。评价合理，奖罚分明，就会产生激励的效果。

帮助员工发展方面：①加强员工的自我管理。绩效评估对员工强化了明确的工作要求，使员工责任心增强，明确自己怎样做才能符合期望。②发掘员工的潜能。通过评估发现员工的潜能，可以将其调到更有挑战性或更能发挥其潜能的工作岗位，可能会取得意想不到的效果。⑦实现员工与上级更好地沟通。绩效评估提供了上下级之间交流的契机，有助于上级更好地了解下属的想法，也有助于下级更好地了解上级对他的期望。这样的沟通过程可以促使上下级之间更加目标一致，配合默契。④提高员工的工作绩效。通过绩效评估，使员工明确自己工作中的成绩和不足，可以促使他在今后的工作中发挥长处，努力改善不足，使整体工作绩效不断提高。

5.4.3　人员绩效考评的原则、内容和方式

绩效考评，就是考查员工对岗位所规定职责的执行程度，从而评价其工作成绩和效果。企业希望实现预期的发展目标，而员工期望自己的工作得到承认，得到应有的待遇，同时也希望上级指点自己的努力方向。因此，绩效考评不仅在分配和人力选拔上有指导意义，而且有很大的激励作用。考评的过程既是企业人力资源发展的评价过程，也是了解员工发展意愿，制定企业教育培训计划和为人力资源开发做准备的过程。

（1）绩效考评的原则

人员绩效考评应遵循下列原则：

① 应尽可能科学地进行评价，使之具有可靠性、客观性、公平性。考评应根据明确的考评标准、针对客观考评资料进行评价，尽量减少主观性和感情色彩。

② 应使考评标准和考评程序科学化、明确化和公开化，这样才能使员工对考评工作产生信任和采取合作态度，对考评结果能理解和接受。

③ 应坚持差别原则。如果考评不能产生较鲜明的差别界限，并据此对员工实行相应的奖惩和升降，考评就不会有激励作用。

④ 考评结果一定要反馈给被考评者本人，这是保证考评民主的重要手段。这样，一方面有利于防止考评中可能出现的谰见以及种种误差，以保证考评的公平与合理，另一方面可以使被考评者了解自己的缺点和优点，使绩优者再接再厉，考评不好者心悦诚服，奋起上进。

（2）绩效考评的内容

员工绩效考评的内容主要侧重于工作实绩和行为表现两个方面 5 - 4 表示：

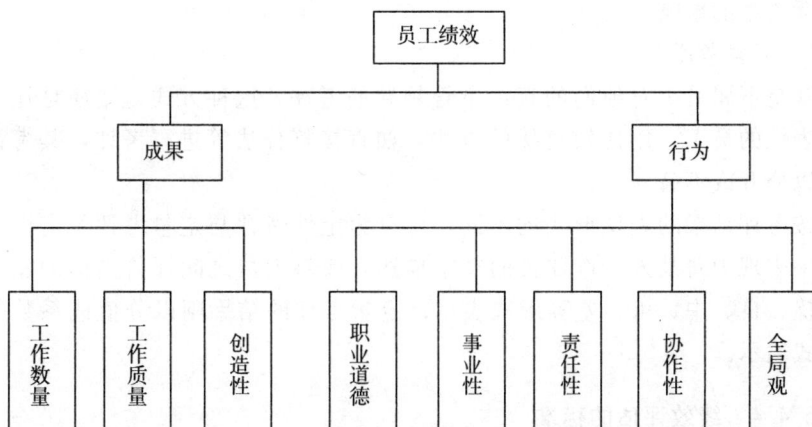

图 5 - 4　员工绩效考评指标

① 工作实绩

工作实绩就是员工在各自岗位上对企业的实际贡献，即完成工作的数量和质量。它包括：员工是否按时、按质、按量地完成本职工作和规定的任务，在工作中有无创造性成果等。

② 行为表现

行为表现即员工在执行岗位职责和任务时所表现出来的行为。它包括职业道德、积极性、纪律性、责任性、事业性、协作性、出勤率等诸多方面。

③ 绩效考评的方式

按考评的时间不同可分为日常考评与定期考评。日常考评就是对被考评者的出勤情况、产量和质量实绩、平时的工作行为所做的经常性考评；而定期考评则是按照一定的固定周期所进行的考评，如年度考评、季度考评等。

按考评主体的不同，可分为主管考评、自我考评、同事考评和下属考评。

A. 主管考评

就是上级主管对下属员工的考评。这种由上而下的考评，由于考评的主体是主管领导，所以能较准确地反映被考评者的实际状况，也能消除被考评者心理上不必要的压力。但有时也会受主管领导的疏忽、偏见、感情等主观因素的影响而产生考评偏差。

B. 自我考评

就是被考评者本人对自己的工作实绩和行为表现所做的评价。这种方式透明度较高，有利于被考评者在平时自觉地按考评标准约束自己。但最大的问题是有"倾高"现象存在。

C. 同事考评

就是同事之间互相考评。这种方式体现了考评的民主性往往受被考评者的人际关系的影响。

D. 下属考评

就是下属员工对他们的直接主管领导的考评。这种方式，往往是让一些有代表性的员工，用比较直接的方法，如直接打分法等进行考评，其考评结果可以公开或不公开。

按考评结果的表现形式的不同，可分为定性考评与定量考评。定性考评的结果表现为对某人工作评价的文字描述，或对人员之间评价高低的相对次序以优、良、中、可、差等形式表示；定量考评的结果则以分值或系数等数量形式表示。

5.4.4 绩效评估的标准

绩效评估的标准包括绝对标准、相对标准和客观标准。

绝对标准就是建立员工工作的行为特质标准，然后将达到该项标准列入评估范围内，而不在员工间相互作比较。绝对标准的评估重点，在于以固定标准衡量员工，而不是与其他员工的表现作比较。

相对标准就是将员工间的绩效表现相互比较，来评价个人工作的好坏，将被评估者按某种顺序排名，或将被评估者归入先前决定的等级内，再加以排名。

客观标准，就是评估者在判断员工所具有的特质，以及其执行工作的绩效时，对每项特质或绩效表现，在评定量表上每一点的相对基准上予以定位，以帮助评估者作评价。

（1）绩效评估标准的特征

一般而言，一项有效的绩效评估标准必须具有下列特征：标准是基于工作而非基于工作者；标准是可以达到的；标准是为人所知的；标准是经过协商而制定的；标准要尽可能具体而且可以衡量；标准有时间的限制；标准必须有意义；标准是可以改变的。

（2）绩效评估的总原则：工作成果和组织效率

依据组织战略就可制定个人或群体的工作行为和工作成果标准，标准尽管可有多项，每一项也有很详细的要求，但衡量绩效的总原则只有的条：①是否使工作成果最大化；②是否有助于提高组织效率。

个人的工作成果最大化一般都有助于提高组织效率。组织效率的含义非常广，组织的盈利能力强、产品质量好、合乎服务满意度高，都是组织效率高的表现。个人的工作成果评价，必然以有则于提高组织效率为前提。否则就谈不到好的工作绩效。

（3）建立多项或单项标准

绩效考评在整个管理程序里是不列缺少的一环，他要和组织的目标及每一个部门在功能上一致配合。然而，绩效标准的项目到底有多少，并没有一个肯定的数字可作为标准答案。绩效评他的标准心以是单项的，也可以是多项的，就评估本身而言，必须具备相当的信度和效度。

5.4.5　绩效考评的方法

国内外绩效考评的方法很多，常用的主要有以下几种：

（1）因素评分法

首先，根据考评的目标设定各项考评的因素（或称考评的指标），并赋予各项考评因素的权数；然后根据实际情况界定考评度的等级标准及定义；再次，考评者针对所列的考评因素与考评度的标准及定义，就其观察衡量与判断被考评者的工作绩效，给予适当的分数；最后，将各因素上的评分进行加权汇总，就是被考评者的考评结果。考评的最高总分一股定为 100 分，90 分以上为特等，这是有突出贡献的人员；80 分以上：为 A 等，70 分以上为 B 等，60 分以上为 C 等，60 分以下为 D 等，即为不及格的等级。

此法简便易行，也比较科学。但要注意的是，对不同层次的岗位，共考评因素的重要程度不同，给予的权重也应有所不同。比如"全局观"这——考评因素，对于经理、部门经理来说较为宜要，权重应大一些；而对操作工人来说，则应小些甚至为零。

（2）相互比较法

如果被考评者的人数不多，且工作性质也相近的话，可采用相互比较法。此法也有数种比较方法。

① 排列法

该法就是将被考评者群体，按其总的绩效评价的顺序予以排列，并依次以 1，2，3，…数字标之。该顺序数字，可视做绩效的指数，也可转换为某种规定范围的数字，使之含有一般的比较意义。

② 成对比较法

该法就是将被考评者群体，一对一地进行比较，根据配比的结果，排列出他们的绩效名次。这种方法的缺点是，放考评者群体的人数较多时，手续就比较麻烦。

③ 强迫分配法

所谓强迫分配的比较，就是预先规定一个有限制的范围，并将这个范围划分为若干个区域，通常是按正态分布的规律分为五个区域，从低到高分别占 10%、20%、40%、20%、10%，考评者将不同类别工作的员工，就适当的因素，尽可能地作比较，分配于限定的区域。

（3）业绩评定表法

该法就是将每一项考评要家用文字简要叙述出来，由考评者逐项地查核并做出评判记分，记分的等级一般可分为 5 等或 7 等。此法优点在于简便、快捷、易于且化，是一种常用的考评方法，缺陷是比较容易出现一些主观偏向，从而造成评判误差。下表是业绩评定表的一般形式。

（4）关键事件法

所谓关键事件是指那些对部门效益产生重大积极或消极影响的行为。此法需对每一位待考评员工每人保持一本"考绩日记"，或"绩效记录"，由管理者把员工在考察期间内所有的关键事件都真实地记录下来，并把这些资料提供给评价者用于对员工业绩进行评价。关键事件法的优点在于其针对性很强，其结论不易受评价者的主观因素的左右。其缺点在于如果考察期较长，则基层主管的工作量较大。此外，由于每一关键事件可能都会对于绩效评价结果产生重大的影响，因而要求管理者在记录过程中不能带有主观意愿，必须始终如一地坚持客观、全面、精确的原则。这在实际操作中往往很难做到。

（5）目标管理法

目标管理法是当前比较流行的一种绩效评估方法：其基本程序为：①监督者和员工联合制定评价期内要实现的工作目标，并为实现特定的目标制定员工所需达到的绩效水平。②在评价期间，监督者和员工根据业务或环境变化修改或调整目标。③监督者和员工共同决定目标是否实现，并讨论失败的原因。④监督者和员工共同制定下一个评价期的工作目标和绩效目标。月标管理法的特点在于绩效评估人的作用从法官转换成顾问促进者，员工的作用也从消极的旁观者转换成积极的参与者。员工从一开始就与监督者一道参与评价的全过程。这使员工增强了满足感和工作的自觉性，能够以一种更加积极、主动的态度投入工作，促进工作目标和绩效目标的达到。

5.5 人力资源开发与培训

5.5.1 人力资源开发与培训的定义

人力资源开发与培训是企业通过培训和开发项目改进员工能力水平，提高组织业绩的一种有计划的连续性的工作。人力资源开发与培训两者之间是有区别的。培训的目的是使培训目前工作所需的知识和能力。通过示范，教一名工人如何操作一台车床，或教一名管理人员如何安排日常生产，两者都是培训的例子。对培训的需求来自于不断变化的环境、改进产品和服务质量及提高生产率以保持竞争力等方面的要求。开发是指学习目前工作及未来工作所需的知识和能力，着眼于更长期的目标。它使员工能跟上组织的变化和发展。随着技术的迅速发展，人力资源开发变得十分重要。高技术使得对这种开发的需要更显而易见。正因为如此，对任何企业员工的开发与培训都是一项长朗而重要的工作。

5.5.2　人力资源开发与培训的意义

现代人力资源理论认为，企业员工的智力、技能、经验与品德是企业人力资源质量的重要组成部分。提高员工的智力水平、专业技能、品行道德已经成为企业生存和发展的关留所在。在现代化的生产经营过程中，进行人力资源开发与培训不仅是现实的需要，而且更具有战略意义。具体而言，体现在以下几个方面：

（1）员工培训是提高劳动考素质，加强人才队伍建设的重要保证。

现代社会的各类职业，其岗位要求是多方面的，包括生理的、道德的、技术技能方面的等等，即能力和素质的全面要求。人员培训是保持技术进步和现代化生产顺利进行的必要基础条件。在我国，劳动者素质的提高和专门人才队伍建设要靠人员培训这一重要措施的实施。进入 21 世纪，世界各国对人才数量与质量上的需求都是空前的。各国为了本国人才队伍的建设都需要一方面吸引外来人才，一方面加强自身的培训培养。因此，人员培训对于提高劳动者素质，加强人才队伍建设是一件具有战略意义的大事。

（2）人员培训是发现人才，培养人才，开发人才资源的重要渠道。

人才就是资源，资源即是财富，这个观点已被人们所接受并认同。人才作为资源就有一个不断地发现、培植和开发利用的问题。只有持续不断地开发人员培训活动，并从中发现人才，很好地培植人才，才能达到开发人才资源，使用人才资源的目的。并使之经常化、制度化。通过人员培训，使行政机关、企事业单位的人才资源得以深入开展和有效利用。

（3）人员培训是发展社会经济的一项战略措施。

教育和知识的进步是经济发展的主要源泉，其作用远远超过物力资本。随着当今高新技术的发展和信息革命的发生，新知识、新技术层出不穷，以更快的速度扑面而来。在国际市场上，竞争已不单纯是财力、物力的竞争，而是人的素质的竞争，因此各国各地区非常关注人才培训问题，培训已经成为迎接竞争，适应挑战的手段。由于人员培训直接影响到经济的发展，各国都对人员培训进行了立法。随着人员培训工作的重要性和地位不断提高，人才培训方式、培训内容、培训手段也不断更新。人员培训已经成为发展社会经济的一项战略措施。

（4）人员培训是调动职员工作积极性，实现人事和谐的重要手段。

行政机关、企事业单位的职员都渴求不断充实、完善自己，使自己的潜力充分发掘出来。这种自尊、自我实现的需要一旦得到满足，将会产生深刻而又持久的工作动力。经过培训的人员，不仅提高了素质和能力，也改善了工作动机和态度，随着科学技术的发展和社会的进步，各种职位对人的智力素质与非智力素质的要求都在迅速提高，造成人与职位要求不协调的现象。要解决这一矛盾，一是人员调动，二是人员培训。人员调动是以"适事选人"的方法实现人事和谐，而人员培训则是以"使事选人"的方法实现人事和谐，即通过必要的培训手段，使其更新观念，增长知识和能力，适应职位要求，这是实现人事和谐更为有效助手段。

（5）人员培训是建立优秀组织文化的有力杠杆。

当前，企业经营管理单纯依靠计划、组织、控制等手段，已不足以使企业在激烈竞争的国内外市场占有长远的优势地位。20 世纪 80 年代以来，文化问题成为研究企业经营管理的重要课题。对于社会主义企业来说，充分发挥企业优良传统和商尚的企业精神的作用，更是在市场竞争中立于不败之地的法宝。凡是有组织的地方，就存在组织文化。有意识地对组织文化进行扬弃和优化，同样是提高工作效率的可靠保证。因此，通过人员培训，提高劳动者素质是促进建设优良组织文化的有力杠杆。

5.5.3　人员培训的原则、内容和形式

（1）员工培训的原则

① 理论联系实际原则

理论联系实际原则是人员培训的一条经验，也是一种学习方法。人员培训的理论联系实际原则的基本要求是既重视理论对于实践的指导作用，又重视实践对理论的基础作用。在认真学习理论的同时，要重视对培训对象实际工作能力、适应能力的培训和训练，做到理论与实际有机结合。理论联系实际原则同时要求人员培训从实际工作的需要出发，与职位特点紧密结合，与培训对象的年龄、知识结构、能力结构、思想状况紧密结合，这样才能使培训收到实效，推动工作水平的提高。

② 学用一致原则

学用一致原则既是人员培训的目标，也是人员培训的方法。其基本内容

是指人员培训内容、方式及时间安排，必须根据职位的要求确定，以达到学之以用、用为所学的目的。在实际工作中必须做到：

A. 对培训做出全面规划。要对口选择受训人员，有针对性地选定培训内容。应区别不同的培训对象，确定不同的培训内容，并把培训的方法、内容与受训人员的工作需要有机结合起来。

B. 培训内容切忌概念化、一般化。根据各类人员的工作性质和素质现状，有针对性地决定培训内容。培训方法也应学用结合。

③ 按需施教原则

按需施教是根据不同时期社会、经济发展的不同需要以及各类各级人员职位不同的要求决定培训内容，进行切合实际的培训。这种"需"具体包括以下几种基本需求：一是发展的需要；二是职位需要；三是职能需要；四是区域、行业的需要。

④ 严格考核相择优奖励原则

严格考核和择优奖励是培训工作不可缺少的管理环节。严格考核是保证培训质量的必要措施。也是检验培训质量的重要手段。只有培训考核合格，才能择优录用或提拔，因此对受训人员进行严格考核和择优奖励的原则成为调动其积极性的有力杠杆。

⑤ 加强职业道德培训教育原则

人员培训是要让劳动者掌握到职业所需要的基本技能和一定的理论知识、人员培训并不是单纯的就业训练和纯技术性的培训教育，而是要提高劳动者素质，把劳动各培养成为合理想、有道德、有文化、有技能、守纪律的现代化建设人才。因此，在人员培训中还应加强劳动者职业道德教育。要使劳动者培养起职业荣誉感和责任感，使他们认识到自己所负的职业责任和社会责任。帮助他们树立正确的职业观和人生道德观。在具体安排培训课时有一定深度的人生养成教育内容和职业道德内容，并且职业道德教育要在理论和实践各个方面加以具体体现。总之，加强职业道德教育是人员培训的一个重要原则。

（2）人员培训的内容

人员培训的内容包括思想政治教育、基础文化知识教育、技术业务培训、管理知识培训、法律政策及制度培训等方面。

① 思想政治教育

它包括政治观教育，如爱祖国、爱企业的教育、四项基本原则的教育、形势政策教育等；人生观教育、文化传统教育等。

② 基础文化知识教育

它包括各类文化课程和基础知识课程教育、学历教育等。

③ 技术业务培训

它包括有关专业知识方面的培训、有关工艺规程和技术能力方面的培训。

④ 法律政策及制度培训

它包括社会主义法制教育、企业规章制度和纪律教育、安全思想、安全制度及安全技术等方面的培训。

（3）人员培训的形式

企业人员培训教育不同于普通教育，有它自身的特点，主要表现在以下几个方面：培训教育的对象是在职人员，因此，是一种不脱离生产经营实际的培训教育；员工培训同生产经营需要紧密结合，员工干什么工作就学什么，针对性强；形式多样，适应性强。有条件，可以搞脱产的；无条件，可以办半脱产或业余形式的。而且可利用广播和电视授课，以适应各类人员的不同需要。

人员培训教育的形式很多，大致可作如下划分：

① 按培训对象的范围划分，可有全员培训、工人操作技术培训、专业技术人员培训、管理人员培训、领导干部培训等。

② 按培训时间的阶段划分，可有职前培训（即就业培训）、在职培训、职外培训等。

③ 按培训时间的长短划分，有脱产、半脱产、业余等。

④ 按培训单位的不同划分，有企业自己培训、有委托大专院校等联合办学培训等。

⑤ 按教学手段不同划分，可有面授、函授、广播电视授课、远程教学等。

此外，还有许多有效的培训形式，如岗位练兵、技术操作比赛、现场教学等。企业或组织应根据培训刘象的不同层次，实施培训的不同时间、地点以及培训的方向内容和性质、从实际出发。形成一个主体的培训模式，为制定有效的人员培训计划提供依据。

5.5.4 人力资源开发与培训系统模型

员工开发的培训十分重要，而且培训与开发活动的成本无论从费用、时间与精力上来说，又都是不低的，所以必须精心设计与组织。要有效地做好这一工作，应把它视为一项系统工程，即采用一种系统的方法，使开发与培训活动能符合企业的目标，让其中的每一环节都能实现员工个人、他们所做的工作及企业本身三个方向的优化。图 5-5 的人力资源开发与培训模型便显示了这样一个系统，它代表了由五个环节构成主链的一个循环过程。

5.5.5　企业员工培训的主要方法

企业中有许多培训方法可以运用，目前常用的有以下一些方法。

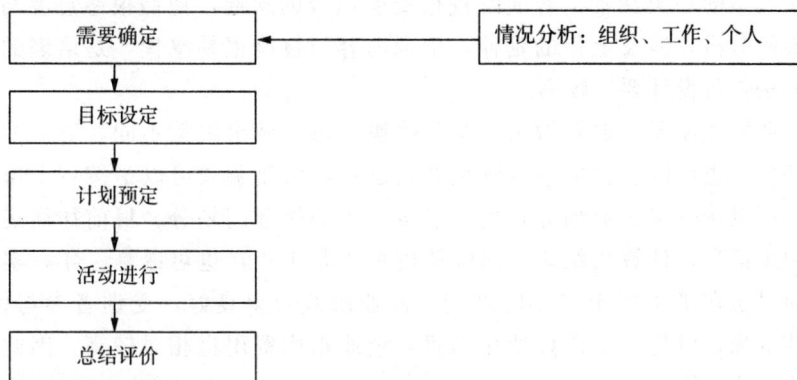

图 5-5

（1）案例研究

这是一种培训员工工作决策和解决问题的古老方法之一。这种方法的步骤是：首先让受训者阅读一则描述完整的经营问题或组织问题，然后要求受训者找出一个适当的解决方法。

案例研究的目的是培训受训者如何分析信息、如何产生一些方法，以及如何评价这些方法。案例研究通过口头讨论或书面作业来进行反馈和强化。通过案例分析，受训者学习如何把一些原则转移到现实的问题中去。由于费用较低，因此在企业培训中广泛运用。

（2）研讨会

研讨会分两种，一种是以受训者感兴趣的题目为主，作一些有特色的演讲，并分发一些材料，引导受训者讨论。另一种除了上述内容外还加上一些其他方法，如案例研究、电影、游戏点色扮演等等。

研讨会一般在宾馆或会议中心举行，对人数有一定的控制。研讨会的效果好坏与培训师的水平关系密切。较差的研讨会效果只相当于授课，但较成功的研讨会由于结合了其他方法的长处，因此效果十分理想。

（3）授课

授课是学校常用的方法，主要由培训者讲授知识。由受训者记忆知识，中间会穿插一些提问，由受训者来回答。授课的效果完全取决于培训师的演讲水平，即使培训师的演讲水平很高，但培训效果仍不理想，主要原因是这种方法不太符合成人学习原则。另外又是一种单向沟通，而且只用了视觉和听觉两种感知通道。在企业培训中，授课只能作为一种辅助方法。

（4）游戏

游戏可以分为两种：普通游戏和商业游戏。普通游戏是指一些经过精心设计，表面上与其他游戏相差无几的活动，其实内含许多与管理或员工工作有密切关系的一类活动。普通游戏很受受训者的欢迎，他们很愿意参与，对其结果的分析，涉及上作的延伸，培训内容与技能很易拿捏，是培训的一种较好方法，且设计要求较高。

商业游戏需要受训者做出一系列决策，每次做出决策不同，下一个情景也将变化，也可以看做是案例研究的功态化，商业游戏可以是按一个市场划分，也可以按一家企业划分，也可以按一个职能部门划分。目前往往运用电脑来记录信息，计算出结果，时间跨度可以是半年，也可以是三年，实际操作时间只是在半小时至二小时之间。商业游戏效果良好，受训者参与性高，实用性也强，但是由于设计费用昂贵，企业租用费用也相对较高，因此限制了商业游戏的推广。

（5）电影

电影与录像培训相似。是一种事先制作好的视觉教材，受训者通过看电影而获得培训。影带可以购买或租赁，也可以为某一家企业的特定需要而摄制。

电影的优点表现如下：直观、能观察到许多过程细节、活动的物体容易记、容易引起视觉想象、可以重播。电影也有一些缺点：受训者处在消极的地位、受训者无机会反馈或强化或实际操作、制作成本大或者不符合受训者实际情景。

（6）计划性指导

计划性指导是指一种以书面材料或电脑屏幕提供阶段性信息的培训方法，在学习了每一阶段的材料后，受训者必须回答这一阶段的有关问题，每一回答后，会提供正确答案作为反馈。受训者只有通过前一阶段的所有问题，才能进入下一阶段的学习。

计划性指导的优点有以下一些：受训者可以根据自己的速度进行学习、反馈程度高又及时、对答对题的受训者提供激励、有很多机会作练习、不受时间地点的限制。计划性指导也有一些缺点：选拔成本很高、学到的知识较难转移到工作情景中去。

（7）角色扮演

这种方法往往在一个模拟真实的情景中，由两个以上的受训者相互作用，使其掌握必要的技能。这种方法比较适用于培训人际关系技能。受训者要扮演的角色常常是工作情景中经常碰到的人。例如：公司、下属、客户、其他职能部门经理、同事等等。

角色扮演的效果较好，但主要取决于培训师的水平，如果培训师能做及时、适当的反馈和强化，则效果相当理想，而且学习效果转移到工作情景中去的程度也高。但是角色扮演的培训费用较高，主要原因是这种培训只能以小组进行、人均费用会提高。

(8) T 小组

T 小组又叫敏感性小组。这种培训方法在六七十年代十分流行。它的主要方法是由受训者组成，人数在 12 人以下，每个组配一位积极观察组员行为的培训师。培训时没有固定的日程安排，讨论的问题往往涉及小组形成中"现时、现地"的问题，主要集中在"为何参与者的行为会如此的？人们是怎样察觉他人的情感的？人们的情感是如何相互作用的?"这类问题上。

T 小组可以明显提高人际关系技能，并能促进受训者的成长与发展。T 小组的效果在很大程度上依赖培训师的水平，否则很难把培训效果转移到工作情景中去。

5.5.6 人员培训效果的分析评价

所谓人员培训的效果，是指培训过程中受训者所获得的知识、技能及其他特性应用于工作的程度。通过对培训效果进行分析评价，可以不断改进员工培训的组织管理。这里着重介绍一种定量分析方法来评价训练成果，其公式为：

$$\Delta V = T \times N \times d_t \times SD - N \times C$$

式中：ΔV—— 培训方案的价值；

T—— 培训对绩效产生持续影响的时间；

D_t—— 受训人员与未受训人员平均工作绩效之间的差别；

SD—— 未受训人员工作绩效的标准离差；

N—— 受训人数；

C—— 每个人的培训费用。

需要说明的是，如果不在工作时间里培训，那么 C 项仅包括直接的培训费用；如果在工作时间里进行培训，那么 C 项除了直接培训费用以外，还应包括在培训期间员工离开工作岗位的所有费用(如支付给受训者的工资、福利等)。

假设在受训之前受训人员与未受训人员在工作绩效方面没有差别，而 d_t 项被称为影响程度，则

$$d_t = \frac{\bar{x}_\in - \bar{x}_\subset}{CD\sqrt{r}}$$

其中，$\bar{x}_\in$ 为未受训人员的平均工作绩效，$\bar{x}_\subset$ 未受训人员的平均工作绩效，$\sqrt{r}$ 工作绩效测量的可信度，即评定者之间意见的一致程度，用相关系数表示。

5.6 职业生涯管理

5.6.1 职业生涯管理的含义与作用

（1）职业生涯是指一个人一生的工作经历，特别是职业、职位的变迁及工作理想的实现过程。职业生涯的含义：

对员工个人而言，有从工作中得到成长、发展和满意度的愿望和要求，追求理想的职业，设计自己的职业目标和职业计划；从企业组织角度来看，给员工以多方面的培训、工作设计、晋升手段，帮助员工实现个人职业目标。

（2）职业生涯管理的作用：

① 有利于开发员工的潜能，促进员工的成长和发展。

② 有助于增加员工的满意感与成就感。

③ 有助于企业吸引人才，使用人才，留住人才。

5.6.2 职业发展阶段

（1）职业探索阶段（大约在 16 岁～24 之间）

（2）职业建立阶段（大约在 24 岁～45 岁之间）

① 职业尝试阶段（大约在 24～30 岁之间）

② 职业确立阶段（大约在 30～40 岁之间）

③ 职业发展阶段（大约在 38 岁～45 岁之间）。

（3）事业维持阶段（大约在 45 岁～60 岁之间）

（4）职业衰退阶段

5.6.3 职业生涯设计

个人职业生涯设计也叫个人职业生涯通道设计。个人职业生涯设计定义：职业生涯规划指的是一个人对其一生中所承担职务的相继历程的预期和计划，这个计划包括一个人的学习与成长目标，及对一项职业和组织的生产性贡献和成就期望。个体的职业生涯规划并不是一个单纯的概念，它和个体所处的家庭以及社会存在密切的关系。并且要根据实际条件具体安排。并且因为未来的不确定性，职业生涯规划也需要确立适当的变通性。虽然是规划，也不是一成不变的。同时职业规划也是个体的人生规划的主体部分。真正的职业规划分三个方面，职业定位，职业目标设定和职业通道设计。真正意义上的设计是指职业通道的设计。

（1）自我评价

① 目的：帮助员工确定兴趣、价值观、资质以及行为取向，指导员工思考当前所处职业生涯的位置，制定出未来的发展计划，评估个人的职业发展规划与当前所处的环境以及可获得的资源是否匹配。

② 公司推行自我评价主要采取如下两种方式：

A 职业兴趣确认：帮助员工确定自己的职业和工作兴趣。

B 自我指导研究：帮助员工确认自己喜欢在哪一种类型的环境下从事工作。

③ 员工与公司的责任

A 员工的责任：根据自己当前的技能或兴趣与期望的工作之间存在的差距确定改善机会和改善需求。

B 公司的责任：提供评价信息，判断员工的优势、劣势、兴趣与价值观。

（2）现实审查

① 目的：帮助员工了解自身与公司潜在的晋升机会、横向流动等规划是否相符合，以及公司对其技能、知识所做出的评价等信息。

② 现实审查中信息传递的方式

A. 由员工的上级主管将信息提供作为绩效评价过程的一个组成部分，与员工进行沟通。

B. 上级主管与员工举行专门的绩效评价与职业开发讨论，对员工的职业兴趣、优势以及可能参与的开发活动等方面的信息进行交流。

③ 员工与公司的责任

A. 员工的责任：确定哪些需求具有开发的现实性。

B. 公司的责任：就绩效评价结果以及员工与公司的长期发展规划相匹配之处与员工进行沟通。

（3）目标设定

员工职业生涯规划通路

① 目的：帮助员工确定短期与长期职业目标。这些目标与员工的期望职位、应用技能水平、工作设定、技能获得等其他方面紧密联系。

② 目标设定的方式：员工与上级主管针对目标进行讨论，并记录于员工的开发计划中。

③ 员工与公司的责任

A. 员工的责任：确定目标和判断目标进展状况。

B. 公司的责任：确保目标是具体的、富有挑战性的、可以实现的；承诺并帮助员工达成目标。

（4）行动规划

① 目的：帮助员工决定如何才能达成自己的短期与长期的职业生涯目标。

② 行动计划的方式：主要取决于员工开发的需求以及开发的目标，可采用安排员工参加培训课程和研讨会、获得新的工作经验、获得更多的评价等方式。

③ 员工与公司的责任

A. 员工的责任：制定达成

目标的步骤及时间表。

B. 公司的责任：确定员工在达成目标时所需要的资源，其中包括课程、工作经验以及关系等。

5.6.4 职业发展管理

职业发展管理及职业发展计划，是指以将员工的个人成长、发展计划与组织要求的计划相结合的方式，对员工职业生涯的设计与开发。

（1）职业生涯路径；

（2）职业生涯顶峰；

（3）技能老化。

5.7 薪酬管理

5.7.1 薪酬

薪酬是指员工向其所在单位提供所需要的劳动而获得的各种形式补偿，是单位支付给员工的劳动报酬，薪酬包括经济性薪酬和非经济性薪酬两大类，经济性薪酬分为直接经济性薪酬和间接经济性薪酬。

直接经济性薪酬是单位按照一定的标准以货币形式向员工支付的薪酬。

间接经济性薪酬不直接以货币形式发放给员工，但通常可以给员工带来生活上的便利、减少员工额外开支或者免除员工后顾之忧。

非经济性薪酬是指无法用货币等手段来衡量，但会给员工带来心理愉悦效用的一些因素。

（1）货币性薪酬：包括直接货币薪酬、间接货币薪酬和其他的货币薪酬。其中直接薪酬包括工资、福利、奖金、奖品、津贴等；间接薪酬包括养老保险、医疗保险、失业保险、工伤及遗嘱保险、住房公积金、餐饮等；其他货币性薪酬包括有薪假期、休假日、病事假等。

（2）非货币性薪酬：包括工作、社会和其他方面。其中工作方面包括工作成就、工作有挑战感、责任感等的优越感觉；社会方面包括社会地位、个人成长、实现个人价值等；其他方面包括友谊关怀、舒适的工作环境、弹性工作时间等。

5.7.2　薪酬管理的概念

薪酬管理，是在组织发展战略指导下，对员工薪酬支付原则、薪酬策略、薪酬水平、薪酬结构、薪酬构成进行确定、分配和调整的动态管理过程。薪酬管理要为实现薪酬管理目标服务，薪酬管理目标是基于人力资源战略设立的，而人力资源战略服从于企业发展战略。

薪酬管理包括薪酬体系设计、薪酬日常管理两个方面。

薪酬体系设计主要是薪酬水平设计、薪酬结构设计和薪酬构成设计；薪酬日常管理是由薪酬预算、薪酬支付、薪酬调整组成的循环，这个循环可以称之为薪酬成本管理循环。

薪酬设计是薪酬管理最基础的工作，如果薪酬水平、薪酬结构、薪酬构成等方面有问题，企业薪酬管理不可能取得预定目标。

薪酬预算、薪酬支付、薪酬调整工作是薪酬管理的重点工作，应切实加强薪酬日常管理工作，以便实现薪酬管理的目标。

薪酬体系建立起来后，应密切关注薪酬日常管理中存在的问题，及时调整公司薪酬策略，调整薪酬水平、薪酬结构以及薪酬构成以实现效率、公平、合法的薪酬目标，从而保证公司发展战略的实现。

根据狭义薪酬的理解，薪酬管理指企业工资的微观管理，是企业在国家的宏观控制的工资政策允许范围之内，灵活运用各种方法与手段，制定各种激励措施与规章制度，在职工中贯彻按劳分配薪酬差别，即制定公平、公开、公正的薪酬制度。薪酬管理不仅局限在对"劳"的分配，如何通过强化内在薪酬提升员工的满意度。薪酬是人力资源管理中的重要内容。

良好的薪酬制度可以帮助企业更有效地吸引、保留和激励员工，从而起到增强企业竞争优势的作用；同时，薪酬在组织中又是一个非常敏感的话题，它与组织员工的利益密切相关。

5.7.3　薪酬管理的目标

薪酬要发挥应有的作用，薪酬管理应达到以下三个目标，效率、公平、合法。达到效率和公平目标，就能促使薪酬激励作用的实现，而合法性是薪酬基本要求，因为合法是公司存在和发展的基础。

（1）效率目标

效率目标包括两个层面，第一个层面站在产出角度来看，薪酬能给组织绩效带来最大价值；第二个层面是站在投入角度来看，实现薪酬成本控制。薪酬效率目标的本质是用适当的薪酬成本给组织带来最大的价值。

（2）公平目标

公平目标包括三个层次，分配公平、过程公平、机会公平。

分配公平是指组织在进行人事决策、决定各种奖励措施时，应符合公平的要求。如果员工认为受到不公平对待，将会产生不满。

员工对于分配公平认知，来自于其对于工作的投入与所得进行主观比较而定，在这个过程中还会与过去的工作经验、同事、同行、朋友等进行对比。分配公平分为自我公平、内部公平、外部公平三个方面。自我公平，即员工获得的薪酬应与其付出成正比；内部公平，即同一企业中，不同职务的员工获得的薪酬应正比于其各自对企业做出的贡献；外部公平，即同一行业、同一地区或同等规模的不同企业中类似职务的薪酬应基本相同。

过程公平是指在决定任何奖惩决策时，组织所依据的决策标准或方法符合公正性原则，程序公平一致、标准明确，过程公开等。

机会公平指组织赋予所有员工同样的发展机会，包括组织在决策前与员工互相沟通，组织决策考虑员工的意见，主管考虑员工的立场，建立员工申诉机制等。

（3）合法目标

合法目标是企业薪酬管理的最基本前提，要求企业实施的薪酬制度符合国家、省区的法律法规、政策条例要求，如不能违反最低工资制度、法定保险福利、薪酬指导线制度等的要求规定。

绩效管理综合激励模型认为：员工的努力会促进工作绩效提升、工作绩效提升会得到组织奖励，组织奖励会使员工满意，员工感到满意后会继续努力工作，这样就完成了一个绩效管理综合激励循环。但上述这个闭环系统的实现是有条件的，需要以下各个方面的支撑。上述环节任何一个方面出现问题，绩效管理综合激励循环就会被中断，激励将不会发挥应有的作用。

① 目标效价有吸引力和期望值高是员工努力工作的前提

在组织环境没有引起员工不满意情况下，根据期望理论，员工对一个事件投入程度跟目标效价和期望值有关，如果目标达成获得的激励对员工没有吸引力，那么员工工作积极性就会受影响，如果目标达成对员工来说不切合实际，员工没有信心达成目标，那么这样的激励对员工就犹如"水中月、镜中花"，员工也不会为不可能的事情而竭尽全力。

在对员工进行工作目标设定的时候，一定要切合实际，使目标有挑战性，同时有实现的可能。另外要让员工认识到，只要努力是一定可以达成目标的，组织也会尽全力支持员工达成目标。

在对员工制定激励措施的时候，一定要考虑激励措施对员工有吸引力，如果没有吸引力，就不会达到激励的效果。

② 能力匹配和目标明确是员工努力带来业绩提升的前提

如果员工能力和工作任务要求不匹配，员工努力将得不到预期结果，如果员工目标不明确，工作产出不是组织期望的结果，员工的努力可能白费，因此能力匹配和目标明确是员工努力带来工作绩效的前提。

能力匹配问题本质是根据员工能力进行人力资源配置，使人尽其才，同时对人才进行培养以满足工作需要；目标明确本质是给员工指明方面，减少员工工作盲目性。管理者一方面应当使组织目标的重要性为员工所认识、自觉认同，并将员工的个人目标和组织目标紧密联系起来；另一方面，应当积极地为员工完成组织目标创造条件，为员工进行业务辅导和资源支持。

③ 组织信用和绩效评价是工作绩效带来组织奖励的前提

如果组织没有信用，承诺的事项不能兑现，或者不能公正的评价员工的绩效，这样都可能带来组织奖励的不能兑现，因此组织信守承诺和绩效评价准确有效是工作绩效提升带来组织奖励的前提。

如果没有公平公正的绩效评价系统，员工的业绩不能得到肯定，自然也不会得到组织的奖励。绩效评价系统一定要能识别组织期望的行为并能给予公平公正的评价，否则也会降低员工的期望值进而影响员工的积极性。

④ 激励有效和感觉公平是组织奖励带来员工满意的前提

激励如果没有效果不会带来员工满意，员工如果有不公平感觉将会引起员工不满意，因此激励有效和感觉公平是组织奖励带来员工满意的前提。激励有效性表现在两个方面，一是激励内容要适当，二是激励及时、程度适中；内容型激励理论，无论是需求层次理论还是双因素理论，都提醒管理者，要对员工采取针对性的激励措施，否则不会有预期的效果；过程型激励理论着重研究激励过程，强化理论对激励及时性提出要求，双因素理论对激励效价以及期望值提出要求。公平理论要求要尽量做到结果公平、过程公平和机会公平。

5.7.5　薪酬管理的设计步骤

企业的薪酬体系设计包括以下步骤：

（1）工作分析；

（2）岗位价值评估；

（3）岗位分层级；

（4）岗位标杆设置；

（5）计算层级薪酬总和；

（6）计算年薪和月薪；

（7）月薪五级工资制；

（8）固定工资、绩效工资设定；

（9）营销组织薪酬设计；

（10）财务人员薪酬方案；

（11）高管人员薪酬方案；

（12）建立薪酬管理制度。

5.7.6　工资制度

在企业薪酬管理实践中，根据薪酬支付依据的不同，有岗位工资、职务工资、技能工资、绩效工资、工龄工资、薪级工资等薪酬构成元素。通常企业选择一个或两个为主要形式，其他为辅助形式。选择并确定工资制度形式是很关键的，这体现着公司的价值导向。

以下是几种主要的工资制度形式：

（1）依据岗位或职务进行支付的工资体系称为岗位工资制或职务工资制；

（2）依据技能或能力进行支付的工资体系称为技能工资制或能力工资制；

（3）依据以绩效进行支付的工资体系，如计件工资制、提成工资制、承包制等；

（4）依据岗位（职务）和技能工资进行支付的工资体系称为岗位技能工资制或职务技能工资制；

（5）依据岗位（职务）和绩效工资进行支付的工资体系称为岗位绩效工资制或职务绩效工资制。

① 岗位工资制

岗位工资制是依据任职者在组织中的岗位确定工资等级和工资标准的一种工资制度。岗位工资制基于这样两个假设：第一，岗位任职要求刚好与任职者能力素质相匹配，如果员工能力超过岗位要求，意味着人才的浪费，如果员工能力不能完全满足岗位要求，则意味着任职者不能胜任岗位工作，无法及时、保质保量地完成岗位工作。岗位工资制的理念是：不同的岗位将创造不同的价值，因此不同的岗位将给予不同的工资报酬；同时企业应该将合适的人放在合适的岗位上，使人的能力素质与岗位要求相匹配，对于超过岗位任职要求的能力不给予额外报酬；岗位工资制鼓励员工通过岗位晋升来获得更多的报酬。

② 职务工资制

职务工资制是简化了的岗位工资制，职务和岗位的区别在于，岗位不仅表达出层级还表达出工作性质，比如人力资源主管、财务部部长等就是岗位，而职务仅仅表达出来层级，比如主管、经理，以及科长、处长等。职务工资制在国有企业、事业单位以及政府机构得到广泛的应用。职务工资制只区分等级，事实上和岗位工资具有本质的不同，岗位工资体现不同岗位的差别，岗位价值综合反映了岗位层级、岗位工作性质等多方面因素，是市场导向的工资制度，而职务工资仅仅体现层级，是典型的等级制工资制度。

职务工资制特点和岗位工资制的优缺点近似，但相对于岗位工资制，职务工资制有个最大的特点是：根据职务级别定酬，某些人可能没有从事什么岗位工作，但只要到了那个级别就可以享受相应的工资待遇，这是对内部公平的最大挑战。

③ 技能工资制

技能工资制根据员工所具备的技能而向员工支付工资，技能等级不同，薪酬支付标准不同。技能工资制和能力工资制与岗位工资制、职务工资制不同，技能工资制和能力工资制是基于员工的能力，他不是根据岗位价值的大小来确定员工的报酬，而是根据员工具备的与工作有关的技能和能力的高低来确定其报酬水平。技能通常包括三类，深度技能、广度技能和垂直技能，深度技能指从事岗位工作有关的知识和技能，深度技能表现在能力的纵向结构上，他强调员工在某项能力上不断提高，鼓励员工成为专家；广度技能指从事相关岗位工作有关的知识和技能，广度技能表现在能力的横向结构上，他提倡员工掌握更多的技能，鼓励员工成为通才；垂直技能指的是员工进行自我管理，掌握与工作有关的计划、领导、团队合作等技能，垂直技能鼓励员工成为更高层次的管理者。

④ 能力工资制

能力工资制根据员工所具备的能力向员工支付工资，员工能力不同，薪酬支付标准不同。在人力资源开发与管理中，能力多指一种胜任力和胜任特征，是员工具备的能够达成某种特定绩效或者是表现出某种有利于绩效达成的行为能力。

根据能力冰山模型，个人绩效行为能力由知识、技能、自我认知、品质和动机五大要素构成。知识是指个人在某一特定领域拥有的事实型与经验型信息；技能指结构化地运用知识完成某项具体工作的能力，即对某一特定领域所需技术与知识的掌握情况；自我认知是个人关于自己的身份、人格以及个人价值的自我感知；品质指个性、身体特征对环境和各种信息所表现出来的持续而稳定的行为特征；动机指在一个特定领域自然而持续的想法和偏好

（如成就、亲和力、影响力），它们将驱动，引导和决定一个人的外在行动。其中，知识和技能"水面以上部分"，是外在表现，是容易了解与测量的部分，相对而言也比较容易通过培训来改变和发展；而自我认知、品质和动机是"水面以下部分"，是内在的、难以测量的部分，它们不太容易通过外界的影响而得到改变，但却对人员的行为与表现起着关键性的作用。

技能工资制和能力工资制的理念是："你有多大能力，就有多大的舞台"。技能工资制和能力工资制真正体现"以人为本"理念，给予员工足够的发展空间和舞台，如果员工技能或能力大大超过岗位工作要求，将给员工提供更高岗位工作机会，如果没有更高层次岗位空缺，也将给予超出岗位要求的技能和能力给予额外报酬。

⑤ 绩效工资制

绩效工资制是以个人业绩为付酬依据的薪酬制度，绩效工资制的核心在于建立公平合理的绩效评估系统。绩效工资制可以应用在任何领域，适用范围很广，在销售、生产等领域更是得到大家认可，计件工资制、提成工资制也都是绩效工资制。

A. 绩效工资制的优点是：

a. 有利于个人和组织绩效提升。绩效工资制的采用需要对绩效进行评价，给予员工一定的压力和动力，同时需要上级主管对下属不断进行绩效辅导和资源支持，因此会促进个人绩效和组织绩效的提升；

b. 实现薪酬内部公平和效率目标。因为根据绩效付酬，有助于打破大锅饭、平均主义思想，鼓励多劳多得，因而实现薪酬的内部公平以及提高效率这两个目标；

c. 人工成本低。虽然对业绩优异者给予较高报酬会给公司带来一定程度人工成本的增加，但事实上，优秀员工报酬增加是给公司带来价值为前提的，员工获得高报酬的同时公司获得了更多的利益；另一方面，公司给予业绩低下者较低薪酬或淘汰业绩低下者，这会大大降低工资成本。

B. 绩效工资制的缺点是：

a. 短视行为：由于绩效工资与员工本期绩效相关，易造成员工只关注当期绩效产生短视行为，可能为了短期利益的提高而忽略组织长远的利益。

b. 员工忠诚度不足。如果绩效工资所占比例过大，固定工资太少或者没有，由于保健因素的缺乏，容易使员工产生不满意；另外这种工资制度不可避免会有员工被淘汰，员工流动率比较高，这两方面都会影响员工的忠诚度，影响组织的凝聚力。

⑥ 组合工资制

组合工资制在企业薪酬管理实践中，除了以岗位工资、技能工资、绩效工资中的一个为主要元素外，很多情况下是以两个元素为主，以充分发挥各种工资制度的优点。常见的组合工资制度有岗位技能工资制和岗位绩效工资制。

A. 岗位技能工资制岗位技能工资制是以按劳分配为原则，以劳动技能、劳动责任、劳动强度和劳动条件等基本劳动要素为基础，以岗位工资和技能工资为主要内容的企业基本工资制度。技能工资主要与劳动技能要素相对应，确定依据是岗位、职务对劳动技能的要求和雇员个人所具备的劳动技能水平。技术工人、管理人员和专业技术人员的技能工资可分为初、中、高三大工资类别，每类又可分为不同的档次和等级。岗位工资与劳动责任、劳动强度、劳动条件三要素相对应，它的确定是依据三项劳动要素评价的总分数，划分几类岗位工资的标准，并设置相应档次，一般采取一岗多薪的方式，视劳动要素的不同，同一岗位的工资有所差别。我国大多数企业在进行岗位技能工资制度改革中，除设置技能和岗位两个主要单元外，一般还加入工龄工资、效益工资、各种津贴等。

B. 岗位绩效工资制岗位绩效工资制得到广泛应用是因为在当前市场竞争中，为了激励员工，将员工业绩与收入联系起来是很多企业采取的办法。除了在企业中得到广泛应用之外，很多事业单位也采取岗位绩效工资制度。事业单位的岗位绩效工资由岗位工资、薪级工资、绩效工资、和津贴补贴四部分构成。事业单位员工可分为专业技术人员、管理人员、技术工人、普通工人四个序列。

专业技术人员岗位工资根据本人现聘用的专业技术岗位（通俗的讲就是获得了职称并且被聘用）来执行相应的岗位工资标准；管理人员按本人现聘用的岗位（任命的职务）来执行相应的岗位工资标准；技术工人按本人现聘用的岗位（技术等级或职务）来执行相应的岗位工资标准；普通工人执行普通工岗位工资标准。

薪级工资根据任职者工龄、任本岗位年限以及岗位等级确定，其实质是对岗位工资进行修正，对经验丰富者给予更多报酬，取消工龄工资反映在薪级工资中。

绩效工资一般是上级主管部门核定绩效工资总量，由各单位自主制定绩效工资分配方案，可以采取灵活多样的分配形式和办法。

5.7.7　薪酬管理的制定形式

（1）五级工资薪酬法

① 什么是五级工资薪酬法

岗位月薪不是一个固定值，而是存一个区间，在这个区间内每岗位又分为五等工资。这五等工资的制定方法就是五级工资薪酬法。

②五级分别代表什么含义

一级对应的是，"欠资格上岗"，二级对应的是"期望"，三级对应"合格"，四级对应"胜任"，五级对应"超胜任"。

③层级薪酬水平定位

层级薪酬中的月薪按企业整体薪酬水平定位，一般对应三级（合格）或五级（超胜任），薪酬水平定位有一定竞争力，对应四级（胜任），薪酬水平定位偏低的，对应三级（合格）

④级差如何设定

五级的每级级差相距 5%～25%，一般可取 12%

（2）菲尔德薪酬法

薪酬的"酬"固然是吸引和留住人才的关键，但"薪"亦是必不可少的前提。所谓"薪"，就是物资，人都是受利益驱动的，不要指望我们的员工在不给任何工资的情况下就去干活，任何一件事情都应该有利益驱动的，企业的任何一个职位上的功能都应该和经济利益挂钩。如何挂钩，就是薪酬管理的艺术，尤其对于营销人员，其提成机制的设计直接影响着营销体系的健康度和稳定度。有这样一所学校，叫阳光学校，是北京一家专门从事英语教育的学校。这所学校的老总姓刘。刘总经过多方面的研究、调查、评估、分析以后，决定发展牛津教育，因为这一块的市场形势一片大好。他们同时在短短的时间内发展了一个集团公司加三个分公司，但是，这家企业也同时面临着以下问题：

5.7.8　薪酬管理的设计思路

（1）明确公司薪酬战略定位：将人员队伍的薪酬收入控制在市场中上水平，保证公司现有人员队伍的稳定，充分调动员工的工作热情，并且形成一定的外部吸引力。

（2）调整薪酬挂钩原则，建立基于岗位价值、人力资源价值、工作业绩的价值分配体系，使员工收入水平向岗位价值、人员素质、工作贡献方向倾斜。

（3）建立职位等级制度，开辟员工横向发展跑道，满足在职位晋升机会不足的情况下员工个体发展的需求。

（4）调整薪酬体系中固定收入与浮动收入的比例，在设计上保证员工收入水平较大涨幅，但增加员工浮动收入的比例，增强薪酬的激励效应，促进公司薪酬制度与市场接轨。

（5）引入多元化的激励模式，充分利用薪酬杠杆调节，充分调动员工潜能与工作热情。

（6）完善公司福利制度，调整福利制度的灵活性，建立在适度集中的基础上自助式福利体系，满足员工多元化的需要，将福利制度引导到增强员工归属感和忠诚度、促进其个人成长的道路上来。

（7）依据企业组织变革、中期经营效益以及市场薪资行情的变化等因素适时对薪酬体系进行调整，保持薪酬体系的动态涨跌，促使公司薪酬制度逐步实现市场化、企业化。

5.7.9　薪酬管理的作用

薪酬不但关系到企业的成本控制，还与企业的产出或效益密切相关。虽然薪酬本身不能直接带来效益，但可以通过有效的薪酬战略及其实践，将薪酬交换劳动者的活劳动，劳动力和生产资料结合创造出企业财富和经济效益。这样，薪酬就与企业的经济效益密不可分，对企业具有增值功能。

薪酬是企业人力资源管理的工具。管理者可以通过有效的薪酬战略及其实践，反映和评估员工的工作绩效，即将员工表现出来的不同工作绩效，报以不同的薪酬，从而促进员工工作数量和质量的提高，保护和激励员工的工作积极性，以提高企业的生产效率。

薪酬的激励作用已受到越来越多人的重视，成为现代公司治理中的研究重心，薪酬激励机制的合理与否关系到员工的积极性，关系到公司的业绩，甚至是公司的未来发展。薪酬激励的方式大体分为两种形式，即年薪，奖金，津贴等的短期激励模式和包括股权激励、限制性股票、股票增值权、管理层持股、激励基金等中长期激励模式。

谈到股权激励这种中长期激励模式，老板和员工对的看法不尽相同：公司老板通常认为股权激励是旨在落实公司的发展愿景与老板的经营哲学；而从员工角度看，股权激励属于企业管理中薪酬的范畴，他们希望能够借此体现自身的人力资本价值。总的来看，股权激励形式的薪酬激励可以平衡老板和员工对长、短期利益的不同追求，从而实现共赢。

由此看出，企业可以发挥薪酬战略的导向功能，通过薪酬水平的变动，结合其他的管理手段，合理配置和协调企业内部的人力资源和其他资源，并将企业目标传递给员工，促使员工个人行为与组织行为相融合。

薪酬可用于获得"实物、保障、社会关系以及尊重的需求，对这些需求的满足，在某种程度上也能满足自我实现代需求"。因此，通过有效的薪酬战略及其实践，体现薪酬不再仅仅是一定数目的金钱，它还反映员工在企业中的能力、品行和发展前景等，从而充分发挥员工的潜能和能力，实现其自身价值。

5.7.10　薪酬管理的体系建设

第一步：梳理工作岗位。从企业整体发展需要出发，基于工作流程的顺畅和工作效率的提高，梳理工作岗位。分析不同岗位之间划分的合理性：工作职责是否清晰，各个岗位间的工作联系是否清晰、合理。工作分析的结果是形成岗位清单和各个岗位的工作说明书。

第二步：进行岗位价值评估。选择某种岗位价值评估工具，并组织企业内部专家和外部专家逐个对岗位进行评价，这个过程如果企业自身认为力量不够时可以考虑请外部专家进行培训和指导。岗位价值评价方法和工具有很多，分为量化的和非量化的两类。对于评价岗位较多时，建议优先考虑计分法。计分法的优点是结果量化直观，便于不同岗位间的价值比较。对于一般制造型企业的评价工具可以考虑北大纵横的 28 因素法。

第三步：岗位分类与分级列等。首先，对岗位进行横向的职系分类；然后，根据评价结果按照一定的分数段进行纵向的岗位分级；最后考虑不同岗位级别的重叠幅度。分级时应当考虑两个平衡：不同职系间岗位的平衡和同类职系岗位的平衡。不同职系和级别的岗位薪酬水平不同。

第四步：设定薪酬水平。根据上一步的岗位分等列级的结果，对不同级别的岗位设定薪酬水平。薪酬水平的设定要考虑企业薪酬策略和外部薪酬水平，以保证公司薪酬的外部竞争性和公平性，以保障公司薪酬的吸引力和控制公司重点岗位员工的流失。

第五步：确定薪酬结构。以设定的岗位薪酬水平为该岗位的薪酬总额，根据不同职系岗位性质确定薪酬结构构成，包括确定固定部分与绩效浮动部分比例以及工龄工资各种补贴等其他工资构成部分。一般来讲，级别越高的浮动部分比例越大，岗位对工作结果影响越大的岗位浮动比例越大。

第六步：进行薪酬测算。基于各个岗位确定的薪酬水平和各岗位上员工的人数，对薪酬总额进行测算；针对岗位某些员工的薪酬总额和增减水平进行测算，做到既照顾公平又不能出现较大幅度的偏差。

第七步：对薪酬定级与调整等做出规定。从制度上规定员工工资开始入级和今后岗位调整规则。薪酬调整包括企业总体自然调整、岗位变动调整和绩效调整。在岗位绩效薪酬中应该对个人薪酬调整和绩效考评的关系做出规定。此外，还有对薪酬发放的时间、发放形式做出适合企业情况的规定，如是否采取密薪制等。

5.7.11　薪酬管理管理理论

内容型激励理论重点研究的是影响工作动机的构成因素，研究如何满足人的需求。

（1）马斯洛需求层次理论

① 生理需求；

② 安全需求；

③ 社会需求；

④ 尊重需求；

⑤ 自我实现需求。

（2）赫茨伯格的双因素理论美国心理学家赫茨伯格的双因素理论认为：一些事物当它存在时可以引起满意，当它缺乏时不会引起不满意，只是没有满意；一些事物当它存在时人们并不觉得满意，当它缺乏时则会引起不满意。前者称之为"激励因素"，后者称之为"保健因素"。

过程型激励理论主要研究的是从个体动机产生到采取具体行为的过程，这些理论试图弄清人们对付出努力、取得绩效、获得奖励的认识，以达到更好地对员工进行激励的目的。

（3）期望理论美国心理学家弗洛姆的期望理论认为：一个目标对人的激励程度受两方面因素影响：一是目标效价，即人对实现该目标有多大价值的主观判断。如果实现该目标对人来说很有价值，那么人的积极性就高；反之，积极性则低。二是期望值，即人对实现该目标可能性大小的主观估计。只有认为实现该目标的可能性很大，才会去努力争取，从而在较高程度上发挥目标的激励作用；如果认为实现该目标的可能性很小，甚至完全没有可能，那么目标的激励作用就小，以至完全没有。

（4）强化理论美国哈佛大学教授斯金纳的强化理论认为：人的行为只是因外部环境刺激所做的反应，是受外部环境刺激所调节和控制的，改变刺激就能改变行为。通过有效的刺激能加强人的某种行为，因此管理者通过各种强化手段，能有效地激发员工的积极性。在管理实践中，常用的强化手段有三种，即正强化、负强化和消退强化，这些手段可以单独应用，也可以组合运用。

（5）公平理论公平理论是美国心理学家亚当斯提出的，该理论的基本要点是：人的工作积极性不仅与个人的实际报酬多少有关，而且与人们对报酬的分配是否感到公平更为关系密切。人们总会自觉或不自觉地将自己付出的劳动代价及其所得到的报酬与他人进行比较，并对公平与否做出判断，公平感直接影响着人们的工作动机和行为。因此，从某种意义上来讲，动机的激发过程实际上是人与人进行比较，做出公平与否的判断，并据以指导行为的过程。

内容型激励理论和过程型激励理论都是站在某一角度研究激励问题，实际上人是最复杂的，模型的应用需要一定的前提条件，因此在使用时要针对实际情况慎重应用。

5.7.12　薪酬管理系统

薪酬管理系统是对企业工资水平、工资结构、工资制度、工资形式、工资待遇的管理系统，旨在监督它们是否达到了组织与个人的目标。由于工资管理中包含很多内容，因此它是最困难和最具挑战性的人力资源管理领域之一。

工资管理系统的首要任务是报酬公平。企业吸引、激励和留住有能力的员工，在很大程度上是通过企业的报酬机制实现的。报酬必须对所有相关方面公正实施，而且应该让人感觉到是公平的。根据员工关系的特点，内部薪酬公平可能更重要，而工作评价是内部公平首要的方法。如何处理好既吸引人才又降低成本这对矛盾，是工资管理系统的焦点和难点。

薪酬制度设计应考虑的因素

（1）个人岗位因素：即考虑不同岗位，不同绩效表现和同岗位人员配备。

（2）企业因素：即考虑企业发展阶段，企业规模，企业盈利水平。

（3）外部环境因素：即考虑劳动力市场，地区，行业。

薪酬结构良好的薪酬管理体系有助于企业发展，上海企业管理咨询公司为您提供专业的薪酬结构分析，薪酬结构分为显性薪酬和隐性薪酬。显性薪酬主要包括基本工资、加班费、奖金、津贴和补贴、股权、福利，而隐性薪酬则主要包括工作环境、学习成长机会等。

薪酬结构之基本工资：基本工资是企业雇员劳动收入的主体部分，也是确定其劳动报酬和福利待遇的基础。其具有常规性、固定性、基准性、综合性等特点。基本工资又分为基础工资、工龄工资、职位工资、技能工资等。在我国按劳动法规定，基本工资在每个地区都会有它的最低标准。

薪酬结构之加班费：是指员工超出正常工作时间之外所付出劳动的报酬。劳动法有明文规定，用人单位安排劳动者加班或者延长工作时间，应当按照下列标准支付劳动者加班或者延长工作时间的工资报酬：

薪酬结构之奖金：奖金是企业和雇主对雇员超额劳动部分或劳动绩效突出部分所支付的奖励性薪酬，是企业为了鼓励雇员提高工作效率和工作质量付给雇员的货币奖励。因此，与基本工基相比，奖金具有非常规性、浮动性和非普遍性等特点。企业中常见的奖金有全勤奖、超产奖、节约奖、年终奖、效益奖等。

薪酬结构之津贴补贴：是指企业为了补偿员工特殊或额外的劳动消耗和从事特种作业而付给员工的报酬，以及为了保证员工工资水平不受物价影响而支付给员工的物价补贴。常见的津贴补贴有：夜班津贴、车船补贴、降温费、特种作业补贴、出差补助、住房补贴、伙食补贴等。

薪酬结构之福利：员工福利是一种以非现金形式支付给员工的报酬。员工福利从构成上来说可分成二类：法定福利和公司福利。法定福利是国家或地方政府为保障员工利益而强制各类组织执行的报酬部分，如社会保险；而公司福利是建立在企业自愿基础之上的。员工福利内容包括：补充养老、医疗，住房、寿险、意外险、财产险、带薪休假、免费午餐、班车、员工文娱活动、休闲旅游等。

薪酬结构之办公环境：是指为员工创造良好的工作氛围，这是企业重视人的情绪、人的需求、人员激励的体现。

薪酬结构之学习成长机会：是指企业结合自身的企业目标，有计划有目的地对员工进行专业知识、业务技能或管理技能的培训，创造环境让员工学习提高专业知识技能或管理技能。

5.8　人力资源保护

5.8.1　劳动合同关系

劳动合同是指劳动者与用工单位之间确立劳动关系，明确双方权利和义务的协议。订立和变更劳动合同，应当遵循平等自愿、协商一致的原则，不得违反法律、行政法规的规定。劳动合同依法订立即具有法律约束力，当事人必须履行劳动合同规定的义务。

根据《中华人民共和国劳动法》（以下简称《劳动法》）第十六条第一款规定，劳动合同是劳动者与用工单位之间确立劳动关系，明确双方权利和义务的协议。根据这个协议，劳动者加入企业、个体经济组织、事业组织、国家机关、社会团体等用人单位，成为该单位的一员，承担一定的工种、岗位或职务工作，并遵守所在单位的内部劳动规则和其他规章制度；用人单位应及时安排被录用的劳动者工作，按照劳动者提供劳动的数量和质量支付劳动报酬，并且根据劳动法律、法规规定和劳动合同的约定提供必要的劳动条件，保证劳动者享有劳动保护及社会保险、福利等权利和待遇。

（1）劳动合同的含义

劳动关系是指受劳动法调整的，在劳动者运用劳动能力、实现劳动过程中，劳动者与用人单位（劳动使用者）之间的社会劳动关系。由于我国就业竞争激烈的国情以及《劳动合同法》发展历史，劳动关系中用人单位与劳动者双方地位的不平等性，造成了事实劳动关系的存在。劳动合同是劳动关系建立、变更和终止的一种法律形式。根据《劳动合同法》第十条的规定，建立劳动关系的，应当及时订立书面劳动合同。已经建立劳动关系，但未同时订立书面劳动合同的，应当自用工之日起一个月内订立书面劳动合同。用人单位与劳动者在用工前订立劳动合同的，劳动关系自用工之日起建立。因此，劳动关系包括了劳动合同关系和事实劳动关系两种形态。

（2）劳动合同的订立

① 订立原则

《劳动合同法》第三条规定，订立劳动合同应当遵守如下原则：

A. 合法原则。

劳动合同必须依法以书面形式订立。做到主体合法、内容合法、形式合法、程序合法。只有合法的劳动合同才能产生相应的法律效力。任何一方面不合法的劳动合同，都是无效合同，不受法律承认和保护。

B. 协商一致原则。

在合法的前提下，劳动合同的订立必须是劳动者与用人单位双方协商一致的结果，是双方"合意"的表现不能是单方意思表示的结果。

C. 合同主体地位平等原则。

在劳动合同的订立过程中，当事人双方的法律地位是平等的。劳动者与用人单位不因为各自性质的不同而处于不平等地位，任何一方不得对他方进行胁迫或强制命令，严禁用人单位对劳动者横加限制或强迫命令的情况。只有真正做到地位平等，才能使所订立的劳动合同具有公正性。

D. 等价有偿原则。

劳动合同明确双方在劳动关系中的地位作用，劳动合同是一种双务有偿合同，劳动者承担和完成用人单位分配的劳动任务，用人单位付给劳动者一定的报酬，并负责劳动者的保险金额。

② 注意事项

A. 普通员工签订注意事项

a. 劳动合同签订的时间

自用工之日起一个月内订立书面劳动合同即可。否则用人单位须向劳动者支付双倍工资。自用工之日起超过一年未与劳动者签订书面劳动合同的，视为双方已经形成无固定期限劳动合同。

b. 劳动合同的期限

劳动合同的期限有三种：有固定期限的劳动合同、无固定期限的劳动合同和以完成一定的工作为期限的劳动合同。所以用人单位与劳动者在签订劳动合同时要根据双方的需求来协商确定劳动合同的期限。同时，如果有约定试用期，试用期是包含在劳动合同期限内的，若劳动合同仅约定试用期的，试用期不成立，该期限为劳动合同期限。并且以完成一定的工作为期限的劳动合同或者劳动合同期限不满 3 个月的，依照劳动合同法规定该情形不得约定试用期。

c. 对非全日制用工要特别注意

Ⅰ．非全日制劳动者在同一用人单位一般平均每日工作时间不超过 4 小时。每周工作时间累计不超过 24 小时。

Ⅱ．非全日制用工不得约定试用期。

Ⅲ．非全日制用工小时计酬标准不得低于最低小时工资标准。

Ⅳ．非全日制用工劳动报酬结算支付周期最长不得超过 15 日。

Ⅴ．用人单位必须为劳动者缴纳工伤保险，否则发生工伤事故则要承担相关责任。

B. 高级管理人员签订注意事项

a. 聘任和解聘的问题

对于高级管理人员的聘任和解聘不同于一般的劳动者，他主要是由《公司法》等法律专门规定的，如依照公司法规定未经用人单位董事会的决议，用人单位是无权直接聘任或解聘高级管理人员的。所以在签订劳动合同时要规定明确，以便和普通员工的劳动合同区别开来。

b. 加班费问题

对于高级管理人员来说，其工作性质是与普通劳动者不同的。在实务中，经常会有公司的高级管理人员离职以后，向公司要求给付加班费的问题，但在司法实务中，高级管理人员有加班费一般得不到支持。所以用人单位在签订劳动合同时应注意解决这个问题。

c. 保密条款

由于高级管理人员会接触到用人单位的商业秘密，所以为了防止高级管理人员将商业秘密泄露给他人损害用人单位的利益，就需要在劳动合同中增加保密条款，劳动合同中的保密条款一般是进行原则性规定，最好能单独签订相应的保密协议。并且对违反保密条款时应承担的责任做好约定。

d. 竞业限制条款

竞业限制是用人单位对劳动者在用工时或终止、解除劳动合同后的一定期限内不得经营同类业务或在与本单位有竞争关系的其他用人单位任职，也不得自己生产与原单位有竞争关系的同类产品或经营同类业务。为了更好地保护用人单位的利益，在与高级管理人员签订的劳动合同中根据实际情况添加竞业限制条款。

（3）劳动合同的履行

① 亲自履行原则。合同是当事人之间设立、变更、终止民事权利义务的协议。一般情况下必须坚持当事人亲自履行原则。

② 全面履行原则。当事人应当按照约定全面履行自己的义务。这就是通常所称的合同全面履行原则，具体包括如下内容：a. 在能够履行的前提下应当实际履行而不能以支付违约金或者赔偿金的方式代替履行。b. 必须履行合同约定的全部义务而不能只履行部分义务。c. 必须按合同约定的时间履行义务而不能随意改变。d. 必须按合同约定的地点、方式等履行义务而不能加以改变或者增加对方的成本。

③ 实际履行原则。实际履行是指合同生效后，一方当事人违反合同义务时，另一方当事人有权请求法院或仲裁机关强制违约方继续履行合同义务。

④ 诚实信用原则。当事人应当遵循诚实信用原则，根据合同的性质、目的和交易习惯履行通知、协助、保密等义务。用人单位变更名称、法定代表人、主要负责人或者投资人等事项，不影响劳动合同的履行。

（4）劳动合同的变更和中止

合同的变更是指在合同成立以后，尚未履行或未完全履行以前，当事人就合同的内容达成的修改和补充。《劳动合同法》第三十五条规定，用人单位与劳动者协商一致，可以变更劳动合同约定的内容。变更劳动合同，应当采用书面形式。其特征如下：① 合同的变更必须经当事人协商一致，是在原来合同的基础上达成变更协议；

② 合同内容的变更是指合同内容的局部变化，不是合同内容的全部变更；

③ 合同变更后，原合同的变更的部分依变更后的内容履行，原合同没有变更的部分依然有效，即合同的变更并没有消灭原合同关系，只是对原合同的内容进行了部分修改。

《劳动法》第二十三条规定，劳动合同期满或者当事人约定的劳动合同终止条件出现，劳动合同即行终止。劳动合同的终止是指劳动合同期满或当事人双方约定的劳动合同终止条件出现，劳动合同即行终止。

A.《劳动合同法》第四十四条　有下列情形之一的，劳动合同终止：

（a）劳动合同期满的；

（b）劳动者开始依法享受基本养老保险待遇的；

（c）劳动者死亡，或者被人民法院宣告死亡或者宣告失踪的；

（d）用人单位被依法宣告破产的；

（e）用人单位被吊销营业执照、责令关闭、撤销或者用人单位决定提前解散的；

（f）法律、行政法规规定的其他情形。

B.《中华人民共和国劳动合同法实施条例》第二十一条规定，劳动者达到法定退休年龄的，劳动合同终止。

5.8.2　劳动保护

（1）劳动保护的基本概念

劳动保护英文：labour protection 是国家和单位为保护劳动者在劳动生产过程中的安全和健康所采取的立法、组织和技术措施的总称。

（2）劳动保护的任务

① 劳动安全保护

为了捉住劳动者的劳动安全，防止和消除劳动者在劳动和生产过程中的伤亡事故，以有防止生产设备遭到破坏，我国《劳动法》和其他相关法律、法规制定了劳动安全技术规程。

安全技术规程的要包括：A 机器设备的安全；B 电气设备的安全；C 锅炉、压力的容器的安全；D 建筑工程的安全；E 交通道路的安全。企业必须按照这些安全技术规程使各种生产设备达到安全标准，切实保护劳动者的劳动安全。

② 劳动卫生保护

为了保护劳动者在劳动生产过程中的身体健康，避免有毒、有害物质的危害，防止、消除职业中毒和职业病，我国制定了有关劳动卫生方面的法律、法规：《劳动法》、《环境保护法》、《工厂安全卫生规程》、《国务院关于加强防尘防毒工作的规定》、《关于防止厂矿企业中粉尘危害的决定》、《工业企业设计卫生标准》、《工业企业噪声卫生标准》、《防暑降温暂行办法》、《中华人民共和国关于防治尘肺病条例》等。

这些法律、法规都制定了相应的劳动卫生规程，主要包括以下内容：A 防止粉尘危害；B 防止有毒、有害物质的危害；C 防止噪声和强光的刺激；D 防暑降温和防冻取暖；E 通风和照明；F 个人保护用品的供给。企业必须按照这些劳动卫生规程达到劳动卫生标准，才能切实保护劳动者的身体健康。

（3）劳动保护工作的主要内容

①积极采取各种安全技术措施，控制或消除生产过程中极易造成员工伤害的各种不安全因素。

②积极采取各种劳动卫生措施，改善作业现场的劳动条件，避免有毒有害物质危害员工的身体健康，防止发生职业性的中毒和职业病。

③劳逸结合，严格控制员工的加班加点工作，保证劳动者有适当的工作之外的休息时间，使劳动者保证旺盛的劳动热情，精力充沛地从事生产劳动。同时要结合季节特点，在夏季做好防暑，在冬季要做好防冻保暖工作。

④要根据工作的特点和性质，做好劳动防护用品的选购、储存保藏和发放等工作。

⑤对特殊工种进行上岗培训并组织考核发放上岗准许证。

⑥对女工应根据其生理特征，做好经期、产期、哺乳期的劳动保护，制订保护女工健康的特殊规定。

5.9 社会保险

企业社会保险是企业应付各种意外情况发生，保障员工生活，并在员工遭受困难时获得救济的保险活动。具体项目包括养老保险、医疗保险、失业保险、工作伤保险和生育保险。

（1）基本养老保险

（2）医疗保险

（3）失业保险

（4）工伤保险

（5）生育保险

第 6 章　市场与营销概念

6.1　市场

6.1.1　市场的概念

市场起源于古时人类对于固定时段或地点进行交易的场所的统称，固定交易场所的出现有利于生产资料的交换，为消费者减少了搜寻成本，使人类的生产力发展向前迈进了一大步。

现代，市场具备了两种意义，一个意义是交易场所，如传统市场、股票市场、期货市场等等，另一意义为交易行为的总称。市场一词不仅仅只是场所，还包括了在此场所进行交易的行为。当谈论到市场大小时，并不仅仅指场所的大小，还包括了消费行为是否活跃。广义上，所有产权发生转移和交换的关系都可以成为市场。

市场虽为交易行为的总称，但交易行为不一定是自由的，尤其是在提供商品或选择交易对象时，会因外部的干扰如法条、公约等加以限制。可以自由提供商品与选择交易对象的称为自由市场，反之则为非自由市场。

市场可以分为商品市场（消费者消费的地方）、要素市场（买卖自然资源、人力资源、资本的地方）。

自由市场对资源表现出的自我调节和自我配置的功能，被称为市场机制。

6.1.2　市场的规律、原则和道德

（1）市场规律

市场受外界环境的变化而变化，在漫长的人类发展中，人们不断被市场变化而困扰，也不断根据经验总结出市场的规律，现代经济学家对这些规律进行归纳形成一套完整的理论系统，主要有价值规律（亦称时间节约规律）、供求规律、竞争规律等。

①价值规律 [law of value]

价值规律是商品生产和商品交换的基本经济规律。即商品的价值量取决于社会必要劳动时间，商品按照价值相等的原则互相交换。在私有制社会中，价值规律自发地调节生产，刺激生产技术的改进，加速商品生产者的分化。在社会主义社会中，由于社会主义经济是在公有制基础上的有计划的商品经济，因此，社会主义市场经济必须自觉依据和运用价值规律，以促进社会主义经济的发展。

② 供求规律 [Law of supply-demand]

供求规律指商品的供求关系与价格变动之间的相互制约的必然性，它是商品经济的规律，商品的供给和需求之间存在着一定的比例关系，其基础是生产某种商品的社会劳动量必须与社会对这种商品的需求量相适应。供求关系就是供给和需求的对立统一。供求规律就是供求关系变化的基本法则。

③ 竞争规律 [Competition rules]

竞争规律是指商品经济中各个不同的利益主体，为了获得最佳的经济效益，互相争取有利的投资场所和销售条件的客观必然性，它和价值规律一样，都是商品经济固有的规律。

（2）市场原则

市场的发展是一个过程，正如人类发展一样，从原始到现代，从蛮荒到文明，在这个过程中，人们逐渐形成了一套保障市场良好运行的原则，这些原则包括：自愿让渡原则、等价交换、公平竞争、绝对利益原则、比较利益原则等。

① 自愿让渡

自愿让渡规律是指商品在流通过程中买卖双方以自愿成交为原则，实现自主的商品交换。

② 等价交换

等价交换是不同使用价值的商品按照它们各自具有的价值量相交换。是商品交换的一般原则。

③ 公平竞争

公平竞争是指竞争者之间所进行的公开、平等、公正的竞争。公平竞争对市场经济的发展具有重要的作用。它可以调动经营者的积极性，使他们不断完善管理，向市场提供质优价廉的新产品。它可以使社会资源得到合理的配置，并最终为消费者和全社会带来福利

④ 绝对利益原则

绝对利益理论是英国古典经济学家亚当·斯密提出来的，他认为每个国家或每个地区都有对自己有利的自然资源和气候条件，如果各国各地区都按

照各自有利的生产条件进行生产，然后将产品相互交换，互通有无，将会使各国、各地区的资源、劳动力和资本得到最有效的利用，将会大大提高劳动生产率和增加物质财富。

⑤ 比较利益原则

广义上的比较利益理论主要包括：大卫·李嘉图的比较成本说和赫克歇尔－俄林的要素禀赋理论。实际上这两种学说都是运用了比较优势对国际贸易做出了解释。大卫·李嘉图（David Ricardo）创立的古典贸易理论。该理论认为：如果一个国家出口有最大比较利益的产品、进口其最小比较利益产品，则该国就能在贸易中获利。即使一国在生产任何产品时生产率都处于绝对不利地位，仍有与他国发生贸易的可能，而且可以通过贸易获得好处。

（3）市场道德

经过长期的市场发展，人们在交易活动中形成了一套初步的市场道德体系，来维护相互之间的信任，虽然各个国家或地区的发展水平及历史因素不同，但是这些基本道德规范却符合普世价值观念，这就是自愿、公平、诚实、信用。在市场经济下，交易的正常进行，需要一种公平自愿的交易秩序，使市场行为在平等的基础上进行。而平等的要求之一就是交易双方必须遵守诚实信用原则。

6.2　市场营销

6.2.1　市场营销的定义

市场营销又称为市场学、市场行销或营销学。简称"营销"，指市场主体（特别是企业）通过创造或提供有价值的标的，并通过市场同其他市场主体进行交换，从而满足双方需要的、社会的和管理的过程。

这个定义包括如下概念体系：需要：欲望和需求；标的：产品、服务和创意；效用：成本与价值；市场与市场机制；交换与交易；市场主体、市场营销者与顾客；满意与关系；社会的与管理的过程。

6.2.2　市场营销的基本流程

（1）市场分析

帮助企业了解整个市场需求情况的一种方法，包括市场机会和市场环境的分析。主要研究分析潜在市场和潜在销售量，以决定某种产品的需要量、

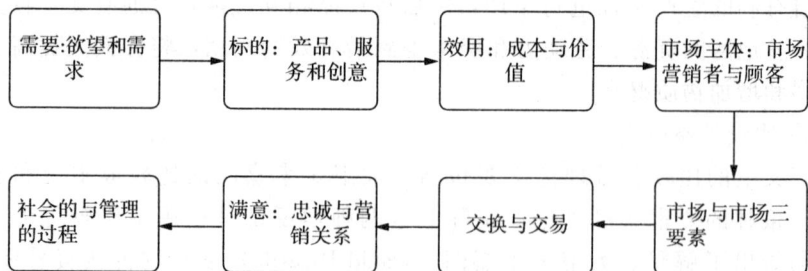

图 6-1　市场营销学的核心概念图

市场占有率和营销策略，进而制定各地区的销售配额。

（2）市场细分

市场细分就是把正体性的市场划分为有意义的、具有较强相似性的、可以识别的较小的顾客群的过程。

（3）目标市场选择

目标市场就是市场营销者准备通过为之提供产品和服务满足其需要和欲望的市场细分。目标市场选择就是在诸多细分市场中选择最为合适的细分市场作为目标市场的过程。

（4）市场定位

营销者在选定目标市场后，就要为产品制定市场定位决策。定位，就是使产品或品牌在目标市场消费者的心目中形成一定的形象。或者说，营销者试图使目标消费者以某种方式来看待和感觉该产品或品牌。

（5）营销组合（4Ps）

营销组合又称整体市场营销。企业为了达到经营目标而综合运用所有各种可能策略和方法的总称。在营销组合策略领导下，通过组合各种生产条件和组织结构，建立统一的步调一致的经营目标和方针。运用组合手段，把产品策略、价格策略、渠道策略、促销策略有机的在一起运用，使企业达到最大的经营效果。

（6）确定营销计划

市场营销计划根植于公司整体战略计划并由其推动，它能使实际的营销管理过程具体化和明确化。企业的市场营销决策，如果能够制作成一个尽可能完备的书面营销计划，将会有助于协调企业的各种营销努力朝向最终目标前进。所以确定营销计划能够更好地帮助企业发展。

（7）营销活动管理（即执行与控制）

"没有执行，所有的目标都是一纸空文！"营销活动管理就是为了满足顾客的需要，获取最大利润，对所有的市场营销活动进行有系统的组织与管理。

```
┌──────────┐      ┌──────────┐      ┌──────────┐      ┌──────────┐
│  市场分析  │ ───→ │  市场细分  │ ───→ │ 目标市场选择 │ ───→ │  市场定位  │
└──────────┘      └──────────┘      └──────────┘      └──────────┘
                                                            │
                                                            ↓
┌──────────────────┐   ┌──────────┐   ┌──────────┐
│营销活动管理(即执行与控制)│ ←── │ 确定营销计划 │ ←── │  营销组合  │
└──────────────────┘   └──────────┘   │  (4Ps)   │
                                       └──────────┘
```

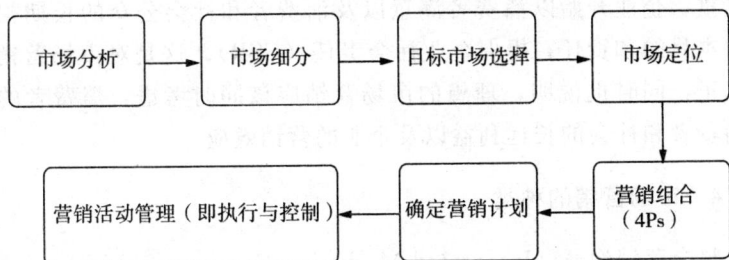

图 6-2　营销活动管理

6.2.3　市场营销理论发展的阶段

（1）生产导向阶段（19 世纪末～20 世纪初）

亦称生产观念时期、以企业为中心阶段。由于是工业化初期，市场需求旺盛，社会产品供应能力不足。消费者总是喜欢可以随处买到价格低廉的产品，企业也就集中精力提高生产力和扩大生产分销范围，增加产量，降低成本。在这一观念指导下的市场，一般认为是重生产，轻市场时期，即只关注生产的发展，不注重供求形势的变化。

（2）产品导向阶段（20 世纪初～20 世纪 30 年代）

亦称产品观念时期、以产品为中心时期。经过前期的培育与发展，市场上消费者开始更为喜欢高质量，多功能和具有某种特色的产品，企业也随之致力于生产优质产品，并不断精益求精。因此这一时期的企业常常迷恋自己的产品，并不太关心产品在市场是否受欢迎，是否有替代品出现。

（3）销售导向阶段（20 世纪 30 年代～20 世纪 50 年代）

亦称推销观念时期。由于处于全球性经济危机时期，消费者购买欲望与购买能力降低，而在市场上，商家货物滞销已堆积如山，企业开始收罗推销专家，积极进行了一些促销，广告和推销活动，以说服消费者购买企业产品或服务。

（4）市场导向阶段（20 世纪 50 年代～20 世纪 70 年代）

亦称市场观念时期、以消费者为中心阶段。由于第三次科技革命兴起，研发受到重视，加上二战后许多军工转为民用，使得社会产品增加，供大于求，市场竞争开始激化。消费者虽选择面广，但并不清楚自己真正所需。企业开始有计划、有策略地制定营销方案，希望能正确且快捷地满足目标市场的欲望与需求，以达到打压竞争对手，实现企业效益的双重目的。

（5）社会长远利益导向阶段（20 世纪 70 年代～至今）

亦称社会营销观念时期、以社会长远利益为中心阶段。由于企业运营所带来的全球环境破坏，资源短缺，通胀，忽视社会服务，加上人口爆炸等问题日趋严重，企业开始以消费者满意以及消费者和社会公众的长期福利作为企业的根本目的和责任，提倡企业社会责任（CSR）。这是对市场营销观念的补充和修正，同时也说明，理想的市场营销应该同时考虑：消费者的需求与欲望，消费者和社会的长远利益以及企业的营销效应。

6.2.4　市场营销的种类

（1）整合营销沟通（Integrated Marketing Communications）

整合营销沟通是美国西北大学著名营销学家舒尔茨（Don E Schultz）教授在 1990 年提出的。事实上，它是 20 世纪 90 年代营销学最重要的发展。过去，公司往往把各种沟通要素看做是互不相干的行为。现在，营销哲学认为整合性是成功营销的基本原则。"在新环境下，成功的营销者，他们将营销沟通组合组织的如此紧密，以至于只要看看这个品牌在不同媒体上的广告，再看看各种各样的活动，你就能看出这个品牌再用同一个声音说话。"

IMC 是发展和实施针对现有和潜在顾客的各种劝说性沟通计划的长期过程。IMC 运用与现有和潜在顾客有关，并可能为其接受的一种沟通形式，从顾客出发，即由外向内，反过来选择和界定营销沟通计划所应采用的形式和方法。

其基本特征是：

① 目的是影响目标沟通受众的行为；

② 从顾客出发选择营销活动最恰当、最有效的方法，而摈弃了"由内向外"的传统思维方式；

③ 运用一切有利于接触目标受众的任何沟通途径而不会先入为主的固守一种或一类媒体；

④ 一切沟通要素（广告、现场购买、销售促进、人员推销、各种活动等）都必须用一个声音说话，关系是品牌和消费者之间的一种持久联系，意味着重复购买甚至忠诚。

案例 6.1　蒙牛乳业

蒙牛乳业的"蒙"字代表"内蒙古"，而"牛"字除了代表"牛奶"之外，也代表蒙牛的创办者之一牛根生。回首 2003 年，虽说并不算顺畅，但特别令董事长兼总裁牛根生满意的是：蒙牛 2003 年销售额突破 40 亿元。对于 1999 年才创业，销售收入只有 4300 万元的蒙牛乳业，时隔 5 年从全国乳品企业排名第 1116 位，上升到 2003 年的前三甲，几乎是"平均每天超越一个队友"（牛根生语）。业界对牛根生领导的蒙牛公司——这头"猛牛"的评价就是"一路狂奔"。

2002 年 10 月 19 日，"第五届中国成长企业 CEO（Chief Executive

Officer，首席执行官）峰会"在人民大会堂召开，在大会表彰的 1999～2001 年度中国超速成长百强企业（非上市、非国有控股）中，蒙牛乳业以 1947.31％的成长速度名列榜首。目前，从利乐枕牛奶市场占有率来看，蒙牛枕居世界第一；从液态奶市场占有率来看，蒙牛居全国第一；从冰淇淋市场占有率来看，蒙牛居全国第二（资料来自蒙牛公司网站）。根据 AC 尼尔森的调查，2004 年第 1 季度，蒙牛在全国 24 个省市中，占据了液态奶 20.6％的市场份额。

1. 创业期的营销沟通

1999 年，伊利在《中国证券报》上刊载了一则公告：伊利股份有限公司鉴于公司生产经营副总裁牛根生同志不再适于担任该职，公司董事会决定对其予以免职。1999 年 8 月已 43 岁、一辈子都在和牛奶打交道的牛根生开始了他的创业之路。

(1) "蒙牛向伊利学习，做内蒙古第二品牌"。这是 1999 年蒙牛创业后树立的第一块广告牌上的口号。虽说是初入道，但蒙牛的创业者们几乎清一色来自伊利，而且多为牛根生的"铁哥们"。他们并非外行，如牛根生在伊利前后干了 21 年。但创业伊始，消费者只知道在内蒙古草原有"百分百好牛，百分百好奶"的伊利，而不知"蒙牛"是谁。蒙牛的这一广告口号，采用了比附定位，借力打力，免费搭上了伊利品牌这趟便车。一时间，呼和浩特市打出蒙牛 300 块路牌广告，让市民知道在内蒙古草原还有一头谦虚上进的蒙牛。为进一步提高知名度，显示自己是"师出名门"，在蒙牛的产品包装上还写着"为民族工业争光，向伊利学习！"

(2) 创业之初就在央视投放广告。奥格威有句名言："企业不做广告，无异于在黑暗中向情人抛媚眼！"在牛根生看来"广告的投入与销售额的上升绝对成正比"。刚成立不久的蒙牛乳业，就从筹集到的 900 万元资本金中拿出了 300 万元投放广告，其中 35 万元购买了央视 6 套两个月的广告时段。头一年算下来，蒙牛销售额达到了 4300 万元。尝到甜头的蒙牛更加大了广告投入，2002 年蒙牛的广告费为 6000 万元左右，销售额突破 21 亿元。

(3) 2001 年北京申奥，蒙牛第一个站出来说"我们捐赠 1000 万元"。蒙牛新广告的口号是"一厘钱精神，千万元奉献"，即在每根雪糕、每袋牛奶的销售收入中各提取 1 厘钱，7 年延期付清。

(4) "来自大草原，香浓好感受"。这一广告以蓝色和绿色为背景，让蒙牛牛奶缓缓流淌，奶滴化作可爱的白色小羊状。蒙牛广告中这一 USP (Unique Selling Proposition，独特的销售主张)，向消费者传达了：来自无污染的天然草原的蒙牛牛奶，味道香浓、口感好，是其他城市型奶源厂商无可比拟的。

2. 央视助力蒙牛成就全国品牌

蒙牛在向全国性品牌进军时，瞄准了在中国最有影响力的媒体——央视投放广告。这一策略使蒙牛大大缩短了追赶主要竞争对手的时间。短短几年，蒙牛不仅销售量飞速增长，而且品牌影响力也大幅提升。

（1）2003 年春，非典肆虐中华大地。截止到 5 月 6 日，蒙牛累计捐款、捐物合计 1160 万元，其中有现金 860 万和价值 300 万的蒙牛纯牛奶。"非典"期间，许多企业撤下了在央视投放的广告，而蒙牛在这一"默声期"不但没有停下来，反而加大了广告投放力度，并增加了公益广告的投放。"非典"过后，马上的到了市场的回报。

（2）2003 年 3 月，全世界的目光集中到了伊拉克的战事上。蒙牛抓住央视大规模的战事报道形成的收视高峰，率先进行事件营销，获得了极大成功。此后，他们与央视协商建立了一个应对突发新闻事件的快速反应机制，以确保蒙牛广告能在第一时间投放。

（3）作为 2002 年中国企业成长冠军的蒙牛，拥有领先世界的奶牛养殖技术和全球牛奶加工智能化样板工场。2003 年，蒙牛成为中国第一家参加 APEC（Asia-Pacific Economic Cooperation 亚太经济合作组织）峰会的民营企业。

（4）在对食品要求一向严格的香港市场上，蒙牛牛奶荣获"2003 年香港超市表现最优秀新产品奖"，是该年度为唯一些殊荣的大陆品牌。

（5）蒙牛从 2003 年起就开展了工业旅游。任何人只要凭身份证，就可以到工业园区参观。通过玻璃窗，整个生产线尽收眼底。这种"透明化管理"拉近了与消费者的距离。

（6）在 2004 年央视黄金广告段位招标会上，蒙牛以 3.1 亿巨资成为新标王，紧随其后的是伊利，投入 2.14 亿，此外，三鹿、完达山、维维等乳品企业也参加了竞标。此时，新一年的乳业大战已能嗅到些许硝烟的味道了。但令蒙牛始料不及的是，媒体并未盲目欢呼"新标王"的诞生。相反，一些关心人士不免对此表示担忧，更有一些舆论将蒙牛与前标王"秦池"相提并论，将"酒疯子"秦池与"牛疯子"蒙牛联系到一起，暗示蒙牛不要步秦池的后尘，成为"流星"企业。

蒙牛乳业集团副总裁孙先生解释说，此次竞标整合了集团的液态奶、冰品、酸奶、奶制品食品四个事业部的资源。2004 年蒙牛预计完成销售额 100 亿元，3.1 亿元广告费用仅占销售额的 3%，实际上是很低的。蒙牛将广告消费向强势媒体集中是出于增强品牌传播力度的考虑，而非其他。也有人提出，一般快速消费品的广告支出大约占营业额的 10%～20%。乳业广告投入至少占到销售额的 5% 以上。如果是发展中企业，广告费投入至少要占销售额的

15%以上。

3. 蒙牛牛奶，"中国航天员专用牛奶"

（1）"举起你的右手，为中国喝彩！" 2004 年 10 月 16 日，中国"神舟五号"载人飞船成功返回，神州大地到处皆欢庆。蒙牛的这一公益广告几乎在一夜之间占领了北京的路牌。新人纷纷驻足，在分享喜悦与自豪的同时，也感慨蒙牛公司的反应迅捷，出击迅速。

（2）"中国航天员专用牛奶"。蒙牛乳业集团副总裁孙先生说，蒙牛对中国载人航天的关注由来已久，只是受协议条款约束不能宣传而已。通过对蒙牛产品质量进行全面考察后，蒙牛被指定为唯一的"中国航天员专用牛奶"。全新的、带有"中国航天员专用牛奶"标志的蒙牛牛奶，引起了消费者的浓厚兴趣。2004 年，蒙牛产品又成为国家体育总局训练局指定的运动员特选产品。

（2）数据库营销（Database Marketing）

① 数据库营销的定义

数据库营销就是企业通过收集和积累会员（用户或消费者）信息，经过分析筛选后针对性的使用电子邮件、短信、电话、信件等方式进行客户深度挖掘与关系维护的营销方式。或者，数据库营销就是以与顾客建立一对一的互动沟通关系为目标，并依赖庞大的顾客信息库进行长期促销活动的一种全新的销售手段。伍俊认为它是一套内容涵盖现有顾客和潜在顾客，可以随时更新的动态数据库管理系统。数据库营销的核心是数据挖掘。

② 数据库营销优势

数据库营销在欧美已经得到了广泛的应用，在中国大陆地区，也已经开始呈现"星星之火，可以燎原"之势头，包括 DM（Direct Mail，定向直邮）、EDM（Email DM，电子邮件营销）、E-Fax（网络传真营销）和 SMS（Short Message Server，短消息服务）等在内的多种形式的数据库营销手段，得到了越来越多的中国企业的青睐。其中 EDM 由于其投资低回报率高被国内外企业广泛应用，部分得到初步发展的企业已开始自建 EDMSYS 平台，而第三方的营销平台也在蓬勃发展。另外回头客忠诚度营销系统将电子优惠券、RFM 数据营销也加入到这些传统的数据营销中，大大提高的营销的功能性。可以说，数据库营销迎来了一个黄金发展时期。

之所以越来越多的企业开始选择数据库营销，这与它相对传统营销所具有的独特优势是密不可分的。

A. 可测度

数据库营销是唯一一种可测度的广告形式。你能够准确地知道如何获得客户的反应以及这些反映来自何处。这些信息将被用于继续、扩展或重新制定、调整你的营销计划。

而传统的广告形式（报纸、杂志、网络、电视等）只能面对一个模糊的大致的群体，究竟目标人群占多少无法统计，所以效果和反馈率总是让人失望。正如零售商巨头 Wanamaker 说过："我知道花在广告上的钱，有一半被浪费掉了，但我不知道是哪一半"。

B. 可测性

数据库营销就像科学实验，每推进一步，都可以精心的测试，其结果还可以进行分析。假设你有一间酒吧，可以发出一封邮件，宣布所有光临的女士都可以免费获得一杯鸡尾酒。而在另一封邮件中，你可以宣布除周六、周日外所有顾客都可以获得 8 折优惠。在进行一段时间的小规模测试后，计算哪一封邮件产生的回报最高，之后就运用获得最佳反应的方案进行更大规模的邮寄。不管企业的大小如何，只要运用适当的形式，都可以进行小规模的测试，以便了解哪种策略最有可能取得成功。

③ 数据库营销的作用

简单归纳起来，营销数据库具有以下作用：

A. 选择和编辑顾客数据。收集、整理顾客的数据资料，构建顾客数据库。收集顾客的数据应包括顾客个人资料、交易记录等信息。

B. 选择适当的消费者。有针对性地进行沟通，提高反馈率，增加销量，从而降低营销成本。

C. 为使用营销数据库的公司提供这些消费者的状况，应用于邮件、电话、销售、服务、顾客忠诚计划和其他方法。

D. 反击竞争者的武器。数据库可以反映出与竞争者有联系的顾客特征，进而分析竞争者的优劣势，改进营销策略，提供比竞争者更好的产品和服务，增进与顾客的关系。

E. 及时的营销效果反馈，可以分析市场活动的短期和长期效果，并提出改进方法。

案例 6.2　上海家乐福超市

上海家乐福超市数据库营销案例

一、背景资料：

法国"家乐福"公司，是世界上著名商业零售连锁企业，在全球拥有2700 多家连锁店，年商业零售额达 650 多亿美元。位居世界 500 强第 36 位。家乐福超市于 1995 年入住上海市场，在上海本区域内圈地开张，已有门店 12家，由于沃尔玛、欧尚等多家知名的大型零售卖场均已进驻上海，面对竞争强手如林的上海大型零售市场，如何树立起自己的一面旗帜，在卖场热潮中立于不败之地，这成为家乐福超市所要面对的问题。

上海市邮政公司市北邮政局下属的广中路邮局在这种背景下，以数据库营销为切入点，凭借自身实力与家乐福超市进行合作尝试，主动承担起它的广告宣传的重任。

二、开发过程

1. 捕捉信息扩大宣传由于广中路邮局临靠市中心曲阳板块，家乐福超市曲阳店自然成为发展首选目标之一。家乐福超市曲阳店长期采用两家民营配送公司进行各类档期产品促销广告和目录册的配送，存在数据名址范围狭窄，投送区域不够宽泛的缺点。

广中路邮局及时捕捉到该信息，立刻联想到通过数据库营销与曲阳门店进行首次合作尝试，首要的就是强化该客户对邮政商函数据库的认知度。全局上下立刻成立了项目营销公关组，以团队营销、方案营销组合方式进行上门推介，有条不紊地向曲阳门店经理宣传我局名址数据库的优势：我们的数据库信息可以根据客户需求进行精细分类，并且可以根据地点划片选取数据，再通过投递人员，不断得修改完善全市个人及单位的名址信息，"家乐福"也可通过邮政名址信息数据库这一最佳途径发展及维护会员数据，进一步扩大产品的社会宣传力度。

但是，曲阳门店经理认为邮政数据库虽然带来的市场效益良好，然而相对于社会民营公司，邮政的有址直投成本较高，没有必要增加宣传成本，因此婉言谢绝了支局的推介方案。

2. 精细服务赢得市场

"万事开头难"，项目组成员在上门营销多次碰壁后，毫不气馁，仍然与该门店相关负责人积极沟通。一次偶然的机会，该门店面临突发任务，有大量的高级会员需要在较短时限内办理护照，广中路邮局项目组得知这一消息后，立刻落实专人专项负责会员护照办理手续，精细服务，解决了用户的燃眉之急。

正是邮政积极、负责的工作态度感染了曲阳门店的相关负责人，经过半年的沟通与磨合，曲阳门店以2000份数据库商函作为尝试，决定与广中路邮局进行首次合作。

为了促成家乐福超市成为长期的合作伙伴，广中路邮局项目组指派专人协助进行选库，并在商函发布前，仔细筛选已选用的名址数据，并对商函的运作流程跟踪调查，努力提高妥投率。

3. 以点带面复制营销通过首次数据库合作后，家乐福曲阳门店对我们的数据库营销产生了浓厚的兴趣，肯定了数据库营销的优势。在各档期逐步增加数据商函的寄递量，经过长期的实践，它对数据库营销有较深入的理解，在数据库营销体系中成为较成熟的客户之一。07年1至6月份，家乐福曲阳店寄递了2.2万份数据库商函，由于广中路邮局与家乐福曲阳店的成功合作以及邮政积极、认真的工作态度和精细的服务水平，逐步带动了家乐福武宁店、南方店的数据库商函业务，今年上半年，形成业务量累计达112.7万件，充分在该行业客户间复制营销。为发展函件业务开拓了一项重要手段。

三、关键环节

由于家乐福超市原各类档期的产品促销广告、目录均通过两家民营配送公司配送，这些民营配送价格低（无名址投送0.03元/份，有名址投送0.21元/份），投送效率高（当日下午收货，次日凌晨前投毕），妥投率高（具超市抽查反馈达90%），确实具有一点的市场竞争潜力。而邮政数据库商函的运作流程，虽然具有一定的优势，但价格、投递时限不能完全满足该客户的需求。

针对开发过程中的主要问题，广中路邮局通过各个环节的积极努力，终于得到了该客户的认可。具体环节如下：

① 发挥团队营销优势，合理分工，紧密协作，与家乐福超市积极沟通：以严谨、周密的方案让客户的知心；以诚信、仔细的流程让客户放心；以积极、负责的工作态度让客户称心。

② 主动出击，配合、协助各门店抽查妥投情况。

③ 仔细筛选数据库，努力提高妥投率。

④ 对于批量大而集中的数据库商函，在收寄结束后，积极同投递局联系，短处理时限加快投送速度。

四、营销成果

① 年初，第一家门店首月数据库下载仅一个档期，2000条涉及2个居民小区，形成业务收入设800.00元。

② 截至今年7月，项目组及责任营销员已经发展到了3家门店，每月平均每家门店3个档期，数据库下载每月22万条信息，形成业务收入近9万元。

③ 目前在洽谈的门店，有3家，其中有意向合作的有2家；除家乐福超市外，项目组借鉴家乐福超市的成功发展经验，与另一家大型超市进行洽谈，通过行业间客户复制营销，力求在数据库商函的发展上有一个新的突破。

（3）网络营销（Digital Marketing）

网络营销指基于互联网、移动互联网平台，利用信息技术与软件工程，满足商家与客户之间交换概念、交易产品、提供服务的过程；通过在线活动创造、宣传和传递客户价值，并对客户关系进行管理，以达到一定营销目的的新型营销活动。

网络营销是企业整体营销战略的一个组成部分，是为实现企业总体经营目标所进行的，以互联网为基本手段营造网上经营环境的各种活动。

网络营销的职能包括网站推广、网络品牌、信息发布、在线调研、顾客关系、顾客服务、销售渠道、销售促进八个方面。

(4) 标杆营销 (Bench Marketing)

以某个市场上已经存在的竞争者为比较基准的营销方式，往往比较的对象是这个领域的佼佼者或者知名品牌，而自己明显弱于被比较对象，借助被比较对象在这个领域的知名度提升自己的声誉。

当然要提出这样的营销方式势必要先对自己的产品有一定的信心，否则认同"如花"喊出"Sorry 林志玲"的观众也不会太多。

案例 6.3　普腾公司

"普腾"（proton）电视是由台湾建弘电子公司所开发的高清晰度电视机，设计的原理主要是利用电脑电路。产品完成后曾送美国 CBS、ABC 各大电视台测试，结果性能超过专业水平，1928 年开始进军美国市场。

推广市场之初，由建弘公司的总经理洪敏泰策划在美国打广告，第一年的广告费用就达 120 万美元，主要刊登在专业性杂志上，当时的广告口号是"Sorry Sony（对不起，索尼）"，向世界第一品牌发起"佯攻"，引起了纷纷议论，但这为普腾建立了知名度。

在经销渠道上，则选择高级音响和视听器材商店为主，价格也定在适中的位置上。这样过了一年，"普腾"就有了稳定的销量，在美国赢得了约 15% 的知名度，"普腾"的营销攻势获得了成功。

在美国占有市场以后，1983 年 10 月，"普腾"回过头来，在中国台湾销售，以市场领导者的姿态，在台湾出尽风头。挟着在美国的声望，从美国回头在台湾营销，这正如同兵法所云："近而示之远"。而其对 Sony 的挑战，则可说是"不能而示之远"，最后成功地威胁并夺了部分市场。

(5) 直销营销 (Direct Selling)

直销也可以简称厂家直接销售，不经过代理可以直接销售的，是指直销企业招募直销员直接向最终消费者进行销售的一种经营销售方式。

世界直销协会对于直销的概念是如此定义的：直销是指在固定零售店铺以外的地方（例如个人住所、工作地点或者其他场所），由独立的营销人员以面对面的方式，通过讲解和示范方式将产品和服务直接介绍给消费者，进行消费品的行销。

案例 6.4　安利

安利（中国）日用品有限公司于 2006 年 12 月，获得国家商务部批准的直销经营许依法在获批的 24 个省市开展直销业务。基于此，因应消费者多样化的消费习惯和消费行为，安利依托在中国市场多年所取得的实践经验和竞争优势，因地制宜，对原有的"店铺经营加雇佣推销员"的营销模式予以整合，推出集"直销、经销、店销"于一体的多元化营销道路，以谋求更大的发展：在获批的 24 个省区，通过销售代表（即直销员）在非固定地点向消费者销售产品、提供服务；与此同时，广泛设立授权服务网点，为消费者及销售代表（直销员）提供产品咨询、退换货等服务。

安利采用人员直销的方式经营，由公司发展一个层次的直销员，并通过直销员直接将产品售予消费者，缩短了传统销售过程，对补充传统商品流通渠道、活跃市场具有良好作用。安利直销员主动了解顾客的需要，为他们介绍合适的产品，示范产品的特点和使用方法，并将产品送到顾客家中，提供亲切、方便的服务。

（6）直销与传销的区别

在法律方面。直销是一种合法的销售商品的经营活动；传销是法律禁止的行为，是一种欺诈活动。直销活动依照《直销管理条例》调整，传销活动依照《禁止传销条例》查处。

在招募人员方面。直销招募的对象是有条件限制的，不得招募在校学生、教师、医务人员、公务员等人员为直销员。传销招募的对象一般没有条件限制。

1. 在培训方面

① 培训内容上，直销培训的内容包括《直销管理条例》、《禁止传销条例》等法律法规及直销员道德规范、直销风险提示、直销业务知识，客观介绍企业的情况和报酬制度。传销培训多数打着"直销"、"电子商务"、"特许经营"、"加盟连锁"等名义，宣传快速发财致富、许诺能够获得高额回报，传授发展下线的方法。

② 培训形式上，直销培训是正常公开的活动，直销企业将事先在公司网站公布培训信息，培训不收取任何费用，不以购买商品为条件。传销培训一般是暗中、私下进行，诱骗参加人员交纳入门费或购买商品。

③ 培训场所上，直销培训的场所有具体的限制，如不得在政府、军队、学校、医院的场所及居民社区、私人住宅内举办。

④ 授课人员上，直销培训人员不从事直销销售，其培训员身份在商务主管部门备案并在直销企业网站公布；在培训时将佩戴所属直销企业颁发的《直销培训员证》。传销培训的授课人员一般都从事销售活动，是传销组织网络的一员，有的是传销网络的上线、传销团队的头目和所谓"成功人士"，培训时不出示或根本没有培训员身份证明。

2. 在计酬方面

① 形式上，直销企业的报酬计算方式是公开的，可以通过该企业网站查询。传销组织的报酬计算方式是不公开的，是暗自运作的。

② 报酬计算上，直销以直销员个人销售业绩为计算报酬的依据，其他任何人的销售业绩都不与自己的报酬挂钩。传销以发展团队人员的数量或以团队人员的业绩，即以"个人发展人员数量＋下线发展人员数量"或"个人销售业绩＋下线销售业绩"为计算报酬的依据。传销常用的计酬方式有五级三阶制、双轨制、级差制＋双轨制等。

直销中，支付直销员的报酬总额，不超过其直接向最终消费者销售产品的收入的 30％。传销活动允诺的报酬绝大多数超过 30％，有的根本不限制报酬。

③ 商品销售上，直销企业以向消费者销售商品为获得报酬的前提，直销员销售商品越多，获取报酬越多。"拉人头"传销和骗取"入门费"传销不销售商品或只是打着销售商品的幌子，以发展人员的数量为提取报酬的依据，发展人员越多，获取的报酬越多；"团队计酬"传销虽然销售商品，但在报酬中含有其下线人员销售业绩的提成。

退换货方面。直销活动是有商品的销售活动，包括完备的退换货办法。传销活动多数无商品销售，不提供售货凭证，不办理退换货。

案例 6.5　害人的传销

2006 年清远市公安局刑警支队接四川 1 名群众方某报案称：其亲戚舒某，四川省成都市某理工大学在校学生，1 月 26 日被在清城区活动的传销团伙实施抢劫、勒索、伤害。3 月 8 日晚 12 时许，由公安、工商等部门组成的执法人员分 10 个行动小组，突击清查了清城区内的 9 个传销窝点，抓获蒋道国、史伟等涉嫌犯罪人员 110 人，解救受骗人员 14 人。经审查：该传销团伙从 2005 年下半年开始，以介绍工作为诱饵，将受害人骗到清远，强行拿走现金、手机、身份证等物品，对他们进行长时间的禁锢，并轮番"洗脑教育"，令其向家人要钱，同时以暴力威胁受害人亲属。舒某被大学同学袁园邀请到清远来找工作，一到清远便被拿走手机等物品，并被控制人身自由，就连睡觉、上卫生间都有人看着。吃饭时，有人组织他们唱歌、对成语，还禁止唱国歌。舒某几次想跑都被抓住，传销团伙勒令其交 8000 元才能回家，并威胁其家人。在被非法禁锢期间，传销分子常常对他施以暴力，甚至用铁丝抽打他，舒某只好先后多次给他父亲、姐姐等亲戚打电话要钱。2 月 15 日，得到汇了钱就放人的"许诺"后，舒某的姐夫便汇了 3000 元。但钱收到后舒某并没有被放走，反而被他们宣布正式加盟了传销组织。之后，他们继续用暴力控制舒天兵，逼迫舒某等人每天至少打 5 个电话，骗人过来。

表 6-1 直销与传销直观区别表

编号	名称	直销	传销
1	联系方式	固定，正规（电话，网络）	单一（他人介绍）
2	办公地点	写字楼，商业区	隐蔽小区，地下室
3	产品价值	产品标价物有所值	无价值但价格高的产品
4	产品流通范围	市场流通	销售员内部认购
5	退货制度	可以退货	不可退货
6	销售员结构	可超越"多劳多得"	固定金字塔结构，不可超越

第 7 章　市场调查与市场预测

7.1　市场调查概述

7.1.1　市场调查的概念

市场调查又称作市场研究、市场调研。由于市场经济、市场营销还在不断发展完善之中，市场调查自然也会随之不断发展。加之各自领域立足点的不同和认识上的差异，人面对市场调查的认识也不尽相同。市场调查的定义可分为狭义和广义两种。

狭义的市场调查是：主要针对顾客所做的调查，即以购买商品、消费商品的个人或工厂为对象，以探讨商品的购买、消费等各种事实、意见及动机。

广义的市场调查包括从认识市场到制定营销决策全过程。如产品分析，从商品的使用及消费角度对产品的形状、大小重量、美观、色彩、价格等进行分析，同时对销售的途径、市场营销的方法、销售组经销人员培训、广告作用、促销活动等问题进行分析。

因此，我们可以将市场调查定义为：运用科学的方法、系统的搜集、记录、整理和分析市场有关情况的资料，从而了解市场现状和发展变化的趋势，为市场预测和经营决策提供科学依据的过程。通俗一点说，市场调查就是了解和分析市场情况，认识市场的现状、历史和未来。理解这个定义有以下几个方面值得注意。

① 市场调查是一种有目的、有计划、有组织的过程。调查时，应事先围绕调查主题确定调查目的，制定出完整的调查计划，切记无准备、盲目的开展调查活动。

② 市场调查必须运用科学的方法。市场调查的方法很多，但在一次调查中究竟选择哪些方法要根据调查内容、调查对象、企业实力以及信息类型特点等因素来确定，样本的选择、样本数量的确定都必须科学，否则将影响调

查结果的准确性。

③ 市场调查必须客观，即应努力提供能够反映真实状况的信息。因此，调查工作应公正，避免主观偏向，也就是要避免调查者和管理者个人偏见的影响。每个调查者应该把绝对客观、实事求是作为自己的工作格言。

④ 市场调查必须及时，具有时效性。由于每一个经营机遇都要转变成一个需要调查的问题，因此问题与机遇是同在的，调查者必须抓住时机，及时开展调查活动。

7.1.2 市场调查的作用

在市场竞争激烈的情况下，企业由于对市场信息掌握不够，从而坐失良机或销售受阻的情况比比皆是，因而市场调查的作用就更显重要。对于市场信息、资料收集得越多，分析得越准确，产品的销路就会越好，企业在市场上更会具于主动地位。因而做好市场调查成为工商企业共同关注的目标。其作用表现在以下方面。

（1）通过市场调查，有利于掌握市场供求情况

商品供求矛盾是商品流通过程的主要矛盾，商品的供求状况一般是都在市场上得到充分反映。企业通过市场调查，掌握市场的供求状况及变动的规律，才能编制出切合实际的商品生产和经营计划，制定出科学的决策，并按照消费者的需要组织生产和供应，提高商品和资金的周转速度。否则，如果不经常从市场调查中掌握供求情况及变动规律，就有可能造成盲目经营，使企业处于被动状态。例如，在某些商品一时供不应求的情况下，会造成盲目生产或购进，使商品由不足变为过剩，由畅销变为滞销；在某些商品一时供过于求的情况下，又急于停产、转产或者抛售商品。因此，只有重视市场调查，做到知己知彼才能有效地防止决策的任意性和盲目性。

（2）通过市场调查，有利于有针对性的展开市场营销活动

现在市场营销活动不再是简单的、彼此分隔的营销活动，而是包括商品、定价、分销渠道和促销在内的营销组合活动。有效地市场营销管理在很大程度上取决于能否获得有关顾客和市场情况的稳定信息、获得市场调查所提供的数据和采用相应有效地科学管理方法。要想有效地开展市场营销活动，必须结合企业所处的内部和外部环境，而对企业内部、外部环境的了解，又必须通过市场调查。例如：在产品生命周期理论中，我们知道，处在生命周期不同阶段所采取的营销策略应不一样，要想很好的使用这些策略，就必须事先进行市场调查，准确掌握你的产品处生命周期的哪个阶段。

（3）通过市场调查，有利于企业在竞争中占据有利位置

"人无我有，人有我转"的经营策略是每一个企业对付市场竞争的有效办

法。知彼知己，才能跟竞争对手较量，这同样要借助于市场调查，通过调查摸清竞争对手占有市场的情况以及竞争产品受欢迎的原因。要达到在竞争中取胜的目的，就必须掌握竞争对手的策略、产品优势、经营力量、促销手段及未来的发展意图等。企业面对的可能是一个竞争对手，也可能是多个对手，是采取以实力相拼的策略，还是避开竞争，另觅新径的策略，要跟据调查结果并结合企业实际做出判断。因此，通过市场调查，了解对手情况，就可以在竞争中绕开对手优势，发挥自己的长处，或针对竞争者弱点，突出自身特色，以吸引消费者选择本企业产品。一旦竞争决策有误，经营的失败不仅表现为市场占有率的减少，也意味着对手力量的进一步强大。显然，市场调查对竞争中取胜意义重大。

（4）通过市场调查，有利于提高企业经营管理水平

企业生产或经营的好坏，最终要取决于经营管理者的管理水平。现代经营管理注重的是科学化和合理化的管理，它是建立在拥有大量数据和文字资料的基础上的。管理决策不能凭经验，而要以大量数据分析后的结果为依据，做出科学的判断，因此重视市场调查是提高企业管理水平的基础。如果企业经营管理水平高，能有效地调动现有资源，并合理调配，进行最优组合，就可以达到经低成本，减少损耗的目的，从而增加盈利。

案例 7.1　哈根达斯

"哈根达斯"通过市场调查开拓中国市场

"哈根达斯"是一个著名的冰淇淋品牌。在进入中国冷饮市场前曾经做了大量细致的市场调研工作。公司认为首先要确定进入中国市场的"登陆滩"。它们从居民的收入水平、消费习惯、对外来产品的接受习惯等方面对中国几个大城市做了调查，结果表明上海是最理想的首选地。结果调查还同时表明，上海对中国其他地方的消费观念的影响作用也十分明显。

接下来应该着手研究的是通过什么样的渠道推进上海的千家万户。调查结果显示，上海市民选购冷饮的基本地方是：食品商场、大卖场、超市、便利店，但是对具体的品牌选择上有明显的"购买场所与品牌"的指向。一些早先进去上海冷饮市场的国际品牌有自己的专卖店（与著名零售商业合作）。而中外合资的便利店中顾客都是较高收入者、白领、追求新奇的年轻人，也是国际品牌在上海的领先采用者。所以，哈根达斯选择在特定的便利店与顾客"见面"的销售方式。最早可以选择在那些开设在高中、大学校园附近的和高档住宅区邻近的便利店，稳定一段时间以使顾客形成购买习惯。

产品包装设计的调查结果表明，哈根达斯若像可口可乐那样"中国化"可能会影响它的品牌形象，所以他们决定在包装设计上尽量维持原有特征。

最后调研的目标是"上海消费者会接受的价格水平"。"和路雪"也是外来者，它已经成为上海消费者最熟悉的食品商品品牌，价格已经做了几次调整，成为大众化冷饮，而哈根达斯要独树一帜，就必须差异化营销。由于哈根达斯产品定位是高档冰淇淋，价格千万不能低，这样才能避免陷入原定目标客户的"价廉无好货"的思维定式。

近两年多的实践证明哈根达斯制定的营销策略实现了既定目标。在年轻人中的提及率、忠诚度都达到并稳定在一定的水平。

7.2 市场调查的内容

市场调查的范围十分广泛。凡是直接或间接影响市场营销的情报资料都应是调查的内容。归结起来，大致可分为3个方面：

7.2.1 产品情况调查

(1) 市场对本企业产品的需求

要反映本企业产品对市场的占有比率是上升还是下降？在市场上的地位如何？具体说明市场对产品数量、规格、型号、式样、花色、品种等的要求；根据市场需求，提出本企业调整产品结构和服务方向的可行性建议。

(2) 产品质量

要从产品的内在性能质量、外观质量、包装装潢质量、技术服务质量四个方面说明本企业产品的用途、特性及满足使用者的程度；还要反映使用者对产品质量的反馈意见，及产品质量对销售的影响程度等，并提出改进建议。产品性能质量是产品最基本的质量内容，也是消费者或用最

为关注的问题。它直接关系到产品的有用性、耐用性、安全性、维修方便性等问题。例如，某企业在对热水器市场进行调查中了解到，热水器的安全性是消费者购买热水器所考虑的最重要的因素。为此，该企业狠抓热水器质量，很快就使产品质量达到国内一流水平，产品大受消费者欢迎。还要进行产品包装调查。现代商品包装除了保护商品，保证商品安全外，还要起到美化商品、宣传商品、从而吸引消费者购买的作用。对产品包装的调查，主要是要了解商品包装对消费者的吸引程度，什么样的产品包装能受到消费者的喜爱，现有的产品包装功能是否完善。

(3) 产品价格

主要说明供求情况、同类产品的竞争情况、产品的生命周期、消费者心理及消费途径等因素对产品价格的影响，并根据产品的成本，提出合理的定

价建议或价格策略建议。

（4）产品用途和发展趋势

主要是通过调查，发现某产品的新功能、新用途、新的作用范围和发展趋势，提出改进产品用途、开拓新市场等建议。例如，啤酒本为饮料，曾有企业通过市场调查和化验发现它具有护发功能，进而就研制生产了啤酒洗发香波。

（5）产品生命周期调查

产品的生命周期包括引入期、增长期、成熟期和衰退期四个阶段。企业首先要明确自己所生产和经营的产品处于生命周期的哪一阶段，然后再对产品的生产、销售、经营进行改进、调整。例如产品处于增长期时，需要调查：产品受欢迎的原因；产品在哪些方面尚有不足，还需要改进；是否出现了竞争产品；潜在的消费需求量有多大等。当产品进入衰退期时，就要停止生产或经营，把主要精力转向研发新产品上。一个企业，需要通过市场调查明白，在企业生产的现有产品中，哪些需要淘汰，哪些需要改进，还需要研制哪些新产品，进而提出产品更新换代的建议。

7.2.2　市场情况调查

主要调查本企业产品的总体市场和各分部市场的需求量及影响因素。其重点是：

（1）市场的政治法律环境调查

市场政治法律环境主要是指国家各项政策、方针、法律、法规等，对市场活动的影响。市场政治环境调查，主要是了解与企业生产经营活动相关的法律法规及有关政策、方针的具体内容，如国家在一定历史时期的工农业生产发展的方针政策、工资政策、物价政策、对外贸易政策等，法律上如企业法、经济合同法、环境保护法、商标法、消费者权益法等等。随着我国加入世界贸易组织，企业对政治法律环境的调查，还要包括熟悉 WTO 的规则，了解国际贸易的惯例和要求。只有遵守 WTO 规则，企业在开展进出口业务时，才不会上当吃亏。

（2）产品销售的市场情况调查

要反映本企业产品市场的分布、人口数量、消费规模和发展趋势；分析不同市场的特点与差异，说明产品市场的生产发展水平、生活水平；反映产品的流通渠道、交通运输条件及其对产品销路的影响等。

（3）购买力情况调查

购买力情况调查包括经济环境调查，消费者情况调查等。要反映调查对象地区的经济发展水平、自然资源和能源的开发、供应状况、进出口产品数量及变化状况、税收和银行利率及其变动等。当地消费者的人员构成，收入水平，消费投向；当地消费者的文化背景，社会教育水平、民族与宗教状况、风俗习惯、社会心理等。尤其是主要消费者的年龄、性别、职业、民族、消费习惯，购买动机等；消费者较为集中的购买时间、地点和购买方式等；消费者对本企业产品和服务的要求；潜在需求的调查与分析；用于购买本企业产品的货币总量，要特别注意反映购买力的变化及影响因素等。

7.2.3　竞争情况调查

任何企业要想在市场中生存和发展，都面临着各种竞争。产品的竞争，实际上是企业之间的竞争，市场调查中有关竞争情况的调查，一般是针对竞争对手的，其主要丙容有：

（1）竞争对手基本情况的调查

包括同类产品企业的数量、分布、生产规模，可提供的产品总量、满足需要的总程度等。竞争对手的数量有多少？主要竞争对手是谁？

（2）竞争对手的竞争力调查

竞争力调查包括握有资金情况，企业的规模、技术水平、生产组织、经营方式、推销方式、服务特点、价格策略及竞争对手的产品占有率等。尤其要反映出产品质量和价格的竞争状况。例如，比较用户和消费者对本企业产品和竞争对手产品的评价，质量上各有什么长处与短处，价格上哪个企业最合适，各自的产品在竞争中所处的地位等。

（3）竞争对手发展新产品的动向调查

发展新产品的动向调查包括新产品的发展方向、特性、进展情况、所运用的技术及上市后的竞争形势等。

（4）潜在竞争对手的调查

潜在竞争对手的调查包括将要出现的竞争对手和竞争能力迅速由弱变强的竞争对手。

7.3　市场调查的方法

7.3.1　基本方法

（1）全面调查法

这种方法可以获得全面情况和总体资料，但它要求对购买某种商品的所有消费者无一例外地进行调查，费时、费事、费力。不仅不经济，而且调查的结果往往因时间关系而作用大打折扣，甚至失去作用，不宜经常采用。一般只用于那些使用范围有限或试销试用的新产品。

（2）抽样调查法

主要适用于一些消费量大，涉及面广的商品。是一种通过部分而了解掌握整体的办法，应注意的是，它要求在所有被调查对象都有同等被抽取的可能性的原则下，按一定的规则进行抽样。此种方法运用得当，可以取得近似全面调查的效果。

（3）间接调查法

利用本企业内外的现成资料和数据来间接了解、推测市场情况。此法经常利用政府机关、经济主管部门、经济研究结构、金融部门、各类情报网，及报刊中保存和发表的文件、数据、信息、科研成果、经济论文等资料，通过分析、研究和比较，来认识市场，推测市场需求情况。如通过研究获取的工农业生产情况，货币投放与回笼数据，社会购买力增长情况，人口变动情况资料等来间接调查市场。

（4）典型调查法

又称重点市场调查法。是通过对少数有代表性的消费者的调查，来了解市场需求状况的调查方法。此种方法的关键，是对调查对象是否具有典型性的把握。

7.3.2　具体的调查方法

（1）观察法

调查者亲临调查现场，在调查对象无所感知的情况下，观察调查其行为、言谈及现场状况，并对观察的现实情况和数量进行记录。用这种方法搜集的资料比较客观真实，不足之处是面往往较窄，也不易了解事物的内在因素。

（2）询问法

询问法是根据事先确定的调查内容，通过与被调查者直接交谈来取得调查资料的方法。询问法有当面个别询问、召开座谈会询问、信函询问、电话询问等等。

（3）实验法

实验法是通过小规模、小范围的试销实验来了解购买者、使用者的反映，以收集调查资料的方法。常见的有产品价格实验，产品质量、品种、规格、花色、款式、包装实验，以及市场饱和程度实验等。

（4）问卷调查法

依据调查的目的，在制定好调查提纲的基础上，制定出简明易懂的调查表格，分发给调查对象，征求意见，取得资料。此法经济方便，被调查者也有充足的时间思考和填写。关键是要设计出能表现意图，准确反映市场客观情况，又便于填写和统计分析的问卷。调查方法不限于以上几种，它们各有所长，又各有所短；可以单独使用，也可以结合起来使用。总之，由于市场调查的内容和范围十分广泛，实践中要根据具体的调查目的及实际需要，有重点地确定调查内容。

7.4　市场调查的程序

市场调查的程序，一般分为制订调查计划，实地调查和做出调查报告三大部分。

7.4.1　确定调查目标，制定调查计划

作好调查前的准备工作，其内容和步骤大致如下：据市场调查和经营决策的要求，确定明确的调查目标；收集和利用现有资料，进行初步调查；根据调查目标，确定调查对象和调查范围；选择恰当的调查方法，并根据目的作好调查前的准备工作，例如设计表格、印制询问资料等；安排调查进度，组织人员并合理分配任务，明确分工以保证调查的实效与进度；培训调查人员，以保证调查工作的质量。

7.4.2　现场实地调查，获取一手资料

实地调查是取得最生动、最丰富的第一手资料的主要环节，也是整个调查中花费人力、物力、财力、时间最多的环节。实地调查既要按计划进行，又要根据实际情况灵活掌握。调查必须实事求是，讲究方法，注意态度，善于与调查对象合作。

7.4.3　整理分析调查资料，提出调查研究报告

运用科学方法，将搜集到的各种资料进行整理、归类、编辑列表，在鉴定的基础上，分析研究。在综合分析的基础上，得出结论，提出建议，写成系统而条理化的市场调查报告。市场调查报告的质量如何，主要取决于主体部分的写作。主体应展开阐述调查的情况及作者的分析、结论见解及对策建议。写作时应妥善安排内容的层次，使之既合于人们对事物的一般认识规律，又体现严密的逻辑性。报告的主体必须写得条理清晰，层次分明。其基本写法如下：

首先，说明基本情况。这一部分是集中使用调查材料的部分。一般在用

文字介绍情况的同时，又辅之以数据、图表加以说明。调查得来的材料往往很多，无需面面俱到，应依据目的意图有重点地加以选择。例如在众多经济指标中选择出最能反映企业生产经营现状的营业额、利税总额、人均利润率、流动资金周转率等几项主要指标，便可清晰地说明基本情况。基本情况既包括历史情况，也包括现实情况，尽管回顾过去有利于说明调查对象的历史概况及发展的连续性，有助于探寻规律，但其重点应放在现实情况的介绍上，尤其是市场调查报告，不但要用事实和数据如实反映情况，而且要通过分析、比较、综合、归纳，反映出情况的特点及其成因，提出合乎实际的结论评价与看法。基本情况是得出调查结论的根据，应注意写得清清晰明了，客观确凿。

其次，要针对情况中反映的事实和数据进行深入细致的分析研究，找出本质的东西，对今后的市场发展趋势做出科学有据地预计与推断。要充分估计市场变化的复杂性，不仅要注意分清现象与本质，局部与整体，近期与远期，还要注意相关因素的影响和产销潜力的探索，从而给予较为准确的预计。分析事实，预测未来。要求摆事实，列数据，说道理，作判断，尽可能准确无误。这部分切忌抽象笼统，结论必须明确，对策要有针对性和可操作性，最好能有所创新，有所突破。受市场调查的目的所决定，其侧重点、详略处理有一定的特殊性。市场调查报告以了解市场的客观实际情况为主要目的，所以反映调查对象的基本情况部分的内容要详写，力求显示靠事实说话的特点。因这类报告的写作不以预测为重点，所以不要求对未来进行详细深入的分析研究和数理推算，只需在反映市场现状的基础上简略地推测出发展趋势既可。再次，得出结论，提出对策与建议，这是市场调查的落脚点。市场调查报告应在反映情况的基础上，用精练周密的语言表述作者得出的结论，提出相应的对策（决策），对不足之处，薄弱环节，也应提出完善和改进的措施、建议。措施要切实可行，建议要中肯具体。

7.5　市场调查问卷的设计

7.5.1　市场调查问卷的概念及种类

（1）市场调查问卷的概念

调查问卷又称调查表或询问表，是以问题的形式系统地记载调查内容的一种印件。问卷可以是表格式、卡片式、簿记式或者是网页。设计问卷，是询问调查的关键。完美的问卷必须具备两个功能，即能将问题传达给被问的人和使被问者乐于回答。要完成这两个功能，问卷设计时应当遵循一定的原则和程序，运用一定的技巧。

（2）市场调查问卷的种类

① 根据问卷的填答方式不同

可将问卷分为自填式问卷和代填式问卷。

自填式问卷是指由调查人员将事先设计好的问卷交由调查对象，并由其填答的问卷。主要适用于邮寄调查法、留置问卷调查法。

代填式问卷是指根据调查对象的口头回答由调查人员代笔来填写的问卷。主要适用于座谈会调查法、电话调查法。

② 根据问卷的结构不同

可将问卷分为结构型问卷、非结构型问卷和综合型问卷。

结构型问卷，也称封闭式问卷，是在问卷设计时，将每个问题的答案都加以限制，调查对象只能在问卷给出的选项中加以选择。其优点是简化了资料的整理工作，缺点是收集的资料不够完整、全面。

非结构型问卷，也称开放式问卷，是在问卷中只设计问题，不考虑备选答案，调查对象可以根据自己的情况自由作答。优点是简化了问卷设计的过程，缺点是加大了资料整理的难度。

综合型问卷是将封闭式问卷和开放式问卷结合起来，以封闭式问题为主，开放式问题为辅。集合两种问卷的优点，弥补了两种问卷的缺点。

③ 按照问卷的传递方式不同

可将问卷分为传统问卷和网络问卷。

传统问卷主要指印制在纸张上借助人力来收集资料的问卷。

网络问卷是随着互联网技术的日益发展，借助互联网来传递收集资料的问卷。这种问卷目前已被人们逐步接受认可，成为调查收集资料的主要渠道之一。

（3）市场调查问卷的设计原则

①有明确的主题。根据调查主题，从实际出发拟题，问题目的明确，重点突出，没有可有可无的问题。

②结构合理、逻辑性强。问题的排列应有一定的逻辑顺序，符合应答者的思维程序。一般是先易后难、先简后繁、先具体后抽象。

③通俗易懂。问卷应使应答者一目了然，并愿意如实回答。问卷中语气要亲切，符合应答者的理解能力和认识能力，避免使用专业术语。对敏感性问题采取一定的技巧调查，使问卷具有合理性和可答性，避免主观性和暗示性，以免答案失真。

④遵守准确性原则，总措辞表达意思要准确并完整，不要模棱两可。一

个问题只询问一个问题，不要随意为被调查者做假设。答案选项要准确详尽，避免互相交叉或包容。例如，经常询问的收入问题，应对收入的内容进行界定，是税后收入还是税前收入，是否包括第二职业收入、投资收益、转移收入等。

⑤问题不要带有倾向性，避免诱导性和暗示性。例如，褒义词、贬义词、否定问题都应尽量避免，也尽量不给出中间的"一般/无所谓"选项（以下简称中间项）。实践中经常出现被调查者把量表中所有的题（或多数题）都选择为中间项。

⑥遵循可靠性原则，避免使用过于生僻、专业的词语。必须使用时，应进行定义和说明。措辞要标准、规范、具体，防止不同被调查者对同一问题的理解不同，同时还有可比性。

⑦注意措辞尽量婉转，可以用第三人称提问。另外，如果条件允许，可以用随机化回答技术消除被调查者的疑虑。

⑧注意效率原则，措辞尽量用最简单的词语表达最确切的含义。但这时的简单并非指问题越短越好。实践表明，问题越长，得到的回答越多、越准确。

⑧注意可维护性原则，语句标准，口径统一。

⑩控制问卷的长度。回答问卷的时间控制在 20 分钟左右，问卷中既不浪费一个问句，也不遗漏一个问句。

⑪便于资料的校验、整理和统计。

7.5.2　问卷的基本结构

不同的调查问卷在具体的结构、题型、措辞、版式等设计上会有所不同，但在结构上一般都由开头部分、甄别部分、主体部分、背景部分、结尾部分构成。

（1）开头部分

开头部分一般包括问卷的标题、问候语、填写说明、问卷的编号等，根据问卷设计的要求不同可以有所变化。

① 问卷的标题

标题是对整个调查内容的高度概括。要求用词准确，使人一目了然，例如《关于大学生消费乳制品的调查》，这个标题简明扼要，既说明了调查对象，又突出了研究主题。

② 问候语

在问卷中，特别是在自填式问卷中，问候语十分重要，得体的问候语可以达到引起调查对象重视，消除对调查问卷的疑虑，激发调查对象的参与意识，争取得到他们的合作的作用。因此，要求语气诚恳、亲切、有礼貌，文字要简洁准确，可以在适当的地方表达对调查对象的感谢。问候语的内容主要包括称呼、问候语、访问员的自我介绍、简单描绘本次调查的目的、保密原则、致谢、署名和日期。

③ 填表说明

目的在于帮助调查对象规范地完成问卷，对于填表说明的设计要反复斟酌，以保证调查对象可以明白调查者的意图。填表说明可以集中放在问卷前面，也可以分散到各个问题之中。内容主要包括：说明作答的要求，占用的时间，以及接受问卷调查的答谢。

④ 问卷的编号

包括问卷编号、编码、访问员姓名和编号、审核员姓名、录入员姓名、访问时间等，主要是为了防止舞弊，检查访问员的工作质量，预防、改正工作中的错误和不足。

（2）甄别部分

甄别部分是为了保证抽取的调查对象全部为符合调查要求的样本而设计的一组问题，也可称为筛选部分。甄别的目的是确保调查对象合格，提高调查结果的准确性。

例如：您是否申请过信用卡？如"是"请继续回答问卷；如"否"停止访问。

（3）主体部分

主体部分是调查问卷的核心内容，由调查用的问题和备选答案组成，问题和备选答案的用词以及排列顺序需反复设计调整，最好进行预调查，目的在于保证每道问题的准确性和可行性。

问卷的正文是市场调查所要收集的主要信息，它由一个个问题及相应的选择项目组成。通过主体部分问题的设计和被调查者的答复，市场调查者可以对被调查者的个人基本情况和对某一特定事物的态度、意见倾向以及行为有较充分的了解。问卷的正文实际上也包含了三大部分：

第一部分包括向被调查者了解最一般的问题。这些问题应该是适用于所有的被调查者，并能很快很容易回答的问题。在这一部分不应有任何难答的或敏感的问题，以免吓坏被调查者。

第二部分是主要的内容，包括涉及调查的主题的实质和细节的大量的题目。这一部分的结构组织安排要符合逻辑性并对被调查者来说应是有意义的。

第三部分一般包括两部分的内容，一是敏感性或复杂的问题，以及测量被调查者的态度或特性的问题；二是人口基本状况、经济状况等等。

问卷的正文应该就一个主题自然展开，可以使用一些过渡句，如：到目前为止我们基本都在谈论牛奶的营养，现在我想问您一些有关于牛奶品牌的问题。前面的问题会影响调查对象对后面的问题的反应。典型的问题展开方式：

① 一般类别＞特定品牌；

在过去的 12 个月里您参加过什么活动没有？您买了哪些产品？它们是什么牌子的？

② 评估＞诊断＞分类

您的满意度如何？您为什么满意/不满意？您的家庭收入有多少？

③ 发散＞引导

您听说过哪些品牌没有？您听说过以下这些品牌吗？

（4）背景部分

这部分一般放在问卷的最后，主要涉及调查对象的个人资料、家庭资料以及工作单位资料：具体包括调查对象的年龄、性别、婚姻状况、家庭人数、收入、职业、受教育程度等。在设计这部分内容时，往往需说明保密条款，减少调查对象的顾虑，争取调查对象的合作。

（5）结尾部分

问卷的结尾部分包括对调查对象的合作再次表示感谢、调查者的保证以及请调查者再次复查问题的提示等。

7.5.3　问卷问题的种类

明确所需获取的信息之后，研究人员需要决定怎样收集这些信息，包括确定问卷类型和调查方式这两个方面。这两个方面确定以后，问卷中问题的形式就基本可以确定，大致上根据问题的形式和性质的不同，将其分为三大类：

（1）开放式问答题和封闭式问答题

① 开放式问答题

开放式问答题是指在问卷中只给出问题而没有给出备选答案的这部分问题，需由调查对象根据自己的想法自由做出回答。开放式问答题的形式很多，常见的有完全自由式问答题、语句完成式问答题、词语联想式问答题以及故事完成式问答题等。例如："您对今年家电市场的走势有何高见？"就是典型的完全自由式问答题。

开放式问答题的优点是：首先，没有固定的答案，调查对象可以针对问题充分发表自己的看法，有利于调查人员收集到原来没有考虑到的更多的信息；其次，开放式问题特别适合那些尚未弄清各种可能答案或潜在答案类型较多的问题。当问卷中某一问题的答案过多时，其中许多答案被选择的频率很小，会使答案过于繁杂，若删掉一些，又会使某些调查对象没有适当的答案选择。此时用开放式问答题，则相当简洁实用。

开放式问答题的缺点是：首先，由于答案分散，不易于资料的整理与分析；其次，开放式问答题会占用调查对象较多的答题时间，容易使其产生抵触心理，拒绝回答，所以一份问卷中开放式问题宜少不宜多；最后，开放式问题要求调查对象自己组织答案，故对调查对象的要求较高，需具备一定的文字表达能力和教育水平，一般不适用于文化水平较低的调查对象。

② 封闭式问答题

封闭式问答题是调查人员对问题事先设计了各种可能的答案，调查对象只能从已给的答案中做出选择。常见封闭式问答题的形式有：两项选择问答题、多项选择问答题、词语配对连线题、语意差别式问答题等。例如："您的性别是——A. 男 B. 女"就是典型的两项选择问答题。

封闭式问答题的优点是：首先，调查对象只能在给出的选项中选择答案，答案标准化程度较高，便于整理和分析；其次，调查对象只需做出选择，可以节省时间，有利于争取调查对象的配合；第三，封闭式问答题对答题者的文化程度的要求较之开放式问答题要低，有较大的普遍适用性。

封闭式问答题的缺点是：首先，调查对象只能在问卷给出的答案中进行选择，会使收集的信息不够全面；其次，设计封闭式问答题时要考虑到每个有可能的答案，因此设计封闭式问答题的难度较大。

(2) 直接性问答题、间接性问答题和假设性问答题

① 直接性问答题

直接性问答题是指通过明确的直接提问的方式就能得到答案的问题。调查对象往往对直接性问题有明确的答案，无需经过深思熟虑，所以直接性问题一般涉及的是个人基本情况等方面的问题。比如：您的家庭人口数、职业等。这些问题都有明确的答案。

这种问题的优点是答案明确，整理起来较方便。缺点是如遇到一些个人隐私性的问题，采用这种方法提问收集资料时，会受到调查对象的拒绝。

② 间接性问答题

间接性问题是指那些不宜于直接回答，而采用间接地提问方式得到所需答案的问题。通常是指那些被调查者因对所需回答的问题产生顾虑，不敢或不愿真实地表达意见的问题。调查者不应为得到直接的结果而强迫被调查者，使他们感到不愉快或难堪。这时，如果采用间接回答方式，使被调查者认为很多意见已被其他调查者提出来了，他所要做的只不过是对这些意见加以评价罢了，这样，就能排除调查者和被调查者之间的某些障碍，使被调查者有可能对已得到的结论提出自己不带掩饰的意见。

例如，"您认为妇女的权力是否应该得到保障?"大多数人都会回答，"是"或"不是"。而实际情况则表明许多人对妇女权力有着不同的看法。如果改问:

"A：有人认为妇女权力应该得到保障的问题应该得到重视。"

"B：另一部分人认为妇女权力问题并不一定需要特别提出。"

您认为哪些看法更为正确?

对 A 种看法的意见:

① 完全同意; ② 有保留的同意; ③ 不同意。

对 B 种看法的意见:

① 完全同意; ② 有保留的同意; ③ 不同意。

采用这种提问方式会比直接提问方式收集到更多的信息。

③ 假设性问答题

假设性问答题是指对于一些不确定的问题提出假设，让调查对象按照假设进行回答。这些问题对于新产品的开发、新市场的营销组合决策等都有较大帮助。例如，企业在制定新产品市场开拓计划前，往往会对新产品上市进行探测性调研，这时调查人员常会设计一些假设性问题，征求调查对象的意见。

例如：企业在给新产品定价时，为了使新产品的价格更接近顾客的心理承受价格，常常采用与顾客一起假设定价的方法，将实际产品的模型、照片置于调查人员的手提电脑上，由顾客根据产品的外观、材质、功能给出价格，调查人员将调整后的方案直接传送到企业的有关部门，这样的产品在市场上销售时价格更具有竞争力。除此之外，像企业产品的外观设计、广告设计等都可以采用假设提问的方法。例如：如果把新产品的价格由 100 元降为 98元，会增加您购买的欲望吗? A. 会　B. 不会。

(3) 事实性问答题、行为性问答题、动机性问答题和态度性问答题

① 事实性问答题

事实性问答题是要求调查对象根据自己的现实情况回答的一些既成事实的问题，这类问题主要目的是为了获得有关事实的资料。问题的设计要清晰明了，容易被调查对象了解。例如，在问卷的结尾处要求调查对象填写的个人资料，如性别、年龄、收入、家庭情况等均可认为是事实性问题。

② 行为性问答题

行为性问答题是为了考察调查对象的某些行为特征而设计的问答题。

例如：您是否购买过 MP3?　　a. 是　b. 否

③ 动机性问答题

动机性问答题是为了考察调查对象进行某项行为的原因或动机而设计的

问题。人们的行为是由动机产生的，动机是人的一种内心活动，一般情况下不展示出来。对于收集人的内心活动方面的信息，常采用间接性提问的方式，具体的方法有投影法、故事完成法、词语联想法、排序法等。

例如：您购买手机主要考虑的因素是（请将所给的答案按重要性顺序1，2，3，4填在括号中）

a. 品牌（　　）　　b. 价格（　　）　　c. 款式（　　）　　d. 售后服务（　　）

④ 态度性问题

态度性问题是为了收集调查对象对某事物的态度、评价、意见等而设计的问题。

例如：请问您对超前消费的看法？

7.5.4 问卷设计的程序

问卷设计是一个系统工程，由一系列相互有逻辑关系的工作构成。为了使问卷设计具有科学性和可行性，需要按照一定的程序进行。问卷设计的程序一般包括三大部分。

（1）事前准备

由于不同的调查目的和要求，不同的调查方法和方式等因素的影响，决定了不同的问卷类型、结构和特征，所以设计问卷的第一个步骤为事前的准备阶段，具体包括调查目标总体的确定，所需资料的确定，调查方式和方法的确定这三个方面。

① 确定调查的目标总体

确定调查的目标总体要确定调查主题的范围、调查项目和调查对象（即样本的总体）。对调查主题和目的认识得越深入，收集信息的准确性越高。问卷设计者必须明确调查的主题和目的，明确所要针对的是什么具体问题，在问卷设计的过程中，要不断提醒自己，设计的调查项目，具体的问题都要能准确反映调查的主题和目的。同时，要分析调查对象的各种特征，调查对象是收集信息的主要来源，因此有必要分析了解调查对象的社会阶层、行为规范等社会特征；文化程度、知识水平、理解能力等文化特征；需求动机、行为等心理特征，作为拟定问卷的基础。

② 确定调查所需资料

收集与问卷相关的资料是问卷设计的一个重要过程。问卷设计者在对调查主题和目的进行深入研究之后，就要将其转化为具体的理论假设与所需获取的信息资料。收集资料时可以采用的方法如下：将需要的资料一一列出，首先分析哪些是主要资料，哪些是次要资料，哪些是调查的必要资料，哪些是可要可不要的资料；再分析哪些资料需要通过问卷来取得，哪些资料可以通过二手资料来取得。这样各种收集资料的方法可以保证问卷内容的完整性，同时在问卷设计时，还要注意收集信息的准确性、可行性和效率性原则。例如，某企业为了解所在行业的利润情况，决定在行业内随机抽取 30 家企业进行调查，如果问卷中有涉及其商业秘密的问题，很可能遭到拒绝或敷衍回答，这样的问卷准确性、可行性、效率性就较差，如遇到这种情况，需要问卷设计者慎重考虑。

③ 确定问卷类型和调查方式

在实际调查中，问卷的类型和调查方式的选择是否适当影响着调查误差的大小，进而可能影响到调查的质量。确定问卷类型和调查方式时需要遵循三个原则。

A. 可行性原则

所谓可行性原则即问卷类型的选择，调查方式的选择，问卷类型和调查方式的搭配都要适当，符合调查对象的答题习惯。例如，采用电话调查法，应选用结构型问卷，如果这时用有大量开放式问题的非结构型问卷作为调查问卷，拒访率就会增加，这是由问卷类型和调查方式的特点决定的。

B. 准确性原则

选择问卷类型和调查方式应能满足资料收集者对信息准确度的要求。比如，派员访问调查准确度和回收率都较高，但投入的人、财、物的成本也相对较高；邮寄调查的问卷合格率和回收率较低，但投入的人、财、物的成本也相对较低，所以在选择问卷类型和调查方式时要根据调查的目的、允许误差的大小、经费的投入等各方面综合考虑后确定。

C. 效率原则

效率原则即在满足调查要求的基础上，达到成本最低。在选择调查方式和问卷类型时除了要遵循以上原则，还应明确各类方式方法的特点。问卷类型的选择直接取决于调查的内容与要求，也受到调查方式的影响。下面就最常用的派员访问、电话访问和邮寄访问三大类调查方式进行比较说明。

（2）设计问卷

设计问卷这一步骤是将前面的分析形成具体的文字，要求易于问卷调查的实施和使调查对象易于回答。为此，一般应从引言开始，使调查对象对访问人员和本次调查的目的有一个大致了解，消除顾虑。其次是一系列问题，问题的排列顺序和措辞技巧是这部分考虑的重点。最后，附上感谢语，访问员的保证等内容。对于问卷主体部分中的问题，在设计时常按照过滤性问题、前导性问题、试探性和启发性问题、实质性问题、个人背景问题的顺序编排。

① 过滤性问题

所谓过滤性问题主要是将调查对象集中于符合调查要求或回答富有意

义的回答者的问题。只有合格的调查样本回答的问卷才是有效的，收集的信息才是有用的，所以这类问题往往放在问卷的开头且不可缺少。例如，调查海飞丝洗发水的消费市场，那么从未使用过海飞丝洗发水的消费者就不应当作为正式调查的对象。在确定调查对象之前，应提问一些过滤性问题，以使调查对象符合研究海飞丝洗发水市场的目的。此时过滤性问题可以这样设计。

您曾使用过海飞丝牌洗发水吗？　A. 用过　B. 没有用过

② 前导性问题

在确定了调查对象是符合调查要求的合格的调查样本后，可以设计一到两个能引起调查对象兴趣的问题作为访问的开始，这类问题应易于回答，不需要事先过多考虑，我们称其为前导性问题。主要作用是建立调查人员和调查对象之间融洽的合作关系，为下面的顺利调查奠定基础。前导性问题有时也与过滤性问题合二为一。

③ 试探性和启发性问题

试探性问题的作用是对一些敏感性或接近敏感性的问题探询调查对象是否愿意回答，以减少后续答题工作中的阻力，争取配合。启发性问题是唤起调查对象的记忆，能提高答题速度和准确性的问题。这时可以先提出一些有关概念、公司或产品类型的问题，再提出具体的问题。例如，有关洗发水的问卷可以这样设计：

在过去的 4 个星期中，您曾购买过洗发水吗？引起人们考虑有关洗发水的问题，然后，提出购买频率、品牌、品牌满意度、调查对象的头发特点等问题，一步一步拓展到实质性问题。

④ 实质性问题

实质性问题是调查工作的核心内容。以上的各种问题实际上都是为实质性问题服务的。因此实质性问题在问卷中所占的比重是最大的。实质性问题涉及的内容很广，包括事实性问题、行为性问题、动机性问题、态度性问题、预期性问题等，可以采用的题型有封闭式题型、开放式题型、量表式题型等多种形式，应根据实际需要确定。在这一部分要注意一点，如果有敏感性问题要置于问卷的最后，这样做可以避免调查对象出现防卫心理中断回答。

⑤ 个人背景问题

个人背景问题主要涉及调查人员的年龄、职业、联系方式、收入等信息，作为调查问卷的补充材料，可以放在问卷的前面，也可以放在问卷的最后，但往往以单独的形式列出，置于问卷最后。

（3）事后检查

当问卷的初稿设计完毕以后，还必须进行问卷的模拟试验。在没有进行问卷的模拟试验之前，不应当进行大面积的正式调查。

在进行问卷的模拟试验时，先要印刷少量的问卷，由最终进行本次调查的调查人员将问卷交由事先选好的若干调查对象，请调查对象填写，完全模拟正式的调查过程。在调查过程中，观察、询问调查对象对问卷的反应，从中寻找到问卷中存在的问题，加以修改，力求问卷精益求精。

问卷经过模拟试验后，如果改动范围不大，就可以定稿印刷，如果进行了较大改动，应进行第二次试验，争得各方面认可再定稿印刷，运用到正式的调查过程中去。

7.5.5　问卷设计的技巧和注意事项

（1）设计提问项目的技巧和注意事项

① 措辞的选择

在措辞的选择中要注意两个问题，即确切和通俗。

A. 用词要确切

问题的内容要能准确地反映所需信息，不可以想当然地认为自己设计的题目别人一定能理解。例如，"您对 ThinkPad 计算机有一定想法吗？"这题表达就很模糊，哪方面的想法，是质量方面的、价格方面的、还是其他方面的，没有具体说明。

B. 用词要通俗

用词要通俗是指在提问时尽可能少用专业术语、缩写和方言。在大规模的调查中，不是每个调查对象的文化背景、经历以及受教育水平都是一样的，使用过于专业的词语会使调查对象无法正确地理解题意，增大调查误差，影响调查的准确性。例如，询问调查对象的年龄，用这样的问句："您今年贵庚？""贵庚"这个词过于书面化，改为"您的年龄是——？"即可清楚地表达问题的含义。

② 避免否定形式的提问

否定形式的提问，特别是双重否定式提问，很容易引起误解。例如，"在购买化妆品时，您是否从不考虑购买非名牌化妆品呢？"这个问句增加了调查对象在理解上的难度，很可能造成调查对象由于理解错误导致答案与自己的本意相悖。

③ 一项提问只包含一项内容

即不要将两个或两个以上的问题合并成一个问题加以提问，例如，您喜欢看电影和电视吗？这时问题就包括了两个提问，有的人也许只喜欢看电视，有的人也许只喜欢看电影。因此，不论回答"喜欢"还是"不喜欢"都是不恰当的，所以在提问时一定要注意提问的准确性，一个问题只包含一项内容。

④ 提问的内容尽可能短

即提问时要尽量用最简洁的语言表达最准确的意思。问题过于冗长会给调查对象造成一种心理暗示：这道题目很复杂，产生拒答情绪。

⑤ 避免诱导性问题

在设计问题时，设计人员要保持"中立"的立场，不能将个人的感情色彩融入到问题中去，不得在问题中设计诱导调查对象回答的词语和句型。用带有诱导性的问题收集来的资料是不准确、不客观、不真实的。例如，"您是否和大多数人一样认为海尔集团的售后服务好？""别人都说诺基亚手机好，您是否有同感？"其中的"大多数"和"别人都说"等词语就是明显的暗示，应避免这类词语的出现。

⑥ 避免断定性问题

例如，一份有关大学生假期打工的问卷中有这样一题，"请问您假期打工一个月可以赚到多少钱？"调查对象可能根本没有打工的经历，而设计者主观地认为调查对象曾有打工经历，这样会造成调查对象无法回答。针对这样的问题，可以先过滤一下，例如：有打工经历的请回答以下问题，没有打工经历的请跳答。

⑦ 避免隐含的选择和假定

如果问题有暗含的答案或假设，势必会影响调查结果。在这方面，国外有人对单纯提问与隐含答案的提问可能引起的区别做过研究，所用的一对问题如下。

[方案一] 通过立法要求汽车驾驶者系安全带是个好办法。

a. 同意　　b. 不同意　　c. 不知道

[方案二] 应通过一项法律对不系安全带的驾车者罚款。

a. 同意　　b. 不同意　　c. 不知道

这两个问题中，方案一是单纯提问，方案二隐含着假设，即"如果不系安全带，结果是被罚款"。从而使得两种提问方式的调查结果出现明显差别。

⑧ 问句要考虑时间性

调查问卷中常会出现涉及时间的问题，这时问卷的设计者要注意两点：时间的范围以及时间的表达方式。

在设计问卷时，时间的范围要控制好。例如，要考虑收集类似于一年或两年前的资料对本次调查是否具有意义，另一方面让调查对象回忆一年前或两年前的事情很容易出现错误。

在时间的表达方式上要注意不要用"最近"、"不久前"这样的词语，不同的调查对象对其的理解可能会有很大偏差，应注明"一个星期"、"一个月"这样具体的时间。

⑨ 拟定问句要有明确的界限

拟定问句要有明确的界限是指对问句中的时间、地点、人物、事件、频率等要素都应该加一个特定的范围，而不应只概括地表示。

例如，"您认为耐克运动鞋好吗？"这里的"好"就没有给出明确的界限，"好"可以是质量好，穿着舒适，名牌产品，不同的人有不同的理解。这里没有明确地指出"好"是什么，而只是给了一个模糊的、概括的提问。这样的提问是带有明显误差的，纠正的办法是给"好"下一个定义和说明，界定"好"的范围即可。

⑩ 避免推断和估计

推断和估计是造成调查误差的主要原因之一。例如，某房地产开发商询问调查对象的住处离最近的公园有多远，单位是米。虽然调查对象都知道"米"的概念，但调查结果却与实际相差甚远，主要是由于调查对象对距离的估计各有不同。

⑪ 避免敏感性问题

敏感性问题是调查对象不愿意回答或不愿意准确回答的那部分问题。敏感性问题包括收入、家庭生活、政治倾向、宗教信仰以及犯罪事件等方面。一般问卷中不设计敏感性问题，如遇到必须设计此类问题时，可以用以下几种方法。

A. 解释法

所谓解释法就是在问题之前加一段有助于不使调查对象感到为难的文字，起到解释的作用。例如，在询问调查对象的宗教信仰时，可以在问题前加上这样一段话："我国宪法规定，公民有宗教信仰的自由"，来争取调查对象的合作。

B. 第三人称法

所谓第三人称法就是将要直接向调查对象询问的问题改成关于第三人的问题，使调查对象处于纯客观的地位，便于回答问题。举例见本章第二节的第二个知识点中的间接性提问。

C. 数值归档法

数值归档法是将答案设计成若干区间，供调查对象选择，而不是让其填写具体的数值，主要用来询问年龄、收入等方面的问题。

例：2005 年您家的年收入是多少？

a. 10000 元以下　　b. 10000～20000 元　　c. 20000～30000 元　　d. 30000 元以上

（2）问题答案设计技巧和注意事项

① 答案要穷尽

答案要穷尽是指每个问题中所列出的备选答案应包括所有可能的回答。

这是为了保证所有的调查对象都能从备选答案中找出适合自己的选项，不至于因没有合适的答案而放弃回答。

例如：您最喜欢看的影片类型是

a. 文艺片　　　　b. 纪录片　　　　c. 动作片　　　　d. 动画片

这一题中的备选答案就没有包括所有的备选答案，影片类型除了以上四个以外，还有很多，这时可以加上一项："e. 其他"，让调查对象自己填写，来修改这一问题的不足。

② 答案须互斥

互斥是指每个问题的备选答案必须互不相容、互不重叠。答案互斥是为了避免调查对象在选择时出现双重选择，增加资料收集的难度和影响调查的准确性。

例如：您最喜欢喝的饮料是____?

a. 可乐　　　　b. 雪碧　　　　c. 芬达　　　　d. 可口可乐

这里"可乐"和"可口可乐"就不是互斥的。

③ 定距、定比问题的答案设计

定距、定比问题主要出现在测量用的量表中，量表主要分为类别量表、顺序量表、差距量表和等比量表。这些不同的量表，反映了不同的消费态度和消费者购买意向，可以用来解决不同的调查问题。类别量表是测量消费者对不同性质问题的分类，如满意、不满意，是、否，等；顺序量表是测量消费者对类别之间的次序关系，如 5、4、3、2、1，对所调查商品很喜欢的给 5分，较喜欢的给 4 分，无所谓的给 3 分，不喜欢的给 2 分，很不喜欢的给 1分；差距量表是用于测量消费者对于喜欢或不喜欢商品次序之间的差异距离的，如 4 分同 3 分的差距等于 3 分同 2 分的差距等；等比量表是表明次序关系中数量比率关系的，如 4 分为 2 分的两倍。这里以类别量表举例，其他量表的设计见本章的典型案例。

例如：您对"美的"公司的售后服务满意吗?

a. 非常满意　　b. 比较满意　　c. 一般　　　　d. 不满意

e. 非常不满意

④ 非多选题的答案设计不宜过多

提出这个要求是防止过多的答案影响调查对象的选择。如果选择答案过多，可以选择"半封闭题"的形式，列出一些基本选项，其余的部分归于"其他"中，由调查对象自己填写。

例如：您选择化妆品时首要考虑的因素有：

a. 品牌　　　　b. 功效　　　　c. 价格　　　　d. 习惯

e. 其他（请注明）_____

⑤ 答案设计要提高可读性

增加答案可读性的主要目的是为了增加读者的兴趣。

⑥ 答案中尽量不用贬义词

在答案中可用中性词代替有情绪刺激的用语，可以提高回答的准确性和争取调查对象的合作。例如：用"饮酒过量"代替"酗酒"。

（3）问题顺序的设计

① 问题的安排应具有逻辑性

问题的安排应具有逻辑性，以符合调查对象的思维习惯。从总体上考虑，问题可按时间顺序、空间顺序、类别顺序、性质顺序、内容顺序、功能顺序进行排列。

② 问题的安排应先易后难

一般来说，要将较容易回答的问题、调查对象熟悉的问题、一般性问题放在问卷的前面，将较难回答的问题、陌生的问题、敏感性问题放在问卷的后面。

③ 能引起调查对象兴趣的问题放在前面

在考虑问题排列顺序的时候，将能引起调查对象兴趣的问题放在前面是保证顺利完成答卷的基础。

④ 按信息的类型排序

按信息的类型排序实际上也是一种逻辑性的问题排列方式，是将要收集的信息分成若干模块，在每个模块中再设计若干个问题，使得整个问卷结构性很强，调查对象对所要回答的问题也是一目了然。

⑤ 综合问题要放在具体问题之前

在排列问题顺序时，先问具有共性的、概括性的问题，然后再问涉及个人情况的问题。

⑥ 开放式问题放在后面

从问题的设计上来看，一般是将封闭式问题放在前面，开放型问题放在问卷的后面，且题量不宜过多，但这个模式也不是固定不变，要根据具体情况灵活设计。

（4）问卷版面格式的设计技巧和注意事项

① 如果经费允许，可以将问卷印刷得精美一些。

原因有两点：A. 精美的问卷可以进一步说明此次调查的重要性；B. 可以引起调查对象的重视。

② 不要为了节约纸张而压缩版面

问卷中字体、行距的选择要符合人们的阅读习惯，如问卷中有若干模块，最好中间留出足够的空间以示区分。另外，要给开放式问题留出足够的答题空间，否则问题堆积在一起，一方面会给调查对象造成题量很多的感觉，另一方面会出现漏答的现象。

③ 突出问卷中的重点内容

对于问卷中需要重点收集的信息，可以通过画线，或用其他颜色标注的方法突出表示。

最好将问卷集中在一页纸内，如果多于一页，问卷的每一页都应当印有一个供识别用的序号，以免在整理时各页分散，并且问卷要装订整齐、牢固。

第8章 市场预测

8.1 市场预测的概念和作用

8.1.1 市场预测的概念

一般地说，预测是由预测依据、预测分析、预测技术和预测结果四个基本要素组成。预测依据是指在调查研究中所掌握的反映过去、现实的有关情报、数据和资料；预测分析是对各种预测依据经过核对、比较、综合，进行科学思维分析与估计和预测；预测技术是预测分析所运用的科学理论、方法和手段（使用的工具和设备）；预测结果是在预测分析基础上，预测者对事物发展趋势、规模、程度、性质、特点以及各种可能性水平做出的判断结论。

市场预测是指在掌握市场信息的基础上，运用科学的理论和方法，对市场有关因素未来变化发展趋势及其可能水平做出估计和预算，为企业决策服务的活动。

正确理解市场预测概念，应以下几层意思：

（1）市场预测的对象是市场有关因素未来发展趋势和可能达到的水平。

（2）市场预测的依据是关于市场的历史资料和现在的市场信息。

（3）市场预测目的是把握市场未来需求变化的趋势，为企业经营决策服务。

（4）市场预测要应用科学方法和知识，如定性预测法中的专家意见法，定量预测法中的移动平均法，还有数理统计知识等。

8.1.2 市场预测的特点

（1）广泛性

影响市场活动因素，除经济活动本身以外，还有政治的、社会的、科学技术的因素。这些因素的作用是市场呈现纷繁复杂的局面。预测人员应具有广博的经验和知识，能从各个角度归纳和概括市场的变化，避免出现以偏概全的现象。当然，广泛性也是相对的，无边无际的市场预测及不可能也无必要。

（2）客观性

预测市场是一种客观的市场研究活动，但这种研究是通过人的主观活动完成的。因此，预测工作不能主观随意地"想当然"，更不能弄虚作假。

（3）时效性

信息无处不在，无时不有，任何信息对经营者来说，既是机会又是风险。为了帮助企业经营者不失时机地做出决策，要求市场预测快速提供必要的信息。过时的信息是毫无价值的。信息越及时，不能预料的因素就越少。

（4）科学性

预测所采用的资料，须经过去粗取精、去伪存真的筛选过程，才能反映预测对象的客观规律。运用资料时应遵循近期资料影响大、远期资料影响小的规则。预测模式也应精心挑选，必要时还需先进行实验，找去最能代替事物本质的模型，以减小预测误差。

（5）持续性

市场的变化是连续不断地，不可能停留在某一个时间点上。相应的，市场预测须不间断的持续进行。实际工作中，一旦市场预测有了初步结果，就应当将预测结果与实际情况相比较及时纠正预测误差，是市场预测保持较高的动态准确性。

（6）经济性

市场预测是要耗费资源的。有些预测项目，出于预测所需时间长，预测因素又比较多，往往需要投入大量的人力、物力和财力，这就要求预测工作本身需要量力而行，讲求经济效益。如果耗费过大，效益又不高，将使市场预测声誉扫地。如果企业自己预测所需成本太高时，可委托专门机构或咨询公司来进行预测。

（7）趋向性

预测要立足于现实，着眼于未来，对市场发展变化的趋势做出预见性的判断。

8.1.3　市场预测的作用

（1）有利于把握市场动态变化的趋势，提高企业竞争力

市场是千变万化的，今天的市场不等同于明天的市场。企业要把握市场的变化趋势，就不仅要关心研究现有的市场，还要关心研究未来的市场。而市场预测就是对未来市场需求的估计和判断。因此，通过市场预测活动，随

时了解市场上各种商品的供求的变动状况及趋势，随时把握消费者的潜在需求，自觉的指导企业正确选择或调整生产经营方向，选择新产品开发，采取恰当的经营对策，使产品及时打入并占领市场，不断扩大产品销售，提高市场占有率。只有这样，企业才能更好地把握市场变化的趋势，提高企业竞争力。

（2）有利于发挥市场导向功能，加强国民经济的宏观调控

企业根据市场需求开发新产品，满足市场供求，发挥市场导向功能。

宏观调控指国家通过各种手段对关系国计民生的全局性、长期性的重大经济活动的调节和控制，是一个连续不断地过程，它既要不断地检查监督各项经济活动是否合预定的目标，揭示实际经济活动与既定目标之间存在的偏差，通过各种调节活动和有效地措施，及时纠正存在的偏差，以保证国民经济在既定的轨道上正常运行。宏观调控的含义非常广泛，即包括对战略决策及其实施过程的检查和监督，也包括解决国民经济发展中存在的问题和排除干扰的调节活动及各种措施。宏观调控的总目标是实现社会需求与总供给在总量上和结构上的和合理比例和动态平衡。国家宏观调控的实施离不开市场预测，只有预测准确，才能保证宏观调控的有效。

（3）市场预测有利于企业做出正确的经营决策

经营决策是否正确是一个企业成败与兴衰的关键，而正确的决策则要以市场预测为前提。市场预测是以市场历史、现实发展过程的事实材料为基础，借助预测理论与方法探索未来，对市场活动未来发展做出预计，减少对市场活动认识的不正确性，针对解决决策关心的市场问题（即市场变量），如市场需求、商品销售、价格、市场占有率、产品生命周期等的发展趋势做出定性和定量的估计，因此市场预测能为企业决策提供必要的市场经济信息，为制定决策方案提供科学依据。

市场预测是对未来市场变量的不确定和发展前景做出表述和预计，市场预测得到的未来市场信息越准确可靠，企业经营决策正确性把握就越大。

（4）有利于企业改善经营管理，提高经济效益

改善企业经营管理的一个最重要的方面就是积极做好市场预测工作。企业应生产经营哪些产品、数量多少、开发什么新产品、投入资源多少、产品定价多少、如何销售……这些问题的解决都要依赖市场预测。如果市场预测不准确，就会导致产品积压，企业经营亏损；或者出现产品供不应求，造成脱销，既影响社会需求，也不利于企业提高经济效益。所以，做好市场预测，有利于企业改善经营管理，提高经济效益。

8.2 市场预测的过程

市场预测应该遵循一定的程序，按一定的步骤有条不紊地进行。市场预测的过程大体经过以下阶段：

8.2.1 准备阶段

准备阶段是保障预测顺利进行的基础，是保证预测准确性的条件，从时间上看，它甚至超过了预测的本身，这个阶段包括确定预测目标、拟定预测方案、搜集预测资料

（1）确定预测目标

明确目的，是开展市场预测工作的第一步，因为预测的目的不同，预测的内容和项目、所需要的资料和所运用的方法都会有所不同。明确预测目标，就是根据经营活动存在的问题，拟定预测的项目，制定预测工作计划，编制预算，调配力量，组织实施，以保证市场预测工作有计划、有节奏地进行。

（2）拟定预测方案

根据预测目标的内容和要求，拟定预测方案，即预测的时间安排、阶段要求、人员和经费保障等，为全面开展预测工作做好组织行动上的准备。

（3）搜集预测资料

进行市场预测必须充分的占有资料。有了充分的资料，才能为市场预测提供进行分析、判断的可靠依据。在市场预测计划的指导下，调查和搜集预测有关资料是进行市场预测的重要一环，也是预测的基础性工作。

8.2.2 进行预测阶段

（1）选择预测方法

根据预测资料袋内容和性质，选择合适的预测方法。同时，在分析数据变化趋势的基础上，建立与之相对应点预测模型。预测方法选择是否恰当，预测模型建立是否科学，对预测结果影响很大。

（2）进行预测推断

在大量预测资料和数据的基础上，根据建立的预测模型，采用相应的预测方法，即可进行定性和定量预测，推断未来市场的发展方向和趋势。

8.2.3 综合分析阶段

分析判断是对调查搜集的资料进行综合分析，并通过判断、推理，使感

性认识上升为理性认识,从事物的现象深入到事物的本质,从而预计市场未来的发展变化趋势。在分析评判的基础上,通常还要根据最新信息对原预测结果进行评估和修正。

8.2.4　结论阶段

在综合分析的基础上,得出有根有据的结论行的预测结果报告。预测报告应概括预测主要活动过程,列出预测目标、预测对象及有关因素的分析结论,主要资料和数据,预测方法的选择和模型的建立,以及预测值的评价和修正,实现预测结果的政策建议等内容。

8.3　市场预测的方法与基本要求

8.3.1　市场预测的方法

市场预测的方法很多,大体包括定性预测和定量预测两大类。

(1) 定性预测法

所谓定性预测方法,就是依靠熟悉业务知识,具有丰富经验和综合分析能力的人员或专家,根据已经掌握的历史资料和直观材料,运用人的知识、经验和分析判断能力,对事物的未来发展趋势做出性质和程度上的判断。然后,再通过一定的形式综合各方面的判断,得出统一的预测结论。

定性预测偏重于事物发展性质上的分析,主要凭知识、经验和人的分析能力。它是一种很实用的预测方法,也是市场预测中应用较广泛的基本方法。定性预测的方法主要有:

① 集合意见法

集合意见法就是集合有关经营管理人员的判断意见,来进行预测的一种方法。常用的具体方法有两种:

A. 厂长经理判断法

企业经理判断预测法就是由企业最高决策人把与市场经营有关或熟悉市场情况的各职能部门负责人,包括主管供销、生产、财务、产品开发、市场研究等部门主管和业务骨干召集起来,让大家对市场的发展局势或某一重大市场问题发表意见,做出判断。然后,将各种意见汇总起来,进行分析研究和综合处理,最终得出市场预测结果。运用这种方法时,一定要注意集思广益,活跃思想,充分听取各方面意见,估计可能发生的各种情况。

企业经理判断法的优点是:迅速、及时、经济。由于集中了各方面熟悉市场情况的有经验的中高级管理人员的意见，因此，可以发挥集体的智慧，是预测结果比较准确可靠，无需大量的统计资料和复杂的计算，更适合对那些不可控制因素比较多的市场情况进行预测。市场情况有变，可以立即修正。缺点是：易受主观因素影响，缺乏量化指标与准确测算。

企业经理判断法的预测过程，为使预测准确，综合的反映问题，要进行如下三方面的工作：

a. 进行定性分析

Ⅰ. 研究企业历史销售情况，目前市场状态。

Ⅱ. 研究同行业生产厂商情况。

Ⅲ. 研究流动资金来源和利用情况。

Ⅳ. 研究改善经营管理的措施及可能达到的效果。

Ⅴ. 研究劳动组织、业务人员和销售水平情况。

b. 在定性分析基础上，确定三个定量数据：自然状态、销售估计值、概率

c. 计算每个人的预测方案期望值，并以期望值为基础确定综合预测值

B. 销售人员估计法

销售人员估计法，就是把企业的销售人员（有时也邀请商业代表参加）召集起来，请他们根据对地区经济、产品用户和顾客的了解，结合市场竞争情况，提出对自己负责的销售区域（或产品）下一季度或年度的销售趋势的判断。然后，再把这每个销售员的判断汇总起来，经过综合处理，做出企业销售的前景预测。

在国外，培训销售人员的内容之一，就是教会他们市场预测的一般原理和技术。现在，通常是要求每个销售人员按月按季提交市场分析和销售预测报告，然后汇总所有销售人员的报告，利用计算机系统，进行综合处理。

使用这种方法时，要特别注意各类销售人员对市场判断时的主观因素的影响，有人偏于保守，有人则偏于乐观。经过长期累积，对每个人的分析判断结论，可以找到一个修正系数，用以调整销售人员的估计值。这样，可以保证预测结果的客观真实性。

② 专家意见法

前两种方法是充分利用了企业内部智力资源进行预测。好处是他们熟悉专业、熟悉专业市场，研究问题可以做到精细深入。问题是长期从事某项专一工作和业务，容易形成固定的思维程序和观念，容易出现片面性。身居局部世界，容易出现"当局者迷"的现象。采用专家意见法，使比较客观和清醒的"局外人"参与预测，可以避免出现局限性和片面性，使预测尽可能客观准确全面。

专家意见法就是依靠专家的知识、经验和思维能力，对历史和现实进行分析综合，对未来发展做出个人判断的一种预测方法。

A. 个别专家预测法

聘请市场顾问或个别征求专家意见。但片面和局限问题仍然不可避免。

B. 专家会议法

专家会议法又称之为集合意见法，是将有关人员集中起来，针对预测的对象，交换意见预测工程成本。参加会议的人员，一般选择具有丰富经验，对经营和管理熟悉，并有一定专长的各方面专家。这个方法可以避免依靠个人的经验进行预测而产生的片面性。

例如：对材料价格市场行情预测，可请材料设备采购人员、计划人员、经营人员等；对工料消耗分析，可请技术人员、施工管理人员、材料管理人员、劳资人员等；估计工程成本，可请预算人员、经营人员、施工管理人员等。

C. 德尔菲法

德尔菲法（Delphi method）是对预防政策的评价，审核的一种流行病学方法。德尔菲是古希腊神话传说中阿波罗神庙所在地，阿波罗神以预言灵验著称，常派遣使者到各地去搜集聪明人的意见。所以德尔菲包含有集中众人智慧之意。德尔菲法主要方式是通过信函调查，评价领导小组通过匿名方式把若干专家对某一问题进行几轮征询意见。领导小组对每一轮的专家意见进行汇总整理，并将整理过的材料再寄给每位专家，供专家们分析判断，专家在整理后材料的基础上提出新的论证意见。如此多次反复，意见逐步趋于一致，得到一个比较一致的并且可靠性较大的结论或方案。

德尔菲法是系统分析方法在意见和价值判断领域内的一种有效方法。它突破了传统的数量分析限制，为更合理地制订政策开阔思路。

德尔菲法这是国外相当流行的预测方法也称"专家意见法"或"函询调查法"。这个方法最早由美国兰德公司所首创，逐渐得到广泛的应用。

案例 8.1 小天鹅洗衣机

小天鹅洗衣机厂采用专家小组法，对某地区 1999 年下半年到 2000 年洗衣机的需求情况进行预测。具体步骤如下：

（1）确定征询对象：预测小组选了 17 位在家电行业工作、熟悉各类洗衣机销售，并有预测性和销售能力的销售人员和统计人员。该地区各市的家电协会的行业负责人、洗衣机厂的营销经理、各市的销售主管、有影响力的代理商及销售额较高的大商场人员比例为：行业人员、厂销售人员、销售商各三分之一。

（2）给专家发送意见征询函，函中要求专家了解征询目的和要求，即在 10 天之内对本地区 1999 年下半年和 2000 年本厂洗衣机的销售量做出预测，并要有较详细的依据、意见和建议，并附有为专家提供参考的资料。例如，本厂洗衣机在该地区前5年的销售，该地区各品牌洗衣机的销售总量、1999年上半年的销售量、不同家庭对不同类型的洗衣机选择情况的分析等等。

（3）汇总征询意见，回收第一轮征询函后，进行汇总，预测1999年下半年该地区，该品牌洗衣销售量最低2万台，最高3万台平均数为2.5万台；2000年销售量最低3.7万台，最高5.4万台，平均数为4.5万台，同时专家们提出了许多对洗衣机市场分析及如何促进洗衣机销售的意见，等等。

（4）反馈汇总意见，将征询意见汇总整理归纳后，得出以下四条意见：(20世纪80年代末90年代初的老洗衣机都将淘汰，新一轮的洗衣机更新换代将在1999年下半年开始，到2000年下半年完成；②人们对洗衣机的要求趋向于功能新颖、节水型；③不同家庭对洗衣机容量的大小有不同要求，不同季节也有不同要求的组合；④由于目前各家庭收入预期有所降低，估计到2000年下半年，销售量将受到影响，需加大促销力度，将这些看法分别寄给专家们进行第二轮征询。为了使专家们了解本厂今年在洗衣机类型上的创新情况和经营决策部门对销售部门实行的新激励机制，他们又补送了两份资料。第一份是本厂今年推出的吸收国家最新技术的节能节水型洗衣机的产品类型介绍，第二份是本厂为激励销售部门人员的积极性，对销售有功人员可以奖励10万元以上的奖励措施，请专家们再次进行预测。函件收回后进行汇总，预计1999年下半年可达3.5万台，2000年可达6.8万台，均高于第一次平均预测水平。同时，对厂里采取的积极进取的措施表示赞同，并就改革营销体制、完善激励机制等方面又提出了一些意见。按照专家们的预测，1999年下半年，某厂在该地区的洗衣机销售量达3.8万台，误差为8.5%；2000年为7万台，误差为3.2%。这说明运用专家小组法进行预测是接近事实的，对中长期趋势的预测是比较准确的。

③ 主观概率法

主观概率是人们凭经验或预感而估算出来的概率。

在很多的情况下，人们没有办法计算事情发生的客观概率，因而只能只能用主观概率来描述事情发生的概率。

主观概率法的预测步骤：

A. 准备相关资料

B. 编制主观概率调查表

C. 汇总整理

D. 判断预测

④ 相互影响分析法

从分析各个事件之间由于相互影响而引起的变化，以及变化发生的概率，来研究各个事件在未来发生的可能性的一种预测方法。

一些事件的发生会增加或降低另一些事件发生的概率。

（2）定量预测方法

① 简单平均法

简单平均法是把前几期统计数据平均值作为下一期的预测值。这种方法主要运用统计学中的算术平均数概念。

算术平均数是表征数据集中趋势的一个统计指标。它是一组数据之和除以这组数据的个数。

算术平均数在统计学上的优点就是它较中位数、众数更少受到随机因素影响，缺点是它更容易受到极端数影响。其计算公式为：

$$\bar{x} = \frac{\sum_{i=1}^{n} x_i}{n} = \frac{x_1 + x_2 + \cdots + x_n}{n}$$

在统计学中，对样本的平均值用 $\bar{x}$ 表示，对全体数据的平均值用 μ 表示。

② 加权平均法

加权平均法是在计算平均数时，依据各期资料的重要性不同分别给予不同的权数加以平均，作为下一期的预测值。主要应用到统计学中的加权平均数概念。

加权平均数与算术平均数类似，不同点在于，数据中的每个点对于平均数的贡献并不是相等的，有些点要比其他的点更加重要。加权平均数的概念在描述统计学中具有重要的意义，并且在其他数学领域产生了更一般的形式。

如果所有的权重相同，那么加权平均数与算术平均数相同。

例 1：给出一个学校的两个班级，一个班级有 20 名学生，另一个有 30 名学生，在一次测验中两个班级的成绩分别为：

班级	分数									
一班	62	67	71	74	76	77	78	79	79	80
	80	81	81	82	83	84	86	89	93	98
二班	81	82	83	84	85	86	87	87	88	88
	89	89	89	90	90	90	90	91	91	91
	92	92	93	93	94	95	96	97	98	99

从以上数据可以得出，一班的直接平均数是 80，二班的直接平均数是 90。而 80 和 90 的直接平均数是 85，这是两个班级均值的均值。然而，这样的计算并没有考虑到每个班级学生的不同数量，85 这个平均值并没有完整反

映出这两个班级整体的平均成绩（与班级无关），平均学生成绩可以通过计算所有学生成绩的平均数来获得，或者通过以班级人数作为权重来计算两个班级均值的加权平均数获得：

$$\bar{x} = \frac{4300}{50} = 86$$

或者，用班级均值的加权平均数计算：

$$\bar{x} = \frac{(20)80 + (30)90}{20 + 30} = 86$$

加权平均数使得仅知道各个班级平均成绩和学生数量而求出整体学生的平均成绩成为可能。以数学式来表示，假设资料中有数值 $x_1 \sim x_n$：

$$[x_1, \; x_2, \; \cdots x_n]$$

各数值各有一个权值 w：

$$[w_1, \; w_2, \; \cdots, \; w_n]$$

这些数值的加权平均数即为：

$$\bar{x} = \frac{\omega_1 x_1 + \omega_2 x_2 + \cdots + \omega_n x_n}{\omega_1 + \omega_2 + \cdots + \omega_n}$$

以更简洁的数学式表示：

$$\bar{x} = \frac{\sum_{i=1}^{n} \omega_i x_i}{\sum_{i=1}^{n} \omega_i}$$

如果所有的权值皆等于 1，此时加权平均数便等于算术平均数。

③ 移动平均法（（Moving Average，MA）

移动平均又称"移动平均线"简称均线，是技术分析中一种分析时间序列数据的工具。最常见的是利用股价、回报或交易量等变量计算出移动平均。

移动平均可抚平短期波动，反映出长期趋势或周期。数学上，移动平均可视为一种卷积。

A. 简单移动平均［Simple Moving Average，SMA］

简单移动平均是某变量之前 n 个数值的未作加权算术平均。

例 2：如，收市价的 10 日简单移动平均指之前 10 日收市价的平均数。若设收市价为 p_1 至 p_n，则方程式为：

$$SMA = \frac{p_1 + p_2 + \cdots + p_n}{n}$$

当计算连续的数值，一个新的数值加入，同时一个旧数值剔出，所以无需每次都重新逐个数值加起来：

$$SMA_{t_1} = SMA_{t_0} - \frac{p_1}{n} + \frac{p_n + 1}{n}$$

在技术分析中，有几个 n 的数值较为普遍，如 10 日、40 日、200 日，视乎分析时期长短而定。投资者希望从移动平均线的图表中分辨出支持位或阻力位。

B. 加权移动平均 [Weighted Moving Average，WMA]

加权移动平均指计算平均值时将个别数据乘以不同数值，在技术分析中，n 日 WMA 的最近期一个数值乘以 n、次近的乘以 $n-1$，如此类推，一直到 1：

$$\mathrm{WMA}_M = \frac{np_M + (n-1)p_{M-1} + \cdots + 2p_{M-n+2} + p_{M-n+1}}{n + (n-1) + \cdots + 2 + 1}$$

$$= \frac{N_M}{n + (n-1) + \Lambda + 2 + 1}$$

$$\mathrm{WMA}_{M+1} = \frac{np_{M+1} + (n-1)p_M + (n-2)p_{M-1} + \Lambda + 2p_{M-n+3} + p_{M-n+2}}{n + (n-1) + \Lambda + 2 + 1}$$

$$= \frac{N_{M+1}}{n(n+1) + \cdots + 2 + 1}$$

对于分子项来说：$N_{M+1} - N_M = np_{M+1} - p_M - p_{M-1} - \cdots - p_{M-n+2} - p_{M-n+1}$，

令过去数据总和：$X_M = p_M + p_{M+1} + \cdots p_{M-n+2} + p_{M-n+1}$

则新增数据总和：$X_{M+1} = p_{M+1} + p_M + p_{M+1} + \cdots p_{M-n+2}$

有：$X_{M+1} = X_M + p_{M+1} - p_{M-n+1}$

则新增数据的分子项：$N_{M+1} = N_M + np_{M+1} - X_M$

这个公式的用处是不需要每增一个新数据再重新计算总和，通过过去的数据和新增的 p_{M+1} 就可以计算出来。

其中留意分母为三角形数，方程式为 $\dfrac{n(n+1)}{2}$

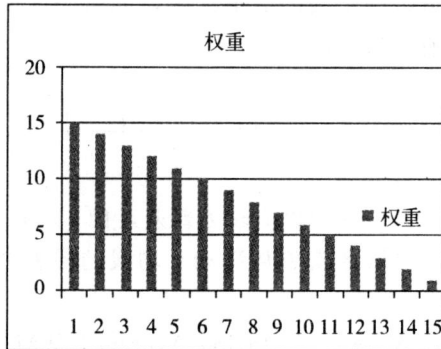

上图显示出加权是随日子远离而递减，直至递减至零。其中 $n=15$；

C. 指数移动平均〔Exponential Moving Average，EMA 或 EWMA〕

指数移动平均是以指数式递减加权的移动平均。各数值的加权影响力随时间而指数式递减，越近期的数据加权影响力越重，但较旧的数据也给予一定的加权值。

加权的程度以常数 α 决定，α 数值介乎 0 至 1。α 也可用天数 N 来代表

$$\alpha = \frac{2}{N+1}$$

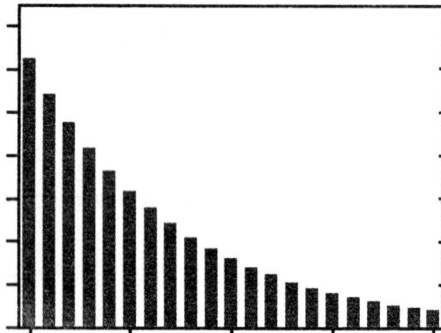

上图是一例子：$N=19$ 天，代表 $\alpha=0.1$。

设第 t 天的实际数值为 Y_t，而总 t 天的 EMA 则为 S_t；总 $t-1$ 天的 EMA 则为 S_{t-1}，计算时间 $t \geqslant 2$ 时方程式为：

$$S_t = \alpha \times Y_t + (1-\alpha) \times S_{t-1}$$

设今日（t_1）价格为 p，则今日（t_1）EMA 的方程式为：

$$EMA_{t1} = EMA_{t0} + \alpha \times (p - EMA_{t0})$$

将 EMA_{t0} 分拆开来如下：

$$EMA_{t0} = \frac{p_1 + (1-\alpha) p_2 + (1-\alpha)^2 p_3 + (1-\alpha)^3 p_4 + \cdots}{1 + (1-\alpha) + (1-\alpha)^2 + (1-\alpha)^3 + \cdots}$$

理论上这是一个无穷级数，但由于 $1-\alpha$ 少于 1，各项的数值会越来越细，可以被忽略。分母方面，若有足够多项，则其数值趋向 $1/\alpha$。即，

$$EMA_{t0} = \alpha \times (p_1 + (1-\alpha) p_2 + (1-\alpha)^2 p_3 + (1-\alpha)^3 p_4 + \cdots)$$

假设 k 项及以后的项被忽略，即，

$$\alpha \times ((1-\alpha)^k + (1-\alpha)^{k+1} + \cdots)$$

重写后可得 $\alpha \times (1-\alpha)^k \times (1 + (1-\alpha) + (1-\alpha)^2 \cdots)$

相当于 $(1-\alpha)^k$

所以，若要包含 99.9% 的加权，解方程 $k = \dfrac{\log (0.001)}{\log (1-\alpha)}$，即可得出 k。

由于当 N 不断增加，$\log (1-\alpha)$ 将趋向 $\dfrac{-2}{N+1}$，简化后 k 大约等于 3.45 $\times (n+1)$。

④ 指数平滑法

指数平滑法是根据前期的实际值和预测值，以平滑系数为权数，进行加权平均，来预测未来时期趋势值的方法，其计算公式为：

$$s_t = \alpha y_t + (1-\alpha) s_{t-1}$$

其中　yt——第 t 期的实际值；

　　　S_t——第 t 期的指数平滑预测值；

　　　α——平滑系数，$0 < \alpha < 1$

⑤ 直接趋势法

在实际预测中，观察值的时间序列数据的分布往往是比较分散的，表现为上升或下降的一条趋势直线。在这种情况下，可以采用最小平方法来求得一条离时间序列数据各点距离之和最小的直线，并用这条直线的延伸来确定预测值。

直线趋势方程式应为：

$$\overline{y_i} = a + bx_i$$

其中　$\overline{y_i}$——因变量，对于选定的 x 值，相应变量 y 的估算值，即第 i 期的预测值；

　　　xi——自变量；

　　　a——趋势直线 Y 的截距点；

b——趋势直线的斜率。

a、b均为未知数，它们可用最小二乘法解得，公式为

$$a = \frac{\sum x_i^2 \sum y_i - \sum x_i \sum x_i y_i}{n \sum x_i^2 - (\sum x_i)^2} \quad ; \quad b = \frac{n \sum x_i y_i - \sum x_i \sum y_i}{n \sum x_i^2 - (\sum x_i)^2}$$

由上式可见，是一个共同的因子，为了简化计算，应设法使，这样原联立方程简化为：

$$a = \frac{\sum y_i}{n} \quad ; \quad b = \frac{\sum x_i y_i}{\sum x_i^2}$$

系数 a、b 求出来之后，可以用直线趋势方程式，求出未来的销售预测值。

案例：安徽圣芝堂生物科技有限公司 2012 年上半年每月实际销售如下，试预测 8 月份的销售额。

月份	销售额 y_i(百万元)	x_i	x_i^2	$x_i * y_i$
1	5	-5	25	-25
2	4	-3	9	-12
3	6	-1	-1	-6
4	7	1	1	7
5	7	3	9	21
6	9	5	25	45
$\sum$	38	0	70	30

$$a = \frac{\sum y_i}{n} = \frac{38}{6} = 6.33$$

解：

$$b = \frac{\sum x_i y_i}{\sum x_i^2} = \frac{30}{70} = 0.43$$

将 a、b 代入 $\overline{y_i} = a + b x_i$，从而得到趋势直线的预测方程

$$\overline{y_i} = 6.33 + 0.43 x_i$$

8 月份的销售预测值为 $\overline{y_g} = 6.33 + 0.43 \times 9 = 10.2$(百万元)

8.3.2 市场预测的基本要求

（1）坚持实事求是的思想

实事求是是从实际对象出发，探求事物的内部联系及其发展规律性，认识事物的本质，通常按照事物的实际情况办事。因为预测的目的是为计划和决策服务的，如果不实事求是，有任何夸大或缩小，都会给组织打来巨大的损失。所以，我们在市场预测中，必须坚持实事求是的思想。

（2）选用可行的预测方法

这是市场预测的一个重要问题。预测的方法很多种，预测者可采用的方法也有很多种，但不同的预测方法有不同点适用范围，有点方法适用于长期预测，有的则是用于中、短期预测；有的适合市场预测，有的则适合技术预测。各种预测方法都有它的优缺点，同一预测方法，用于不同点预测目标，会有不同点效果。因此，预测者要根据预测的目的和预测对象的性质来选择合适的预测方法。

（3）遵循较高的效益原则

预测工作为计划和决策提供科学依据，对组织的生存和发展有重要意义；但不能忽视的是，它是需要付出代价的，如调研和收集数据资料的费用、聘请专家需要的费用、利用有关信息的费用、建立数学模型需要的费用等。不同的预测方法需要付出的费用有大有小，因此预测者要根据预测对象的选择资金投入不同的预测方法。以达到用最小的消耗，取得最大的经济效益。

案例 8.2

中国感冒药市场分析及 2004 年市场预测

一、中国感冒药市场分析

1. 感冒药的市场容量

据权威机构——中国非处方药协会的统计，目前在中国常见病症的自我诊疗比例中最高的是感冒，占常见病症的 89.6%，高出第二位 30 个百分点。从而使得众多的感冒药目标消费者不再去医院治疗感冒，而是去药店自行买药。因此，现阶段，在中国药品零售市场中，感冒药的销售额约占药品零售总额的 15%，按目前中国 OTC 市场销售额为 200 亿元来计，感冒药的市场份额约为 30 亿元。

2. 市场特征

综合各方面的数据分析. 感冒药市场具有以下几个特征。

（1）具有非常明显的季节波动性。感冒引发的原因是着凉或流感病毒传染，而这两方面的原因都具有显著的季节性。冬春季节天气寒冷，容易着凉，春季由于气候湿润、温度适宜又是流感肆虐的季节。所以感冒药的销售量往往是温度较低的冬春季节销售较多，而温度较高的夏秋季节比较少。

（2）在感冒药的产品市场销售排行中，含西药成分的品牌占主导地位，其次是中西药结合，最，后才是纯中药制剂。由于西药成分中的对乙酰胺基酚、扑热息痛等成分能迅速解除感冒所引发的一系列症状，因此西药与中西药结合制剂要比纯中药制剂略胜一等。

（3）在感冒药生产企业所占的市场份额中，合资、外资企业生产的感冒药占中国感冒药市场份额的 65%，而国内企业则占 35%，这一现象可称之为"外强内弱"。

3. 消费特征

感冒药的消费具有以下四大特征。

（1）随意性。由于大多数消费者知道感冒即使不治疗也会在一周内康复，因此消费者在确认自己有了感冒以后，只有 55% 的消费者会即时购买感冒药，而 45% 的消费者则会根据自己症状的严重程度，选择在第 2 天或第 3 天购买，如果在第 3 天出现转机的话，有 10% 的消费者表示不会购买。所以，从以上数据看来，感冒药的消费具有一定的随意性。

（2）速效性。由于消费者要求感冒药能迅速消除其症状，使其能够从鼻塞、咳嗽、头痛等痛苦中解脱出来，所以在消费者眼里，好的感冒药是迅速治标而不是治本。消费者追求感冒药的速效性使得纯中药制剂与西药制剂竞争时多了一道槛。

（3）品牌倾向性。消费者在购买感冒药时，一般会倾向于选择知名度高，有较大影响力的名牌产品，而很少选择低知名度的品牌产品。但在这一点上有一个例外，就是那些采用通用名命名的产品如感冒通、速效伤风胶囊等，消费者在选择这些产品时，只要求价格合适就行。

（4）非自主性。消费者由于对医药产品知识的缺乏，在购买决策上受广告、医生建议、亲朋好友的建议和其他外部因素的影响，在消费上呈现一定的非自主性。

4. 产品竞争情况

据调查资料显示，目前在中国市场上销售的感冒药有：泰诺、感康、新康泰克、康必得、快克、白加黑、正源丹、日夜百服咛、必理通、新速达感冒片、幸福伤风素、乐信感冒灵、力克舒等二十多个品种。

（1）按价格水平来分：价格在 10 元以下的药品占感冒药总销售量的 62%，总销售额的 28%；价格在 10～15 元的药品占总销售量的 33%，总销售额的 64%；价格在 15。40 元的感冒药占总销售额的 8%。

（2）按企业性质来分：合资、外资品牌有泰诺、新康泰克、日夜百服咛等共 16 种，其销售额、销售量分别占感冒药市场销售额、销售量的 61％、75％；国产品牌主要有感康、感冒通等 8 种，其销售额、销售量分别占感冒药市场销售额、销售量 39％、25％。

（3）按所含成分性质来分：西药有新康泰克、泰诺、白加黑、日夜百服咛等 20 种，占感冒药品种总数的 79％，中药有双黄连 1：7 服液、板蓝根冲剂等 6 种，占感冒药品种总数的 21％。

二、2004 年中国感冒药市场预测

1. 市场规模

虽然中国的感冒药市场有 30 亿元的市场容量，但是近年来，市场的实际销售额却没能跟得上这一数据。据资料显示，2001 年中国感冒药的市场销售额为 15 亿元，2002 年的市场实际销售额为 18 亿元，年增长率为 20％，2003 年由于上半年受"非典"疫情的影响，板蓝根、抗病毒口服液成为人们必备的预防良药，一度曾出现脱销的现象，因此估计 2003 年的市场实际销售额将超过 25 亿元，达到近年来的最高水平。综合以上数据及市场走势，预测 2004 年中国的感冒药市场的市场规模估计在 21 亿～23 亿元之间，在 21 亿元左右的可能性更大。

2. 市场的总体趋势

2004 年的中国感冒药市场将会呈现以下几个特征。

（1）纯中药制剂的感冒药如抗病毒口服液、板蓝根颗粒将会比 2003 年的销售量下降。虽然"非典"的威胁尚在，但中国政府的预防措施得当，即便有发生也会迅速得到控制，不会出现 2003 年上半年的混乱局面，所以抗病毒口服液、板蓝根的销量比 2003 年会出现明显的下浮，在此提醒生产这些产品的厂家切勿盲目扩大生产，以免出现新的产品积压。

（2）纯中药制剂的地位将逐步上升，由于人们对中药抗病毒、抗菌功效的逐步认识。传统的中药抗感冒药的制剂将会逐渐替代有一定副作用的西药制剂。

（3）虽然纯中药制剂感冒药的地位有所上升，但 2004 年中国感冒药市场唱主角的仍然是以西药为主的西药制剂，感康、日夜百服咛可能重新夺回感冒药市场销售排名的宝座。

（4）中国感冒药市场销售额的逐年增长将引发新一轮的市场竞争，2004 年的中国感冒药市场将是诸侯争霸、风起云涌的局面。

3. 2004 年中国感冒药市场销售前 5 位产品预测

第一位：感康

优势：①长期积累的品牌优势；②较好的渠道；③口碑效应。

第二位：日夜百服咛

优势：①医院、药店双渠道畅顺；②有固定消费群体；③品牌效应。

第三位：板蓝根颗粒（抗病毒口服液）

优势：①纯中药制剂；②"非典"后遗效应；③部分厂家的产品已形成品牌。

第四位：泰诺感冒片

优势：①已经形成的品牌效应；②良好的疗效；③忠实消费群体的形成。

第五位：双黄连口服液

优势：①纯中药制剂；②黄连较好的抑菌作用；③同类竞争产品相对较少。

4.值得注意的几点

（1）终端工作不容懈怠：虽然近几年来感冒药市场的竞争格局已经趋于稳定。但2004年中国感冒药市场竞争仍将呈现一派新的群雄割据战，竞争将趋于激烈。由于OTC的特殊性，使得其市场操作更像日用消费品，因此要想赢得2004年感冒药市场的份额，终端仍将是最关键的因素，所以竞争的焦点将集中在感冒药市场的终端——零售药店。

由于德国默克等国际药业巨头进入中国的OTC市场，因此2004年的感冒药市场将会出现新的品牌加入竞争的行列。届时，终端的竞争将更趋激烈。所以，在此提醒现在感冒药市场的一些老品牌，千万不要盲目轻敌，放松终端工作，而给其他竞争对手或新品牌以机会，痛失感冒药市场份额和排名宝座。

（2）小心新一轮的价格战：2004年感冒药市场竞争的激烈性有可能促使部分老品牌以及新品牌使用价格战来重新划分市场，而目前处于中价位的感冒药（12元左右）占感冒药市场33％的销售量，64％的销售额，低价位的感冒药（10元以下）占感冒药市场销售量的62％、销售额的28％，因此从销售量来看，低价位的感冒药仍占主导地位，价格将是吸引大部分消费者做出决策的重要依据。如果品牌本身具有一定的可靠性，而价格又比同类产品低，消费者就非常容易改变对原来品牌的忠诚度，从而转向新品牌。所以，在此提醒一些现有的老品牌，要密切关注市场的动向，小心竞争对手以价格手段争夺自己的市场份额。

（3）促销仍需加强：店面的促销一直是终端工作重要的一环，店员的推荐、卖场的陈列在促使消费者做出最终购买决策上比广告更有影响力，所以针对零售药店的促销工作仍需加强。近年来，一直居于中国零售市场销售额排行榜前10位的酸痛灵，一分钱广告也没做，却屡屡得胜，究其原因就是终端工作做得好。一年365天，他们天天派促销员在零售药店搞现场试用促销，由于每天都见到这些促销员，消费者慢慢都把他们当店员来看了，于是慢慢由抵触变成了接触，再加上试用以后效果还可以，于是就买了。由此可见，促销工作也是一个长期、细致的工作，只有不断加强，不断刺激，消费者才能慢慢转变其消费态度和消费习惯，继而转向新品牌。所以，要想赢得 2004 年感冒药市场的市场份额．终端促销仍然不可懈怠，只有这样，才能在竞争激烈的市场中赢得新的消费者。

第9章 目标市场营销

目标市场营销是指企业识别各个不同的购买者群体，选择其中一个或几个作为目标市场，运用适当的市场营销组合，集中力量为目标市场服务，满足目标市场的需要。

目标市场营销（STP营销）由三个步骤组成：①市场细分；②目标市场选择；③市场定位。

9.1 市场细分

9.1.1 市场细分的作用与原则

市场细分就是把整体性的市场划分为有意义的、具有较强相似性的、可以识别的较小的顾客群的过程。每一个这样的顾客群称为一个细分市场或细分。

（1）市场细分的作用

① 有利于选择目标市场和制定市场营销策略。

市场细分后的子市场比较具体，比较容易了解消费者的需求，企业可以根据自己经营思想、方针及生产技术和营销力量，确定自己的服务对象，即目标市场。针对着较小的目标市场，便于制定特定的营销策略。同时，在细分的市场上，信息容易了解和反馈，一旦消费者的需求发生变化，企业可迅速改变营销策略，制定相应的对策，以适应市场需求的变化，提高企业的应变能力和竞争力。

② 有利于发掘市场机会，开拓新市场。

通过市场细分，企业可以对每一个细分市场的购买潜力、满足程度、竞争情况等进行分析对比，探索出有利于本企业的市场机会，使企业及时做营销决策，进行必要的产品技术储备，掌握产品更新换代的主动权，开拓新市场，以更好适应市场的需要。

③ 有利于集中人力、物力投入目标市场。

任何一个企业的资源、人力、物力、资金都是有限的。通过市场细分，目标市场选择，企业可以集中人、财、物及资源，去争取局部市场上的优势。

④ 有利于企业提高经济效益。

通过市场细分，企业可以针对自己的目标市场，生产出适销对路的产品，满足市场需要的同时增加企业的收入；产品适销对路可以加速商品流转，降低企业的生产销售成本，有利于提高企业的经济效益。

（2）市场细分的原则

实际上，每一个顾客与另一个顾客都有所不同，因此，每个市场都可以无限地细分下去，直到把每一个顾客都看做作一个细分市场为止。显然。把市场看做是一个无差异的整体，或是把市场细分为每一个个体，都是对待市场的极端态度。市场细分的任务就是要在两种极端之中寻找一种折中。它应遵循这样五个原则：

① 可度量性。

经过市场细分后，每一个细分市场的规模、购买潜力等是可以度量的。例如，在家电产品中，彩电销售量每年 2000 万台，年增长率为 12%。

② 可盈利性。

相对企业规模来说，细分市场应有一定的规模，有足够的利润吸引企业在这个市场上经营，值得企业为该市场制定专门的战略、策略和为此投入资源。如果每个细分市场中的收入都不足以弥补为开发这个市场所付出的成本，也不能在多个细分市场经营中获得联合优势，那么这个细分过程就没有意义。

2可进入性。

发现一个细分市场，但并不能为这个细分市场提供有效的服务，那么这种细分也没有太大的意义。例如，在每个居民区中都有睡得很晚的人，但由于这些人并不是经常晚睡，而且人数很少，因此，为这些人提供夜宵，虽然是一个好的想法，但较难操作。在南方，由于晚睡是一种生活习惯，所以直到凌晨，大排档还在营业，"7－11"更是 24 小时不间断营业。

④ 可识别性。

各个细分市场在概念上应当是可以区分的，并且应当对市场营销者的营销策略具有不同的反应。这样才能使营销者和细分市场建立起有效的联系。

⑤ 可行动性。

市场细分工作应当是有管理意义的。在理论上，我们可以按地理范围把世界市场分为亚洲市场、北美市场和欧洲市场等。但对一家刚刚起步的酒店企业，这种细分并没有意义，因为这家酒店企业远远没有达到要进入国际市场的程度。

9.1.2　市场细分的标准

（1）消费者市场的细分标准

随着市场细分化理论在企业营销中的普遍应用，对市场细分标准的研究也愈来愈为人们所重视。归纳起来，主要有以下几方面：地理环境因素、人口因素、消费心理和消费行为因素。这些因素有些是相对稳定的，多数则处于动态变化中。

① 地理环境因素

即按照消费者所处的地理位置、自然环境来细分市场。具体变量包括：国家、地区、城市规模、不同地区的气候及人口密度等。之所以将地理环境因素作为细分消费者市场的首要依据，是由于处于不同地理位置和环境下的消费者，对同一类产品往往会呈现出差别较大的需求特征，以至于对企业营销组合的反应也常常存在较大的差别。

例如，防暑降温、御寒保暖之类的消费品按照不同气候带细分市场是很有意义的。按照不同地区的人口密度来划分市场，对于某些基本生活资料市场也具有重要意义，以为基本生活资料的消费数量往往与人口数量成正比例关系。总之，地理环境因素易于辨别和分析，是细分市场时应予考虑的基本因素。但同时，地理环境因素又是一种相对静态的变数，处于同一地理位置的消费者对某一产品的需求仍会存在较大的差异。因此企业选择目标市场，还必须同时依据其他因素进行市场细分。

② 人口因素

可以依据的人口统计变量包括年龄、婚姻、职业、性别、收入、受教育程度、家庭生命周期、国籍、民族、宗教、社会阶层等。显然，这些人口变量因素与需求差异性之间存在着密切的关系。

例如，不同年龄、受教育程度不同的消费者在价值观念、生活情趣、审美观念和生活方式等方面会有很大的差异。因此，依据人口统计变量来细分市场，在企业营销管理中受到普遍重视。譬如，某一市场的年龄结构对于产品需求具有基本的制约作用，因为不同年龄所需要的产品类型和消费方式可以有显著不同，最为典型的是"二战"后的美国市场。

案例9.1　二战以后的美国市场

"二战"以后，美国的婴儿出生率迅速提高。到20世纪60年代，战后出生的一代已长成为青少年。加之美国这个时期经济繁荣，家庭可支配的收入增加，所以，几乎所有定位于青少年市场的产业及产品都获得了成功。举世闻名的迪斯尼乐园就是成功的典范。70年代后期，受美国经济不景气的影响，出生率迅速下降。到80年代中期，几乎所有原来定位于婴幼儿和儿童市场的产品市场都出现了不同程度的萧条，这必然是那些原来定位于儿童和青少年市场的企业重新定位或扩大经营范围。如迪斯尼集团也不得不放下架子，除了继续以青少年为对象外，还增加了成人游乐项目，并经营酒店、高尔夫球等业务，使企业在新的市场环境下继续发展。

③ 心理因素

即按照消费者的心理特征细分市场。很明显，按照上述的几种标准划分的出于同一群体中的消费者，有时对产品的需求仍显示出差异性，这通常是心理因素在发挥作用。心理因素十分复杂，包括个性、购买动机、价值观念、生活格调、追求的利益等。

例如，生活格调是指人们对消费、娱乐等特定习惯和方式的倾向性。追求不同生活格调和品位的消费者对商品的爱好和需求有很大差异。现在越来越多的企业，尤其是在服装、化妆品、家具、餐饮、旅游等行业的企业越来越重视按照人们的生活格调和品位来细分市场。

消费者的个性、价值观念等心理因素对需求也有一定的影响。企业可以把具有类同的个性、爱好、兴趣和价值取向相近似的消费者集合成群，并结合他们的行为方式有针对性地制定营销策略。比如，在上述心理因素的作用下，人们的生活方式可以分"传统型"、"新潮型"、"奢靡型"、"活泼型"、"社交型"等群体。显然这种细分方法可以显示出不同的消费群体对产品的心理需求特征。

追求的利益是指消费者在购买过程中对产品不同效用的重视程度。一项对亚洲女士服装市场的调查表明，亚洲女士喜爱紧身服装有以下原因：视觉上更娇柔，形体更美丽，更加自信等。但不同国家和地区女士的追求在心理上仍有差异。

④ 行为因素

即按照消费者的购买行为细分市场，包括消费者进入市场的程度、使用产品频率、偏好程度等变量。按消费者进入市场程度，通常可以划分为常规消费者、初次消费者和潜在消费者，依此可划分若干不同的细分市场。一般而言，资力雄厚、市场占有率较高的企业，特别注意吸引潜在购买者，企业通过营销战略，特别是广告促销策略及优惠的价格手段，把潜在消费者变为企业产品的初次消费者，进而再变为常规消费者。而一些中、小企业，特别是无力开展大规模促销活动的企业，主要注重吸引常规消费者。

（2）生产者市场的细分标准

生产者市场是指为了生产或销售其他产品而购买产品的组织或个人。这种市场的购买者主要是生产企业，购买不是为了最终消费而是为了生产或销售。生产者市场同样可以使用消费者市场细分的标准。但是，由于生产者市场与消费者市场存在巨大差别。所以在进行生产者市场细分时，除了考虑运用前述消费者市场细分标准外还应更加关注以下几种细分标准。

① 按产品的最终用途细分

按产品的最终用途细分是生产者市场细分最通用的标准。生产者的采购活动，是为了满足不同的生产需要或者是为了再出售，因而不同的最终用户对同一种产业用品往往有不同的要求。如飞机制造厂和农用拖拉机制造厂对轮胎的要求就大不一样，飞机制造厂对轮胎的安全标准的要求比农用拖拉机制造厂要高得多，企业按生产者市场上产品用户不同，细分为不同市场，制定不同的营销策略，以满足不同生产者的需要和提供相应的售前、售中、售后服务。

② 按用户规模细分

在生产者市场中，有的产品用户虽少但购买量很大，有的产品用户多但购买量却很小。企业应根据用户或客户的规模制定相应的营销组合方案。例如对于大客户，宜于短渠道、低价格；对于众多的小客户，则适合通过中间商渠道组织供应。在接待上也要有所不同，大客户通常由主要业务员负责接待洽谈，一般中小型客户则由推销员接待。

③ 按用户的地理位置细分

由于资源条件、交通运输、通信条件、气候、生产力布局以及历史发展原因不同形成了不同的工业区域。因此，一般地说，生产者市场较消费者市场地理位置相对集中，如中国以山西为中心的煤矿区，东南沿海的加工工业区等。生产者市场用户的地理位置，对于供货企业合理组织销售力量，选择适当的分销渠道以及有效地安排货物运输等关系很大。况且不同地区的用户对生产资料的要求也往往各有特点。因此，按用户的地理位置来细分市场，可以充分利用企业的销售力量节省销售费用。

④ 按用户行业特点细分

生产者市场的购买者是许多行业构成的，各个行业明显地体现出行业特点。如纺织行业、仪器仪表行业、化工行业等，在每个行业中还可以细分许多子行业市场。按行业划分市场使企业目标市场更加集中，容易研究掌握市场变化、发展动态、研制新产品，更好地满足生产者市场的需要。

案例 9.2 伊利

伊利从市场细分中求生存

从 1997 年夏天开始，北京街头几乎所有的冷饮网点都被"和路雪"和"雀巢"两个外国品牌所覆盖，而在如此激烈的冰激凌市场竞争中，"伊利"确是一枝独秀，作为国有品牌取得了极佳的战绩。

"和路雪"是世界最大的冰激凌制造商——联合利华公司和中国合资推出的冰激凌产品,上市后一股脑推出包装花花绿绿和名字千奇百怪的一系列产品——朦胧、顶点……对儿童和追求时尚的年轻人极富吸引力和诱惑力。1996 年经过三年征战的"和路雪"在中国市场站稳了脚跟,在知名度和销售量上具有绝对优势。同年,"雀巢"公司也将其在中国的总部从香港迁到北京,并在天津和青岛同时投下巨资兴建现代化的冰激凌生产线。"和路雪"和"雀巢"雄厚的资金支持了其分销商的迅速增加和产品线的快速扩张:如今许多大城市街头冷饮摊店随处可见醒目的"和路雪"和"雀巢"冰柜,其广告在广播、电视、报纸上频频亮相;两大品牌下各有价格从 1 元到 7,8 元不等的数种产品,且两个公司决定每年都针对中国市场的需求推出 4～6 个新品种。如此强的攻势下,许多国产品牌被一点一点从消费者的视线中挤出。

然而两大公司的营销创新手段尽管层出不穷,但其定价与普通消费者的收入水平有相当差距:2 元以上产品人们问得多买的少,而 6～8 元的产品更少人问津。"伊利"抓住了这一市场,以"优质低价"赢得了许多消费者的青睐。伊利集团地处内蒙古,能源价格、工资水平都很低,铁路运输费又相对不高,低廉的成本支持了伊利的低价格策略;另外,产地临近草原牧场,牛奶供应及时、充足,保证了伊利系列奶香味足、品质高。

尽管伊利的低成本优势明显,但分销网络还在建设之中,缺货状况明显,营销实力明显弱于对手。面对财力雄厚、营销经验丰富的跨国企业,伊利没有盲目跟随其推出层出不穷的营销花样,也没有拉开全面战事,而是集中有限资源,固守优势区域,通过满足特定消费者的需求获取局部胜利,为发展积聚力量。实际上,伊利选取的目标市场容量很大,但"雀巢""和路雪"受制于利润要求和品牌名气,不可能选取与伊利完全相同的目标市场(两个品牌 2 元以下产品只占少数,而伊利所有产品皆在此价位区域)。伊利因此获得了充分的发展余地。

9.1.3　市场细分的方法与步骤

(1) 市场细分的方法

企业在运用细分标准进行市场细分时必须注意以下问题:

第一,市场细分的标准是动态的。市场细分的各项标准不是一成不变的,而是随着社会生产力及市场状况的变化而不断变化。如年龄、收入、城镇规模、购买动机等都是可变的。

第二,不同的企业在市场细分时应采用不同标准。因为各企业的生产技术条件、资源、财力和营销的产品不同,所采用的标准也应有区别。

第三,企业在进行市场细分时,可采用一项标准,即单一变量因素细分,也可采用多个变量因素组合或系列变量因素进行市场细分。

下面介绍几种市场细分的方法。

① 单一变量因素法。

就是根据影响消费者需求的某一个重要因素进行市场细分。如服装企业，按年龄细分市场，可分为童装、少年装、青年装、中年装、中老年装、老年装；或按气候的不同，可分为春装、夏装、秋装、冬装。

② 多个变量因素组合法。

就是根据影响消费者需求的两种或两种以上的因素进行市场细分。如生产者市场锅炉生产厂，主要根据企业规模的大小、用户的地理位置、产品的最终用途及潜在市场规模来细分市场。

③ 系列变量因素法。

根据企业经营的特点并按照影响消费者需求的诸因素，由粗到细地进行市场细分。这种方法可使目标市场更加明确而具体，有利于企业更好地制定相应的市场营销策略。如自行车市场，可按地理位置（城市、郊区、农村、山区）、性别（男、女）、年龄（儿童、青年、中年、中老年）、收入（高、中、低）、职业（工人、农民、学生、职员）、购买动机（求新、求美、求价廉物美、求坚实耐用）等变量因素细分市场。

（2）市场细分的步骤

实际上，我们每个人都有市场细分的经验，买西装要到大商场，买袜子则随便哪家小百货都可以。所以，谈及市场细分都比较容易理解，但真正要让大家为某种产品如彩电进行市场细分，可能就不像想象的那么容易。有些产品市场比较容易细分，有些产品则要困难得多。一般地，市场细分应遵守如下程序的七个步骤：

① 依据需求选定产品市场范围

每一个企业，都有自己的任务和追求的目标，作为制定发展战略的依据。它一旦决定进入哪一个行业，接着便要考虑选定可能的产品市场范围。

产品市场范围应以市场的需求而不是产品特性来定。比如一家住宅出租公司，打算建造一幢简朴的小公寓。从产品特性如房间大小、简朴程度等等出发，它可能认为这幢小公寓是以低收入家庭为对象的，但从市场需求的角度来分析，许多并非低收入的家庭，也是潜在顾客。举例来说，有的人收入并不低，市区已有宽敞舒适的居室，但又希望在宁静的乡间再有一套房间，作为周末生活的去处，所以，公司要把这幢普通的小公寓，看作整个住宅出租业的一部分，而不应孤立看成只是提供低收入家庭居住的房子。

② 列举潜在顾客的基本需求

选定产品市场范围以后，公司的市场营销专家们，可以通过"头脑风暴法"，从地理变数、行为和心理变数几个方面，大致估算一下潜在的顾客有哪些需求，这一步能掌握的情况有可能不那么全面，但却为以后的深入分析提供了基本资料。

比如，这家住宅出租公司可能会发现，人们希望小公寓住房满足的基本需求，包括遮蔽风雨。停放车辆，安全，经济，设计良好，方便工作、学习与生活，不受外来干扰，足够的起居空间，满意的内部装修、公寓管理和维护等等。

③ 分析潜在顾客的不同需求

然后，公司再依据人口变数做抽样调查，向不同的潜在顾客了解，上述需求哪些对他们更为重要？比如，在校外租房住宿的大学生，可能认为最重要的需求是遮风避雨、停放车辆、经济、方便上课和学习等等，新婚夫妇的希望是遮蔽风雨、停放车辆、不受外来干扰、满意的公寓管理等等；较大的家庭则要求遮蔽风雨、停放车辆、经济、足够的儿童活动空间等等。这一步至少应进行到有：三个分市场出现。

④ 移去潜在顾客的共同需求

现在公司需要移去各分市场或各顾客群的共同需求。这些共同需求固然很重要，但只能作为设计市场营销组合的参考，不能作为市场细分的基础。比如说，遮蔽风雨、停放车辆和安全等项，几乎是每一个潜在顾客都希望的。公司可以把它用作产品决策的重要依据，但在细分市场时则要移去。

⑤ 为分市场暂时取名

公司对各市场剩下的需求，要做进一步分析，并结合各分市场的顾客特点，暂时安排一个名称。

⑥ 进一步认识各分市场的特点

现在，公司还要对每一个分市场的顾客需求及其行为，作更深入地考察。看看各分市场的特点掌握了哪些，还要了解哪些。以便进一步明确，各分市场有没有必要再作细分，或重新合并。比如，经过这一步骤，可以看出，新婚者与老成者的需求差异很大，应当作为两个分市场。同样的公寓设计，也许能同时迎合这两类顾客，但对他们的广告宣传和人员销售的方式都可能不同。企业要善于发现这些差异。要是他们原来被归属于同——个分市场，现在就要把他们区分开来。

⑦ 决定各分市场的大小

以上步骤基本决定了各分市场的类型。公司紧接着应把每个分市场同人口变数结合起来分析，以测量各分市场潜在顾客的数量。因为企业进行市场细分，是为了寻找获利的机会，这又取决于各分市场的销售潜力。不引入人口变数是危险的，有的分市场或许根本就不存在顾客。

9.2 目标市场的选择

9.2.1 目标市场选择的概念及标准

（1）目标市场的概念

目标市场（Target Market），就是市场营销者准备通过为之提供产品和服务满足其需要和欲望的细分市场。目标市场选择（Targeting）就是在诸多细分市场中选择最为合适的细分市场作为目标市场的过程。

市场营销者之所以要选择目标市场，主要有三个原因：

① 首先，市场无限而企业能力有限，企业只能将有限的能力服务于有限的市场。这是之所以要进行目标市场选择的根本前提。

② 其次，由顾客所有需求所构成的总体市场的确可以根据需要、购买力、产品、地理、购买行为方式等加以细分为各具特点的细分市场。这是目标市场选择决策的基础。

③ 再次，顾客对满意的要求越来越高，而竞争的压力也越来越大，企业不得不集中资源在有限的目标市场中作战。这是顾客和竞争者对企业目标市场选择决策的最新挑战。

（2）目标市场选择标准

① 有一定的规模和发展潜力

企业进入某一市场是期望能够有利可图，如果市场规模狭小或者趋于萎缩状态，企业进入后难以获得发展，此时，应审慎考虑，不宜轻易进入。当然，企业也不宜以市场吸引力作为唯一取舍，特别是应力求避免"多数谬误"，即与竞争企业遵循同一思维逻辑，将规模最大、吸引力最大的市场作为目标市场。大家共同争夺同一个顾客群的结果是，造成过度竞争和社会资源的无端浪费，同时使消费者的一些本应得到满足的需求遭受冷落和忽视。现在国内很多企业动辄将城市尤其是大中城市作为其首选市场，而对小城镇和农村市场不屑一顾，很可能就步入误区，如果转换一下思维角度，一些目前经营尚不理想的企业说不定会出现"柳暗花明"的局面。

② 细分市场结构的吸引力

细分市场可能具备理想的规模和发展特征，然而从赢利的观点来看，它未必有吸引力。波特认为有五种力量决定整个市场或其中任何一个细分市场的长期的内在吸引力。这五个群体是：同行业竞争者、潜在的新参加的竞争者、替代产品、购买者和供应商。他们具有如下五种威胁性：

A. 细分市场内激烈竞争的威胁

如果某个细分市场已经有了众多的、强大的或者竞争意识强烈的竞争者，那么该细分市场就会失去吸引力。如果出现该细分市场处于稳定或者衰退，生产能力不断大幅度扩大，固定成本过高，撤出市场的壁垒过高，竞争者投资很大，那么情况就会更糟。这些情况常常会导致价格战、广告争夺战，新产品推出，并使公司要参与竞争就必须付出高昂的代价。

B. 新竞争者的威胁

如果某个细分市场可能吸引会增加新的生产能力和大量资源并争夺市场份额的新的竞争者，那么该细分市场就会没有吸引力。问题的关键是新的竞争者能否轻易地进入这个细分市场。如果新的竞争者进入这个细分市场时遇到森严的壁垒，并且遭受到细分市场内原来的公司的强烈报复，他们便很难进入。保护细分市场的壁垒越低，原来占领细分市场的公司的报复心理越弱，这个细分市场就越缺乏吸引力。某个细分市场的吸引力随其进退难易的程度而有所区别。根据行业利润的观点，最有吸引力的细分市场应该是进入的壁垒高、退出的壁垒低。在这样的细分市场里，新的公司很难打入，但经营不善的公司可以安然撤退。如果细分市场进入和退出的壁垒都高，那里的利润潜量就大，但也往往伴随较大的风险，因为经营不善的公司难以撤退，必须坚持到底。如果细分市场进入和退出的壁垒都较低，公司便可以进退自如，然而获得的报酬虽然稳定，但不高。最坏的情况是进入细分市场的壁垒较低，而退出的壁垒却很高。于是在经济良好时，大家蜂拥而入，但在经济萧条时，却很难退出。其结果是大家都生产能力过剩，收入下降。

C. 替代产品的威胁

如果某个细分市场存在着替代产品或者有潜在替代产品，那么该细分市场就失去吸引力。替代产品会限制细分市场内价格和利润的增长。公司应密切注意替代产品的价格趋向。如果在这些替代产品行业中技术有所发展，或者竞争日趋激烈，这个细分市场的价格和利润就可能会下降。

D. 购买者讨价还价能力加强的威胁

如果某个细分市场中购买者的讨价还价能力很强或正在加强，该细分市场就没有吸引力。购买者便会设法压低价格，对产品质量和服务提出更高的要求，并且使竞争者互相斗争，所有这些都会使销售商的利润受到损失。如果购买者比较集中或者有组织，或者该产品在购买者的成本中占较大比重，或者产品无法实行差别化，或者顾客的转换成本较低，或者由于购买者的利益较低而对价格敏感，或者顾客能够向后实行联合，购买者的讨价还价能力就会加强。销售商为了保护自己，可选择议价能力最弱或者转换销售商能力最弱的购买者。较好的防卫方法是提供顾客无法拒绝的优质产品供应市场。

E. 供应商讨价还价能力加强的威胁

如果公司的供应商——原材料和设备供应商、公用事业、银行、公会等等，能够提价或者降低产品和服务的质量，或减少供应数量，那么该公司所在的细分市场就会没有吸引力。如果供应商集中或有组织，或者替代产品少，或者供应的产品是重要的投入要素，或转换成本高，或者供应商可以向前实行联合，那么供应商的讨价还价能力就会较强大。因此，与供应商建立良好关系和开拓多种供应渠道才是防御上策。

③ 符合企业目标和能力

某些细分市场虽然有较大吸引力，但不能推动企业实现发展目标，甚至分散企业的精力，使之无法完成其主要目标，这样的市场应考虑放弃。另一方面，还应考虑企业的资源条件是否适合在某一细分市场经营。只有选择那些企业有条件进入、能充分发挥其资源优势的市场作为目标市场，企业才会立于不败之地。

现代市场经济条件下，制造商品牌和经销商品牌之间经常展开激烈的竞争，也就是所谓品牌战。一般来说，制造商品牌和经销商品牌之间的竞争，本质上是制造商与经销商之间实力的较量。在制造商具有良好的市场声誉，拥有较大市场份额的条件下，应多使用制造商品牌，无力经营自己品牌的经销商只能接受制造商品牌。相反，当经销商品牌在某一市场领域中拥有良好的品牌信誉及庞大的、完善的销售体系时，利用经销商品牌也是有利的。因此进行品牌使用者决策时，要结合具体情况，充分考虑制造商与经销商的实力对比，以求客观地做出决策。

9.2.2 选择目标市场策略

（1）目标市场模式选择

公司在对不同细分市场评估后，就必须对进入哪些市场和为多少个细分市场服务做出决策。公司可考虑可能的目标市场模式，一共可采用五种模式。

① 密集单一市场

最简单的方式是公司选择一个细分市场集中营销。公司通过密集营销，更加了解本细分市场的需要，并树立了特别的声誉，因此便可在该细分市场建立巩固的市场地位。另外，公司通过生产、销售和促销的专业化分工，也获得了许多经济效益。如果细分市场补缺得当，公司的投资便可获得高报酬。同时，密集市场营销比一般情况风险更大。个别细分市场可能出现不景气的情况，或者某个竞争者决定进入同一个细分市场。由于这些原因，许多公司宁愿在若干个细分市场分散营销。

②　有选择的专门化

采用此法选择若干个细分市场，其中每个细分市场在客观上都有吸引力，并且符合公司的目标和资源。但在各细分市场之间很少有或者根本没有任何联系，然而每个细分市场都有可能赢利。这种多细分市场目标优于单细分市场目标，因为这样可以分散公司的风险，即使某个细分市场失去吸引力，公司仍可继续在其他细分市场获取利润。

③　产品专门化

用此法集中生产一种产品，公司向各类顾客销售这种产品。例如显微镜生产商向大学实验室、政府实验室和工商企业实验室销售显微镜。公司准备向不同的顾客群体销售不同种类的显微镜，而不去生产实验室可能需要的其他仪器。公司通过这种战略，在某个产品方面树立起很高的声誉。如果产品——这里是指显微镜，被一种全新的显微技术代替，就会发生危机。

④　市场专门化

是指专门为满足某个顾客群体的各种需要而服务。例如公司可为大学实验室提供一系列产品，包括显微镜、化学烧瓶等。公司专门为这个顾客群体服务，而获得良好的声誉，并成为这个顾客群体所需各种新产品的销售代理商。但如果大学实验室突然经费预算削减，它们就会减少从这个市场专门化公司购买仪器的数量，这就会产生危机。

⑤　完全市场覆盖

是指公司想用各种产品满足各种顾客群体的需求。只有大公司才能采用完全市场覆盖战略，例如像国际商用机器公司（计算机市场）、通用汽车公司（汽车市场）和可口可乐公司（饮料市场）。

（2）目标市场营销策略

定义：企业通过市场细分，从众多的细分市场中，选择出一个或几个具有吸引力、有利于发挥企业优势的细分市场作为自己的目标市场，综合考虑产品特性、竞争状况和自身实力，针对不同的目标市场选择营销策略。

①　无差异市场营销策略

无差异营销策略是指企业将产品的整个市场视为一个目标市场，用单一的营销策略开拓市场，即用一种产品和一套营销方案吸引尽可能多的购买者。无差异营销策略只考虑消费者或用户在需求上的共同点，而不关心他们在需求上的差异性。可口可乐公司在60年代以前曾以单一口味的品种、统一的价格和瓶装、同一广告主题将产品面向所有顾客，就是采取的这种策略。

无差异营销的理论基础是成本的经济性。生产单一产品，可以减少生产与储运成本；无差异的广告宣传和其他促销活动可以节省促销费用；不搞市场细分，可以减少企业在市场调研、产品开发、制定各种营销组合方案等方面的营销投入。这种策略对于需求广泛、市场同质性高且能大量生产、大量销售的产品比较合适。

无差异性营销的优点是由于产品单一，有利于标准化与大规模生产，从而降低研究开发、生产、储存、运输、促销等成本费用，能以低成本取得市场竞争优势。

缺点是忽视了各子市场需求的差异性，企业难以长期采用。一旦竞争者采取差异化或集中化的营销策略，企业必须放弃无差异营销，否则顾客会大量流失。

② 差异性市场营销策略

差异性市场营销策略是将整体市场划分为若干细分市场，针对每一细分市场制定一套独立的营销方案。比如，服装生产企业针对不同性别、不同收入水平的消费者推出不同品牌、不同价格的产品，并采用不同的广告主题来宣传这些产品，就是采用的差异性营销策略。

差异性营销策略的优点是：小批量、多品种，生产机动灵活、针对性强，使消费者需求更好地得到满足，由此促进产品销售。另外，由于企业是在多个细分市场上经营，一定程度上可以减少经营风险；一旦企业在几个细分市场上获得成功，有助于提高企业的形象及提高市场占有率。

差异性营销策略的不足之处主要体现在两个方面：一是增加营销成本。由于产品品种多，管理和存货成本将增加；由于公司必须针对不同的细分市场发展独立的营销计划，会增加企业在市场调研、促销和渠道管理等方面的营销成本。二是可能使企业的资源配置不能有效集中，顾此失彼，甚至在企业内部出现彼此争夺资源的现象，使拳头产品难以形成优势。

差异性营销的优点是由于企业在产品设计、推销宣传等营销策略方面能针对不同的子市场，有的放矢，从而有利于提高产品的竞争力，提高市场占有率；此外还有利于建立企业及品牌的知名度

缺点是多品种生产，势必增加生产及营销成本，增加管理的难度。因此，该策略多为实力雄厚的大公司所采用。

③ 集中性市场营销策略

实行差异性营销策略和无差异营销策略，企业均是以整体市场作为营销目标，试图满足所有消费者在某一方面的需要。集中性营销策略则是集中力量进入一个或少数几个细分市场，实行专业化生产和销售。实行这一策略，企业不是追求在一个大市场角逐，而是力求在一个或几个子市场占有较大份额。

集中性营销策略的指导思想是：与其四处出击收效甚微，不如突破一点取得成功。这一策略特别适合于资源力量有限的中小企业。中小企业由于受

财力、技术等方面因素制约，在整体市场可能无力与大企业抗衡，但如果集中资源优势在大企业尚未顾及或尚未建立绝对优势的某个或某几个细分市场进行竞争，成功可能性更大。集中性营销策略的局限性体现在两个方面：一是市场区域相对较小，企业发展受到限制。二是潜伏着较大的经营风险，一旦目标市场突然发生变化，如消费者趣味发生转移；或强大竞争对手的进入；或新的更有吸引力的替代品的出现，都可能使企业因没有回旋余地而陷入困境。

集中性营销的优点是目标市场集中，企业资源集中，能快速开发适销对路的产品，树立和强化企业和产品形象，也有利于降低生产成本，节省营销费用，增加企业盈利。

缺点是目标市场狭小，经营风险较大。一旦市场需求突然发生变化，或出现更强的竞争对手，企业就可能陷入困境。该策略适用于实力弱，资源少的小型企业。

④ 定制营销策略

定制营销是指企业在大规模生产的基础上，将每一位顾客都视为一个单独的子市场，通过与顾客进行个体的沟通，明确并把握特定顾客的需求，并为其提供方式不同的满足，以更好地实现企业利益的活动过程。定制营销也被称为一对一营销、个性化营销。

定制营销的适用范围十分广泛，不仅适用于自行车、汽车、服装、家具等有形产品，也适用于金融、咨询、旅游、餐饮等服务领域。

定制营销的突出优点是：能极大地满足消费者的个性化需求，提高企业竞争力；以需定产，有利于减少库存积压，加快企业的资金周转；有利于产品、技术上的创新，促进企业不断发展。

但定制营销有可能导致营销工作的复杂化，增大经营成本和经营风险，因此，定制营销需要建立在定制的利润高于定制的成本的基础之上。另外，生产领域的定制营销还对企业的设计、生产、供应等系统和管理的信息化程度有很高的要求，海尔"定制冰箱"的生产，从设计、模具制造，到生产、配送、支付、服务等各方面都比普通冰箱的要求要高得多，因此，一般的生产企业可能还很难做到，但定制营销仍是众多企业努力的方向。

9.2.3　影响目标市场策略选择的因素

前述三种目标市场策略各有利弊，企业到底应采取哪一种策略，应综合考虑企业、产品和市场等多方面因素予以决定。

（1）企业资源或实力。

当企业生产、技术、营销、财务等方面势力很强时，可以考虑采用差异性或无差异市场营销策略；资源有限，实力不强时，采用集中性营销策略效果可能更好。

（2）产品同质性。

指在消费者眼里，不同企业生产的产品的相似程度。对于大米、食盐、钢铁等产品，尽管每种产品因产地和生产企业的不同会有些品质差别，但消费者可能并不十分看重，此时，竞争将主要集中在价格上。这样的产品适合采用无差异营销策略。对于服装、化妆品、汽车等产品，由于在型号、式样、规格等方面存在较大差别，产品选择性强，同质性较低，因而更适合于采用差异性或集中性营销策略。

（3）市场同质性。

指各细分市场顾客需求、购买行为等方面的相似程度。市场同质性高，意味着各细分市场相似程度高，不同顾客对同一营销方案的反应大致相同，此时，企业可考虑采取无差异营销策略。反之，则适宜采用差异性或集中性营销策略。

（4）产品所处生命周期的不同阶段。

产品处于投入期，同类竞争品不多，竞争不激烈，企业可采用无差异营销策略。当产品进入成长期或成熟期，同类产品增多，竞争日益激烈，为确立竞争优势，企业可考虑采用差异性营销策略。当产品步入衰退期，为保持市场地位，延长产品生命周期，全力对付竞争者，可考虑采用集中性营销策略

（5）竞争者的市场营销策略。

企业选择目标市场策略时，还要充分考虑竞争者尤其是主要竞争对手的营销策略。如果竞争对手采用差异性营销策略，企业应采用差异性或集中性营销策略与之抗衡；若竞争者采用无差异策略，则企业可采用无差异或差异性策略与之对抗。

（6）竞争者的数目。

当市场上同类产品的竞争者较少，竞争不激烈时，可采用无差异性营销策略。当竞争者多，竞争激烈时，可采用差异性营销策略或集中性营销策略。

9.3 市场定位

目标市场范围确定后，企业就要在目标市场上进行定位了。市场定位是指企业全面地了解、分析竞争者在目标市场上的位置后，确定自己的产品如何接近顾客的营销活动。

9.3.1　市场定位的含义及作用

（1）市场定位概念

所谓市场定位就是企业根据目标市场上同类产品竞争状况，针对顾客对该类产品某些特征或属性的重视程度，为本企业产品塑造强有力的、与众不同的鲜明个性，并将其形象生动地传递给顾客，求得顾客认同。市场定位的实质是使本企业与其他企业严格区分开来，使顾客明显感觉和认识到这种差别，从而在顾客心目中占与众不同的有价值的位置。

传统的观念认为，市场定位就是在每一个细分市场上生产不同的产品，实行产品差异化。事实上，市场定位与产品差异化尽管关系密切，但有着本质的区别。市场定位是通过为自己的产品创立鲜明的个性，从而塑造出独特的市场形象来实现的。一项产品是多个因素的综合反映，包括性能、构造、成分、包装、形状、质量等，市场定位就是要强化或放大某些产品因素，从而形成与众不同的独特形象。产品差异化乃是实现市场定位的手段，但并不是市场定位的全部内容。市场定位不仅强调产品差异，而且要通过产品差异建立独特的市场形象，赢得顾客的认同。

需要指出的是，市场定位中所指的产品差异化与传统的产品差异化概念有本质区别，它不是从生产者角度出发单纯追求产品变异，而是在对市场分析和细分化的基础上，寻求建立某种产品特色，因而它是现代市场营销观念的体现。市场定位的概念提出来以后，受到企业界的广泛重视。越来越多的企业运用市场定位，参与竞争、扩大市场。

（2）市场定位的作用

总的看来，市场定位在两个方面为广大商家提供了制胜的法宝：

首先，市场定位有利于建立企业及产品的市场特色，是参与现代市场竞争的有力武器。在现代社会中，许多市场都存在严重的供大于求的现象，众多生产同类产品的厂家争夺有限的顾客，市场竞争异常激烈。为了使自己生产经营的产品获得稳定销路，防止被其他厂家的产品所替代，企业必须从各方面树立起一定的市场形象，以期在顾客心目中形成一定的偏爱。美国苹果公司在世界电信设备市场上，成功地塑造了质量领先的形象，从而在激烈的市场竞争中始终居于领先地位。在未来很长一段时间内，不是能被别人轻松超越的。

其次，市场定位决策是企业制定市场营销组合策略的基础。企业的市场营销组合要受到企业市场定位的制约，例如，假设某企业决定生产销售优质低价的产品，那么这样的定位就决定了：产品的质量要高；价格要定得低；广告宣传的内容要突出强调企业产品质优价廉的特点，要让目标顾客相信货真价实，低价也能买到好产品；分销储运效率要高，保证低价出售仍能获利。也就是说，企业的市场定位决定了企业必须设计和发展与之相适应的市场营销组合。

9.3.2 市场定位步骤

我们再一次强调一下，市场定位的主要任务就是在市场上，让你的企业、产品与竞争者的有所不同。要做到这一点。其实是极不容易的，让消费者从心里记住你，你大概要做以下三个方面的工作。

（1）确立产品的特色

市场定位的出发点和根本要素就是要确定产品的特色。你首先要了解市场上竞争者的定位如何，他们要提供的产品或服务有什么特点。其次要了解顾客对某类产品各属性的重视程度。显然，费大力气去宣传那些与顾客关系并不密切的产品是多余的，最后，你还得考虑企业自身的条件。有些产品属性，虽然是顾客比较重视的，但如果企业力所不及，也不能成为你市场定位的目标。

（3）树立市场形象

企业所确定的产品特色，是企业有效参与市场竞争的优势，但这些优势不会自动地在市场上显示出来。要使这些独特的优势发挥作用，影响顾客的购买决策，需要以产品特色为基础树立鲜明的市场形象，通过积极主动而又巧妙地与顾客沟通，引起顾客的注意与兴趣，求得顾客的认同。有效的市场定位并不取决于企业是怎么想，关键在于顾客是怎么看。市场定位的成功的最直接的反映就是顾客对企业及其产品所持的态度和看法。

（3）巩固市场形象

顾客对企业的认识不是一成不变的。由于竞争者的干扰或沟通不畅，会引致市场形象模糊，顾客对企业的理解会出现偏差，态度发生转变。所以建立市场形象后，企业还应不断向顾客提供新的论据和观点，及时矫正与市场定位不一致的行为，巩固市场形象，维持和强化顾客对企业的看法和认识。

9.3.3 市场定位方法

各个企业经营的产品不同，面对的顾客也不同，所处的竞争环境也不同，因而市场定位所依据的原则也不同。总的来讲，市场定位所依据的原则有以下四点：

（1）根据具体的产品特点定位

构成产品内在特色的许多因素都可以作为市场定位所依据的原则。比如所含成分、材料、质量、价格等。"七喜"汽水的定位是"非可乐"，强调它是不含咖啡因的饮料，与可乐类饮料不同。"泰宁诺"止痛药的定位是"非阿斯匹林的止痛药"，显示药物成分与以往的止痛药有本质的差异。

（2）根据特定的使用场合及用途定位

为老产品找到一种新用途，是为该产品创造新的市场定位的好方法。比如脑白金本是一种保健药品，可是企业定位为礼品取得了好的销售效果。

（3）根据顾客得到的利益定位

产品提供给顾客的利益是顾客最能切实体验到的，也可以用作定位的依据。1975年，美国米勒（Miller）推出了一种低热量的"Lite"牌啤酒，将其定位为喝了不会发胖的啤酒，迎合了那些经常饮用啤酒而又担心发胖的人的需要。世界上各大汽车巨头的定位也各有特色，劳斯莱斯车豪华气派、丰田车物美价廉、沃尔沃则结实耐用。

（4）根据使用者类型定位

企业常常试图将其产品指向某一类特定的使用者，以便根据这些顾客的看法塑造恰当的形象。美国米勒啤酒公司曾将其原来唯一的品牌"高生"啤酒定位于"啤酒中的香槟"，吸引了许多不常饮用啤酒的高收入妇女。后来发现，占30%的狂饮者大约消费了啤酒销量的80%，于是，该公司在广告中展示石油工人钻井成功后狂欢的镜头，还有年轻人在沙滩上冲刺后开怀畅饮的镜头，塑造了一个"精力充沛的形象"。在广告中提出"有空就喝米勒"，从而成功占领啤酒狂饮者市场达10年之久。

事实上，许多企业进行市场定位的依据往往不止一个，而是多个依据同时使用。因为要体现企业及其产品的形象，市场定位必须是多维度的、多侧面的。

9.3.4　市场定位战略

市场定位是一种竞争性定位，它反映市场竞争各方的关系，是为企业有效参与市场竞争服务的。主要战略有以下几种：

（1）避强定位

这是一种避开强有力的竞争对手进行市场定位的模式。企业不与对手直接对抗，将自己置定于某个市场"空隙"，发展目前市场上没有的特色产品，拓展新的市场领域。

这种定位的优点是：能够迅速地在市场上站稳脚跟，并在消费者心中尽快树立起一定形象。由于这种定位方式市场风险较小，成功率较高，常常为多数企业所采用。例如美国的Aims牌牙膏专门对准儿童市场这个空隙，因而能在Crest（克蕾丝，"宝洁"公司出品）和Colgate（高露洁）两大品牌统霸的世界牙膏市场上占有10%的市场份额。

（2）迎头定位

这是一种与在市场上居支配地位的竞争对手"对着干"的定位方式，即企业选择与竞争对手重合的市场位置，争取同样的目标顾客，彼此在产品、价格、分销、供给等方面少有差别。

在世界饮料市场上，作为后起的"百事可乐"进入市场时，就采用过这种方式，"你是可乐，我也是可乐"，与可口可乐展开面对面的较量。实行迎头定位，企业必须做到知己知彼，应该了解市场上是否可以容纳两个或两个以上的竞争者，自己是否拥有比竞争者更多的资源和能力，是不是可以比竞争对手做得更好。否则，迎头定位可能会成为一种非常危险的战术，将企业引入歧途。

当然，也有些企业认为这是一种更能激发自己奋发向上的定位尝试，一旦成功就能取得巨大的市场份额。

（3）重新定位

重新定位通常是指对那些销路少、市场反应差的产品进行二次定位。初次定位后，随着时间的推移，新的竞争者进入市场，选择与本企业相近的市场位置，致使本企业原来的市场占有率下降；或者，由于顾客需求偏好发生转移，原来喜欢本企业产品的人转而喜欢其他企业的产品，因而市场对本企业产品的需求减少。在这些情况下，企业就需要对其产品进行重新定位。所以，一般来讲，重新定位是企业为了摆脱经营困境，寻求重新获得竞争力和增长的手段。不过，重新定位也可作为一种战术策略，并不一定是因为陷入了困境，相反，可能是由于发现产品新的市场范围引起的。例如，某些专门为青年人设计的产品在中老年人中也开始流行后，这种产品就需要重新定位。

9.3.5　市场选择程序

第一步，确定细分中的市场是同质市场还是异质市场；

第二步，选择恰当的细分标准；

第三步，对市场进行细分；

第四步，给各子市场命名，了解各子市场的市场容量、市场潜力以及需求特点；

第五步，分析企业实力和竞争状况，为选择目标市场准备资料；

第六步，选择目标市场；

第七步，选择目标市场的定位策略，确定适合自己的市场位置，适时地进入目标市场。

第 10 章　生物技术企业
市场营销组合

10.1　营销组合的简介

10.1.1　营销组合的概念

营销组合即营销手段，是指公司在目标市场上用来追逐其营销目标的一系列营销工具的综合运用。营销组合是市场营销中的一个最基本概念，指企业根据顾客的需求和企业的营销目标来确定可控营销因素的最佳组合。在企业探索消费者需求的过程中，他们的探索主要在——4p、6p、7p、10p 和 11p 及 4Cs。

从另外一个方面说，营销组合也叫整合营销，其道理都是一样的，充分利用好每一种营销方式的优势，进来优势整合，已达到营销的最大目的。国际品牌网旗下的品牌联播机构倡导企业在做企业营销的时候，要综合企业自身和企业所在的行业发展趋势的情况下，从实际出发，量身定做吻合企业的营销方案，这样才能起到事半功倍的效果。

现在我们可以看到很多企业家成了网络红人，这正是一种通过实名营销提升企业和品牌知名度的营销手段。而作为新型网络营销形式，实名营销虽然依靠个人影响力具备一定的营销效果，但是由于个人影响力的增长需要一个循环渐进的过程，所以实名营销效果显现较慢。整合营销是目前网络营销最注重的营销方法之一，因为它能够为独立营销提供强大的援助。整合营销对提升个人影响力的帮助是很大的，但是要明确选取哪几种营销方法来整合。

10.1.2　组合营销的发展探索

1953 年，尼尔·鲍登（Neil Bordaen）在美国营销协会的就职演说中，创造了"营销组合"这一术语。

(1) 4p：产品（Product）、价格（Price）、地点（Place）、促销（Promotion）

市场营销人员 E. 杰罗姆麦卡锡（E. Jerome McCarthy）在 1960 年提出了 4P 分类，然后全世界的市场营销者开始使用这个模型。

产品：定量大规模生产或制造的可触摸的物品或不可触摸的服务。不可触摸的产品通常指服务，例如旅游业和饭店业。大规模生产的可触摸的物品的典型例子如汽车和可抛弃型刮胡刀。一个比较不明显的但是无处不在的大规模生产的服务是计算机操作系统。

价格：价格指顾客为产品支付的金额。它由一系列因素决定，这些因素包括市场份额、竞争、材料成本、产品身份和顾客认知的产品价值。如果其他商店有同样的产品，企业可以降低或提升产品的价格。

地点：地点指可以买到产品的地方。通常指分销渠道。包括实际商店和网上的虚拟商店。

促销：促销指市场人员可以在市场上运用的各种传播手段。包括四个不同的因素：广告、公共关系、口碑和销售点。当促销同时运用这四个主要元素时，有一定交叉，这在电影促销中很常见。广告指所有付费的传播手段，从电影里的商业广告到收音机、网上的广告到纸质媒介到广告牌。今天最显眼的一种促销方式就是促销产品，即那些免费发放给目标受众的有用的产品。过去十年里，这种方式大幅增长，其他广告促销方式出现疲软。它是唯一针对五感的广告促销方式，而且能使接受者感谢分发者。公共关系指没有直接付费的传播手段，包括新闻发布、赞助、展览、会议、论坛、贸易会和活动。口碑包括普通人、满意的顾客和专门雇来制造口碑的人所做出的关于产品的非正式的传播。销售人员通常在口碑和公共关系两方面起重要作用。

从广义上来说，市场营销的主要职能是找到最好的市场营销组合。通过提供四个 P 搭配的很好的产品，市场人员可以得到很好的结果和市场营销效率。市场营销组合的小变化统称被认为是战术转变。四个 P 中任何一个大的变动都可以被认为是战略转变。例如，价格大幅变动，比如从 19 美金到 39 美金，将被认为是产品定位的战略性转变。然而从 131 美金到 130.99 美金的变化就算一个战术转变，可能是由于促销的原因。

"市场营销组合"这个词不表示四个 P 是不同的选项。他们不是需要权衡的方面，而是需要时刻注意的基本的市场营销问题。无论是默认的还是明确决定的，他们都是市场营销所必需的基本行为。

案例 10.1　宝马汽车

宝马汽车的营销策略

宝马汽车公司位于德国南部的巴伐利亚州。宝马公司拥有 16 座制造工厂、10 万余名员工。公司汽车年产量 100 万辆，并且生产飞机引擎和摩托车。宝马集团（宝马汽车和宝马机车加上宝马控股的路华与越野路华公司，以及从事飞机引擎制造的宝马—劳斯莱斯公司）1994 年的总产值在全欧洲排第七，营业额排第五，成为全球十大交通运输工具生产厂商。

汽车工业自形成以来，一直稳定发展，现已成为全球最重要、规模最大的工业部门之一。但是，20 世纪 80 年代中期，美国国内汽车市场趋于饱和，竞争非常激烈，汽车行业出现不景气；90 年代之后，日本、欧洲等国家的汽车制造业都发展缓慢，全球汽车行业进入了调整阶段。汽车行业需要新的经济增长点。而此时亚洲经济正以惊人的速度发展，被喻为"四小龙"的新加坡、中国香港、中国台湾、韩国的人均收入水平已接近中等发达国家水平，此外中国、泰国、印尼等国的具有汽车购买能力的中产阶级的数量正飞速增长。世界汽车巨头都虎视着亚洲，尤其是东亚这块世界汽车业最后争夺的市场。宝马公司也将目标定向了亚洲。

1. 产品策略

宝马公司试图吸引新一代寻求经济和社会地位成功的亚洲商人。宝马的产品定位是：最完美的驾驶工具。宝马要传递给顾客创新、动力、美感的品牌魅力。这个诉求的三大支持是：设计、动力和科技。公司的所有促销活动都以这个定位为主题，并在上述三者中选取至少一项作为支持。每个要素的宣传都要考虑到宝马的顾客群，要使顾客感觉到宝马是"成功的新象征"。要实现这一目标，宝马公司欲采取两种手段，一是区别旧与新，使宝马从其他品牌中脱颖而出；二是明确哪些期望宝马成为自己成功和地位象征的车主有哪些需求，并去满足它。

宝马汽车种类繁多，分别以不同系列来设定。在亚洲地区，宝马公司根据亚洲顾客的需求，着重推销宝马 3 系列、宝马 5 系列、宝马 7 系列、宝马 8 系列。这几个车型的共同特点是：节能。

（1）宝马 3 系列。3 系列原为中高级小型车，新 3 系列有三种车体变化：四门房车、双座跑车、敞篷车和三门小型车，共有七种引擎。车内空间宽敞舒适。

（2）宝马 5 系列。备有强力引擎的中型房车 5 系列是宝马的新发明。5 系列除了在外形上比 3 系列大，它们的灵敏度是相似的。拥有两种车体设计的五系列配有从 1800 马力到 4000 马力的引擎，四个、六个或八个汽缸。5 系列提供多样化的车型，足以满足人们对各类大小汽车的所有需求。

（3）宝马7系列。7系列于1994年9月进军亚洲，无论从外观或内部看都属于宝马大型车等级。7系列房车的特点包括了优良品质、舒适与创新设计，已成为宝马汽车的象征。7系列除了有基本车体以外，还有加长车型可供选择。

（4）宝马8系列。8系列延续了宝马优质跑车的传统，造型独特、优雅。

2. 定价策略

宝马的目标在追求成功的高价政策，以高于其他大众车的价格出现。宝马公司认为宝马制订高价策略是因为：高价也就意味着宝马汽车的高品质，高价也意味着宝马品牌的地位和声望，高价表示了宝马品牌与竞争品牌相比具有的专用性和独特性，高价更显示出车主的社会成就。总之，宝马的高价策略是以公司拥有的优于其他厂商品牌的优质产品和完善的服务特性，以及宝马品牌象征的价值为基础的。宝马汽车的价格比同类汽车一般要高出10%～20%。

3. 渠道策略

宝马公司早在1985年在新加坡成立了亚太地区，负责新加坡、中国香港、中国台湾、韩国等分支机构的销售事务。

在销售方式上，宝马公司采取直销的方式。宝马是独特、个性化且技术领先的品牌，宝马锁定的顾客并非是大众化汽车市场，因此，必须采用细致的、个性化的手段，用直接、有效的方式把信息传递给顾客。直销是最能符合这种需要的销售方式。宝马公司在亚洲共有3000多名直销人员，由他们直接创造宝马的销售奇迹。

宝马在亚洲直销的两个主要目标是：一是要有能力面对不确定的目标市场，二是要能把信息成功地传递给目标顾客。这些目标单靠传统的广告方式难以奏效。直销要实现的其他目标还有：加强宝马与顾客的沟通，使宝马成为和顾客距离最近的一个成功企业；利用与顾客的交谈，和顾客建立长期稳定的关系；公司的财务状况、销售状况、售后服务、零件配备情况都要与顾客及其他企业外部相通者沟通；利用已有的宝马顾客的口碑，传递宝马的信息，树立宝马的品牌形象；利用现有的顾客信息资料，建立起公司内部营销信息系统。宝马还把销售努力重点放在提供良好服务和保证零配件供应上。对新开辟的营销区域，在没开展销售活动之前，便先设立服务机构，以建立起一支可靠的销售支持渠道。

4. 促销策略

宝马公司的促销策略并不急功近利地以销售量的提高为目的，而是考虑到促销活动一定要达到如下目标：成功地把宝马的品位融入潜在顾客中；加强顾客与宝马之间的感情连接；在宝马的整体形象的基础上，完善宝马产品与服务的组合；向顾客提 供详尽的产品信息。最终，通过各种促销方式使宝马能够有和顾客直接接触的机会，相互沟通信息，树立起良好的品牌形象。

宝马公司考虑到当今的消费者面对着无数的广告和商业信息，为了有效地使信息传递给目标顾客，宝马采用了多种促销方式。所采用的促销方式包括：广告、直销、公共关系活动。

（1）广告。宝马公司认为当今社会越来越多的媒体具备超越国际的影响力，因而要使广告所传达的信息能够一致是绝对必要的。宝马为亚洲地区制订了一套广告计划，保证在亚洲各国通过广告宣传的宝马品牌形象是统一的。同时这套广告计划要通过集团总部的审查，以保证与公司在欧美地区的广告宣传没有冲突。宝马公司借助了香港、新加坡等地的电视、报纸、杂志等多种广告媒体开展广告宣传活动。这些活动主要分为两个阶段：第一阶段主要是告知消费者宝马是第一高级豪华车品牌，同时介绍宝马公司的成就和成功经验；第二阶段宝马用第七系列作为主要的宣传产品，强调宝马的设计、安全、舒适和全方位的售后服务。

（2）公关活动。广告的一大缺陷是不能与目标顾客进行直接的接触，而公关活动能够达到这一目的。宝马公司在亚洲主要举宝马国际高尔夫金杯赛和宝马汽车鉴赏巡礼两个公关活动。宝马国际金杯赛是当时全球业余高尔夫球赛中规模最大的。这项赛事的目的是促使宝马汽车与自己的目标市场进行沟通，这是因为高尔夫球历来被认为是绅士运动，即喜欢高尔夫球的人，尤其是业余爱好者多数是较高收入和较高社会地位的人士，而这些人正是宝马汽车的目标市场。宝马汽车鉴赏巡礼活动的目的是在特定的环境里，即在高级的展览中心陈列展示宝马汽车，把宝马的基本特性、动力、创新和美感以及它的高贵、优雅的品牌形象展示给消费者，并强化这种印象。此外，宝马公司还定期举行新闻记者招待会，在电视和电台的节目中与顾客代表和汽车专家共同探讨宝马车的功能，让潜在顾客试开宝马车，这些活动也加强了宝马与顾客的沟通。

（2）6p：4p＋公共关系（Public relationship）、政治权力（Political Power）

在 20 世纪 80 年代中期，菲利普·科特勒（Philip Kotler）在 4p 理论的基础上，创立了"大市场营销"理论，即 6p 营销策略，与 4p 相比，6p 具有时代性。现在讲究的是国际化、全球化。了解政治、经济政策的规定和变动，也是企业在营销中应给以重视的问题。积极与政府配合，了解国家政策，可以根据现状做出较快的决策。

公共关系：利用新闻宣传媒体的力量，树立对企业有利的形象报道，消除或减缓对企业不利的形象报道。

政府权力：依靠两个国家政府之间的谈判，打开另外一个国家市场的大门。

案例 10.2　6P 在电信市场营销中的应用

电信市场化进程的加快，尤其是在多电信运营商并存的形势下，电信的产品（服务）、价格、业务促销、业务销售督导管理、政策法规和公共关系等成为影响市场营销的关键因素。

6P 电信营销组合

（一）电信产品（电信服务）分析

首先，电信企业要分析所提供的服务（产品）及特点。一是要明确现在能提供什么样的产品，包括产品的形象、品牌、质量等，是否能够满足市场预期的需求。二是每一种产品的背后是否有足够的后台支撑，比如对于推广无线上网业务，要明确是否能给用户提供足够速率的上网条件，是否有足够的网络承受能力；三是能否保障产品的售后服务；四是在进行现有产品的推广和销售时，需尽早考虑下一种更为先进的替代产品，从而保持产品在市场上的领先地位。

（二）电信产品的价格分析

我国对电信资费的管制政策是：政府定价、政府指导价和市场调节价相结合，并不断推进由政府定价向政府指导价、政府指导价向市场调节价过渡的改革进程。因此，虽然电信企业具有了一定的定价权，但并不等于电信资费就可以任意变动。毕竟电信资费决定着竞争的方向、力度和效果，同时也决定着一个或多个电信企业的生存和发展。显然，企业必须要充分发挥资费的杠杆作用，使自身始终立于不败之地。

一是研究国家的政策调控走势，认真核算企业的成本。要基于成本制定近期或长期的定价策略，这是电信企业在定价方面必须首先考虑的问题；二是考虑当地国民经济发展的程度和广大消费者认知、认可和承受程度；三是兼顾不同地域，如城市和农村、山区和平原等经济发展欠均衡的实际情况；兼顾不同年龄、性别和不同消费阶层的客户，合理地制定区域性、套餐类的价格策略；四是客观、公正地评价企业产品（服务）的价值，尤其充分考虑同质业务竞争者的同类业务定价方式，做到知己知彼；五是兼顾企业短期和中长期发展的需要，考虑制定短期和长期定价战略等。

（三）电信产品销售渠道分析

随着电信业务的迅猛发展和电信产品营销社会化程度的日益深化，电信业务的营销网络也呈现出多渠道、多层面和多样化的发展趋势。面对日趋庞大的销售网络，要保证电信服务的完整性、统一性，必须做到以下几点：

　　一是加强对销售渠道各个环节的管控力度。电信服务一般都要经过时间的延伸和空间的转移。在提供电信服务过程中，服务链条、分销路线有长有短，有宽有窄；在中间商的类型上，存在不同级别的代理商、批发商、零售商和特许经营组织等。对于上述问题，企业是否有控制权及管控制度，直接关系到一个企业开拓目标市场的广度和深度。二是要明确分销渠道不只是商流、物流的关系，而且是人际关系的建立与完善。电信市场营销分销渠道包括电信服务由生产领域转移到消费领域所经过的路径及其相应机构，包括所有的企业和个人，如代理商、合作商等中间商以及最终消费者。从经济理论角度看，分销渠道的基本职能是对产品从生产者转移到消费者所必须完成的工作加以组织，目的是消除产需分离、密切产供销的关系。它既使得企业产品得以源源不断、快捷而有效地由生产领域送达到消费领域，也能为企业广泛而迅速地收集市场信息，并降低经营风险。三是电信企业必须注重选择合适的中间商，要求中间商具有良好的信誉和较强的服务能力、资金能力等基本条件，从业人员具有良好的社会关系、较高的素质和良好的合作精神；四是电信企业对中间商要坚持以人为本的原则，并辅以适当的经济激励。为中间商培养人才，加强人际沟通并在潜移默化中建立共同的价值观念和行为准则，形成牢固的合作伙伴关系。

　　（四）电信产品的促销分析

　　当前，电信竞争的有效手段之一就是电信产品的促销。从营销战略的高度来看，在电信业务得以应用之前，企业要切实采用有效的手段来实施业务促销：一是要慎重制定切实可行的促销方案和具体措施；二是要合理选拔促销人员、建立强有力的促销队伍；三是根据竞争对手和目标市场状况与企业自身能力，选择恰当的商业广告媒体；四是适时进行经营推广活动；五是开展并控制卓有成效的企业公共关系活动，以博得广大消费者对企业产品以及企业自身形象的好评；六是要及时准确地对促销活动进行跟踪，及时调整促销方案，有效应对促销过程中的突发事件，尤其是要高度关注同质业务竞争者的相关行动；七是注重总结每一次促销活动的经验和教训。

　　（五）电信市场营销的公共关系

　　公共关系营销，就是通过建立和维系与消费者及相关者之间的长期良好关系，充分利用和强化各种形式的关系网络来开展营销活动。关系营销也是市场经济条件下重要的营销方式之一，充分体现了"以人为本"的营销理念。关系营销也是文明社会中人类社会交往的一个重要表现形式。因为人类社会交往关系有理性的一面，又有感性的一面。如果说商品与货币的交换关系是销售者与购买者之间交往过程理性的一面的话，那么伴随着人与人交往而出现的信息交流和情感沟通则是交往过程的感性一面。从公关营销来看，充分发挥企业公关职能，处理好与各类相关公众的关系，对于企业的营销活动是十分重要的。笔者认为开展关系营销可采取以下措施：

一是要建立与客户的良好关系，首先要坚持"以人为本"、"用心服务"的原则，要充分地了解客户的需求，认真听取客户的意见；二是要建立和完善客户档案，经常通过各种方法维系感情，不断地把暂时顾客变为长久顾客；三是加强消费管理。如创建顾客俱乐部，及时倾听他们的意见和建议，组织开展各种活动；四是积极参与各种社会团体活动，鼓励员工与社会各阶层建立广泛的联系；五是根据公司的财力和物力，适当地开展一些社会公益活动，比如建立"希望小学"，帮助贫困学生完成学业、救助孤寡老人等。

（六）权力和品牌营销分析

市场营销要遵循市场经济发展的内在规律，也要考虑政策等多方面外在因素对营销的影响。一是政策性营销。社会无论发展到哪一个阶段，总会有一些产品作为政府指定或法律规定的消费品。比如，我国电信业对电信终端设备实施市场准入制，任何电信终端设备（包括手机、电话机、传真机等）未经许可不得进行销售。二是权力营销。权力营销是指借助自身或他人的权力来开展的营销活动。权力，即控制力和影响力，不论是直接的还是间接的，是法定的还是非法定的，具有权力的一方在一定范围内和一定程度上对被作用的一方都会有控制力和影响力。比如"李宁"牌运动服，因为李宁的个人影响力，使得"李宁"牌运动服成为人们乐意购买的服装。另外，像摩托罗拉、诺基亚等名牌手机，就是因为它们在人们心目中有较强的影响力，才吸叫许多人使用等。权力营销又可分为法定权力营销、专家权力营销、参照权力营销、信仰权力营销、惩奖权力营销和形象权力营销等。三是品牌营销。品牌营销主要是在广大消费群体中树立良好的品牌服务，例如，移动公司的"全球通"、联通公司的"世界风"等，都成为广大电信消费者熟悉的电信业务品牌，这些都是"品牌营销"的典型代表。

（3）7p：4p＋人员（People）、过程（Process）、物质环境（Physical Environment）

布姆斯（Booms）和比特纳（Bitner）将下面3个P增加到了原有的4P（产品、价格、促销、渠道）营销组合中。包括产品、价格、渠道、促销、人员、过程和物质环境等7个要素。

人员：所有的人都直接或间接地被卷入某种服务的消费过程中，这是7P营销组合很重要的一个观点。知识工作者、白领雇员、管理人员以及部分消费者将额外的价值增加到了既有的社会总产品或服务的供给中，这部分价值往往非常显著。

过程：服务通过一定的程序、机制以及活动得以实现的过程（亦即消费者管理流程），是市场营销战略的一个关键要素。

物质环境（Physical Environment）：包括服务供给得以顺利传送的服务环境，有形商品承载和表达服务的能力，当前消费者的无形消费体验，以及向潜在顾客传递消费满足感的能力。

（4）10p：6p ＋ 探查（Probing）、分割（Partitioning）、优先（Prioritizing）和定位（Positioning）

探查：即探索，就是市场调研，通过调研了解市场对某种产品的需求状况如何，有什么更具体的要求。

分割：即市场细分的过程。按影响消费者需求的因素进行分割。

优先：即选出我的目标市场。

定位：即为自己生产的产品赋予一定的特色，在消费者心目中形成一定的印象。或者说就是确立产品竞争优势的过程。

（5）11p：10P＋员工（people）

在科特勒的理解中，应该还有第 11 个"P"，他称之为"人"（People）。这个 P 贯穿于市场营销活动的全过程，是实现前面 10 个 P 的成功保证。该 P 将企业内部营销理论纳入市场营销组合理论之中，主张经营管理者了解和掌握职工需求动向和规律，解决职工的实际困难，适当满足职工物质和精神需求，以此来激励职工的工作积极性。"大市场营销"理论将市场营销组合从战术营销转向战略营销，意义十分重大，被称为市场营销学的"第二次革命"。

（6）4Cs：消费者（Consumer）、成本（Cost）、便利（Convenience）和沟通（Communication）

4C 理论是取代 4P 步入现代的。随着市场竞争日趋激烈，媒介传播速度越来越快，以 4P 理论来指导企业营销实践已经"过时"，4P 理论越来越受到挑战。1990 年，罗伯特·劳特朋提出了 4C 理论，向 4P 理论发起挑战，他认为在营销时需持有的理念应是"请注意消费者"而不是传统的"消费者请注意"。

由美国劳特朋（Robert Lauteerborn）针对 4p 理论存在的问题，从营销者的角度提出了 4Cs 营销理论，即企业要想在市场竞争中立于不败之地，必须力求尽量经济、方便地满足顾客的需要，同时和顾客保持有效的沟通。

① 瞄准消费者需求（consumer's need）。首先要了解、研究、分析消费者的需要与欲求，而不是先考虑企业能生产什么产品。

② 消费者所愿意支付的成本（cost）。首先了解消费者满足需要与欲求愿意付出多少钱（成本），而不是先给产品定价，即向消费者要多少钱。

③ 消费者的便利性（convenience）。产品应考虑到如何方便消费者使用。

④ 与消费者沟通（communication）。以消费者为中心实施营销沟通是十

分重要的，通过互动、沟通等方式，将企业内外营销不断进行整合，把顾客和企业双方的利益无形地整合在一起。

顾客：主要指顾客的需求。企业必须首先了解和研究顾客，根据顾客的需求来提供产品。同时，企业提供的不仅仅是产品和服务，更重要的是由此产生的客户价值（Customer Value）。

零售企业直接面向顾客，因而更应该考虑顾客的需要和欲望，建立以顾客为中心的零售观念，将"以顾客为中心"作为一条红线，贯穿于市场营销活动的整个过程。零售企业应站在顾客的立场上，帮助顾客组织挑选商品货源；按照顾客的需要及购买行为的要求，组织商品销售；研究顾客的购买行为，更好地满足顾客的需要；更注重对顾客提供优质的服务。

成本：不单是企业的生产成本，或者说 4P 中的 Price（价格），它还包括顾客的购买成本，同时也意味着产品定价的理想情况，应该是既低于顾客的心理价格，亦能够让企业有所盈利。此外，这中间的顾客购买成本不仅包括其货币支出，还包括其为此耗费的时间，体力和精力消耗，以及购买风险。

顾客在购买某一商品时，除耗费一定的资金外，还要耗费一定的时间、精力和体力，这些构成了顾客总成本。所以，顾客总成本包括货币成本、时间成本、精神成本和体力成本等。由于顾客在购买商品时，总希望把有关成本包括货币、时间、精神和体力等降到最低限度，以使自己得到最大限度的满足，因此，零售企业必须考虑顾客为满足需求而愿意支付的"顾客总成本"。努力降低顾客购买的总成本，如降低商品进价成本和市场营销费用从而降低商品价格，以减少顾客的货币成本；努力提高工作效率，尽可能减少顾客的时间支出，节约顾客的购买时间；通过多种渠道向顾客提供详尽的信息、为顾客提供良好的售后服务，减少顾客精神和体力的耗费。

方便：即所谓为顾客提供最大的购物和使用便利。4Cs 营销理论强调企业在制订分销策略时，要更多地考虑顾客的方便，而不是企业自己方便。要通过好的售前、售中和售后服务来让顾客在购物的同时，也享受到了便利。便利是客户价值不可或缺的一部分。

最大限度地便利消费者，是目前处于过度竞争状况的零售企业应该认真思考的问题。如上所述，零售企业在选择地理位置时，应考虑地区抉择、区域抉择、地点抉择等因素，尤其应考虑"消费者的易接近性"这一因素，使消费者容易达到商店。即使是远程的消费者，也能通过便利的交通接近商店。同时，在商店的设计和布局上要考虑方便消费者进出、上下，方便消费者参观、浏览、挑选，方便消费者付款结算等等。

沟通：则被用以取代 4P 中对应的 Promotion（促销）。4Cs 营销理论认为，企业应通过同顾客进行积极有效的双向沟通，建立基于共同利益的新型企业/顾客关系。这不再是企业单向的促销和劝导顾客，而是在双方的沟通中找到能同时实现各自目标的通途。

零售企业为了创立竞争优势，必须不断地与消费者沟通。与消费者沟通包括向消费者提供有关商店地点、商品、服务、价格等方面的信息；影响消费者的态度与偏好，说服消费者光顾商店、购买商品；在消费者的心目中树立良好的企业形象。在当今竞争激烈的零售市场环境中，零售企业的管理者应该认识到：与消费者沟通比选择适当的商品、价格、地点、促销更为重要，更有利于企业的长期发展。

案例 10.3　小米手机

小米手机营销案例

案例内容

（1）2011 年 8 月，小米 M1 发布，售价 1999 元，主要针对手机发烧友，采用线上销售模式，是世界上首款双核 1.5GHz 的智能手机，并宣称其搭载的 Scorpion 双核引擎比其他单核 1GHz 处理器手机的性能提升了 200％，和双核智能手机相比也提升了 25％。

（2）2011 年 10 月 20 日小米产量出货。

（3）截至 2011 年 12 月 17 日止小米公司已出售 302601 部。

（4）2011 年 12 月 18 日限量 10 万发售。2012 年 1 月 4 日中午 13：00 开始，第二轮开放购买正式开始，10 万台小米经三小时疯抢后，售罄！为了满足广大米粉，2012 年 1 月 11 日又放出 50 万台，与前两次不同的有两点：1、此次开放购买，每人预付 100 元！2、成功购买哈尔滨商业大学 MBA 案例分析报告后，赠送小米会员后盖一个！经约 35 小时抢购之后，50 万台再次售罄！此次成功订购的小米手机会从 2 月 1 日开始发货，发货前三天会收到短信通知付余款！

（5）2012 年 3 月底小米手机电信版定价 1999 元正式发售。2 月 8 日，CDMA 版小米手机于正式发布。售价 2199 元，小米科技 CEO 雷军表示，电信版小米手机将于 3 月中下旬批量上市。从 2 月 16 日起，用户将可以 1699 元的优惠价格购买首批 1000 台纪念版，但需要用户使用 133 和 189 电信号码注册。

雷军介绍说，与 WCDMA 版相比，CDMA 用户合约机占比较大，研发成本较高，因此手机售价相对较高，基本上双模单待贵 500 元以上，双模双待甚至贵 1000 元左右。而中国电信版的 CDMA 小米手机处理器从高通 MSM8260 升级为 MSM8660 处理器，支持双模单待，支持 GSM/WCDMA/CDMA2000/，也就是同时支持中国联通、中国电信两家公司的 3G 制式。

2月16日，CDMA版本小米手机纪念版用了12小时取得45万预订用户的佳绩，为此雷军召开紧急会议回报米粉的热情：将于3月底正式销售的CDMA版小米最终售价跟WCDMA版本的M1售价同为1999元。

2月28日，CDMA版本小米手机半小时15万台售罄。

（6）2012年4月6日消息，小米手机新一轮10万台于当天下午3点开放预订，截止到4月6日下午3点6分5秒，小米手机新一轮10万台已经售罄，共预订101198台。并宣布了关于电信合约机的消息。

（7）2012年4月12日消息，小米联通合约机正式登陆小米官网，小米网将于4月12日、13日、14日每天上午10点开放销售，连续三天，每天1500台，仅供北京用户尝鲜。届时您可以直接在小米官网购买小米联通合约机，小米手机＋高速3G网络，体验精彩纷呈的移动互联网时代！

（8）预告：2012年5月9日上午十点，第八轮开放购买。

结合4Cs营销理论分析

（1）客户。小米手机的客户主要针对的是手机发烧友。因此，小米手机针对手机发烧友对手机功能的需求和欲望研发而成。小米手机采用了基于Android 2.3.5深度定制修改的MIUI系统。小米手机采用了高通1.5GHz双核CPU，Adreno 220图形芯片，并配置了1GB的RAM内存、4GB机身存储，支持32GB MicroSD。手机屏幕采用了4英寸16∶9屏幕，分辨率为854×480，屏宽为63mm，该屏幕采用半透半反射结构，阳光底下也可以看得清楚。电池容量为1930mAh，官方数据称，这款电池联网待机可达450小时，支持连续通话15小时，播放歌曲45小时，大型游戏6小时。此外，小米手机采用的石墨散热膜，可以有效解决散热问题。该手机还配置了800万像素摄像头。通信系统方面，小米手机支持GSM＋WCDMA等7个频段；支持两套卫星系统，美国GPS和俄罗斯GLONASS。小米手机将GPS和WiFi＋蓝牙两个天线分别置于机身顶部的两侧，GSM天线置于机身底部，不会因手握而影响通信信号。

小米手机发布会中曾经提到，他们将会给这款手机带来无锁双系统支持，手机将开放刷机，官网提供MIUI和原生Android两个适用版本，供用户自己选择使用，不会将MIUI与小米手机进行绑定。这是官方支持的自由刷机设计，此外，小米手机还有一个更强大的双系统切换功能。在手机设置中的关于手机界面，按下菜单键，将会出现切换系统界面，这就是为小米手机专门设计的内置双系统自由切换功能，但是MIUI和原生系统不可互相切换。

以上的种种考虑和设计成为了小米手机已上市便受到关注和追捧的原因之一。

（2）成本：考虑客户愿意付出的成本、代价是多少。尽管小米手机的功能可以媲美国外品牌，甚至超越国外品牌，但是小米手机毕竟是国内产品。消费者由于对国产品牌的信心不足，以及多年来国产手机的价格普遍偏低，所谓的高端手机也几乎未曾超过 2000 元，而 1999 元的价格推出，作为一种尝试的心态的消费者来讲，这个价格已经是心里承受的极限了。同时，这个价格也是其他品牌做到同品质推广所无法达到的价格。其他成熟品牌，以其现有的产品和渠道，一旦降低低价，则可能对现有产品重新洗牌，丧失利润，更有甚者低于利润平衡点。

（3）便利：考虑让客户享受第三方物流带来的便利。小米手机采取网上销售模式，并且只接受网购。这一点符合了目标客户的消费习惯，方便了客户。同时也为企业节约了大量的销售、推广等过程中的成本。

（4）沟通：积极主动与客户沟通，需找双赢的认同感。小米手机在官网设置了互动区，及时了解和更新客户的需求以及目前产品存在的问题。小米手机每周五开发版会进行每周一次的例行更新，修复之前的 bug，新增更实用的功能。首先，每周五下午（特殊情况除外），小米手机会接到 OTA 升级通知。然后，点击"立即更新"，弹出对话框，点击""开始升级"按钮。最后，升级完成后"重启进入新系统"，刷机成功。因此每周五也被米粉称作"橙色星期五"。

10.1.3　市场营销组合的特点

市场营销组合作为企业一个非常重要的营销管理方法，具有以下特点。

（1）市场营销组合是一个变量组合

构成营销组合的"4Ps"的各个自变量，是最终影响和决定市场营销效益的决定性要素，而营销组合的最终结果就是这些变量的函数，即因变量。从这个关系看，市场营销组合是一个动态组合。只要改变其中的一个要素，就会出现一个新的组合，产生不同的营销效果。

（2）营销组合的层次

市场营销组合由许多层次组成，就整体而言，"4Ps"是一个大组合，其中每一个 P 又包括若干层次的要素。这样，企业在确定营销组合时，不仅更为具体和实用，而且相当灵活；不但可以选择四个要素之间的最佳组合，而且可以恰当安排每个要素内部的组合。

（3）市场营销组合的整体协同作用

企业必须在准确地分析、判断特定的市场营销环境、企业资源及目标市场需求特点的基础上，才能制定出最佳的营销组合。所以，最佳的市场营销组合的作用，决不是产品、价格、渠道、促销四个营销要素的简单数字相加，即 4Ps≠P＋P＋P＋P，而是使他们产生一种整体协同作用。就像中医开出的重要处方，四种草药各有不同的效力，治疗效果不同，所治疗的病症也相异，而且这四种中药配合在一起的治疗，其作用大于原来每一种药物的作用之和。市场营销组合也是如此，只有他们的最佳组合，才能产生一种整体协同作用。正是从这个意义上讲，市场营销组合又是一种经营的艺术和技巧。

（4）市场营销组合必须具有充分的应变能力

市场营销组合作为企业营销管理的可控要素，一般来说，企业具有充分的决策权。例如，企业可以根据市场需求来选择确定产品结构，制定具有竞争力的价格，选择最恰当的销售渠道和促销媒体。但是，企业并不是在真空中制定的市场营销组合。随着市场竞争和顾客需求特点及外界环境的变化，必须对营销组合随时纠正、调整，使其保持竞争力。总之，市场营销组合对外界环境必须具有充分的适应力和灵敏的应变能力。

10.2 产品策略

10.2.1 产品策略基本概念

（1）产品和产品策略的概念

消费者购买的不只是产品的实体，还包括产品的核心利益（即向消费者提供的基本效用和利益）。产品的实体称为一般产品，即产品的基本形式，只有依附于产品实体，产品的核心利益才能实现。期望产品是消费者采购产品时期望的一系列属性和条件。附加产品是产品的第四层次，即产品包含的附加服务和利益。产品的第五层次是潜在产品，潜在产品预示着该产品最终可能的所有增加和改变。

简单地说，产品的概念由三个基本层次所组成。

形式产品：指产品本身的外形实体，如产品的形状、颜色、特征、包装、商标等。

核心产品：指能够满足用户某些特定的需要和欲望的特征的集合。如品质、功能、效用、利益等。

附加产品：指产品有形实体以外的一系列附加因素，如价格、交货期、付款方式以及各种服务。

产品策略是企业对其所生产与经营的产品进行的全局性谋划。它与市场战略密切相关，也是企业经营战略的重要基础。企业要依靠物美价廉、适销对路、具有竞争实力的产品，去赢得顾客，占领与开拓市场，获取经济效益。产品战略是否正确，直接关系企业的胜败兴衰和生死存亡。

（2）产品分类

① 按照产品组合优化的观点，可对企业产品进行如下的分类：

A. 产品项目（Product Item）是指企业所生产与经营的具有不同功能、不同包装形状与尺寸的各项产品。

B. 产品线（Product Line）是指适应市场需求而组成的相互关系接近的产品组。

C 产品组合（Product Mix）是指企业所生产与经营产品的结构方式，包括产品项目和产品线。

② 从满足用户需求的观念出发，产品功能可以划分以下三个层次：

A. 基本功能：这是指产品满足用户需求的某种使用价值或所包含的价值量。如品质、性能、使用寿命、可靠性、安全性、经济性等。它是决定产品竞争能力的主要因素。

B. 心理功能：这是指产品满足用户心理需求的功能，如新颖、高雅、独特，方便等。

C. 附加功能：这是指产品为用户提供的附加服务，如包换保修、送货上门、咨询服务等。

③ 正确选择企业拳头产品是制订企业产品战略的重要问题，此时应该考虑以下因素：

A 产品的市场容量较大，可以适应规模经济的要求。

B. 产品处于寿命周期的成长期或成熟期，具有较高的市场占有率。

C. 产品的技术经济指标达到国内或同行业的先进水平，具有竞争能力。

D. 企业生产与经营该类产品的各种条件在国内同行业保持优势。

E. 产品的附加值较高，对提高企业经济效益发挥举足轻重的作用。

产品选择战略和产品开发战略组成产品战略的主体部分，下面分别进行阐述

10.2.2　产品生命周期

（1）产品生命周期的概念

产品生命周期是指一种产品在市场上的销售情况及获利能力随着时间的推移而变化。这种变化的规律正像人和其他生物的生命一样，从诞生、成长到成熟，最终走向衰老死亡。这个过程在市场营销学中指从产品试制成功投入市场开始，直到产品被市场淘汰，最终退出市场为止所经历的全部时间。

产品生命周期是指产品的市场寿命，是产品在市场上存在的时间，其长短受顾客需求变化、产品更新换代的速度等因素的影响，而不是产品的使用寿命。产品自使用寿命是指产品从投入使用到损坏报废所经历的时间，受产

品的自然属性和用频率等因素的影响。这是两个不同的概念，不要将两者混淆起来。例如，火柴蜡烛等产品的使用寿命很短，但其产品的生命周期很长；黑白电视机、时装等产品的生命周期不长，但其使用寿命可以很长。

产品只有经过研制开发、试销，然后进入市场，它的市场生命周期才算开始，产品退出市场，标志着产品生命周期的结束。产品生命周期一般可划分为四个阶段，即介绍期、成长期、成熟期和衰退期。在整个生命周期中，销售额和利润额的变化表现为类似S形。金额与产品生命周期各阶段的划分是相对的，一般来说，各阶段的分界是以产品销售额和利润额的变化为根据的。在介绍期，产品销售额和利润额增长缓慢，利润多为负数；当销售额迅速增长，利润由负变正并快速上升时，进入成长期；当销售额增长放慢，利润增长停滞时，则进入了成熟期；当销售额快速递减，利润也较快下降时，说明产品已经进入衰退期。

不同的产品，其生命周期常常是各不相同的。如时装的产品生命周期可能只有几个月，而汽车的产品生命周期已长达100余年。各种产品的生命周期曲线形状也有差异。有的产品一进入市场就快速成长，迅速跳过介绍期；有的产品可能越过成长期，直接进入成熟期；还有的经历介绍期后，未成长起来，直接迈向衰退期。

产品的生命周期通常是按国家和地区来划分的，即同一种产品在不同的国家或不同的地区，它的生命周期可能处于不同的阶段。如在我国经济发展不平衡，城市和农村经济发展水平相差较大，彩色电视机在大城市已为成熟期甚至衰退期，而在边远农村仅为成长初期。

产品生命周期和产品定义范围有直接关系。产品可区分为产品种类、产品形式和产品品牌三种。产品种类是指具有相同功能及用途的所有产品（如电视机）。产品形式是指同一种类产品中，辅助功能、用途或实体销售有差别的不同产品（如彩色电视机）。产品品牌则是指企业生产或销售的特定产品（如星海牌电视机）。产品种类具有最长的生命周期，有的产品种类生命周期的成熟期可能无限延续；产品形式的生命周期次之，产品形式一般表现出比较典型的生命周期过程，常常经历四个阶段；而具体产品品牌的生命周期最短，且不规则，它受市场环境、企业营销决策、品牌知名度等多种因素影响，品牌知名度高，其生命周期则长，反之亦然。

（2）产品生命周期各阶段的主要特点

① 介绍期

产品的介绍期是指新产品首次正式上市的最初销售阶段。这个阶段的主要特点是：

A. 新产品刚投入市场，顾客对产品不太了解，只有少数追求新奇的顾客可能购买，销售量很低。

B. 由于产品技术不够稳定，不能批量生产，制造成本高。

C. 为了扩大销路，广告宣传和其他促销费用都比较高。

D. 销售网络还没有全面、有效地建立起来，销售渠道不畅，销售增长缓慢。

E. 由于销售量少，各种成本高，企业通常处于亏损或微利状态。

F. 同类产品的生产者较少，竞争不激烈。

② 成长期

产品的成长期是指产品转入成批生产和扩大市场销售阶段。这个阶段的主要特点是：

A. 销售额迅速增长，顾客对产品已经熟悉，大量的新顾客开始购买，市场逐步扩大，形成较大的市场需求，销量大增。

B. 产品基本定型，性能趋于稳定，企业具备批量生产的条件。

C. 随着生产规模扩大，成本显著降低。

D. 由于顾客对产品熟悉，广告宣传费用可相对降低，即促销费用与销售额的比率不断下降。

E. 由于产量和销量迅速增加，成本下降，企业扭亏为盈，利润迅速上升。

F. 竞争者看到有利可图，进入市场参与竞争。

③ 成熟期

产品的成熟期是指产品进入大批量生产，而在市场上处于竞争激烈的阶段，此阶段主要有如下特点：

A. 市场需求量逐渐趋于饱和，产品的销售量增长缓慢。

B. 生产批量很大，生产成本降到最低程度。

C. 产品的服务、广告和推销工作十分重要，销售费用不断提高。

D. 利润达到最高点，并开始下降。

E. 很多同类产品进入市场，市场竞争十分激烈。

④ 衰退期

衰退期是指产品已经逐渐老化，转入更新换代的阶段。这个阶段的主要特点是：

A. 顾客的消费需求发生改变，转向其他产品。

B. 已有新产品进入市场，正在逐渐代替老产品。

C. 产品销售量迅速下降，甚至出现积压。

D. 市场竞争突出表现为价格竞争，产品价格不断下降。

E. 企业获利很少，甚至亏损，部分企业因无利可图，被迫退出竞争。

（3）产品生命周期各阶段的营销策略

① 介绍期

介绍期企业的营销重点是提高新产品的生命力，使产品尽快为顾客所接受，促使其向成长期过渡。企业有以下几种营销策略可供选择：

A. 快速掠取策略。即采取高价格、高促销费用的方式推出新产品。以求迅速扩大销售量，取得较高的市场占有率，快速收回投资。这种策略的适用条件是：产品有特色、有吸引力，但其知名度不高；市场潜力大，目标市场和顾客求新心理强，急于购买该新产品；企业面临潜在竞争对手的威胁，需尽快使顾客对产品形成偏好，建立品牌形象。

B. 缓慢掠取策略。即以采取高价格、低促销费用的方式推出新产品。目的是使企业获得更多的利润。这种策略的适用条件是：市场规模有限；产品具有独特性并有一定的知名度；目标顾客愿意支付高价；潜在的竞争威胁不大。

C. 快速渗透策略。即以采取低价格、高促销费用的方式推出新产品。以争取迅速占领市场，然后随着销售量和产量的扩大，使产品成本降低，取得规模效益，获得尽可能高的市场占有率。这种策略的适用条件是：市场潜量很大，顾客对此产品不了解；潜在顾客对价格十分敏感；潜在竞争对手的威胁较大；产品单位成本可随着生产规模和销售量的扩大而大幅度下降。

D. 缓慢渗透策略。即以采取低价格、低促销费用的方式推出新产品。低价格可扩大销售量，少量促销费用可降低营销成本，增加利润，以最快的速度进行市场渗透和提高市场占有率。这种策略的适用条件是：市场潜量很大，顾客对此产品比较熟悉；顾客对价格十分敏感；存在某些潜在的竞争对手，但威胁不是很大。

② 成长期

在成长期，市场的需求规模和增长速度均无问题，但旺盛的需求，高额的利润，会引来竞争对手的参与。所以产品成长期的营销重点是扩大市场占有率和巩固市场地位。企业可以采取以下营销策略：

A. 改进和完善产品。从质量、性能、品种、式样等方面，对产品进行改进和完善。通过改进产品，不仅可以提高产品的竞争能力，满足顾客更广泛的需求，吸引更多的顾客，而且可以使产品的成长期保持长久一些。

B. 开拓新的市场。随着销售量的增加、竞争的激烈化，企业应进一步细分市场，找到新的尚未满足的细分市场，并迅速进入占领这一市场。

C. 树立产品形象。把广告宣传的重点从介绍期的提高产品知名度，转到以树立产品形象为中心，大力宣传和推广产品特色，目的在于建立顾客品牌偏好，维系老顾客，吸引和发展新顾客。

D. 增强销售渠道功效。增加销售网点和经销代理机构，注视新的流通渠道，扩大产品的销售面，采取多种方式推销产品。同时，加强产品的销售服务工作，以巩固市场、提高市场占有率。

E. 适时降价。选择适当的时机降低产品的价格，既可以争取那些对价格比较敏感的顾客来购买，又可冲击竞争对手。

③ 成熟期

处于成熟期的产品，企业只要保住市场占有率，就可获得稳定的收入和利润。但企业不应满足保持既得利益，而应积极进取，进攻就是最好的防御。所以成熟期企业的营销重点是维持市场占有率并争取利润最大化。企业可以采取以下营销策略：

A. 市场改良。这种策略不是要改变产品本身，而是发现产品的新用途和寻求新的用户等，以扩大产品销售。市场改良的主要方式有：

Ⅰ. 寻求新的细分市场。发现产品新用途，将产品打入新的细分市场，应用于其他领域。比如，美国杜邦公司生产的尼龙产品，最初只用于军用市场，生产降落伞、绳索之类的产品；第二次世界大战以后转入民用市场，企业开始生产尼龙衣料、蚊帐等日用消费品；后来又生产轮胎、地毯等产品，使尼龙产品进入多循环周期，为企业赢得了长期稳定的利润。

Ⅱ. 寻求能够刺激顾客，增加生产使用率的方法。使目前使用某种品牌的顾客增加该产品的年使用量，亦可增加销售量。例如露露生产企业通过"冬天喝热露露"的广告宣传，改变了顾客认为饮料只在夏季饮用的意识，从而增加了露露的销售量。

Ⅲ. 市场重新定位，寻求新的顾客。每种产品都有吸引顾客的潜力，因为有些顾客或是不知此产品，或是因某些原因不想买此产品。生产企业可以利用市场渗透策略寻求顾客。例如，可将婴儿使用的洗发水推荐给成年女性；向顾客介绍爽身粉不仅儿童可以用，成年人也可用。产品经过重新定位，可进入更多的细分市场。

B. 产品改良。这种策略是通过产品自身的改变来满足顾客的不同需求，以扩大产品的销售量。整体产品概念中任何一个层次的改良都可视为产品的再推出。产品改良可以从以下几个方面着手：

Ⅰ. 品质改良。对产品的质量进行改良，注重增加产品的功能特性，提高产品的耐用性、可靠性。实施品质改良的条件是：产品质量有改善的余地，多数顾客期望产品质量的提高。

Ⅱ. 特色改良。即扩大产品的使用功能，增加产品新的特色（例如：尺寸、重量、材料、附件等），以此扩大产品的多方面适用性，提高产品使用的安全性、方便性。特色改良有其优点，花费成本少、收益大，创新企业形象。

其主要缺点，极易被模仿，只有率先革新才能获利。

Ⅲ. 式样改良。随着社会的发展，人们对美的追求越来越强烈。通过改变产品的外观、款式，增强美感，可提高产品对顾客的吸引力，从而扩大销售。

Ⅳ. 附加产品改良。服务是产品的重要组成部分，提供新的服务也是进行产品改良。适当增加服务内容对提高产品的竞争能力，扩大产品的销售，具有一定的促进作用。

C. 市场营销组合改良。这种策略是通过改变市场营销组合的因素，刺激销售，达到延长产品的成长期、成熟期的目的。通常的方法有：降低价格吸引顾客，提高产品的竞争能力；提高促销水平，采用更有效的广告形式，开展多样化的营销推广活动；改变销售途径；扩大附加利益和增加服务项目等等。

⑤ 衰退期

面对处于衰退期的产品，企业应进行认真的研究分析，决定应采取什么策略，在何时退出市场。通常有以下几种策略供选择：

A. 维持策略。继续沿用过去的策略，仍按照原来的细分市场，使用相同的销售渠道、定价及促销方式，直到这种产品完全退出市场为止。

B. 集中策略。把企业能力和资源集中在最为有利的细分市场，最有效的销售渠道和最易销售的品种上，以最有利的局部市场获得尽可能多的利润，这样有利于缩短产品退出市场的时间。

C. 收缩策略。企业抛弃无希望的顾客群体，大幅度降低促销水平，尽量减少销售和推销费用，以增加目前的利润。这样可能导致产品在市场上的衰退加速，但又能从忠实于这种产品的顾客中得到利润。

D. 放弃策略。对于衰退比较迅速的产品，应该当机立断，放弃经营。可以采取完全放弃的形式，如把产品完全转移出去或立即停止生产；也可采取逐步放弃的方式，使其所占用的资源逐步转向其他的产品，力争使企业损失减少到最低限度。

10.2.3 产品品牌策略

（1）有关品牌的几个概念

品牌：指用于识别产品（或服务）的名称、术语、符号、象征或设计，或是它们的组合。其目的是把不同产品区别开来，防止混淆，利于销售。品牌俗称牌子、厂牌、牌号或货牌。它包括品牌名称、品牌标志和商标。品牌名称、品牌标志和商标，都是品牌或品牌的一部分。

品牌名称：指品牌中能用语言称呼的部分。例如，可口可乐（饮料）、柯达（胶卷）、永久（自行车）、长虹（电视机）等等。它主要产生听觉效果。

品牌标志：指品牌中能被识别，但不能用语言直接称呼的部分。包括专门设计的符号、图案、色彩、文字等。例如，凤凰自行车的凤凰图案、迪斯尼乐园的米老鼠和唐老鸭图案。它主要产生视觉效果。

商标：指按法定程序向商标注册机构提出申请，经商标注册机构审查，予以核准，并授予商标专用权的品牌或品牌中的一部分。商标受法律保护，任何人未经商标注册人许可，皆不得仿效或使用。

商标与品牌是既有密切联系又有所区别，严格地说，商标是一个法律名词，而品牌是一种商业称谓。两者从不同角度指称同一事物，因此两者常常被混淆。在我国，还有注册商标与未注册商标之分，特予说明。

（2）品牌的设计

品牌是由文字、图案及符号构成。品牌设计的题材极为广泛，诸如花鸟虫鱼、名胜古迹、天文地理等等。品牌的设计是艺术和技巧在企业营销活动中的展现。从市场营销的角度来看，品牌的设计应注意如下事项：

① 新奇独特。品牌是产品的标识，必须有显著特征。一种品牌，代表着一种产品的特性、质量和企业的商誉。品牌的设计无论是文字、图案还是色彩的运用都要以独特的风格区别于其他企业的相似产品。这种特点越强，品牌就越显著。

② 美观大方。品牌的造型要美观大方、构思新颖、特色鲜明，这样的品牌能给顾客以美的享受，对顾客产生强烈的艺术感染力。

③ 简洁明了。品牌设计要简明醒目，易懂易记，具有强烈的吸引力，使人见后留下深刻印象。

④ 展现风貌。品牌要能展现企业及产品的风貌，表达出企业或产品的特点。例如，康师傅方便面，使顾客产生营养美味健康的认知，销售旺盛。

⑤ 遵循法律规定。品牌设计一定要遵循商标法的有关规定。如有关国家的名称、国旗、军旗、国徽不允许用做商标；有关国际组织的旗帜、徽记、名称不允许用做商标等。

⑥ 适应风俗习惯。不同的顾客，由于文化、民族特点不同，具有不同的风俗、习惯及信仰。在品牌设计中要充分权衡，全面考虑。

（3）品牌策略

为了使品牌在市场营销中更好地发挥作用，就应采取适当的品牌策略。品牌策略一般包括如下内容：

① 品牌化策略——是否使用品牌。

使用品牌无疑对企业有许多好处，对大多数企业来说，为了发展产品的信誉，应使用品牌。而从另一个角度看，使用品牌意味着企业要承担相应的责任，如要保持产品质量的稳定，要对品牌进行宣传，要履行法律规定的义务等。若企业无力承担这些责任，就大可不必使用品牌。比如，一些产品尚不定型的新创企业，结合自己的实际情况，有时并不一定要使用品牌。另外，有些以规格划分的匀质产品（如：煤炭）；无一定技术标准，按顾客爱好选购的小商品；习惯上不认品牌，按实物、样品选购的产品（如：布匹、玩具等），也不一定要使用品牌。

②品牌使用者策略——使用谁的品牌。

一旦决定使用品牌，就要考虑使用谁的品牌。可以使用制造商的品牌、中间商的品牌，也可混合使用前两者的品牌。对于财力比较雄厚，生产技术和经营管理水平比较高的企业一般都力求使用自己的品牌。但在竞争激烈的市场条件下，短时间创立一个有影响力的品牌并非易事，因此，在有些情况下，企业也可考虑使用别人已有一定市场信誉的品牌。使用他人的品牌，好处是可以利用许可方品牌信誉，迅速打开市场，获得许可方技术和管理方面的援助，利用许可方销售渠道和维修服务网络，减轻企业在这方面的压力；不承担或少承担产品广告宣传上的责任。使用他人品牌，也存在着一些风险和后顾之忧。比如，企业丧失了对产品销售价格的控制；双方协议期满后，如果许可方不愿再续订协议，企业可能会陷入销售困境；最大的损失则可能是丧失了创立自己品牌形象的机会。总之，企业应根据自身条件，综合考虑自创品牌和使用他人品牌两种情况下各自的利弊，反复权衡，再作决定。

③品牌数量策略——使用多少品牌。

决定使用本企业的品牌，还要对使用多少品牌进行抉择。对于不同产品线或同一产品线下的不同产品到底如何使用品牌，仍有四种策略可供选择：

A.统一品牌策略。

统一品牌策略就是指一个企业所生产的产品或服务都统一使用一个亘古不变的品牌名称，不论这个企业当前或是今后生产了多少种不同品类的产品或服务，不管它们之间的用处是多么的千差万别，企业的产品都将统一使用一个品牌。

统一品牌策略的优点

第一，它非常有利于减少企业推广产品、塑造新品牌所需要花费的成本，通过在原有知名品牌的基础上对企业新的产品进行宣传，可以迅速地让消费者认识并接受这一新的产品，因为如果所属于企业品牌原有的产品或服务具有较高的质量和市场认可度的话，那么这一品牌名称就将会成为一个质量可靠，值得信赖的代名词，企业将新产品推出后，通过将产品划入原有品牌名下，自然而然的就无形之中为新产品冠名了一种值得信赖的无形价值。第二，统一品牌策略有利于降低品牌设计的成本。品牌的名称融合了产品各种最优的特点，是产品良好口碑的直接反映，是需要经过长期苦心经营才能培养起来的，而且，品牌名称的设计也是一项需要花费大量脑力活动的事情，如果企业给每一个新推出的产品都进行新的品牌命名的话，不仅将可能带来产品的滞销，而且还会花费大量的设计成本，给企业带来沉重的负担。

案例 10.4　华润集团

华润（集团）有限公司营销战略

公司简介：

华润（集团）有限公司建基香港，是香港和中国内地最具实力的多元化企业之一。华润的主营业务与大众生活息息相关，主要包括零售、电力、饮品、地产、食品、医药、纺织、化工、水泥、微电子、燃气、压缩机等行业。

华润集团旗下共有 20 家一级利润中心，在香港拥有 5 家上市公司：华润创业（HK291）、华润电力（HK836）、华润置地（HK1109）、华润微电子（HK597）、华润燃气（HK1193）和华润水泥（HK01313）。

在高度竞争的市场环境下，华润集团各专业化的利润中心锐意开拓，积极进取，一批企业已经发展成为行业领先者。其中，华润万家是中国经营规模最大的零售超市集团；华润雪花啤酒是中国最大的啤酒生产及分销集团；华润电力是中国业绩增长最快、运营成本最低、经营效率最好的独立发电企业；华润置地是中国内地最具实力的综合地产开发商之一。

截至 2008 年 12 月 31 日之财政年度，华润集团业绩再创新高，总资产达到 3，317 亿港元，营业额达 1450 亿港元，员工人数达 30 万。

在统一品牌战略实施的过程中，华润集团采取战略型母公司管控模式，集团总部通过掌控行业整合战略与资源，追求在特定业务领域内的经营和投资回报最大化。经过 70 年的发展，华润品牌与其下属企业之间已经建立起了较为成熟的良性互动关系：华润品牌是华润集团的根本，在整个集团中扮演着主导者的角色，其下属为数众多的拥有核心竞争力的企业是其发展的基础和重要支撑。二者实现良性互动，有利于提升华润的品牌价值——企业在初创阶段，必然要借助华润品牌进入市场，进行市场攻略；而一旦该企业在市场上站稳脚跟，并发展、壮大起来，又会反过来提升华润的品牌价值。

正因为如此，华润统一品牌的旗下聚集了这么多行业的企业，不仅未出现企业统一品牌惯常出现的种种不良情况，还造就了一批在中国内地和香港都有重大影响的行业领先企业——华润万家是中国经营规模最大的零售超市集团，华润雪花啤酒是中国最大的啤酒生产及分销企业，华润电力是中国业绩增长最快、运营成本最低、经营效率最好的独立发电企业，华润置地是中国内地最具实力的综合地产开发商之一。

B. 个别品牌策略。

个别品牌策略是指企业将它旗下的主要产进行各个命名，并设计发展成为不同的品牌的策略。一般而言，采取这种策略的企业一般都是因为所生产的产品或服务之间的差别极大，完全没有关联性或是关联性极小，因而为了加以区分不同的产品功能和用途，采取不同的品牌策略。不同类的产品或服务运用不同的品牌，实行各自经营，也可以有效减少消费者对品牌的误解，为企业获得更多的财富。

即企业为其各种不同的产品分别使用不同的品牌。例如，上海牙膏厂使用美加净、中华、黑白、庆丰等品牌就是采用的这种策略。这一策略的优点是：使企业能针对不同细分市场的需要，有针对性地开展营销活动；采用该策略使生产优质、高档产品的企业也能生产低档产品，为企业综合利用资源创造了条件；采用此策略，各品牌之间联系松散，不会因个别产品出现问题、声誉不佳而影响企业的其他产品。缺点在于，品牌较多会影响广告效果，易被遗忘。这种策略，需要较强的财力作后盾，因此，一般适宜于实力雄厚的大中型企业采用。

个别品牌策略主要在以下两种情况下使用：其一是企业同时经营高、中、低档产品时，为避免企业某种商品声誉不佳而影响整个企业声誉而采用这一策略；其二是企业的原有产品在社会上有负面影响，为避免消费者的反感，企业在发展新产品时特意采取多品牌命名，而不是沿用原有的成功品牌，并且故意不让消费者在企业的传统品牌与新品牌之间产生联想，甚至于隐去企业的名称，以免传统品牌以及企业名称对新产品的销售产生不良的影响。

C. 分类品牌策略。

即企业依据一定的标准将其产品分类，并分别使用不同的品牌。这样，同一类别的产品实行同一品牌策略，不同类别的产品之间实行个别品牌策略，以兼收统一品牌和个别品牌策略的益处。例如，健力宝集团，饮料类使用的品牌为"健力宝"，运动服装类使用的品牌为"李宁牌"。

D. 企业名称加个别品牌策略。

各种不同的产品分别使用不同的品牌，但每个品牌之前冠以企业名称。例如，美国通用汽车公司（GM），生产的各种轿车，即有各自的个别品牌，像"凯迪拉克"、"雪佛莱"等，前面另加"GM"，以示系通用汽车公司的产品。这一策略，可以使新产品系统化，借助企业信誉扩大品牌影响。

④ 品牌延伸策略。

品牌延伸是指企业利用其成功品牌的声誉来推出改进产品或新产品。品牌延伸通常有两种做法：

A. 纵向延伸。企业先推出某一品牌，成功后，又推出新的经过改进的该品牌产品；接着，再推出更新的该品牌产品。例如，宝洁公司在中国市场，先推出"飘柔"洗发香波，然后又推出新一代"飘柔"洗发香波。

　　B. 横向延伸。把成功的品牌用于新开发的不同产品。

　　品牌延伸可以大幅度降低广告宣传等促销费用，使新产品迅速、顺利地进入市场。这一策略如运用得当，有利于企业的发展和壮大。然而，品牌延伸未必一定成功。另外，品牌延伸还可能淡化甚至损害原品牌的形象，使原品牌的独特性被逐步遗忘。所以，企业在品牌延伸决策上应审慎行事，要在调查研究的基础上，分析、评价品牌延伸的影响，在品牌延伸过程中还应采用各种措施尽可能地降低对原品牌的冲击

　　⑤ 多品牌策略。

　　多品牌策略是指企业对同一产品使用两个或两个以上的品牌。多品牌策略虽然会使原有品牌的销售量减少，但几个品牌加起来的总销售量却可能比原来一个品牌时要多。例如，宝洁公司在中国市场的洗发香波就有四个品牌："海飞丝""飘柔""潘婷""沙宣"。每个品牌都有其鲜明的个性，都有自己的发展空间，如"海飞丝"的个性为去头屑、"飘柔"的个性是使头发光滑柔顺，而"潘婷"的个性在于对头发的营养保健，四者在中国市场的总占有率高达 60％以上。

　　但是，品牌并非多多益善。在推出多种品牌时，可能每种品牌都只有很小的市场占有率，而无一个特别获利的，那么采用多品牌策略对企业来说，就是一种资源浪费。企业必须废除较弱的品牌，集中力量于少数有利的品牌；发展新的品牌，应着眼于更利于打击企业外部的竞争品牌，而不是企业内部的自相竞争。

　　案例 10.5　保洁公司

宝洁公司多品牌营销概况

　　宝洁公司成立于 1837 年，是目前全球最大的日用品公司之一，在全球 80 多个国家和地区设有分公司或工厂。总部位于美国俄亥俄州辛辛那提，全球员工近 110，000 人。2008 年，宝洁公司是世界上市值第 6 大公司，世界上利润第 14 大公司。他同时是财富 500 强中第十大最受赞誉的公司。

　　从飘柔、潘婷、海飞丝、伊卡璐到沙宣洗发护发系列；从玉兰油护肤系列到 SK-II；从舒肤佳香皂、舒肤佳沐浴露到激爽香皂、激爽沐浴露；还有佳洁士、碧浪、汰渍；如果我们够细心观察，便会惊讶地发现：这一个个熟悉的品牌竟然归属于同一个品牌旗下——宝洁。这就是宝洁公司的多品牌营销战略。迄今为止，宝洁公司的品牌达 300 之多。在这个庞大的品牌体系中，宝洁并没有成为任何一种产品的商标，而是作为出品公司对所有品牌起到品

质保证的作用。宝洁公司的经营特点一是种类多，二是许多产品大都是一种产品多个牌子。

作为多品牌运作典范，宝洁公司放弃了在各个行业使用单一品牌整体运作可能获得的规模经济，让每一个品牌都在比较狭窄的空间中生存，这是一种非凡的战略眼光和胆识。

首先，宝洁不仅善于在一般人认为没有缝隙的产品市场上寻求找到差异，生产出个性鲜明的产品，更值得称道的是能成功地运用营销组合理论，将这种差异推销给消费者。

其次，许多人认为多品牌战略会造成内部自相残杀的局面，而宝洁公司则认为，最好的竞争战略就是自己不断攻击自己。因为，市场经济是竞争经济，与其让对手开发新产品瓜分自己的市场，不如自己向自己挑战，让本企业各种品牌的产品分别占领市场，以巩固自己在市场中的领导地位。

再次，从防御角度看，宝洁公司的多品牌战略是打击对手、保护自己的利器。一是从顾客方面讲，宝洁公司利用多品牌战略频频出击，使公司在顾客心中树立起实力雄厚的形象；利用一品多牌，从功能、价格、包装等各方面划出多个市场，满足不同层次、不同需要的各类顾客饿需求，从而培养消费者对本企业的品牌偏好，提高其忠诚度。而是对竞争对手来说，宝洁公司的"一品多牌"战略，使宝洁公司的产品多占货架，就等于从销售渠道上减少了竞争对手进攻的可能；从功能、价格诸方面对市场的细分，更是令竞争者难以插足，这种高进入障碍物无疑是抵御对手强有力的盾牌。

⑥ 品牌重新定位策略。

品牌的重新定位是指由于某些市场情况发生变化，而对产品品牌进行重新定位。企业在进行品牌重新定位策略时，要全面考虑两方面的因素：第一，产品品牌从一个细分市场转移到另一个细分市场的费用，重新定位的距离越远，重新定位的费用越高；第二，企业定位于新位置的品牌能获收益多少。收益多少取决于此细分市场的顾客数量、平均购买率、竞争者的实力及数量等。企业应对各种品牌重新定位方案进行分析，权衡利弊，从中选优。

（4）实施名牌战略与企业形象识别系统

企业形象识别系统是指将企业经营观念与精神文化用整体传播系统，传达给企业周围的关系或团体，并促使其对企业产生一致的认同与价值观。

企业导入企业形象识别系统，打的是企业形象的牌，产品品牌的牌，品牌在此是关键。在中国的神州大地上，正席卷了一股"名牌热"，顾客青睐名牌产品，企业创造名牌产品，政府也积极帮助企业实行名牌战略，扶持名牌企业。争取在几年内创出企业国内名牌。在中国，名牌的崛起已成为不争的事实。

名牌产品的总体特征是：品牌知名度高，市场需求度高，品质优异，生产规模大，企业实力强，产品和企业在全国或区域市场的竞争中处于优势地位，其本质特征是经济效益好。

企业名牌的创立，并非一朝一夕之事，必须经过周密的策划和有步骤地实施相应战略，方能达到目的。一般而言，企业应做好如下工作：

① 创立名牌，以质量为基础。

产品要成为名牌，首先要具备卓越的品质。品质优良的品牌是名牌的根本保证，创立名牌首先须树立高度的质量意识。质量是名牌的生命，意味着企业应树立超前的质量意识。随着科学技术的日新月异，人们的消费观念不断发生着变化，对质量的内涵要求也不断提高，这就要求企业投入一定的人力、物力和财力去开发新产品，如松下、索尼等日本电器公司，均以超前开发、最新产品形象赢得市场。

② 注重产品品牌的创立工作。

实施名牌战略要从品牌创立工作开始，也就是给产品起个好名字。正如索尼公司的创始人盛田昭夫所言："取一个响亮的名字，以此引起顾客的美好联想，提高产品知名度与竞争力。"实践证明，给产品取个好名，将为产品顺利完成营销过程，扩大和占领市场起到不小的作用。

③ 抓住时机，为名牌扬名。

产品有了好名字，尚需企业为其摇旗呐喊，大造声势，采取各种措施让市场接受，认同本企业是名牌企业，本企业产品是名牌产品。企业要走向市场，产品要家喻户晓，需要企业通过适当的场合、适当的渠道、适当的方式为名牌扬名。

④ 注意对名牌产品的保护措施。

企业历经磨难，创出名牌，应树立自我保护意识，防范有损名牌形象的行为。要加强商标法律意识，珍惜名牌，通过商标注册，保护名牌。防止他人在市场上抢先注册。企业引进外资时，合资不合牌。还要防止外商购买我国名牌后，弃之不用。用战略眼光保护和使用名牌。

名牌是企业最有价值的资产，它不仅属于企业，亦属于社会，属于国家，属于整个民族。

10.2.4　产品包装策略

大多数物质产品在从生产领域转移到消费领域过程中，都需要有适当的包装。

（1）产品包装的概念

包装有两层含义：一是静态的，指盛放或包裹产品的容器或包扎物；二是动态的，指设计、生产容器或包扎物并将产品包裹起来的一系列活动。在实际工作中，两者往往紧密联系，不可分离。现代市场上出售的产品，除了圆木、沙石等极少数商品外，其余都需要包装。产品只有包装好以后，生产过程才算结束。因此，包装是产品不可分割的一部分。

（2）包装的作用

进入市场的许多物质产品都需有包装，因为包装是整体产品中的有机组成部分，是直接影响到产品质量和市场营销的重要因素，其作用重大。

① 保护产品。

这是包装最原始和最基本的功能。在产品的流通和使用过程中，包装可以起到防止各种损坏的作用，如防止破损、散失、变质、挥发、污染、虫蛀、鼠咬等，以保证产品的清洁卫生和安全，保持产品的良好本色。

② 便于运输、携带和储存。

包装后的产品可以为运输、携带和储存提供方便，并可节约运输工具和储存空间。如对于较为笨重的产品通过采用带把手或易于用力的包装，有助于搬运和携带。

③ 美化产品，促进销售。

精美的包装，给人以美的享受，可以增加产品特色，改进产品的外观，提高顾客的视觉兴趣，激发顾客的购买欲望。包装是货架上的广告，被称为"无声推销员"，在产品使用时，亦产生长久的广告作用，产品包装装潢已成为超市营销的一个重要手段。优质产品应配置优质的包装，才能发挥竞争力，对消费者产生吸引力，促进产品的销售。

④ 增加产品价值，提高企业收入。

产品的内在质量，是产品在市场竞争的基础，而优质的产品，没有优质的外衣——包装，就会降低身价。随着顾客收入水平和生活水平的提高，顾客愿意支付较高的价钱购买包装精美、高贵的产品，从而增加企业的收入。我国苏州的檀香扇在香港市场进行销售就是一例，此产品未包装之前，售价仅为65港元，采用成本5元的锦盒包装后，售价提高到165港元，且销售量大增。

（3）包装的设计

包装的设计是一项技术性和艺术性很强的工作，总的原则是美观、实用、经济。企业在设计产品的包装时，应考虑如下几点：

① 包装的造型要美观大方。

包装设计美观大方，图案生动形象，不落俗套，不搞模仿，采用新的包装材料，使人耳目一新。

② 包装的质量与产品的价值相一致。

包装设计和包装材料的选用，一定要同产品的质量与价值相一致，根据产品质量的档次，配上与之相适应的包装。例如，贵重产品（珠宝、首饰等）、工艺品的包装，要能烘托出产品的高贵、典雅和艺术性。

③ 包装要能显示产品的特点和独特风格。

对于以外形或色彩表现其特点或风格的产品，例如，服装、装饰品及食品等的包装，应设法能向顾客直接显示产品自身，以便于购买。应考虑在包装上附产品的彩色照片或用文字、图案对产品特性进行具体的说明和展示。

④ 包装设计应适应顾客心理。

包装设计既要美观、新颖、形象生动，又要适应顾客的心理、审美观。应对不同的顾客群体，设计和选用不同的包装。

⑤ 包装设计应尊重顾客的宗教信仰和风俗习惯。

包装设计中要尊重不同国家、不同民族、不同的宗教信仰和风俗习惯，包装装潢上的文字、图案、色彩等不能和目标市场的宗教信仰和风俗习惯发生抵触。

⑥ 符合法律规定。

应按法律规定在包装上标明厂名、厂址；对于食品、化妆品等与人民身体健康密切相关的产品，应标明生产日期、保质期；包装材料应符合环保要求；标签上的文字说明要实事求是，不得弄虚作假、夸大其词等。

（4）包装策略

良好的包装必须与正确的包装策略结合起来，才会发挥应有的作用。常用的包装策略有如下几种：

① 类似包装策略。

企业生产的各种产品，在包装上采用相似的图案、颜色、体现共同的特征。其优点在于能节约设计和印刷成本，树立企业形象，有利于新产品的推销。但此策略仅适应同样质量水平的产品，若产品质量相差悬殊，会因个别产品质量下降影响其他产品的销路。

② 差异包装策略。

企业的各种产品均有自己独特的包装，在设计上采用不同的风格、色调和材料。这种策略能避免因个别产品销售失败而对其他产品的影响，但会相应地增加包装设计和新产品促销的费用。

③ 配套包装策略。

将多种相互关联的产品配套放在一个包装物内销售。例如。化妆盒里的配套化妆品，口红、粉饼、小镜子、眉笔等。

④ 复用包装策略。

包装内产品使用完后，包装物本身可以回收再用或顾客用做其他用途。如啤酒的瓶子，可回收重复使用；装糖果的盒子可用做饭盒等。此策略的目的在于通过给顾客额外的利益，扩大销售。

⑤ 等级包装策略。

对同一种产品采用不同等级的包装，以适应不同的购买力水平，或者按产品的质量等级不同，采用不同的包装，如优质产品采用高档包装，一般产品采用普通包装。

⑥ 附赠品包装策略。

在包装或包装内附赠奖券或实物，以吸引顾客购买。如在儿童食品中附赠小玩具。

⑦ 改变包装策略。

当某种产品销路不畅或长期使用一种包装时，企业可以改变包装设计、包装材料，通过使用新的包装，使顾客产生新鲜感，达到扩大销售的目的。

10.2.5 服务策略

产品在市场上的竞争能力，不仅取决于产品的质量、性能、价格，在很大程度上，还取决于交货期和销售服务。因此，企业必须重视销售服务工作。

（1）做好产品销售服务的重要性

市场营销理论强调服务是产品不可分割的组成部分，销售服务是伴随着产品一起提供给顾客的附加利益。销售服务的目的是使顾客在购买和使用所购产品的过程中，获得更大的效用和满足。产品越复杂，顾客对各种附加服务的依赖性就越强，企业就越需要提供这类服务。

对许多产品而言，销售服务决非可有可无，而是产品的延伸和销售的继续，是保证全面满足顾客需求的重要组成部分。例如，空调生产企业在为市场提供空调产品时，尚需向顾客提供上门安装服务，保证维修服务，使用说明书等。缺乏这些服务，顾客对空调的购买就会缺乏兴趣，或在使用中遇到麻烦。

销售服务是提高企业声誉和产品竞争能力的重要手段。企业之间的竞争日趋激烈，在产品质量、价格等条件相同的情况下，产品的服务就成为重要的竞争内容。谁能为顾客提供最好的服务，就可在竞争中占有优势。另外，独特的服务，可以形成产品差异，为树立企业形象和产品形象奠定基础。

（2）服务的内容

销售服务的内容是多方面的，视不同的企业、不同的产品而各不相同。若按营销过程可分为售前服务与售后服务。一般来说，服务的内容包括：

① 售前服务。

售前服务是指产品购买之前的各项服务工作，它包括如下几个方面：

A. 提供咨询。为顾客介绍产品，提供各种技术咨询，回答顾客提出来的各种技术问题，使顾客对企业产品的技术特点、使用范围及功能有一定的了解。

B. 协助选购。根据顾客的不同需要，实际情况，协助顾客挑选产品。

C. 提供资料。根据顾客的要求，提供各种必需的图纸及技术资料。

② 售后服务。

售后服务是指产品销售以后的各项服务工作。它包括如下方面：

A. 安装调试。对于大型设备、仪器仪表及一些大宗消费品，到现场为顾客进行安装与调试，使购买的产品尽快投入使用。

B. 提供维修。对于大多数工业品和相当一部分耐用消费品，在产品出现故障时，能否得到及时有效的维修，是影响购买的重要因素。所以，企业应建立快速、有效的维修服务门点，为顾客提供及时的维修服务。

C. 提供零件。如果未能及时地提供零配件，顾客出现故障的产品就不能及时得到维修。企业应重视为顾客提供零配件的服务工作。

D. 质量三包。在规定的使用条件下和保修期内，若产品出现质量问题，企业负责为顾客包修、包换和包退，必要时须承担由此产生的经济损失。

E. 技术培训。为顾客提供技术培训，培训技术人员或技术工人。

F 特种服务。根据顾客的特殊要求，进行特殊方式的服务。例如，提供大修理服务、租赁特殊工具、联合运输等。

（3）服务的方式

① 固定服务。

固定服务是指企业根据产品的销售分布情况，在产品销售比较集中的地区，设立固定的销售服务网点，在当地开展销售服务工作。例如，广东中山威力洗衣机厂在全国各地设有 500 余家维修服务部，最大限度地为当地顾客提供及时、可靠的服务。

② 流动服务。

流动服务是指企业的销售技术服务人员，根据销售档案记录，定期到顾客那里走访，检修产品。或者应顾客的临时服务要求，派服务人员到现场及时排除故障，解决问题。例如，辽宁海城三鱼泵业有限公司，产品销售到哪里，销售服务就跟到哪里。只要用户的产品出现问题，近途者，24 小时解决问题；交通不方便地区，3 天之内也抵达现场处理。由于服务到位，该企业的水泵深受广大农村顾客的喜爱，产品销售量一年一个新台阶。

售前服务与售后服务，固定服务与流动服务，通常有收费和免费两种情况。一般来说，根据合同或保修单规定，在保修期内，因质量问题进行的技术服务是免费的；保修期外或虽在保修期内，因事故或人为因素损坏进行的维修，大多数是收费的，有的企业也仅是收成本费。

10.3　价格策略

尽管非价格因素在现代市场营销过程中的作用越来越突出，但价格依然是一个决定性的因素。价格的变化直接影响着市场对产品的接受程度，影响着市场需求和企业利润的多少，涉及生产者、经营者、消费者等各方面的利益，是市场竞争的重要手段。随着现代市场营销环境的变化，价格变得十分敏感而又难以控制，要求生产经营者更加重视产品的价格策略问题。定价是一门科学又是一门艺术，科学而艺术地制定产品的价格及价格策略既有利于吸引和保持顾客，扩大市场份额，又能使企业获得最佳的经济效益。

10.3.1　价格综述

（1）价格的构成

价格构成是指组成产品价格的各个要素及其在价格中的组成情况。从市场营销的角度看，价格构成的四个要素为生产成本、流通费用、税金和企业利润。

① 生产成本

生产成本是价值构成中的物化劳动价值和劳动者新创造用以补偿劳动力价值的转化形态，是指在生产领域生产一定数量产品时所耗费的物质资料和劳动报酬的货币形态。它是产品价值的重要组成部分，也是制定产品价格的重要依据。

② 流通费用

流通费用是指产品从生产领域通过流通领域进入消费领域所耗用的物化劳动和活劳动的货币表现。具体地说大部分是生产领域的生产企业为推销商品而发生的销售费用，它和生产成本共同构成生产企业的全部成本。另一大部分是在流通领域发生的商业流通费用。根据商业流转环节的不同，还要划分为采购商业费用、批发商业费用和零售商业费用，作为批发价格和零售价格的组成部分。流通费用是产品价格的重要构成因素，发生在流通领域各个环节之中的，并和产品运动的时间、空间相依存，所以它是正确制定各种商品差价的基础。

③ 税金

税金是生产者为社会创造和占有的价值的表现形态，税金是价格的构成因素。国家是通过法令形式强制规定各类产品的税率并进行征收的。税率的高低直接影响产品的价格，因而税率是国家宏观调控产品生产经营活动的重要经济手段。

④ 利润

利润是生产者为社会创造和占有的价值的表现形态，是价格的构成因素，是企业扩大再生产的重要资金来源。

从市场营销角度来看产品价格的具体构成为：价格＝生产成本＋流通费用＋税金＋利润

（2）影响产品定价的因素

影响产品价格的因素是多方面的，我们从企业内部和外部两个角度进行分析：

① 企业外部因素对产品定价的影响

A. 社会劳动生产率。

社会劳动生产率是指单位时间内创造出的产品数量。社会劳动生产率反映行业间平均技术水平、劳动熟练程度，它的变化会引起单位产品价值的变化；作为产品价值的货币表现的价格也要发生变化。企业要密切注意技术进步引起的社会劳动生产率的提高，在提高企业的社会劳动生产率方面下功夫，争取在产品的个别价格上胜于其他企业，为灵活地制定价格奠定基础。

B. 市场的供求关系。

供求关系决定着价格背离或趋向价值的方向、程度和力度。供求关系直接决定价格的运动状况，价格运动同时也影响供求关系的变化。供求规律是市场经济的基本经济规律，即产品价格与市场需求为反方向变动，与市场供给成正方向变动。当产品供过于求时价格下降，供不应求时价格上涨。企业应根据市场供求变化，灵活定价。

C. 社会经济状况。

社会经济状况从多方面影响产品价格的变化。社会经济周期性的变化直接影响市场的繁荣和疲软，并决定价格总水平的变化。一般来说，经济高速发展，人们收入增长较快，易出现总需求膨胀，引起物价总水平上涨；而经济调整时期，经济发展速度放慢，人们收入增长减缓，易出现有效需求不足，引起物价总水平基本稳定。

另外，在经济繁荣时期，人们收入水平增长快，货币购买力较强，人们对价格变动的敏感性减弱，有利于企业自由地为产品定价。反之亦然。

D. 顾客需求。

价格的高低直接反映买者与卖者的利益关系，购买者对价格的承受能力表现为两个方面：其一，购买者的货币支付能力，反映出购买者对价格的接受程度，而货币支付能力又取决于购买者的收入状况；其二，购买者对价格的心理承受能力，在有些情况下，即使购买者具有了货币支付能力，由于价位太高，也会极大地限制购买者的购买。

顾客需求对产品定价的影响，还通过需求强度、需求层次反映出来。需求强度是指顾客想获取某种商品的程度。如果顾客对某种商品的需求比较迫切，则对价不敏感，企业在定价时，可定得高一些。反之，则应低一些。不同的需求层次对定价也有影响，对于能满足较高需求层次的商品，价格可定得高一些，反之，则应该低一些，这样才能满足不同层次顾客的需要。

E. 竞争者行为。

价格是竞争者关注的焦点和竞争的主要手段，定价是一种挑战性行为，任何一次价格制定与调整都会引起竞争者的关注，并导致竞争者采取相应对策。在这种对抗中，竞争力量强的企业有较大的定价自由，竞争力量弱的企业定价的自主性就小，通常是追随市场领先者进行定价。另外，竞争者定价行为也影响本企业产品的定价，迫使本企业做出相应的反应。

F. 市场结构。根据市场的竞争程度，市场结构可分为四种不同的市场类型，即完全竞争市场，完全垄断市场，垄断竞争市场和寡头垄断市场。不同类型的市场有不同的运行机制和特点，对企业行为具有不同的约束力，因而在定价方面表现出显著的差异性。

G. 政府干预。为了维护国家与顾客利益，维护正常的市场秩序，每个国家都制定有关的经济法规，约束企业的定价行为。这种约束反映在定价的种类、价格水平和定价的产品品种等方面。

② 企业内部因素对产品定价的影响

A. 产品成本。

产品在生产与流通过程中要耗费一定数量的物化劳动和活劳动并构成产品的成本。成本是影响产品价格的主要因素。产品成本包括生产成本、销售成本和储运成本。生产成本是企业在生产过程中所支出的全部生产费用，具体指物化在产品中的直接材料、直接人工、制造费用和管理费用等。销售成本是产品推销过程中所发生的费用，如推销人员工资和广告费等。储运成本是产品从生产者手中到顾客手中所必需的运输和储存的费用。这些成本构成了价格的主体部分。企业为了保证市场营销活动的不断循环，通过市场销售，企业必须收回成本，同时也要形成一定的利润。在市场竞争中，产品成本低的企业，对价格制定拥有较大的灵活性，在市场竞争中将占有有利地位，能获得较好的经济效益。反之，在市场竞争中就会处于被动地位。

B. 产品特征。

产品特征是产品自身构造所形成的特色。一般指产品外形、质量、功能、服务、商标和包装等，它能反映产品对顾客的吸引力。产品特征好，该产品就有可能成为名牌产品、时尚产品、高档产品，就会对顾客产生极大的吸引力。顾客不仅注重产品购买后的需求满足，而且期望通过占有使用该产品来显示自己经济上的富有或地位上的优越，以获得某种精神上的满足。这类顾客往往注重的是名牌效应，对其价格不太敏感，企业定价的自由度较大。

C. 销售渠道与促销宣传。

销售渠道的建设与选择、中间环节的多与少直接决定着销售费用的高低，直接影响着产品的价格。促销宣传需要大量资金的支持，促销费用最终也要进入产品的销售价格之中。销售渠道的开辟与畅通，促销宣传活动的开展，体现着企业的市场营销能力。总的来说，营销能力强的企业，有利于在既定价格水平下完成销售任务，对制定价格有着较大的回旋余地。

D. 企业的整体营销战略与策略。企业在从事市场营销活动过程中，需要制定市场营销战略与策略。各个市场营销决策之间，需要协调配合，形成一个有机的整体，构成一个营销决策体系。价格策略作为市场营销决策体系的重要组成部分，既要服从于市场营销战略目标的实现，又要配合其他诸如产品策略、销售渠道策略等各项决策的制定与实施。

总而言之，只有在明确企业外部与内部因素对产品定价的影响之后，才有可能制定出科学合理的产品价格和具有竞争力的价格策略。

10.3.2　定价方法

市场营销理论认为，产品的最高价格取决于产品的市场需求，产品的最低价格取决于该产品的成本费用，在最高价格和最低价格幅度内，企业对产品价格制定的高低，则取决于竞争对手同种产品的价格水平。定价的方法有三类：成本导向定价法、需求导向定价法和竞争导向定价法。

（1）成本导向定价法

成本导向定价法就是以产品的成本为中心来制定价格，是按卖方意图定价的方法。其主要理论依据是：在定价时，要考虑收回企业在营销中投入的全部成本，再考虑获得一定的利润。

产品的成本包括企业生产经营过程中所发生的一切实际耗费，客观上要求通过产品的销售而得到补偿，并且要获得大于企业支出的收入，超出的部分表现为企业利润。常用的成本导向定价法包括如下几种。

① 成本加成定价法

成本加成定价法，是在单位产品成本的基础上，加上一定比例的预期利润作为产品的销售价格。销售价格与成本之间的差额即为利润。由于利润的多少是按一定比例确定的，习惯上称为"几成"，因此这种定价方法被称为成本加成定价法。其计算公式为

$$单位产品价格＝单位产品成本（1＋加成率）$$

其中：加成率为预期利润占产品成本的百分比。

案例 10.6 成本加成定价法

某生物制品生产企业所生产的某种干扰素的单位成本是 200 元，加成率是 20%，则该干扰素的价格为

$$200 \times (1 + 20\%) = 240 （元）$$

采用成本加成定价法，确定合理的加成率是关键问题。不同的产品应根据其不同的性质、特点、市场环境、行业情况等制定不同的加成比例。一般来说，高档消费品和生产批量较小的产品，加成比例应适当地高一些，而生活必需品和生产批量较大的产品，其加成比例应适当地低一些。

这种定价方法的优点在于：简单易行。因为确定成本比确定需求容易，将价格盯住成本，可极大地简化企业的定价程序，也不必经常根据需求的变化调整价格；缓和价格竞争。这种定价方法的不足在于：它是以卖方的利益为出发点，不利于企业降低成本。其定价的基本原则是"将本求利"和"水涨船高"，没有考虑市场需求及竞争因素；加成率是个估计值，缺乏科学性。

② 盈亏平衡定价法

在销量既定的条件下，企业产品的价格必须达到一定的水平才能做到盈亏平衡、收支相抵。既定的销量就称为盈亏平衡点，这种制定价格的方法就称为盈亏平衡定价法。科学地预测销量和已知固定成本、变动成本是盈亏平衡定价的前提。企业产品的销售量达到既定销售量，可实现收支平衡，超过既定销售量获得赢利，不足既定销售量出现亏损。其计算公式为

$$单位产品价格 = 单位固定成本 + 单位变动成本$$

案例 10.7 盈亏平衡定价法

一家油漆生产企业 1998 年计划年生产油漆 2000 吨，总固定成本为 40 万元，单位产品变动成本为 1000 元，在尽力保证 2000 吨全部销售出去的条件下，则该企业盈亏平衡点价格是：

$$400000 \div 2000 + 1000 = 1200 （元/吨）$$

以盈亏平衡点确定的价格只能使企业的生产耗费得以补偿，而不能得到收益。因而这种定价方法，是在企业的产品销售遇到了困难，或市场竞争激烈，为避免更大的损失，将保本经营作为定价的目标时，才使用的方法。

③ 目标收益定价法

目标收益定价法或称为投资收益率定价法。它是在企业投资总额的基础上，按照目标收益率的高低计算价格的方法。其基本步骤如下：

A. 确定目标收益率

目标收益率＝1÷投资回收期×100％

B. 确定单位产品的目标利润额

单位产品目标利润额＝投资总额×目标收益率÷预期销售量

C. 计算单位产品的价格

单位产品价格＝单位产品成本＋单位产品目标利润率

案例 10.8　目标收益定价法

建设某电视机厂总投资额为 800 万元，投资回收期为 5 年，固定成本为 400 万元，每台彩色电视机的变动成本为 1500 元。当企业产品销售量为 2000 台时，按目标收益定价法制定价格，则每台彩色电视机的价格应为

目标收益率＝1÷5×100％＝20％

单位产品的目标利润额＝8000000×20％÷2000＝800（元）

单位产品的价格＝4000000÷2000＋1500＋800＝4300（元）

即该企业只有在每台彩色电视机价格为 4300 元时，才能获得预期的收益。

目标收益定价法有一个较大的缺点，即以估计的销售量来计算应制定的价格，颠倒了价格与销售量的因果关系，把销售量看成是价格的决定因素；忽略了市场需求及市场竞争。如果无法保证销售量的实现，那么投资回收期、目标收益都会落空。但是，对于需求比较稳定的产品，供不应求的产品，需求价格弹性较小的产品，以及一些公用事业、劳务工程项目等，在科学预测的基础上，目标收益定价法仍是一种有效的定价方法。

④ 边际成本定价法

边际成本是指每增加或减少单位产品所引起成本的变化量。因为边际成本与变动成本比较接近，而变动成本的计算更为容易，所以在定价实务中多用变动成本代替边际成本。边际成本定价法亦称变动成本定价法。

边际成本定价法是以单位产品变动成本作为定价依据和可接受价格的最低界限，结合考虑边际贡献来制定价格的方法。即企业定价时，只计算变动成本，不计算固定成本，只要价格高于单位产品的变动成本，企业就可以进行生产与销售。也就是以预期的边际贡献补偿固定成本，并获得收益。边际贡献是指企业增加一个产品的销售，所获得的收入减去边际成本的数值。如果边际贡献不足以补偿固定成本，则出现亏损；反之获得收益。其计算公式为

单位产品的价格＝单位产品变动成本＋单位产品边际贡献

案例 10.9　边际成本定价法

一家种苗厂的固定成本是 800000 元，单位变动成本是 7 元，预计销量为 100000 株。在当时市场条件下，同类产品的价格为 12 元/株。那么，企业是否应该继续生产呢？其决策过程应该是这样的：

项目	单价（元）	数量（株）	总额（元）
固定成本			−800000
变动成本	7	100000	−700000
销售收入	12	100000	＋1200000
企业盈亏			−300000

按照盈亏平衡定价，企业出现了 300000 元的亏损，但是作为已经发生的固定成本，在不生产的情况下，已支出了 800000 元；这说明按变动成本定价时可减少 500000 元固定成本的损失，并补偿了全部变动成本 700000 元。若低于变动成本定价，如市场价格降为 7 元/株以下，则企业应停产，因为此时的销售收入不仅不能补偿固定成本，连变动成本也不能补偿，生产得越多，亏损就越多，企业的生产活动就变得毫无意义。

边际成本定价法的基本点是：不求赢利，只求少亏。它改变了售价低于总成本便拒绝交易的传统做法。通常适用于：一是市场竞争激烈，产品供过于求，库存积压，企业坚持以总成本为基础定价，市场难以接受，其结果不仅不能补偿固定成本，连变动成本也难以回收；二是订货不足、生产能力过剩、企业开工不足，与其设备闲置，不如利用低于总成本但高于变动成本的价格，扩大销售维持生存，同时，尽量减少固定成本的亏损。但是，过低的成本有可能被指控为从事不正当竞争，并招致竞争对手的报复，在国际市场则易被进口国认定为是"倾销"，产品价格会因"反倾销税"的征收而上升，失去其最初的意义。

（2）需求导向定价法

需求导向定价法是以需求为中心的定价方法。它依据顾客对产品价值的理解和需求强度来制定价格，而不是依据产品的成本来定价。其特点是灵活有效地运用价格差异，对平均成本相同的同一产品，价格随市场需求的变化而变化，不与成本因素发生直接关系。其基本原则是：市场需求强度大时，制定高价；市场需求强度小时，可适度调低价格。这种定价方法，综合考虑了成本、产品的生命周期、市场购买能力、顾客心理等因素。需求导向定价法主要包括理解价值定价法、需求差异定价法和逆向定价法。

① 理解价值定价法

理解价值定价法是根据顾客对产品价值的理解度，即产品在顾客心目中的价值观念为定价依据，运用各种营销策略和手段，影响顾客对产品价值的认知的定价方法。

理解价值定价法的关键和难点，是获得顾客对有关产品价值理解的准确资料。企业如果过高估计顾客的理解价值，其价格就可能过高，影响销售量；反之，若企业低估了顾客的理解价值，其定价就可能低于应有水平，使企业收入减少。因此，企业必须通过广泛的市场调研，了解顾客的需求偏好，根据产品的性能、用途、质量、品牌、服务等要素，判定顾客对产品的理解价值，制定产品的初始价格。然后在初始价格条件下，预测可能的销售量，分析目标成本和销售收入。在比较成本与收入、销量与价格的基础上，确定该定价方案的可行性，并制定最终价格。

② 需求差别定价法

所谓需求差别定价法，是指产品价格的确定以需求为依据，可根据不同的需求强度、不同的购买力、不同的购买地点和不同的购买时间等因素，制定不同的价格。这种定价方法首先强调适应顾客需求的不同特性，而将成本补偿只放在次要的地位。其好处是可以使企业定价最大限度地符合市场需求，促进产品销售，有利于企业获取最佳的经济效益。

根据需求特性的不同，需求差别定价法通常有以下几种形式：

A. 以顾客为基础的差别定价。即对同一产品，针对不同的顾客，制定不同的价格。在我国的民航飞机票，本国籍乘客与外国籍乘客实行不同的价格；在大连市，企业用电和居民用电按不同的电价收费。

B. 以地理位置为基础的差别定价。随着地点的不同而收取不同的价格。比较典型的例子有影剧院、体育场、飞机等，其座位不同，票价也不一样。

C. 以时间为基础的差别定价。同一种产品，价格随季节、日期、甚至钟点的不同而变化。例如，电影院在白天和晚上的票价有别；对于某些时令商品，在销售旺季，人们愿意以稍高的价格购买，而一到淡季，则购买意愿明显减弱，所以这类商品在定价之初就应考虑到淡、旺季的价格差别。

D. 以产品为基础的差别定价。同种产品的不同外观、不同花色、不同型号、不同规格、不同用途，其成本也有所不同，但它们在价格上的差异并不完全反映成本之间的差异，主要区别在于需求的不同，可根据顾客对产品的喜爱程度制定价格。例如，同等质量和规格的产品，式样新颖的可定较高的价格，式样陈旧的可制定较低的价格；高档产品和低档产品其使用价值相差不大，而价格可能差别极大。

由于需求差别定价法针对不同需求而采用不同的价格，实现顾客的不同满足感，能够为企业获取更多的利润，因此，在实践中得到广泛的运用。但是，也应该看到，实行需求差别定价必须具备一定的条件，否则，不仅达不到差别定价的目的，甚至会产生负面作用。

③ 逆向定价法

这种定价方法主要不是单纯考虑产品成本。而是首先考虑需求状况。依据市场调研资料，依据顾客能够接受的最终销售价格，确定销售产品的零售价，逆向推算出中间商的批发价和生产企业的出厂价。

逆向定价法的特点是：价格能反映市场需求情况，有利于加强与中间商的友好关系，保证中间商的正常利润，使产品迅速向市场渗透，并可根据市场供、求情况及时调整，定价比较灵活。

(3) 竞争导向定价法

在竞争十分激烈的市场上，企业通过研究竞争对手的生产条件、服务状况、价格水平等因素，依据自身的竞争实力，参考成本和供求状况来制定有利于在市场竞争中获胜的产品价格。这种定价方法就是通常所说的竞争导向定价法。其特点是：产品的价格不与产品成本或需求发生直接关系。产品成本或市场需求变化了，但竞争对手的价格未变，就应维持原价；反之，虽然成本或需求都没有变动，但竞争对手的价格变动了，则相应地调整其产品价格。当然，为实现企业的定价目标和总体经营战略目标，谋求企业的生存和发展，企业可以在其他营销手段的配合下，将价格定得高于或低于竞争对手的价格，并不一定要求和竞争对手的产品价格完全保持一致。竞争导向定价法主要包括：

① 随行就市定价法

随行就市定价法，是指企业按照行业的平均现行价格水平来定价。

在完全竞争的市场上，销售同类产品的各个企业，在定价时实际上无多少选择的余地，只能按照行业的现行价格来定价。若某个企业把价格定得高于时价，产品就会卖不出去，就会失去部分顾客；反之，若把价格定得低于时价，也会遭到其他企业的削价竞销。

在垄断性较强的市场上，企业间也倾向于制定相近的价格。因为市场上只有为数不多的几家大企业，彼此比较了解，购买者对市场行情也十分熟悉。若各企业制定的价格出现较大差异，顾客就会涌向价位较低的企业。竞相降价，任何企业都难确立绝对优势地位，得利者只能是购买者。

在异质产品市场上，企业有较大的自由度决定其价格。产品差异化使购买者对价格差异的存在不甚敏感，企业相对于竞争对手总要确定自己的适当位置，或高于竞争对手的价格，或等同于竞争对手的价格，或低于竞争对手的价格。总之，企业在制定价格时，要有别于其竞争对手，企业的市场营销策略亦要与之相协调，以应付竞争对手的价格竞争。

②　密封投标定价法

在国内外，许多大宗产品、成套设备和建筑工程项目的买卖和承包以及征招生产经营协作单位、出租出售小型企业等，往往采用发包人招标、承包人投标的方式来选择承包者，确定最终承包价格。一般说来，招标方只有一个，处于相对垄断地位，而投标方有多个，处于相互竞争地位。标的物的价格由参与投标的各个企业在相互独立的条件下来确定，在买方招标的所有投标者中，报价最低的投标者通常中标，他的报价就是承包价格。这样一种竞争性的定价方法就称为密封投标定价法。

招标价格是企业能否中标的关键性因素。从理论上讲，报价最低的企业最易中标。但是，报价的企业不会将价格水平定得低于边际成本。即使报价最低，中标率最高，若低于边际成本，将导致企业亏损；而报价越高，企业的利润越高，但中标的可能性则越小。

10.3.3　定价策略

在激烈的市场竞争中，企业为了实现自己的营销战略和目标，必须根据产品特点、市场需求及竞争情况，采取灵活多变的定价策略，使价格与市场营销组合中的其他因素更好地结合，促进和扩大销售，提高企业的整体效益。正确选择价格策略是企业取得市场竞争优势地位的重要手段。

（1）新产品定价策略

新产品定价得当，就可能使其顺利进入市场，打开销路，占领市场，给企业带来利润；新产品定价不当，就有可能使其失败，影响企业效益。因此，新产品定价既要遵从产品定价的一般原则，又要考虑其特殊的定价原则。常用的新产品定价基本策略有三种。

①　撇油定价策略

这是一种高价格策略，是指在产品生命周期的最初阶段，将新产品价格定得较高，在短期内获取丰厚利润，尽快收回投资。这种定价策略犹如从鲜奶中撇取奶油，取其精华，所以称为"撇油定价"策略。

此种定价策略有以下几个优点：在新产品上市之初，竞争对手尚未进入，顾客对新产品尚无理性的认识，利用顾客求新求异心理，以较高的价格刺激消费，以提高产品身份，创造高价、优质、名牌的印象，开拓市场；由于价格较高，可在短时期内获得较大利润，回收资金也较快，使企业有充足的资金开拓市场；在新产品开发之初，定价较高，当竞争对手大量进入市场时，便于企业主动降价，增强竞争能力，此举符合顾客对价格由高到低的心理。

当然，撇油定价策略也存在着某些缺点：高价不利于市场开拓、增加销量，不利于占领和稳定市场，容易导致新产品开发失败；高价高利容易引来竞争对手的涌入，加速行业竞争，仿制品、替代品迅速出现，迫使价格下跌；此时若无其他有效策略相配合。则企业苦心营造的高价优质形象可能会受到损害。失去部分顾客：价格远远高于价值，在某种程度上损害了顾客利益；容易招致公众的反对和顾客抵制，甚至被当做暴利加以取缔，诱发公共关系问题。

② 渗透定价策略

这是与撇油定价策略相反的一种定价策略，为低价格策略，即在新产品上市之初，企业将新产品的价格定得相对较低，吸引大量的购买者，以利于为市场所接受，迅速打开销路，提高市场占有率。

此种定价策略有两点好处：第一，低价可以使新产品尽快为市场所接受，并借助大批量销售来降低成本，获得长期稳定的市场地位；第二，微利可以阻止竞争对手的进入，有利于企业控制市场。

值得注意的是，采用此种定价策略，企业的投资回收期较长，见效慢，风险大，一旦渗透失利，企业将一败涂地。

采用此种定价策略，应具备如下条件：产品的市场规模较大，存在强大的潜在竞争对手；产品的需求价格弹性较大，顾客对此类产品的价格较为敏感；大批量生产能显著降低成本，薄利多销可获得长期稳定的利润。

③ 满意定价策略

这是一种介于撇油定价策略和渗透定价策略之间的定价策略，以获取社会平均利润为目标。所定的价格比撇油价格低，比渗透价格高，是一种中间价格。制定不高不低的价格，既保证企业有稳定的收入，又对顾客有一定的吸引力，使企业和顾客双方对价格都满意。

此种定价策略优点如下：产品能较快为市场所接受，且不会引起竞争对手的对抗；可以适当延长产品的生命周期；有利于企业树立信誉，稳步调价，并使顾客满意。

对于企业来说，撇油策略、渗透策略及满意策略分别适应不同的市场条件，何者为优，不能一概而论，需要综合考虑市场需求、竞争、供给、市场潜力、价格弹性、产品特性、企业发展战略等因素才能确定。

（2）折扣和折让定价策略

产品价格有目录价格与成交价格之分。目录价格是指产品价格簿或标价签标明的价格；成交价格是指企业为了鼓励顾客及早付款、大量购买、淡季购买等，在目录价格的基础上，可酌情降低其目录价格。这种价格调整叫做价格折扣和折让。

折扣定价策略实质上是一种优惠策略，直接或间接地降低价格，以争取顾客，扩大销量。灵活运用折扣和折让定价策略，是提高企业经济效益的重要途径。

①　数量折扣

数量折扣是生产企业为鼓励顾客集中购买或大量购买所采取的一种策略。它按照购买数量或金额，分别给予不同的折扣比率。购买数量愈多，折扣愈大。数量折扣又分累计数量折扣和非累计数量折扣两种形式。累计数量折扣规定顾客在一定时间内，购买产品若达到一定数量或金额，则按其总量给予一定折扣，其目的在于鼓励顾客经常向本企业购买，为可信赖的老客户，建立长期的购销关系。非累计数量折扣规定顾客一次购买某种产品达到一定数量或购买多种产品达到一定金额，则给予折扣优惠，其目的是鼓励顾客大批量购买，促进产品多销、快销，从而降低企业的销售费用。数量折扣的促销作用非常明显，企业因单位产品利润减少而产生的损失完全可以从销量的增加中得到补偿。此外，销售速度的加快，使企业资金周转次数增加，流通费用下降，产品成本降低，从而导致企业总盈利水平上升。

运用数量折扣策略的难点在于如何确定合适的折扣标准和折扣比例。如果享受折扣的数量标准定得太高，比例太低，则只有很少的顾客才能获得优惠，绝大多数顾客将感到失望；购买数量标准过低，比例不合理，又起不到鼓励顾客购买和促进企业销售的作用。因此，企业应结合产品特点、销售目标、成本水平、资金利润率、需求规模、购买频率、竞争者手段以及传统的商业惯例等因素来制定科学的折扣标准和比例。

②　功能折扣

功能折扣又称交易折扣，是指生产企业针对经销其产品的中间商在产品分销过程中所处的环节不同，其所承担的功能、责任和风险也不同，据此给予不同的价格折扣。

功能折扣的比例，主要考虑中间商在销售渠道中的地位、对生产企业产品销售的重要性、购买批量、完成的促销功能、承担的风险、服务水平、履行的商业责任以及产品在分销中所经历的层次和在市场上的最终售价等等。鼓励中间商大批量订货，扩大销售，争取顾客，并与生产企业建立长期、稳定、良好的合作关系是实行功能折扣的主要目的。功能折扣的另一个目的是对中间商经营的有关产品的成本和费用进行补偿，并让中间商有一定的盈利。

③　现金折扣

这是生产企业对顾客迅速付清货款的一种优惠。现金折扣是对在规定的时间内提前付款或用现金付款的顾客所给予的一种价格折扣，其目的是鼓励顾客尽早付款，加速资金周转，降低销售费用，减少财务风险。

现金折扣一般根据约定的时间界限来确定不同的折扣比例。例如，顾客必须在 30 天内付清货款。若在 l0 天内付清货款，则给予 2% 的价格折扣；若在 20 天内付清货款，则给予 1% 的价格折扣。采用现金折扣一般要考虑三个因素：折扣比例；给予折扣的时间限制；付清全部贷款的期限。

④ 季节折扣

有些产品是常年生产，季节性消费；而有些产品是季节生产，常年消费。生产企业为了调节供需矛盾，实现均衡生产，把产品的储存分散到销售渠道或顾客手里，便采用季节折扣的方式。规定在销售淡季给予较优惠的折扣，而在销售旺季则恢复原价。

例如，羽绒服装在冬季到来之前就被生产出来，此时生产企业可为购买其产品的中间商提供季节折扣，鼓励其提前进货。又如，旅游的淡旺季十分明显，而为旅游服务的设施一般标准都比较高，在旺季易被旅游者接受，而到了淡季，许多设施闲置，旅馆、航空公司在旅游淡季，给予旅游者价格折扣，招徕顾客，可获得较好的经济效益。

季节折扣比例的确定，应考虑成本、储存费用、基价和资金利息等因素。季节折扣有利于减轻库存，加速商品流通，迅速收回资金，促进企业均衡生产，充分发挥生产和销售潜力，避免因季节需求变化所带来的市场风险。

⑤ 推广折让和补贴

推广折让是间接折扣的一种形式，它是指购买者在按价格目录将货款全部付给销售者以后，销售者再按一定比例将货款的一部分返还给购买者。补贴是企业为特殊目的，对特殊顾客以特定形式所给予的价格补贴或其他补贴。

例如，中间商为促进产品的销售而采取多种宣传手段，包括刊登地方性广告、设置样品陈列窗、为生产企业开辟销售专柜、举行展销会等各种促销活动时，生产企业给予中间商一定数额的资助或补贴。又如，对于进入成熟期的顾客，开展以旧换新业务，将旧货折算成一定的价格，在新产品的价格中扣除，顾客只支付余额，以刺激消费需求，促进产品的更新换代，扩大新一代产品的销售。这也是一种补贴的形式。

折扣定价作为一种价格策略，长期以来一直被企业视为增加销售的有力武器，它可增强企业定价的灵活性，对于提高生产企业的收益和利润确有重要作用。但是，自从 1979 年美国的某公司因降价折扣导致破产后，慎重使用折扣促销已为众多企业所重视。另外，在使用折扣定价策略时，必须注意国家的法律限制，保证对所有顾客使用同一标准。如美国 1936 年制定的罗宾逊一巴特曼法案规定，折扣率的计算应以卖方实现的成本节约数为基础，并且卖方必须对所有顾客提供同等的折扣优惠条件，不然就是犯了价格歧视罪。

（3）心理定价策略

这是一种根据顾客心理要求所采用的定价策略。每一件产品都能满足顾客某一方面的需求，其价值与顾客的心理感受有着很大的关系。这就为心理定价策略的运用提供了基础，使得企业在定价时可以利用顾客心理因素，有意识地将产品价格定得高些或低些，以满足顾客生理的和心理的、物质的和精神的多方面需求，通过顾客对企业产品的偏爱或忠诚，诱导顾客增加购买，扩大市场销售，获得最大效益。具体的心理定价策略如下：

① 整数定价策略

对于那些无法明确显示其内在质量的商品，顾客往往通过其价格的高低来判断其质量的好坏。在定价时，把产品的价格定成整数，不带尾数，使顾客产生"一分钱一分货"的感觉。但是，整数定价其价格的高并不是绝对的高，而只是凭借整数价格来给顾客造成高价的印象。整数定价常常以偶数，特别是"0"作尾数。例如，精品店的服装可以定价为 1000 元，而不必定为 998 元。

整数定价策略适用于：高档消费品或顾客不甚了解的产品，需求的价格弹性比较小、价格高低不会对需求产生较大影响的产品，譬如流行品、时尚品、奢侈品、礼品、星级宾馆、高级文化娱乐城等，由于其顾客都属于高收入阶层，愿意接受较高的价格。

② 尾数定价策略

尾数定价策略是与整数定价策略正好相反的一种定价策略，是指企业利用消费者求廉的心理，在产品定价时取尾数而不取整数的定价策略。它常常以奇数作尾数，尽可能在价格上不进位。

例如，一条毛巾 3.97 元比 4 元受欢迎。将台灯的价格定为 39.90 元，而不定为 40 元。因为在顾客看来，3.97 元或 39.9 元是经过精心核算的价格，是对顾客负责的表现；另外，在直观上给顾客一种一条毛巾 3.97 元比 4 元便宜的感觉。从而激起顾客的购买欲望，促进产品销售量的增加。

③ 声望定价策略

这是根据产品在顾客心目中的声望、信任度和社会地位来确定价格的一种定价策略。声望定价策略可以满足某些顾客的特殊欲望，如地位、身份、财富、名望和自我形象等，还可以通过高价格显示名贵优质，因此，这一策略适用于一些传统的名优产品、具有历史地位的民族特色产品以及知名度高、有较大的市场影响、深受市场欢迎的驰名商标。

④ 招徕定价策略

招徕定价策略是指企业将某几种产品的价格定得非常之高，或者非常之低，以引起顾客的好奇心理和观望行为之后，带动其他商品的销售，加速资金的周转。这一定价策略常为综合性百货商店、超级市场，甚至高档商品的专卖店所采用。　招徕定价策略主要是利用顾客的求廉心理，运用得较多的是将少数产品价格定得较低，吸引顾客在购买"便宜"的同时，购买其他价格比较正常的商品。

将某种产品的价格定得较低，甚至亏本销售，而将其相关产品的价格定得较高，也属于招徕定价策略的一种运用。比如，美国柯达公司生产一种性能优越、价格极廉的相机，市场销路很好。这种相机有一个特点，即只能使用"柯达"胶卷。"堤内损失堤外补"，销售相机损失的利润由高价的柯达胶卷全部予以补偿。

⑤ 分级定价策略

分级定价策略是指在制定价格时，把同类产品分成几个等级，不同等级的产品，其价格有所不同。从而使顾客感到产品的货真价实、按质论价。此法容易被顾客所接受。值得注意的是，采用这种定价策略，等级的划分应得当，级差太大或太小均起不到应有的分级效果。

（4）产品组合定价策略

大多数企业生产或营销的是多种产品，这些产品构成了该企业的产品组合，各种产品需求和成本之间存在着内在的相互联系。企业在制定价格策略时，要考虑到各种产品之间的关系，以提高全部产品的总收入。产品组合定价即从企业整体利益出发，为每种产品定价，充分发挥每种产品的作用。

① 产品线定价策略

产品线是一组相互关联的产品，企业必须适当安排产品线内各个产品之间的价格梯级。若产品线中两个前后连接的产品之间价格差额小，顾客就会购买先进的产品。此时，若这两个产品的成本差额小于价格差额，企业的利润就会增加；反之，价格差额大，顾客就会更多地购买较差的产品。

② 任选品定价策略

任选品是指那些与主要产品密切相关的可任意选择的产品。许多企业不仅提供主要产品，还提供某些与主要产品密切关联的任选产品。最常见的例子，顾客去饭店吃饭，除了要饭菜以外，还会要酒水等。在此，饭菜为主要产品，而酒水为任选品。

企业为任选品定价的策略常用的有两种：第一，把任选品价格定得较高，靠它赢利多赚钱；第二，把任选品的价格定得低一些，以此招徕顾客。例如，有些饭店，饭菜的价格定得较低，而酒水的价位则较高；另一些饭店，正好相反，饭菜的价格定得较高，而酒水的价位则较低。

③ 连带品定价策略

连带品是指必须与主要产品一同使用的产品。例如，胶卷是照相机的连带品；刀片是剃须刀架的连带品。

许多大企业往往是主要产品定价较低，连带品定价较高。以高价的连带品获取利润，补偿主要产品低价所造成的损失。例如，柯达公司给它的照相机制定较低的价格，而它的胶卷定价较高，增强了柯达照相机的市场竞争能力，销售柯达胶卷赚钱，保持原有的利润水平。而不生产胶卷的中小企业，为了获取相同的利润，就只好把照相机的价格定高，其市场竞争能力自然要受影响。

（5）地理定价策略

企业的产品不仅要销售给本地的顾客，还要销售给外地的顾客。产品运达地点不同，需要支付的费用不同。费用由谁承担，如何承担，即对于不同地区的顾客是制定相同的价格，还是制定不同的价格，这是企业需要面对的问题。

① 产地交货定价策略

采取产地交货定价策略，意味着企业（卖方）在自家门口索取相同的价格。顾客按照厂价购买产品，企业负责将产品运至产地的某种运输工具上并装货，交货后，由顾客承担全部费用和风险，即每个顾客各自负担从产地到销地的费用。这种定价策略比较单一，适应性较强。但对企业也有不利之处，削弱了其在远方市场的竞争能力。远方顾客为了减少费用，将会就近选择卖方。

② 统一交货定价策略

统一交货定价策略与前者正好相反，企业的产品价格对所有的顾客，不论距离远近都是相同的。也就是说，不论顾客在何处，企业都以相同的厂价，加上平均运费定价，没有地区差价。采取统一交货定价策略，企业要把各地顾客的平均运费计入厂价，实际上是由近处顾客为远方顾客承担了部分运费。这种定价策略，计算简便，但只有运输费用占总成本比重较小时，才宜使用。

③ 分区定价策略

分区定价策略是统一交货定价策略的变形，它介于前两者之间。采用这种定价策略可避免产地交货定价所引起的运费负担悬殊，也避免了统一交货定价的远近一律拉平。具体做法是：企业将各地的顾客划分为若干个价格区，对不同价格区的顾客制定不同的价格，同一价格区的顾客实行同一价格。企业采用分区定价策略也存在一定的问题，如同一价格区内，顾客离企业也有远近之分，较近的就不合算；再如，位于两个相邻价格区界的顾客，尽管彼此相距不远，但价格差别较大。

④ 减免运费定价策略

企业在向其他地区市场渗透时，为弥补产地交货定价策略的不足，全部或部分负担运输费用。这样做的目的是促进成交，增加销售量。期望通过增加销售，降低平均成本，以补偿此部分的费用。

⑤ 基点定价策略

基点定价策略是企业选定某些城市作为定价基点，然后按基点到顾客所在地的距离收取运费。有些企业为了提高灵活性，选定多个定价基点，按照顾客最近的基点计算运费。基点定价策略使价格结构缺乏弹性，避免了价格竞争，顾客可任意向任何基点购买，有利于企业扩大市场。

10.4　渠道销售策略

销售渠道策略，是企业市场营销组合策略中的一个重要策略。因为企业生产出来的产品，只有通过一定的市场销售渠道，才能在适当的时间、地点，以适当的价格供应给顾客，从而克服生产者与顾客之间的差异和矛盾，满足市场需求，实现企业的营销目标。怎样才能使销售渠道畅通无阻，并且用最高的效率和最低的费用把产品运送到顾客手里去，这就是销售渠道策略所要研究的问题。

10.4.1　渠道销售基本内容

（1）销售渠道的概念

销售渠道（也叫分销渠道），就是我们通常所说的商品流通渠道。美国市场营销协会将其定义为：公司内部单位以及公司外部代理商和经销商的组织机构，通过这些组织机构，产品才得以上市营销。美国市场营销学者爱德华·肯迪夫和理查德·斯蒂尔认为：销售渠道是指，当产品从生产者向最终顾客移动时，直接或间接转移所有权所经过的途径。著名市场营销学家菲利普·科特勒认为：销售渠道是使产品或服务能被使用或消费而配合起来的一系列独立组织的集合。

综上所述，所谓销售渠道是指产品由企业（生产者）向最终顾客（或消费者）移动过程中所经过的各个环节，或企业通过中间商（转卖者）到最终顾客的全部市场营销结构。在这个过程中，企业销售产品是销售渠道的起点，顾客购买产品是销售渠道的终点，处在企业与最终顾客之间，参与了产品的销售活动，或者帮助了这种销售活动的一切单位和个人，称之为中间商。

（2）销售渠道的参数

销售渠道的特性决定于这样几个参数：

① 渠道层次数目

销售渠道可依据其渠道数目来分类。在产品从生产者转移到顾客的过程中，任何一个对产品拥有所有权或负有销售权力的机构就叫一个渠道层次。

零层渠道也叫直接市场营销渠道，是指产品流向顾客的过程中，不经过任何中间商转手的销售渠道；一层渠道是含有一个销售中间机构的渠道;——层渠道是含有两个销售中间机构的渠道,等等。

② 渠道的长度

渠道的长度就是产品从生产者流向最终顾客的整个过程中,所经过的中间层次或环节数。中间层次或环节越多,则渠道的长度越长;反之亦然。

③ 渠道的宽度

渠道的宽度是指,组成销售渠道的每个层次或环节中,使用相同类型中间商的数量。同一层次或环节的中间商较多,渠道就较宽;反之,渠道就较窄。

④ 渠道的多重性

渠道的多重性,是指企业根据目标市场的具体情况,考虑是否使用多条销售渠道销售其产品。

例如,企业可以通过一条以上的渠道,使同一产品进入两个以上的市场。棉花可卖给纺织厂作为纺纱的原材料,也可卖给消费者做棉被。显然,需要用不同的渠道进入不同的市场,方可达到目的;再如,企业可以通过一条以上的渠道,使同一产品进入同一市场,这样可使不同的渠道之间展开竞争。大连啤酒厂生产的啤酒,既通过食品商场销售,也通过饭店、酒楼经营,有利于产品有更多的出口流向最终顾客。

(3) 销售渠道的基本模式

产品从生产领域出发,经过一定的中间环节,方可到达最终顾客手中。在庞大的社会流通领域,销售渠道种类繁杂多样。由于顾客自身特点所致,消费者市场与生产者市场的特点不同,消费者市场的销售渠道模式与生产者市场的销售渠道模式也各有所异。

① 消费者市场销售渠道模式

从图 10-1 可以看出,消费者的销售渠道模式,可以分成以下五种类型。

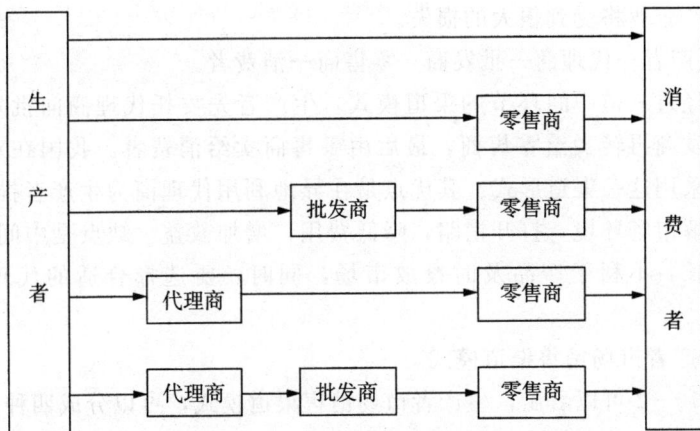

图 10-1　消费者市场销售渠道模式

A. 生产者—消费者。

生产者不通过任何中间环节，直接将产品销售给消费者。亦即生产者自派推销员，或采取邮购、电话购货等形式把产品直接卖给消费者，这是最简单、最直接、最短的销售渠道。其特点是产销直接见面，环节少，利于降低流通费用，及时了解市场行情，迅速投放产品于市场。但由于需要生产者自设销售机构，因而不利于专业化分工。

B. 生产者—零售商—消费者。

这是经过一道中间环节的渠道模式。生产者将产品先卖给零售商，再由零售商转卖给消费者。也有些生产者自己开设零售商店，面向消费者。其特点是，中间环节少、渠道短，有利于生产者充分利用零售商的力量，扩大产品销路，树立产品声誉，提高经济效益。

C. 生产者—批发商—零售商—消费者。

这是经过两道中间环节的渠道模式，生产者先把产品销售给批发商，由批发商转卖给零售商，最后由零售商再将其产品转卖给消费者。这是消费者销售渠道中的传统模式，我国的消费品多数采用这一渠道形式。它的特点是中间环节较多，渠道较长，有利于生产者大批量生产，节省销售费用，也有利于零售商节约进货时间和费用，扩大经营品种。但由于产品在流通领域停留时间较长，不利于生产者准确了解市场行情的变化，消费者急需的产品难以及时得到满足，对市场需求变化的适应性较弱。

D. 生产者—代理商—零售商—消费者。

这种渠道模式是生产者先委托代理商向零售商出售产品，最后由零售商卖给消费者。此种渠道模式的特点是中间环节较多，但由于代理商不承担经营风险，易调动代理商的积极性，有利于迅速打开销路，但如果代理商选择不当，生产企业将受到很大的损失。

E. 生产者—代理商—批发商—零售商—消费者。

这是经过三道中间环节的渠道模式。生产者先委托代理商向批发商出售产品，批发商再转卖给零售商，最后由零售商卖给消费者。我国在对外贸易中较多地采用这一渠道形式。其优点是在异地利用代理商为生产者推销产品，有利于了解市场环境，打开销路，降低费用，增加效益。缺点是中间环节多，流通时间长，不利于产品及时投放市场，同时，要选择合适的代理商也不容易。

② 生产者市场销售渠道模式

从图 10-2 可以看出，生产者市场销售渠道模式，可以分成四种类型。

A. 生产者—顾客。

即生产者直接把生产资料销售给最终顾客，不经任何一道中间环节的渠

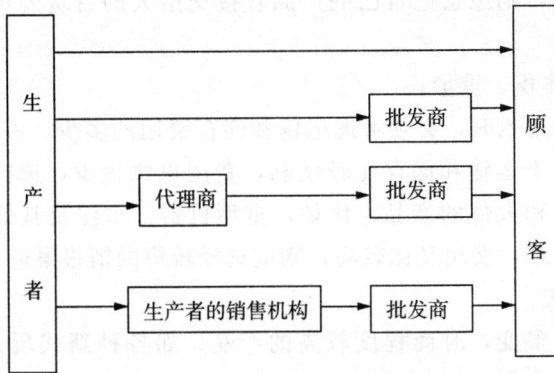

图 10-2　生产者市场销售渠道模式

道模式，也是生产者市场销售渠道的主要模式。为生产大型设备和原料的生产者所采用，如发电设备企业、钢铁企业等。其特点是产销直接见面，渠道最短，所需费用最少。

B. 生产者—批发商—顾客。

这是经过一道中间环节的渠道模式。工业生产用的劳动用品、小型的附属设备以及部分原材料多采用这种渠道模式。它的特点是，渠道较短，中间环节较少，有利于减轻企业销售产品的负担，提高劳动生产率。

C. 生产者—代理商—顾客。

这是一种经过代理商一道中间环节的渠道模式，比较适用于具有特种技术性能的产品和新产品。

D. 生产者—代理商—批发商—顾客。

即生产者先委托代理商，再由代理商通过批发商把生产资料卖给用户。这是生产者市场销售渠道中最长、最复杂的一种渠道模式。它的中间环节较多，流通时间较长，但它有利于实现专业化分工，在全社会范围内提高劳动效率，节省流通费用。

10.4.2　销售渠道的设计

（1）影响销售渠道选择的因素

① 产品因素

不同的产品，应选择不同的销售渠道。

A. 产品价格高低。

一般说来，产品价格昂贵，其销售渠道大多较短、较窄；产品价格较低，其销售渠道大多较长、较宽。例如，日用百货品的生产企业经常把自己的产品卖给批发商，由批发商转卖给零售商，再经零售商卖给最终顾客；而高级服装的生产企业，则愿意把自己的产品直接交给大的百货公司或高级服装商店出售给顾客。

B. 产品的体积、重量。

在选择销售渠道时，必须考虑运输和储存费用的多少。一般来说，较轻、较小的产品，由于运输和储存比较便利，费用也比较少，选择较长、较宽的销售渠道。笨重和大件的产品，比如，重型机器，水泥及其他建筑材料，由于运输和储存困难，费用又比较高，则应选择较短的销售渠道。

C. 产品款式。

款式、花色多变，时尚程度较高的产品，如各种新式玩具和妇女时装，应选择较短的销售渠道，以减少中间层次；款式不易变化的产品，则可选择较长的销售渠道。

D. 产品的物理化学性质。

易毁和易腐产品，应尽量避免多次转手、反复搬运，造成严重的损失，应选择较短的销售渠道。如玻璃器皿、精密仪器、鲜鱼、蔬菜等，都要选择较短的销售渠道，以防损坏。反之亦然。

E. 产品的技术复杂程度。

产品技术复杂程度越高，对售前、售后服务要求越多，一般应选择较短的销售渠道。如各种机械设备、电子计算机等技术复杂的产品，最好由生产企业直接销售给最终顾客，以免中转过多而影响顾客对产品的了解，或对服务不周的不满。

G. 产品的标准化程度。

产品的标准化程度高、通用性强，可选择较长、较宽的销售渠道；而非标准化的专用性产品，则应选择较短的销售渠道。

H. 是否新产品。

新产品刚上市，多采用较短的销售渠道。其原因：第一，销售渠道尚未畅通，企业缺乏选择的自主权；第二，较短的销售渠道有利于企业的促销。对已经打开销路的产品，可选择较长的销售渠道。

② 市场因素

不同的市场情况也应选择不同的销售渠道。

A. 市场区域的范围大小。

市场区域的范围较大，宜选择较长、较宽的销售渠道；市场区域的范围较小，宜选择较短、较窄的销售渠道。例如，产品若在全国范围内销售或要出口到几个国家去，则要通过批发商、代理商乃至许多的零售商进行销售；若产品销售的市场范围很小，只在当地销售，则生产企业通过直销即可。

B. 顾客的集中程度。

顾客若较为集中，宜选择较短、较窄的销售渠道；若顾客较为分散，则宜选择较长、较宽的销售渠道。

C. 顾客的购买量和购买频率。

对于不同的产品，顾客的购买习惯和购买量是存在差异的。对于购买量较少、购买频率较高的产品，应选择较长、较宽的销售渠道；而对购买量较多、购买频率较低的产品，应选择较短、较窄的销售渠道。

③ 企业因素

A. 企业实力。

企业的实力是指企业的声誉、人力、财力和物力。若企业的实力较强，可选择较短的销售渠道，可自由选择各类中间商，甚至可以建立自己的销售系统，直接销售；反之，若企业的实力较弱，则需要选择较长的销售渠道。如一些不出名和资金短缺的中小企业，必须依赖于中间商进行产品的销售。

B. 企业销售能力。

企业有足够的销售力量，或者有丰富的产品销售经验，就可以选择较短的销售渠道，少用或不用中间商；反之，如果企业自身销售力量不足，或者缺乏产品销售的经验，那就应选择较长的销售渠道，要依靠批发商或零售商来销售产品。

C. 企业服务能力。

如果企业有较强的服务能力，能为最终顾客提供较多的服务，则可选择较短的销售渠道，甚至直接对顾客进行销售；反之亦然。

D. 企业控制能力。

若企业为了有效地控制销售渠道，则应选择较短的销售渠道；反之，若企业不希望控制销售渠道，则可选择较长的销售渠道。

除了上述因素之外，企业的营销意图、国家的法律约束、中间商的特性等，亦制约着企业销售渠道的选择与设计。

(2) 对销售渠道的具体设计

企业一旦选定了销售渠道，就要对其进行具体的设计。实际上，就是选择中间商并确定其相互关系的过程。销售渠道的设计，要解决三个方面的问题：

① 是否使用中间商

即是采用直接销售渠道还是采用间接销售渠道，这需要从销售业绩和经济效果两个方面来考虑。销售业绩就是销售额的大小，一般来说是越大越好；经济效果就是利润额的多少，当然是越多越好。这两个方面并非总是一致的，究竟以谁为重，应视企业的营销战略而定。如欲扩大市场占有率，则应重视前者，而欲追求利润最大化，则应重视后者。一种产品的销售，可以通过多种销售渠道形式来实现。企业可以自行销售，也可通过批发商、零售商、经销商等来销售。究竟选择何种销售渠道，需要进行比较考察。

例如，营口洗衣机厂生产的洗衣机要销往大连，有如下三种销售渠道方案供其选择：第一，可在大连开设一个门市部，专门销售该企业的洗衣机；第二，可以在营口找一个批发商，通过它把产品销往大连；第三，还可以在大连找几个特约经销商，由它们把洗衣机直接销售给大连的最终顾客。究竟哪一种销售渠道方案最佳，则需要通过分析比较。

方案一：假设，在大连开设一个门市部，每月可销售全自动洗衣机200台，这种洗衣机的生产成本每台800元，由营口运往大连的运费每台50元，总成本为850元，在大连的零售价每台1100元，每台利润250元，每月盈利50000元。如果这个门市部的每月房租30000元，工作人员的工资和其他费用10000元，则企业每月可盈利10000元。

方案二：假设，在营口找一个批发商，通过它把洗衣机销往大连，每月可销售120台，每台的售价850元（不包括运费），每台利润50元，企业每月的盈利6000元。

方案三：假设，在大连找三家特约经销商，它们在大连每月可销售洗衣机300台，每台的售价910元（包括运费），每台利润60元，企业每月的盈利18000元。经过分析比较可以看出，方案三的效益最佳，故可以选择这种销售渠道。

② 确定中间商的数目

这实际上是确定渠道的宽度，它与企业的市场营销目标和营销战略有关。常用的销售渠道策略有如下三种：

A. 独家性分销。

即企业在一定地区、一定时间内只选择一家中间商经销或代理其产品。双方签订协议，中间商不得经营其他竞争对手的产品，企业也不得向其他中间商供应其产品。目的在于控制市场，彼此得到对方更积极的配合，强化产品形象。这是最窄的销售渠道形式，一般适用于特制品、名牌、高档消费品和工业用产品，其优点在于企业与中间商的关系十分密切，企业对销售情况的控制力强，中间商的积极性高，竞争力较强，对于新的竞争产品有排斥作用；缺点在于市场覆盖面较窄，而且过于依靠一家中间商，风险较大，很可能因为其经营不善而丧失该地区的全部市场。

B. 广泛性分销。

又称密集性分销。即在某一市场使用尽可能多的中间商销售产品，尽可能加宽渠道，以扩大市场覆盖面或快速进入新市场，使顾客尽快买到产品。它适用于价格低、购买频率高的El用消费品和工业品中的标准件、小五金和原材料等。但应注意的是，利用的中间商太多，企业会难以控制，中间商的积极性有限，并且营销费用也较高。

C. 选择性分销。

即在同一目标市场上，依据一定的条件标准，选择一家以上的中间商经销其产品，而不是允许所有愿意经销本企业产品的所有中间商参与经销，这是介于上述两者之间的一种形式。这种策略的目的是维护企业及产品的形象，建立并巩固企业的市场地位。它适用于消费品中的选购品和特殊品，工业品中的零配件。

③ 中间商的选择

中间商的质量如何，将直接影响企业的产品销路及经济效益，企业选择中间商应依据以下条件：

A. 目标市场

选择的中间商，其服务对象应与本企业的目标市场相一致。一般来说，挑选的中间商一定要与本企业产品的销路相对口，这是最基本的条件。例如，生产高级服装或高级玩具的企业，一定要挑选一个专门批发或专门销售高级服装、高级玩具的商店来销售自己的产品。

B. 地理位置

零售商所处的地理位置应位于顾客流量大的地区，批发商应有较好的交通运输及仓储条件。

C. 产品经营范围

应选择经营有相互连带需要的中间商。企业一般不要选择销售竞争对手产品的中间商，但是，若本企业产品的质量确实好于竞争对手的产品，亦可将其产品交给经营竞争对手产品的中间商，但应考虑其价格不要过于悬殊。

D. 促销措施

要考虑所选择的中间商是否愿意承担部分促销费用，如广告及其他销售促进活动的费用。一般来说，拥有独家经销权的中间商，会负责部分广告活动，或与企业合作共同负担促销活动及其费用。

E. 提供服务

现代产品的销售工作，往往需要各种服务的相互配合。如小汽车、电视机、收录机、洗衣机、缝纫机、手表等产品出售以后，有一个提供配件和修理服务的问题。有些产品在销售过程中，还有提供技术指导或财务帮助（赊销或分期付款）。所以，在选择中间商的时候，就要考虑他们是否具备销售服务的各种条件。

F. 运输和储存条件

运输和储存条件对某些产品的生产企业是十分重要的。例如，保鲜食品有没有专用的运输设备或仓库的大小及温度能否控制等，成为选择中间商的一个决定性条件。

G. 财务状况

财务力量和财务状况较好的中间商不仅可以按期结清货款，而且还可能预收货款，为企业提供某些财务帮助；反之，财务状况不好的中间商会发生拖欠货款，以致给生产企业带来某些不应有的损失。

H. 管理能力

如果所选择的中间商领导者很有才干，其各项工作安排井然有序，说明他们可以信赖，并有条件把产品的销售工作做好。因为管理水平的高低对经营的成败关系极大。

10.5 促销策略

企业为了取得营销活动的成功，不仅要以适当的价格，通过适当的渠道向市场供适当的产品，而且需要采取适当的方式促进产品的销售。因此，促销是市场营销组合的重要组成部分。

10.5.1 促销组合策略

促销是企业对顾客所进行的信息沟通活动，通过向顾客传递企业和产品的有关信息，使顾客了解和信赖企业。再完美的产品，若不能将其销售出去，就等同于废品。为了支持和促进销售，需要进行多种方式的促销。通过广告，传播有关企业和产品的信息；通过人员推销，面对面地向顾客陈述；通过营业推广，加深顾客对产品的了解，进而促进其购买产品；通过各种公共关系及宣传手段，改善企业在公众心目中的形象。

（1）促销及促销的方式

① 促销的概念

所谓促销就是促进销售的简称，是由英文（Promotion）翻译而来。它是指企业以人员推销和非人员推销的方式，向目标顾客沟通市场信息，影响和帮助顾客认清购买某项产品或劳务所带来的益处，或者促使顾客对企业及其产品产生好感和信任，从而引起顾客的兴趣，激发顾客的购买欲望和购买行为的活动。

促销的实质是企业与实际顾客和潜在顾客之间的信息沟通。通过信息上的沟通，缩短企业与顾客之间的距离。在市场竞争日趋激烈的今天，促销活动对企业的产品销售的影响已越来越明显。常见这样的情况，两个企业其生产能力、产品质量、销售价格相差无几，但运用不同的促销手段，使得企业所获得的经济效益大不相同。

② 促销的方式

促销的方式主要有两类：人员促销和非人员促销。人员促销主要是指派出推销员进行推销活动；在非人员促销中，又分为广告、营业推广、公共关系等多种方式。促销策略就是这几种方式的最佳选择、组合和运用。各种促销方式的主要特点如下：

A. 广告。

广告是一种高度大众化的信息传递方式，其渗透力强，可多次重复同一信息，便于人们记忆。

B. 人员推销。

人员推销适于企业与顾客的直接沟通，直接传达的信息可以随机应变；人与人之间的沟通，可以培养企业与顾客之间的感情，以便建立个人友谊及长期的合作关系；亦可迅速反馈顾客的意见及要求。

C. 营业推广。

此种促销方式的沟通性极好，通过提供信息引导顾客接近产品；以提供奖励的方式，对顾客具有直接的激励效应；通过提供优惠，对顾客能生招徕效应。

D. 公共关系。

公共关系具有较高的可信度，其传达力较强，容易使顾客接受，可树立良好的企业形象。

（2）确定促销组合应考虑的因素

所谓促销组合就是把人员推销、广告、营业推广、公共关系等各种不同的促销方式有目的、有计划地结合起来并加以综合运用，以达到特定的促销目标。这种组合既可包括上述四种方式，也可包括其中的两种或三种。各种方式之所以要结合起来综合运用，是因为各种方式分别具有不同的特点、使用范围和促销效果。

企业在制定促销组合时应考虑下述因素：

① 促销目标

确定最佳促销组合，需考虑促销目标。相同的促销工具在实现不同的促销目标上，其成本效益会有所不同。也就是说，促销目标不同，应有不同的促销组合。如果促销目标是为了提高产品的知名度，那么促销组合重点应放在广告和营业推广上，辅之以公共关系宣传；如果促销目标是让顾客了解某种产品的性能和使用方法，那么促销组合应采用适量的广告、大量的人员推销和某些营业推广；如果促销目标是立即取得某种产品的推销效果，那么重点应该是营业推广、人员推销，并安排一些广告宣传。

②"推"与"拉"的策略

企业采用"推"式策略还是"拉"式策略进行促销，对促销组合也有较大的影响。"推"式策略是指利用推销人员和中间商把产品推销给顾客。"拉"式的策略是指企业针对最终顾客，利用广告、公共关系等促销方式，激发消费需求，经过反复强烈的刺激，顾客将向零售商指名购买这一产品，零售商则向批发商指名采购这种产品，而批发商必然要向生产企业要货。生产企业就这样把自己的产品拉进销售渠道。

③市场性质

不同的市场，由于其规模、类型、潜在顾客数量的不同，应该采用不同的促销组合。规模大、地域广阔的市场，多以广告为主，辅之以公共关系宣传；反之，则宜以人员推销为主。消费者市场购买者众多、零星分散，应以广告为主，辅之以营业推广、公共关系宣传；生产者市场用户少，购买批量大，产品技术性强，则宜以人员推销为主，辅之以营业推广、广告和公共关系宣传。市场潜在顾客数量多，应采用广告促销，有利于开发需求；反之，则宜采用人员推销，有利于深入接触顾客，促成交易。

④产品性质

不同性质的产品，应采取不同的促销组合策略。一般说来，广告一直是消费品市场营销的主要促销工具；而人员推销则是产业用品（生产资料）市场营销的主要促销工具。营业推广对这两类市场是同等重要的。

⑤产品生命周期

产品生命周期阶段不同，促销目标也不同，因而要相应地选择、匹配不同的促销组合。在介绍期，多数顾客对新产品不了解，促销目标是使顾客认知产品，应主要采用广告宣传介绍产品，选派推销人员深入特定顾客群体详细介绍产品，并采取展销、示范等方法刺激顾客购买。在成长期，促销目标是吸引顾客购买，培养品牌偏好，继续提高市场占有率，仍然可以广告为主，但广告内容应突出宣传品牌和产品特色，同时也不要忽略人的口碑传播与沟通。在成熟期，促销目标是战胜竞争对手、巩固现有市场地位，须综合运用促销组合各要素，广告应以提示性广告为主并辅之以公共关系宣传和营业推广，以提高企业和企业产品的声誉。在衰退期，应把促销规模降到最低限度，尽量节省促销费用，以保证维持一定的利润水平，可采用各种营业推广方式来优惠出售存货，尽快处理库存。

⑥促销预算

企业在制定促销组合策略时，还要考虑促销费用的限制。应根据促销预算安排促销组合。如果用于促销的预算较少，自然不能采用费用昂贵的电视广告，可考虑采用其他媒体广告，或依赖公共关系与人员推销，也可使用直接邮寄产品目录、产品说明书、订单等，向顾客传递产品信息、争得订单。对于某些小企业，特别是潜在顾客不多的小企业，使用直接邮寄，常常会获得较好的促销效果。

10.5.2　广告策略

广告作为一种信息传递方式，伴随着商品产生而产生，同步于市场经济的发展而发展。如今，广告已经成为企业市场营销活动的重要手段，亦成为衡量一个国家、一个地区乃至一个行业经济繁荣与否的标志。广告已经成为产品进入市场的入场券。

(1) 广告的概念与作用

① 广告的概念

广告一词源于拉丁语（Advertere），意思为"诱导"、"主意"。美国市场营销协会定义委员会为了将广告与其他促销手段严格区别开来，曾对广告作如下定义："广告是由明确的发起者以公开支付费用的做法，以非人员的任何形式，对产品、服务或某项行动的意见和想法等的介绍。"也就是说，广告是企业以付费的方式，将有关的市场信息，通过一定的媒体向顾客进行产品宣传的一种方式。

② 广告的作用

广告作为一种积极有效的信息传递活动，对实现"产品的惊险跳跃"有着极为重要的作用。具体地说可归纳为以下几点：

A. 传递信息，沟通产需。这是广告的基本作用。现代产品的销售过程是"信息流"与"物流"高度统一的过程，如果没有有效的信息沟通，买卖双方相互隔阂，产品就难以实现销售。而广告能够把产品、劳务等信息传递给可能的顾客，迅速、有效地沟通产需，缩短产需之间的距离，加速产品的流转。

B. 创造需求，刺激消费。广告通过各种传播媒体向顾客广泛介绍产品信息，不仅能提高顾客对产品的认识程度，诱发其需求和购买欲望，而且能起到强化顾客对产品的印象，刺激需求，创造需要的作用。

C. 树立形象，利于竞争。竞争是市场经济的产物，哪里有商品生产，哪里就有竞争。广告是开展竞争的重要手段，广告在竞争中为企业创名牌、树声誉而呐喊；为新技术、新工艺、新产品而摇旗。广告在竞争中可以起到鼓励先进，鞭策后进，促进社会生产发展的作用。

D. 指导购买，扩大销售。现在商店里产品琳琅满目，花色品种繁多，既给顾客提供了充分挑选的余地，也增加顾客购买决策的难度。而各种形式的广告不断向顾客介绍产品的性能、特色、适用范围、价格、销售地点及售后服务项目等，就能帮助他们识别产品，指导购买。既满足了顾客需求，又扩大了销售，加速资金周转，增加企业赢利。

E. 美化人民生活，促进社会精神文明建设。一则思想性和艺术性强的好广告，可以使人得到美的享受，陶冶人们的情操，提高人们的思想修养，从而起到美化人民生活，促进社会主义精神文明建设的作用。

（2）广告制作的基本原则

广告的制作和传播，必须遵循以下基本原则：

① 真实性原则

广告的生命在于真实。广告必须坚持实事求是和对顾客高度负责的态度，真实地介绍有关产品的质量、性能和特点；向顾客提出的承诺必须坚决兑现。切忌弄虚作假，夸张伪造和欺骗。这样才能取信于民，增强广告的劝说效果，发挥广告的积极作用。

② 思想性原则

广告不仅是推销产品的工具，同时也是传播意识形态的工具。广告的信息内容和表现形式等各方面都必须遵循党和国家的路线、方针和政策，遵守法律，符合中国国情和民族风格，反映社会主义精神文明，鼓舞人们奋发向上。

③ 科学性原则

所谓科学性原则，就是要使广告的内容和表现形式符合人们的认识程序和适应人们接受广告的心理过程。这样不仅能使顾客乐于接受，而且能够准确无误地理解广告主所传播信息的本意。

④ 艺术性原则

真实性、思想性、科学性和艺术性是广告的基本属性。而社会主义广告的艺术性能够使得真实性、思想性和科学性得以充分的体现。社会主义广告必须在主题健康、内容真实的基础上，努力提高艺术性。在广告制作中，刻意研究广告艺术和广告心理学，通过文学、美术、摄影、录像、音乐、表演等多种艺术形式迎合顾客心理创造出独具一格，艺术形象鲜明的广告，以其强烈的艺术性加强广告说服力和感染力，提高广告效益。

（3）广告媒体的选择

广告必须通过一定的媒体传播出去，媒体的质量影响着广告的成败。广告媒体的选择，是广告策略的重要内容。选择广告媒体的目的在于：利用最佳手段输出信息，达到尽可能大覆盖面的宣传效果。

① 广告媒体的种类

不同的广告媒体各具特点，各有利弊。

A. 报纸。

报纸是传递信息的最重要工具，是广告运用最多的媒体形式之一。其优点是：读者面广、稳定、宣传覆盖面大；信息传播快，时效性强，尤其是日报，当天即可知道；空间余地大，信息量丰富，便于查找；收费较低。其缺点是：保留时间短，生命力短；形象表现手段不佳，感染力差；制作简单粗糙。

B. 杂志。

杂志专业性较强，目标读者较集中，是刊登各种专业产品广告的良好媒体。其优点是：读者对象明确、集中，针对性强，广告效果好；保留时间长，信息利用充分；读者文化程度高，有专业知识，易接受新事物。更适合新产品和相应专业产品的广告；版面整齐，制作精良，配上彩页，能较好地表现产品外观形象。其缺点是：发行范围不广，广告覆盖面小；周期长，不利于快速传播。

C. 广播。

广播是听觉媒体，在我国现阶段也是一种广为利用的主要媒体。其优点是：传收同步，听众易收到最快最新的信息，且不受交通条件和距离远近的限制；传播空间广泛，适应性强，无论何时何地，无论男女老幼和是否识字，只要有听觉能力，都可接受；每天重播频率高，传播信息方式灵活多样，可以用音乐、对话、戏剧小品、相声等多种形式加强广告效果；广告制作费用低。其缺点是：只有信息的听觉刺激，没有视觉刺激；信息消失快，给人印象不深；难以保存，无法查找；听众分散，选择性差。

D. 电视。

电视是重要的现代化媒体。它通过视觉形象和听觉的结合，综合运用各种艺术手法，融声音、图像、色彩、运动于一体，直观形象地传递商品信息，具有丰富的表现力和强烈的感染力。其优点为：表现力丰富，形声兼备，感染力极强，给人以强烈的刺激；播放及时，覆盖面广、收视率高；可以重复播放，加深印象。其缺点是：制作成本高，播放收费高；信息消失快；目标观众无法选择。

E. 户外广告。

主要包括路牌广告、灯箱广告、交通车身广告、车辆广告、机场、车站码头广告、招贴广告、传单广告等。其优点是：传播主题鲜明、形象突出；不受时间限制，比较灵活；展露重复性较强，成本较低。其缺点为：不能选择对象，传播内容受一定的限制，创造力受到局限。

F. 售点广告。

指售货点及购物场所的广告。例如，柜台广告、货架陈列广告、模特广告、门面装饰等等。

G. 其他媒体。

主要包括：邮寄广告、赞助广告、体育广告、包装广告等。这些媒体也各有特点和利弊。如邮寄媒体传播对象明确，传播效果明显，信息反馈快，形式灵活，费用低廉。

② 广告媒体的选择

要使广告达到一定的促销效果，则必须注意广告媒体的覆盖面、接触频率及作用强度等。广告媒体种类繁多，并且各具特点和利弊，企业在选择广告媒体时应考虑以下因素：

A. 企业对传播信息的要求。

企业对信息的传播次数、效果及到达目标顾客的最低时间限度要求不同，就要根据各种媒体的特点，选择不同的广告媒体。如要求传播次数多，立即传送到目标顾客时，可选择广播或电视媒体。

B. 产品特性。

产品的性质、特点等不同，要选择不同的广告媒体。譬如，产品为高档消费品，如高档家具、电器和高级时装等，需选用较高读者层的媒体，或在较高层次的电视节目间插播；如果产品属于中、低档消费品，就应选择以大众为对象的读物做媒体。再如，服装、化妆品、食品等最好选用彩印或电视广告，以突出色彩，形象生动。新产品、高新技术产品可利用邮寄广告，以便详细说明之，并有目的地选择目标顾客。

C. 目标顾客特点。

顾客的年龄、性别、文化程度、经济收入和社会地位等不同，接触媒体的习惯也不同，企业应选择能顺利传播到目标市场的媒体。如化妆品、妇女儿童用品，在妇女杂志或电视上做广告，效果会好些。

D. 媒体特征。

媒体的传播范围、效果、选择性和声誉是各不相同的。因此，必须根据媒体特征来选择。媒体的传播范围应与产品销售范围相一致，在全国销售的产品，适宜在全国性报纸、杂志或中央广播电台、中央电视台做广告；在地区销售可选用地方报刊、广播、电视为广告媒体；目标顾客数量较少，可采用选择性强的邮寄媒体。媒体本身的效果和声誉对广告效果有直接影响。因此，应注意选用效果好，声誉高和影响力大的媒体。

E. 媒体的成本和支付能力。

不同媒体的成本不同，在选用时应考虑企业广告费用支付能力，分析费用与广告效果之间的关系，选用成本、低效果好的媒体。

（4）广告预算的确定

确定广告预算，即确定在广告方面花费多少资金。企业制定广告预算的主要方法有四种：

① 目标任务法

首先确定广告目标（如销售增长率、市场占有率等），再确定达到此目标所要完成的任务，然后估计要完成这些任务所需要的费用。

这种方法从促销目标任务的需要出发来决定广告的费用，在逻辑程序上有较强的科学性。因此，为许多企业所采用。但此法也有其缺点，没有从成本的观点出发考虑广告的费用。

② 销售比例法

即企业按照销售额（销售业绩或预测额）或单位产品销售价的一定百分比来确定广告费用的预算。就是按每 100 元销售额提取多少广告费来做广告预算或按单位产品销价的若干百分比计算某产品的广告费，进而制定企业的广告预算。此法简单易行，但颠倒了广告与销售额的因果关系。

③ 竞争对等法

为了保持市场竞争地位，可比照竞争对手的广告支出水平来确定本企业的广告预算，以造成与竞争对手旗鼓相当，势均力敌的对等局面。在竞争激烈，不做广告生意就会被对手抢走时，就得设法赶上或超过竞争对手的广告水平。这种方法的最大缺点是易导致广告大战。

④ 量力支出法

这种方法首先考虑企业的支付能力。即根据企业的财力状况，能拿出多少钱做广告来确定广告预算。这种方法在新产品急需向顾客传递信息打开销路时，会因为用于广告方面的费用有限而坐失良机；另外，它不利于企业执行长期的市场开发计划。

（5）广告效果的评价

广告效果的评价是指运用科学的方法来评价所做广告的效益。广告效果的评价是完整的广告活动中不可缺少的重要组成部分。重视广告的信息反馈，正确地评价广告效果，有利于降低广告费用，提高广告效益，制定出最佳广告决策。广告效果评价一般可从广告促销效果、广告传播效果两方面进行分析。

① 广告促销效果的测定

广告促销效果是指广告对企业产品销售产生的影响。仅广告促销的一般效果是难于准确测定的。这是因为销售除了受广告的影响外，还受其他许多因素如产品特色、价格、购买难易和竞争者行为等的影响。测定广告促销效果的方法主要有：

A. 广告效果比率法。即根据广告后销售额增加幅度与广告费用增加幅度之比测定广告效果。其公式如下：

$$广告效果比率＝销售额增加率÷广告费用增加率×100\%$$

B. 单位广告费收益测定法。即根据一定时期内单位广告费用的经济效益来测定广告效果。其公式如下：

$$单位广告收益＝（广告后的平均销售额－广告前平均销售额）÷广告费用额$$

② 广告传播效果测定

广告传播效果是指广告信息传播的广度、深度及影响作用，表现为顾客对广告信息注意、理解、记忆程度。一般称为广告本身效果的测定，它可以在广告前也可以在广告后。测定广告后传播效果的方法主要有：

A. 阅读率、视听率、记忆率测定法。阅读率通过报纸杂志阅读广告的人数与报纸杂志发行量的比率，公式为

$$阅读率＝阅读广告人数÷发行量×100\%$$

视听率指通过电视机、收音机，收看、收听广告的人数与电视机、收音机拥有量的比率。

记忆率指记住广告重点内容（如产品名称、生产厂家、商标、产品特性等）的人数与阅读视听广告的人数比率。

B. 回忆测试法。找一些看过或听过电视、广播的人，让他们回忆广告的内容，来判断其对广告的注意度和记忆率。

C. 理解度测试法。在刊登广告的杂志读者中进行抽样调查，看有多少人阅读过这个广告，有多少人记得广告的中心内容，有多少人记得广告一半以上内容，并分别计算出百分比，从而判定读者的认识和理解程度。

10.5.3 人员推销策略

广告为企业产品营销创造了有利的外部条件，营业推广提供了吸引顾客的有力武器，但与顾客面对面地沟通，实现产品的销售，则要靠推销员的努力。推销员是沟通企业和顾客的纽带。对顾客而言，推销员是企业形象的代表，而推销员又从顾客那里为企业带来许多有用的信息。

人员推销是一种最古老的促销方式，也是现代产品促销的一种重要形式，尤其在生产资料的销售中，人员推销占有更加重要的地位。推销员是推销工作的第一线战士，直接与顾客打交道，通过推销员的努力工作，实现两个目标，其一是售出产品；其二是满足顾客的需要。

（1）人员推销的任务和作用

人员推销是指企业通过派出推销人员与一个或一个以上可能成为顾客的人交谈，作口头陈述，以介绍宣传产品，促进和扩大产品销售。

推销人员通过人际接触，起到联接企业和顾客的纽带作用，推销人员对许多顾客来说，就是企业的象征和代表。推销人员的任务并非仅仅限于产品的推销，作为企业与顾客之间的桥梁，推销人员负有维护双方利益的责任。也就是说，推销人员的工作任务是既要使企业获得满意的销售额，又要培养与顾客的感情联系，还要搜集有关的市场信息。具体来说有如下几点：

① 携带资料，增进了解

推销人员在走访顾客时，除了传递信息之外，还可以将产品的有关资料或样品、模型等带给顾客，使顾客对企业产品的技术性能、用途及使用方法等，有比较全面的了解。

② 排除障碍，促成交易

推销人员走访顾客时，不仅可促进双方的了解，通过直接洽谈购销业务，运用推销艺术和技巧，向顾客宣传介绍产品，消除顾客疑虑，排除障碍，说服顾客购买产品，达成交易。这是广告所起不到的作用。

③ 了解市场，反馈信息

推销人员经常在市场和顾客中活动，他们对市场的动向和顾客的反应比较了解，可及时把顾客对产品性能、质量、型号、规格、价格、交货时间等意见和要求以及使用后的感受等反馈信息报告企业，实行双方的双向信息沟通。

④ 提供服务，促进销售

推销人员在走访顾客，推销产品的过程中，同时可向顾客提供各种服务，诸如，提供咨询意见，给予技术帮助，承担某些维修工作等。解决顾客在使用本企业产品过程中出现的问题，尽力使顾客得以满足，赢得重复购买的机会。

⑤ 兼做调查和预测工作

推销人员不仅要承担产品推销的任务，而且要兼做市场调查工作，并对市场需求的发展变化做出预测，为企业进行市场预测提供科学的依据。

推销人员要成功地完成推销任务，必须实现五种推销：首先是推销自己，让顾客接受你，对推销员产生良好的印象，发生兴趣，进而产生信任感；其次是推销观念，通过与顾客的双向交流与沟通，改变、强化、顾客的价值观、认识事物的思维方式，使顾客接受新的观念；第三是推销知识，广泛介绍与产品相关的生活、生产知识，加强顾客的认识能力；第四是推销企业，对企业的了解，特别是在顾客的头脑中树立起企业的良好形象，是促成顾客购买的重要条件，尤其是生产资料的购买，企业形象就显得更为重要；最后才是推销产品。要成功地实现推销任务，推销人员就应该具备较高的素质和能力。

（2）推销人员的素质

推销人员直接与广大顾客接触，他们既是企业的代表，更是顾客的顾问和参谋，他们要走遍千山万水，要吃尽千辛万苦，要联系千家万户，要与千差万别的顾客打交道。所以，他们必须具有良好的政治素质、业务素质及身体素质，同时，也必须具有良好的适合推销工作的仪表、礼节和品格。只有这样，才能娴熟地运用自己的业务技巧，完成推销任务。

① 政治素质

A. 具有强烈的事业心和责任感。推销人员应充分认识自己工作的价值，热爱推销工作，对自己的工作充满信心，积极主动，任劳任怨地去完成推销任务。推销人员应对所在企业负责，为树立企业的良好形象和信誉做贡献，对顾客的利益负责，帮助顾客解决困难和问题。

B. 具有良好的职业道德。推销人员必须以社会主义的道德标准严格要求自己，自觉遵守国家的政策、法律，自觉抵制不正之风，正确处理个人、集体和国家三者之间的利益关系，不损公肥私，不损人利己。

C. 具有正确的推销思想。推销思想是推销人员进行推销活动的指南。正确的推销思想要求推销人员在推销工作中要竭尽全力地为国家、企业着想，全心全意地为顾客服务，把顾客需要的满足程度视为检验推销活动的标准。

② 业务素质

推销人员是否具有良好的业务素质，直接影响其工作业绩。一般来说，良好的业务素质来自两方面：一方面要掌握丰富的业务知识，另一方面要具有一定的推销能力。

A. 业务知识。推销人员应掌握的业务知识包括：一、企业知识。要熟悉本企业的经营方针和特点，产品种类和服务项目，定价策略、交货方式、付款条件和付款方式等。二、产品知识。要了解产品的性能、用途、价格、使用方法、维修方法等，了解市场上竞争产品的优劣情况。三、顾客知识。了解顾客的购买动机、购买习惯、购买条件、方法及购买地点，了解由何人掌握购买的决策权等。四、市场知识。要了解市场的动向、现实和潜在的顾客需求情况等。五、法律知识。要了解国家规范经济活动的各种法律，特别是与推销活动有关的经济法律。例如，经济合同法、反不正当竞争法、产品质量法、商标法及专利法等。

B. 推销能力。一般来说，推销人员应具备以下几方面的推销能力：一、观察能力。推销人员在推销活动中，需要进行市场信息的搜集和处理。为此，必须具有敏锐的观察能力。二、创造能力。推销工作是一种体力劳动与脑力劳动相结合的工作，是一种带有综合性、复杂性的工作，是一种创造性工作。创造过程首先是自我斗争过程，要无所畏惧，相信自己的创造能力，绝不因循守旧，亦步亦趋。在推销活动中，推销人员只有创造性地运用各种促销方式，才能发展新顾客，开拓新市场。

C. 社交能力。推销人员应是开放型的，必须具有一定的社交能力。从某种意义上说，推销人员是企业的外交家，需要同各种顾客打交道。这就要求其具备与各种各样顾客交往的能力，能够广交朋友。

D. 应变能力。在各种复杂的特别是突如其来的情况下，推销人员仅用一种姿态或模式对待顾客是很难奏效的，这就要求推销人员具有灵活的应变能力，做到在不失原则的前提下，实施一定的方式，从而达到自己的目的。

E. 语言表达能力。在推销活动中，为了达到推销目的，推销人员必须向顾客宣传、介绍本企业的宗旨，本企业的产品，必须善于去启发顾客，说服顾客，这就要求推销人员必须具有良好的语言表达能力。良好的语言表达能力表现在语言要清晰、简洁、明了，说话要抓住顾客的心理，针对顾客的需要，促使顾客产生强烈的购买欲望。

③ 身体素质

推销工作比较辛苦，要起早贪黑地东奔西走，交涉各种推销业务。这样既消耗体力，又消耗精力，而且食住都没规律。这些无一不需要推销人员具有健康的体魄。此外，推销人员应注重自己的仪表和不凡的举止谈吐。推销人员应尽力用自己的仪表给顾客留下深刻的第一印象，为推销活动打下良好的基础。

（3）推销设计

① 推销人员数量的确定

推销人员的数量与销售额之间存在相关关系，一般来说，推销人员增加会使企业销售额得以增加。但销售额的增加并不是随着推售人员的增加而成比例增加。销售人员的数量确定，一般可采用以下两种方法：

A. 工作量法。就是根据企业销售工作量来决定销售人员的数量，其计算公式为

$$S = \frac{(C_1 + C_2)\ VL}{T}$$

式中　S——销售人员数；

　　　C_1——现有顾客的数量；

　　　C_2——潜在顾客的数量；

　　　V——平均每年访问顾客（现有和潜在）的次数；

　　　T——每次访问的平均时间（以小时计）；

L——每个销售人员用于推销的有效工作时间（以小时计）。

如果对现有顾客与潜在顾客每年访问的次数和每一次访问平均所需要的时间不相同，并用 V_1 和 V_2 坞表示对现有顾客和潜在顾客每年访问的次数，L_1 和 L_2 分别表示对现有顾客和潜在顾客每次访问平均所需要的时间，则上述公式改为

$$S = \frac{C_1 V_1 L_1 + C_2 V_2 L_2}{T}$$

A. 增量法。

就是随着销售地区的扩大或销售量的增加而逐步增加推销人员数量。但这种增加并不是按直线关系，而应按企业的实际情况决定。这种方法适用于原有销售力量比较薄弱，而销售地区和销售量日益增加，需要不断增加销售力量的情况。

② 推销人员的分派设计

推销人员的分派，通常有以下四种方式：

A. 按地区分派推销人员，就是分配每个推销人员负责一个或几个地区的销售任务，在该地区代表企业推销所有的产品。这种方式的优点是：责任明确，此地区由某推销人员专人负责，他必须对这个地区销售工作承担全部责任，这样有利于地区间开展销售竞赛，以提高推销效果；由于推销人员经常固定在一个或几个地区工作，比较熟悉当地目标市场情况，能同原有的顾客建立密切联系，也比较容易发现新顾客，扩大产品的销售量；由于推销人员固定在一个地区内活动，可节省许多交通费用。这种方式仅适用于企业产品单一，或虽有多种产品，但产品的关联性强的企业。

B. 按产品类别分派推销人员。这是一种比较常见的方式。当一个大型企业生产很多种技术复杂的产品，各种产品在技术上又有很大差别，一个推销人员难以熟悉几种不同的产品时，可按照产品类别分派推销人员。这种分派方式的主要优点是推销人员容易熟悉所推销的产品，适于推销技术复杂的产品。

C. 按用户类型分派推销人员。这种方式比较复杂，可以按行业分派，按新老用户分派，按批发商或零售商分派，按用户规模分派等。其最明显的优点是有利于推销人员掌握顾客的购买特点和购买规律，有针对性地满足顾客的需求。

D. 复合式分派。此法是指把多种分派方式有机结合起来，如地区和产品的结合、地区和用户的结合、产品和用户的结合及地区、产品和用户的结合等。其优点是适用性和灵活性强，但组织管理较复杂，对推销人员的要求较高。适于产品品种繁多，顾客复杂，销售区域分散的情况。

（4）推销技巧

推销人员的推销技巧，主要表现为有效的推销过程。有效推销过程应包括如下步骤：

① 寻找顾客

推销过程的第一步是识别潜在顾客。推销人员需要具有寻找线索的技能，诸如向现有顾客打听潜在顾客的名字；培养其他能提供线索的来源，如供应商、经销商、非竞争企业销售人员等；参加潜在顾客所在组织；查阅各种资料来源，如企业、事业名录、电话簿等寻找名字；用信函、电话追踪线索；从事能引起人们注意的公共关系活动；拜访各种企业和单位办公室等。推销人员还应对获得的潜在顾客线索进行检查，核对其对企业产品或服务有否需要、有无支付能力、特别要求、营业量、交易的可能性等，淘汰不符合要求的线索，寻找合格的潜在顾客。

② 接触前准备

推销人员应通过各种渠道尽可能广泛搜集潜在顾客的信息，诸如需要什么，有哪些人参与购买决策，采购人员的个性特征和购买风格等；确定访问目标，比如鉴定潜在顾客的资格，沟通信息，或立即成交；确定访问方法，是亲自拜访、电话访问还是写信联系，考虑最好的访问时机；制定详细的推销策略及方案等。

③ 接近顾客

这是实际推销过程的前奏。许多推销人员的经验告诉我们：成功的推销，首先应让顾客自然而然地接受你。推销人员应对顾客彬彬有礼，整个谈话的内容应明白准确。从而使双方关系有一个良好的开端，为顺利转入销售打好基础。

④ 销售介绍

寒暄过后，就要适时转入销售介绍阶段。推销人员的销售介绍应大体上遵循"MDA"公式，通过吸引注意、引起兴趣、激发欲望和导致行动。推销人员销售介绍应始终强调顾客利益，告知产品特点和效用。常用的销售介绍方法有三种：

A. 刺激——反应法。这种方法要求销售人员事先准备好几套介绍词，通过适当的刺激性言辞、图片、条件和行动，来刺激顾客购买欲望，说服顾客购买。

B. 需要——满足法。这种方法开始先启发引导顾客多说话。以便发现顾客的真正需要。接着再插进推销介绍词。努力证明自己的产品如何能满足这些需要。这是一种"创造性推销"，对推销人员要求高，要求推销人员知识丰富、思维敏捷、熟悉产品、善于倾听别人意见，能根据顾客的爱好随时调整谈话内容，迅速解决问题。

C. 程式法。这种方法也是以刺激—反应原理为基础，但事先已基本了解顾客的要求和购买风格，可以事先准备好相应的介绍词。开始交谈时要引导顾客说出自己的需要和态度，接着就有意识地控制谈话，应用程式化的介绍词，说明产品如何能满足他们的需要，推动达成交易。

销售介绍除推销人员讲解外，还可以借助小册子、挂图、幻灯、录音、录像和样品等辅助工具进行示范介绍，使购买者亲眼看见或亲手操作该产品。能更好地记住产品的特点和好处。

⑤ 排除异议

推销人员在介绍产品或要求订货时，顾客可能会有所抵触，诸如对某些产品特点存在异议，怀疑产品的价值，不喜欢推销的条件，或表示对公司缺乏信任等。推销人员应具有面对这些反对的能力，采用积极的方法通过自己的介绍，排除各种异议，甚至把异议转变为购买的理由。

⑥ 达成交易

导致购买行为是推销介绍产品的最高目的。有些推销人员无法达成交易，常常是因缺乏信心，对要求顾客订货难于启齿或者是不会把握成交的恰当时刻。推销人员应当会识别顾客发出的可以成交的信号，包括顾客的身体动作、说明或评论和提出的问题；学会几种达成交易的技巧、或者说明如果不成交顾客将会受到什么损失；也可给顾客提供各种特殊的诱因。如特价、赠送礼品等以劝导成交。

⑦ 售后工作

这是确保顾客满意，获得重复购买，建立长期合作关系必要的最后一步。成交后应立即着手准备好有关履约的交货时间、购买条款和其他事项等具体工作。推销人员在接到订单后，要制定售后工作访问日程表，以确保有关安装、指导、技术培训和维修等售后服务工作得到妥善安排。

（5）推销人员的管理

① 推销人员的招聘与选择

企业销售工作若想获得成功，关键是招聘和选择优秀的推销人员。普通的推销人员与优秀的推销人员相差甚远。若错用推销人员，所造成损失可能更大。因此，企业应慎重地招聘和选择推销人员。

A. 推销人员的招聘。企业招聘推销人员可从以下几方面进行：一、企业内部。有些本企业的员工虽然过去没有做过推销工作，但在长期的工作实践中，熟悉本企业的战略和策略，熟悉本企业的经营情况，而且品德端正，作风正派，又比较热爱推销工作，能力也比较强。企业可将其调至推销部门实践，使他们成为好的推销人员。二、企业外部。可从经济类中专或大专院校毕业的学生中招聘推销人员；可从报纸杂志的人才广告中发现要招聘的推销人员；可从职业介绍所中招聘推销人员。

B. 推销人员的选择。选择推销人员，一般来说，主要应掌握以下几点：一、德才兼备。德主要指思想品德，职业道德；才主要指知识水平和各种推销能力，即业务素质。二、不拘一格。在选择推销人员时，应根据推销任务和工作需要科学地、客观地进行选择，要冲破旧的、僵化的思想观念束缚，树立现代观念。为此，应明确两个问题：资历不等于能力。要考虑有一定的资历，但又不能单看资历，着重看实际推销能力，文凭不等于水平。要注意有一定的文凭，但又不唯文凭，着重看实际知识水平和工作才能。三、知人善任。知人指既要知其长处，也要知其短处。善任指要善于发挥其长处，克服其短处，即用其长而避其短。

② 推销人员的培训

在选聘工作结束之后和新推销人员上岗之前，必须进行系统的培训，使其具备本企业产品销售的基本知识和基本技能，尽快熟悉和掌握推销工作。对于原有的推销人员，为了使他们能够适应新形势的需要和不断提高他们的业务素质，也应定期加以训练。对于推销人员的培训，要有周密的培训计划和明确的培训目标，安排好训练内容，安排好师资力量、准备必要的设备和资料。培训目标是：提高推销人员的政治素质和业务素质，使每个推销人员树立全心全意为顾客服务的思想，具有顺利完成推销工作任务的基本知识和基本技能，能够以最优良的服务工作，生动、热情、耐心、周到地为顾客服务，建立企业与顾客联系紧密的新型关系。

培训内容要根据企业市场营销策略特点和推销人员实际情况来确定。概括地讲，推销人员的培训内容主要有：

A. 政治素质培训。

学习马列主义和毛泽东思想、邓小平理论、党和国家的方针政策、法律和法令。职业道德是培训的一项重要内容。通过学习，以提高政治思想觉悟，树立理想和坚定信念，充分认识销售工作的重要性，增强使命感和责任感。

B. 企业知识培训。

企业知识培训，包括企业发展历史、经营方针和各项策略、组织结构和人事制度、经营现状和利润目标及长远发展规划等，使推销人员对企业面貌有个概括了解，以激励他们更好地为企业发展服务。

C. 产品知识培训。

产品知识培训包括产品的设计制造过程、产品质量、产品的技术性能和主要特点、产品的用途以及产品的使用维护方法等方面。只有全面掌握这些知识，才能向顾客准确地宣传本企业的产品能满足他们哪些方面的特殊需要，熟练地解释和回答有关产品方面的疑虑问题；有说服力地劝说顾客购买。

产品知识介绍还包括竞争者的产品。只有熟悉竞争者产品的技术性能、优缺点等，才能在推销中，实事求是地进行比较、介绍本企业产品的优点和长处。

D. 市场知识培训。

要向推销人员进行市场知识的培训，包括介绍企业顾客的基本情况，如顾客的地区分布、经济收入、购买动机和购买习惯。企业的市场开发战略及竞争对手的策略和政策。只有让推销人员掌握这些情况，才能继续保持同原有的顾客的联系，并寻找新顾客，提高推销效率。

E. 推销技巧培训。

这是对推销人员进行培训的关键内容。通过推销技巧的培训，要使推销人员懂得如何做好推销工作。学会安排销售计划和分配时间，访问可能的顾客，揣摩顾客心理，注意推销介绍时的语言艺术和人际交往技巧，处理和应付推销时遇到的困难；听取顾客的意见，注意个人举止行为和仪表风度等。

对于推销人员的培训既要重视理论教学，又要重视现场实践教学，特别是要由有经验的优秀推销人员带领和指导下进行现场实习。

③ 推销人员的激励

企业中的任何人员都需要激励，推销人员亦不例外。企业必须建立激励制度来促使推销人员努力工作。

A. 销售定额。

企业的通常做法是订立销售定额，即规定推销人员在一年内应销售产品的数量，并将推销人员的报酬与定额完成情况挂钩。

B. 推销人员的报酬。

认真贯彻按劳付酬原则，建立合理的报酬制度，对于调动推销人员的积极性，提高推销效率，扩大产品销售有着重要作用；反之，若报酬制度不合理，则可能挫伤推销人员的积极性。推销人员的报酬应因人而异，多劳多得，对于真正优秀的、推销业绩卓著的推销人员，应实行重奖。其报酬形式可采取工资制、佣金制或者两者相结合的制度。

④ 推销人员的业绩评价

推销人员的业绩评价是企业对推销人员工作业绩的考核与评估。它不仅是企业给推销人员分配报酬的依据，也是企业调整市场营销战略、促使推销人员更好工作的基础。推销人员业绩评价的主要指标有：销售数量、销售增长率、访问顾客的次数、新增顾客的数量、销售定额完成率、推销费用率等等。

10.5.4　营业推广策略

营业推广被誉为现代营销的开路先锋，亦称销售促进或特种推销，是指除人员推销、广告和公共关系宣传之外能有效地刺激顾客购买、提高交易效率的种种促销活动。它包括的范围较广，如陈列、展示和展览会、示范表演和演出以及种种非常规的、非经常性的推销活动。一般用于暂时的和额外的促销活动，是人员推销和广告的一种补充。

企业在采用营业推广策略进行促销时，一般要做出三项基本决策：确定营业推广的目标；选择营业推广的形式；营业推广方案的制定与实施。

（1）营业推广目标的确定

营业推广目标的确定取决于企业的整体营销战略和目标市场的类型。概括而言，企业营业推广的目标有三类：针对顾客；针对中间商；针对推销人员。

① 针对顾客的营业推广目标

主要包括：鼓励老顾客更多地反复购买；吸引新顾客使用本企业产品；争夺竞争对手的顾客。

② 针对中间商的营业推广目标

主要有：鼓励中间商采购企业新产品，大批量进货，扩大库存量，特别是季节性产品；争取新的中间商；鼓励中间商长期经销本企业产品，开拓新市场，推销积压产品等。

③ 针对推销人员的营业推广目标

主要有：鼓励推销人员积极工作，努力开拓市场；增加产品的销售量。特别需要说明的是，针对推销人员的营业推广，不仅是指企业对本企业推销人员的营业推广，还包括对中间商的推销人员的营业推广。

（2）营业推广形式的选择

营业推广的形式很多，主要有以下三类：

① 对顾客营业推广的形式

A. 样品。即向顾客赠送或免费试用的产品，通过试用，使其了解产品效果，传播信息以争取扩大销售量。通常是提供少量的使用品，其分量近似顾客认识产品的利益所在。例如，小包装的洗发精。这是一种极有效的推广方式，也是费用较昂贵的方式之一。

B. 优惠券。送给顾客的一种购货券，持有者可按优惠价格购买某特定产品。这种优惠券可直接寄给顾客，亦可附在其他产品或广告中。

C. 付现金折款（或称退款）。此种形式同优惠券的差别是减价发生在购买之后，顾客可把指定的"购物证明"寄给企业，由企业寄回"退还"部分购货款。

D. 特价包装。是以低于平常产品的价格向顾客供应产品。这种价格通常在标签或包装上标明。有减价的包装或组合包装。特价包装对刺激短期销售额效果很佳。

E. 礼品券。顾客购买一定金额的礼品券馈赠亲友祝贺喜庆，受礼者可持券到发券企业选购自己喜爱的同价值的产品。这种方式方便了送礼者，受礼者也得到了实惠。对企业则更为有利。

F. 赠品印花。顾客在购买产品时，商店送给一定张数的交易印花、待凑足若干张时即可兑换某一件产品。

G. 馈赠。顾客购买高档家具、电器、金银首饰时，商店馈赠一定价值的产品予以鼓励。例如，顾客购买 VCD，馈赠几张光盘。国内许多企业时常采用此方式，其效果明显。

② 对中间商营业推广的形式

A. 价格折扣。企业为争取中间商多购进本企业产品，在特定时间内，购进一定数量的产品，予以一定金额的折扣。

B. 推广津贴。当中间商为产品做了广告宣传，企业对此给予的费用补偿。

C. 承担促销费用。企业为中间商分担部分市场营销费用，如广告费用、摊位费用等。

D. 产品展览。利用产品的展销、展示、展览及订货会等机会陈列产品。

E. 销售竞赛。根据各个中间商销售企业产品的业绩，给予优胜者不同的奖励。

③ 对推销人员营业推广的形式

对推销人员最为有效的方式是销售提成；还可以进行销售竞赛，对于销售能手在给予物质奖励的同时，予以精神奖励；为推销人员提供较多的培训学习的机会，为其进一步发展奠定基础。

（3）营业推广方案的制定与实施

① 制定营业推广方案

制定营业推广方案要考虑鼓励的规模、推广的途径、持续时间、选择推广的时机以及推广经费预算等。

② 营业推广方案的实施

首先要在执行方案前先进行试点效果测试，来确定鼓励规模是否最佳。推广形式是否合适，途径是否有效。试点成功后再组织全面实施营业推广方案。在执行过程中，要实施有效的控制，及时反馈信息，发现问题，要采取必要措施。调整和修改原订方案。

③ 评估营业推广方的效果

最常用的方法是比较推广前、推广中、推广后的销售额数据，以评估其效果大小，总结经验教训。不断提高营业推广的促销效率。

10.5.5　公共关系策略

良好的形象是企业宝贵的财富，公共关系就是要给企业和产品塑造出颇具魅力的形象，以引起顾客的好感。公共关系是一门研究如何建立信誉，从而使企业获得成功的学问。即企业利用各种手段，在企业和社会公众之间建立相互了解和信赖的关系，以树立其企业良好的形象和信誉，取得顾客的好感、兴趣和信赖，赢得顾客的信任和支持，为营销创造一个良好的外部环境。不断提高企业的信誉和知名度，促进企业产品的销售。

（1）公共关系的概念与作用

① 公共关系的概念

公共关系译自英文（Public Relations），又译为公众关系，简称公关。它是指企业有计划地、持续不懈地运用沟通手段，争取内、外公众谅解、协作与支持，建立和维护优良形象的一种现代管理职能。

从动态来看，公共关系是一种活动。即一个企业为了创造良好的社会环境，争取公众支持。建立和维护优良形象而开展的公共关系活动。当人们发现公共关系的客观存在，这种公共关系状态优劣，关系到企业生存和发展时，便有意识地、自觉地、有计划地采取各种有效手段开展公共关系活动，改善公共关系状态，充分发挥公共关系在成就事业方面的积极作用。

从一门学科来看，公共关系则是通过揭示公共关系状态的本质和公共关系活动的规律，探索企业运用传播沟通等手段使之与自己的公众相互了解，相互协调，以实现企业目标的一种管理理论，即公共关系学。

② 公共关系的作用

企业作为社会组织的重要组成部分，它的公共关系好坏，直接影响着企业在公众心目中的形象，影响着企业市场营销目标的实现。从市场营销角度来讲，公共关系有如下作用：

A. 直接促销。企业公共关系可在新闻传播媒介中获得不付费的报道版面或播放时间，实现企业特定的促销目标。

B. 间接促销。企业在把社会利益和公众利益放在第一位，在不断提高产品质量和服务质量的前提下，通过有计划地、持续不断地传播和沟通、交往与协调、咨询与引导等公共关系的职能活动，就会不断提高信誉和知名度，不断塑造优良的企业形象和产品形象，赢得公众理解和信任。企业生产的产品形象好、信誉高，必然会提高吸引力和竞争力，就能间接地促进产品销售。

C. 发挥有效管理的职能。企业的公共关系能与内部公众和外部公众进行双向信息沟通,协调好企业与内部和外部公众的关系,能防止和缓和企业与内外公众之间的各种矛盾,真正取得谅解、协作和支持,达到"内求团结、外求发展"的目的。

③ 公共关系的对象

公共关系的对象很广,包括消费者、新闻媒体、政府、业务伙伴等。公共关系的对象是广泛而又复杂的。企业开展公共关系活动,首先要认清企业的公共关系的对象,才能有针对性地进行。

(2)公共关系的活动方式

企业的公共关系与企业的规模、活动的范围、产品的类别、市场的性质等密切相关,不同的企业不可能有相同的模式。概括起来,企业公共关系的活动类型常见的有如下几种方式:

① 新闻宣传

主要是把具有新闻价值的企业活动信息和产品信息通过新闻媒介予以宣传报道,以引起顾客对企业和企业产品的注意。这种免费促销手段不仅比广告节省开支,而且由于新闻报道的客观公正性,也比广告可信度高,其效果会远远超过广告。所以,企业要特别注意协调好与新闻媒介的关系。

② 建立广泛的联系

企业应与各界建立广泛的联系,这是为增进企业与各界相互了解,协调好与各界关系的联络与活动。通过举办展览会、各式招待会、舞会、宴会,组织参观游览,邮寄节日卡和贺年片以及往来接待等,加强联系。开展好这些活动,有利于塑造企业形象,而且有利于消除误解和分歧。

③ 赞助和支持公益活动

这是以改善形象为目的的公共关系活动。作为社会的一员,企业有义务在正常的范围内,参与社会公益事业和赞助活动。诸如,关心城市建设和环境保护、赞助体育和文艺活动、节 Et 庆祝、给教育及学术研究等基金会捐赠、为希望工程捐款等。这些活动为万目瞩目,新闻媒体会广泛报道,企业从中得到特殊利益,以赢得各界的信任,提高企业知名度和美誉度。

④ 提供特种服务

企业的营销目的是在满足顾客需求的基础上获得利润。为此,企业应提供特种服务,满足顾客的特殊需求。例如,向顾客提供安全可靠性服务,为顾客办理产品质量保险,为顾客排忧解难提供及时性服务等。

附录一

中华人民共和国主席令
第四十二号

　　《中华人民共和国公司法》已由中华人民共和国第十届全国人民代表大会常务委员会第十八次会议于 2005 年 10 月 27 日修订通过,现将修订后的《中华人民共和国公司法》公布,自 2006 年 1 月 1 日起施行。

中华人民共和国主席　胡锦涛

2005 年 10 月 27 日

中华人民共和国公司法

　　(1993 年 12 月 29 日第八届全国人民代表大会常务委员会第五次会议通过　根据 1999 年 12 月 25 日第九届全国人民代表大会常务委员会第十三次会议《关于修改〈中华人民共和国公司法〉的决定》第一次修正　根据 2004 年 8 月 28 日第十届全国人民代表大会常务委员会第十一次会议《关于修改〈中华人民共和国公司法〉的决定》第二次修正　2005 年 10 月 27 日第十届全国人民代表大会常务委员会第十八次会议修订)

目　　录

第一章　总　则

　　第一条　为了规范公司的组织和行为，保护公司、股东和债权人的合法权益，维护社会经济秩序，促进社会主义市场经济的发展，制定本法。

　　第二条　本法所称公司是指依照本法在中国境内设立的有限责任公司和股份有限公司。

　　第三条　公司是企业法人，有独立的法人财产，享有法人财产权。公司以其全部财产对公司的债务承担责任。

　　有限责任公司的股东以其认缴的出资额为限对公司承担责任；股份有限公司的股东以其认购的股份为限对公司承担责任。

　　第四条　公司股东依法享有资产收益、参与重大决策和选择管理者等权利。

　　第五条　公司从事经营活动，必须遵守法律、行政法规，遵守社会公德、商业道德，诚实守信，接受政府和社会公众的监督，承担社会责任。

　　公司的合法权益受法律保护，不受侵犯。

　　第六条　设立公司，应当依法向公司登记机关申请设立登记。符合本法规定的设立条件的，由公司登记机关分别登记为有限责任公司或者股份有限公司；不符合本法规定的设立条件的，不得登记为有限责任公司或者股份有限公司。

法律、行政法规规定设立公司必须报经批准的，应当在公司登记前依法办理批准手续。

公众可以向公司登记机关申请查询公司登记事项，公司登记机关应当提供查询服务。

第七条 依法设立的公司，由公司登记机关发给公司营业执照。公司营业执照签发日期为公司成立日期。

公司营业执照应当载明公司的名称、住所、注册资本、实收资本、经营范围、法定代表人姓名等事项。

公司营业执照记载的事项发生变更的，公司应当依法办理变更登记，由公司登记机关换发营业执照。

第八条 依照本法设立的有限责任公司，必须在公司名称中标明有限责任公司或者有限公司字样。

依照本法设立的股份有限公司，必须在公司名称中标明股份有限公司或者股份公司字样。

第九条 有限责任公司变更为股份有限公司，应当符合本法规定的股份有限公司的条件。股份有限公司变更为有限责任公司，应当符合本法规定的有限责任公司的条件。

有限责任公司变更为股份有限公司的，或者股份有限公司变更为有限责任公司的，公司变更前的债权、债务由变更后的公司承继。

第十条 公司以其主要办事机构所在地为住所。

第十一条 设立公司必须依法制定公司章程。公司章程对公司、股东、董事、监事、高级管理人员具有约束力。

第十二条 公司的经营范围由公司章程规定，并依法登记。公司可以修改公司章程，改变经营范围，但是应当办理变更登记。

公司的经营范围中属于法律、行政法规规定须经批准的项目，应当依法经过批准。

第十三条 公司法定代表人依照公司章程的规定，由董事长、执行董事或者经理担任，并依法登记。公司法定代表人变更，应当办理变更登记。

第十四条 公司可以设立分公司。设立分公司，应当向公司登记机关申请登记，领取营业执照。分公司不具有法人资格，其民事责任由公司承担。

公司可以设立子公司，子公司具有法人资格，依法独立承担民事责任。

第十五条 公司可以向其他企业投资；但是，除法律另有规定外，不得成为对所投资企业的债务承担连带责任的出资人。

第十六条　公司向其他企业投资或者为他人提供担保，依照公司章程的规定，由董事会或者股东会、股东大会决议；公司章程对投资或者担保的总额及单项投资或者担保的数额有限额规定的，不得超过规定的限额。

公司为公司股东或者实际控制人提供担保的，必须经股东会或者股东大会决议。

前款规定的股东或者受前款规定的实际控制人支配的股东，不得参加前款规定事项的表决。该项表决由出席会议的其他股东所持表决权的过半数通过。

第十七条　公司必须保护职工的合法权益，依法与职工签订劳动合同，参加社会保险，加强劳动保护，实现安全生产。

公司应当采用多种形式，加强公司职工的职业教育和岗位培训，提高职工素质。

第十八条　公司职工依照《中华人民共和国工会法》组织工会，开展工会活动，维护职工合法权益。公司应当为本公司工会提供必要的活动条件。公司工会代表职工就职工的劳动报酬、工作时间、福利、保险和劳动安全卫生等事项依法与公司签订集体合同。

公司依照宪法和有关法律的规定，通过职工代表大会或者其他形式，实行民主管理。

公司研究决定改制以及经营方面的重大问题、制定重要的规章制度时，应当听取公司工会的意见，并通过职工代表大会或者其他形式听取职工的意见和建议。

第十九条　在公司中，根据中国共产党章程的规定，设立中国共产党的组织，开展党的活动。公司应当为党组织的活动提供必要条件。

第二十条　公司股东应当遵守法律、行政法规和公司章程，依法行使股东权利，不得滥用股东权利损害公司或者其他股东的利益；不得滥用公司法人独立地位和股东有限责任损害公司债权人的利益。

公司股东滥用股东权利给公司或者其他股东造成损失的，应当依法承担赔偿责任。

公司股东滥用公司法人独立地位和股东有限责任，逃避债务，严重损害公司债权人利益的，应当对公司债务承担连带责任。

第二十一条　公司的控股股东、实际控制人、董事、监事、高级管理人员不得利用其关联关系损害公司利益。

违反前款规定，给公司造成损失的，应当承担赔偿责任。

第二十二条　公司股东会或者股东大会、董事会的决议内容违反法律、行政法规的无效。

股东会或者股东大会、董事会的会议召集程序、表决方式违反法律、行政法规或者公司章程，或者决议内容违反公司章程的，股东可以自决议做出之日起六十日内，请求人民法院撤销。

股东依照前款规定提起诉讼的，人民法院可以应公司的请求，要求股东提供相应担保。

公司根据股东会或者股东大会、董事会决议已办理变更登记的，人民法院宣告该决议无效或者撤销该决议后，公司应当向公司登记机关申请撤销变更登记。

第二章　有限责任公司的设立和组织机构

第一节　设　立

第二十三条　设立有限责任公司，应当具备下列条件：

（一）股东符合法定人数；

（二）股东出资达到法定资本最低限额；

（三）股东共同制定公司章程；

（四）有公司名称，建立符合有限责任公司要求的组织机构；

（五）有公司住所。

第二十四条　有限责任公司由五十个以下股东出资设立。

第二十五条　有限责任公司章程应当载明下列事项：

（一）公司名称和住所；

（二）公司经营范围；

（三）公司注册资本；

（四）股东的姓名或者名称；

（五）股东的出资方式、出资额和出资时间；

（六）公司的机构及其产生办法、职权、议事规则；

（七）公司法定代表人；

（八）股东会会议认为需要规定的其他事项。

股东应当在公司章程上签名、盖章。

第二十六条　有限责任公司的注册资本为在公司登记机关登记的全体股东认缴的出资额。公司全体股东的首次出资额不得低于注册资本的百分之二十，也不得低于法定的注册资本最低限额，其余部分由股东自公司成立之日起两年内缴足；其中，投资公司可以在五年内缴足。

有限责任公司注册资本的最低限额为人民币三万元。法律、行政法规对有限责任公司注册资本的最低限额有较高规定的，从其规定。

第二十七条　股东可以用货币出资，也可以用实物、知识产权、土地使用权等可以用货币估价并可以依法转让的非货币财产作价出资；但是，法律、行政法规规定不得作为出资的财产除外。

对作为出资的非货币财产应当评估作价，核实财产，不得高估或者低估作价。法律、行政法规对评估作价有规定的，从其规定。

全体股东的货币出资金额不得低于有限责任公司注册资本的百分之三十。

第二十八条　股东应当按期足额缴纳公司章程中规定的各自所认缴的出资额。股东以货币出资的，应当将货币出资足额存入有限责任公司在银行开设的账户；以非货币财产出资的，应当依法办理其财产权的转移手续。

股东不按照前款规定缴纳出资的，除应当向公司足额缴纳外，还应当向已按期足额缴纳出资的股东承担违约责任。

第二十九条　股东缴纳出资后，必须经依法设立的验资机构验资并出具证明。

第三十条　股东的首次出资经依法设立的验资机构验资后，由全体股东指定的代表或者共同委托的代理人向公司登记机关报送公司登记申请书、公司章程、验资证明等文件，申请设立登记。

第三十一条　有限责任公司成立后，发现作为设立公司出资的非货币财产的实际价额显著低于公司章程所定价额的，应当由交付该出资的股东补足其差额；公司设立时的其他股东承担连带责任。

第三十二条　有限责任公司成立后，应当向股东签发出资证明书。

出资证明书应当载明下列事项：

（一）公司名称；

（二）公司成立日期；

（三）公司注册资本；

（四）股东的姓名或者名称、缴纳的出资额和出资日期；

（五）出资证明书的编号和核发日期。

出资证明书由公司盖章。

第三十三条　有限责任公司应当置备股东名册，记载下列事项：

（一）股东的姓名或者名称及住所；

（二）股东的出资额；

（三）出资证明书编号。

记载于股东名册的股东，可以依股东名册主张行使股东权利。

公司应当将股东的姓名或者名称及其出资额向公司登记机关登记；登记事项发生变更的，应当办理变更登记。未经登记或者变更登记的，不得对抗第三人。

第三十四条　股东有权查阅、复制公司章程、股东会会议记录、董事会会议决议、监事会会议决议和财务会计报告。

股东可以要求查阅公司会计账簿。股东要求查阅公司会计账簿的，应当向公司提出书面请求，说明目的。公司有合理根据认为股东查阅会计账簿有不正当目的，可能损害公司合法利益的，可以拒绝提供查阅，并应当自股东提出书面请求之日起十五日内书面答复股东并说明理由。公司拒绝提供查阅的，股东可以请求人民法院要求公司提供查阅。

第三十五条　股东按照实缴的出资比例分取红利；公司新增资本时，股东有权优先按照实缴的出资比例认缴出资。但是，全体股东约定不按照出资比例分取红利或者不按照出资比例优先认缴出资的除外。

第三十六条　公司成立后，股东不得抽逃出资。

第二节　组织机构

第三十七条　有限责任公司股东会由全体股东组成。股东会是公司的权力机构，依照本法行使职权。

第三十八条　股东会行使下列职权：

（一）决定公司的经营方针和投资计划；

（二）选举和更换非由职工代表担任的董事、监事，决定有关董事、监事的报酬事项；

（三）审议批准董事会的报告；

（四）审议批准监事会或者监事的报告；

（五）审议批准公司的年度财务预算方案、决算方案；

（六）审议批准公司的利润分配方案和弥补亏损方案；

（七）对公司增加或者减少注册资本做出决议；

（八）对发行公司债券做出决议；

（九）对公司合并、分立、解散、清算或者变更公司形式做出决议；

（十）修改公司章程；

（十一）公司章程规定的其他职权。

对前款所列事项股东以书面形式一致表示同意的，可以不召开股东会会议，直接做出决定，并由全体股东在决定文件上签名、盖章。

第三十九条　首次股东会会议由出资最多的股东召集和主持，依照本法规定行使职权。

第四十条　股东会会议分为定期会议和临时会议。

定期会议应当依照公司章程的规定按时召开。代表十分之一以上表决权的股东，三分之一以上的董事，监事会或者不设监事会的公司的监事提议召开临时会议的，应当召开临时会议。

第四十一条　有限责任公司设立董事会的，股东会会议由董事会召集，董事长主持；董事长不能履行职务或者不履行职务的，由副董事长主持；副董事长不能履行职务或者不履行职务的，由半数以上董事共同推举一名董事主持。

有限责任公司不设董事会的，股东会会议由执行董事召集和主持。

董事会或者执行董事不能履行或者不履行召集股东会会议职责的，由监事会或者不设监事会的公司的监事召集和主持；监事会或者监事不召集和主持的，代表十分之一以上表决权的股东可以自行召集和主持。

第四十二条　召开股东会会议，应当于会议召开十五日前通知全体股东；但是，公司章程另有规定或者全体股东另有约定的除外。

股东会应当对所议事项的决定作成会议记录，出席会议的股东应当在会议记录上签名。

第四十三条　股东会会议由股东按照出资比例行使表决权；但是，公司章程另有规定的除外。

第四十四条　股东会的议事方式和表决程序，除本法有规定的外，由公司章程规定。

股东会会议做出修改公司章程、增加或者减少注册资本的决议，以及公司合并、分立、解散或者变更公司形式的决议，必须经代表三分之二以上表决权的股东通过。

第四十五条　有限责任公司设董事会，其成员为三人至十三人；但是，本法第五十一条另有规定的除外。

两个以上的国有企业或者两个以上的其他国有投资主体投资设立的有限责任公司，其董事会成员中应当有公司职工代表；其他有限责任公司董事会成员中可以有公司职工代表。董事会中的职工代表由公司职工通过职工代表大会、职工大会或者其他形式民主选举产生。

董事会设董事长一人，可以设副董事长。董事长、副董事长的产生办法由公司章程规定。

第四十六条　董事任期由公司章程规定，但每届任期不得超过三年。董事任期届满，连选可以连任。

董事任期届满未及时改选，或者董事在任期内辞职导致董事会成员低于法定人数的，在改选出的董事就任前，原董事仍应当依照法律、行政法规和公司章程的规定，履行董事职务。

第四十七条　董事会对股东会负责，行使下列职权：

（一）召集股东会会议，并向股东会报告工作；

（二）执行股东会的决议；

（三）决定公司的经营计划和投资方案；

（四）制订公司的年度财务预算方案、决算方案；

（五）制订公司的利润分配方案和弥补亏损方案；

（六）制订公司增加或者减少注册资本以及发行公司债券的方案；

（七）制订公司合并、分立、解散或者变更公司形式的方案；

（八）决定公司内部管理机构的设置；

（九）决定聘任或者解聘公司经理及其报酬事项，并根据经理的提名决定聘任或者解聘公司副经理、财务负责人及其报酬事项；

（十）制定公司的基本管理制度；

（十一）公司章程规定的其他职权。

第四十八条　董事会会议由董事长召集和主持；董事长不能履行职务或者不履行职务的，由副董事长召集和主持；副董事长不能履行职务或者不履行职务的，由半数以上董事共同推举一名董事召集和主持。

第四十九条　董事会的议事方式和表决程序，除本法有规定的外，由公司章程规定。

董事会应当对所议事项的决定作成会议记录，出席会议的董事应当在会议记录上签名。

董事会决议的表决，实行一人一票。

第五十条　有限责任公司可以设经理，由董事会决定聘任或者解聘。经理对董事会负责，行使下列职权：

（一）主持公司的生产经营管理工作，组织实施董事会决议；

（二）组织实施公司年度经营计划和投资方案；

（三）拟订公司内部管理机构设置方案；

（四）拟订公司的基本管理制度；

（五）制定公司的具体规章；

（六）提请聘任或者解聘公司副经理、财务负责人；

（七）决定聘任或者解聘除应由董事会决定聘任或者解聘以外的负责管理人员；

（八）董事会授予的其他职权。

公司章程对经理职权另有规定的，从其规定。

经理列席董事会会议。

第五十一条　股东人数较少或者规模较小的有限责任公司，可以设一名执行董事，不设董事会。执行董事可以兼任公司经理。

执行董事的职权由公司章程规定。

第五十二条　有限责任公司设监事会，其成员不得少于三人。股东人数较少或者规模较小的有限责任公司，可以设一至二名监事，不设监事会。

监事会应当包括股东代表和适当比例的公司职工代表，其中职工代表的比例不得低于三分之一，具体比例由公司章程规定。监事会中的职工代表由公司职工通过职工代表大会、职工大会或者其他形式民主选举产生。

监事会设主席一人，由全体监事过半数选举产生。监事会主席召集和主持监事会会议；监事会主席不能履行职务或者不履行职务的，由半数以上监事共同推举一名监事召集和主持监事会会议。

董事、高级管理人员不得兼任监事。

第五十三条　监事的任期每届为三年。监事任期届满，连选可以连任。

监事任期届满未及时改选，或者监事在任期内辞职导致监事会成员低于法定人数的，在改选出的监事就任前，原监事仍应当依照法律、行政法规和公司章程的规定，履行监事职务。

第五十四条　监事会、不设监事会的公司的监事行使下列职权：

（一）检查公司财务；

（二）对董事、高级管理人员执行公司职务的行为进行监督，对违反法律、行政法规、公司章程或者股东会决议的董事、高级管理人员提出罢免的建议；

（三）当董事、高级管理人员的行为损害公司的利益时，要求董事、高级管理人员予以纠正；

（四）提议召开临时股东会会议，在董事会不履行本法规定的召集和主持股东会会议职责时召集和主持股东会会议；

（五）向股东会会议提出提案；

（六）依照本法第一百五十二条的规定，对董事、高级管理人员提起诉讼；

（七）公司章程规定的其他职权。

第五十五条　监事可以列席董事会会议，并对董事会决议事项提出质询或者建议。

监事会、不设监事会的公司的监事发现公司经营情况异常，可以进行调查；必要时，可以聘请会计师事务所等协助其工作，费用由公司承担。

第五十六条　监事会每年度至少召开一次会议，监事可以提议召开临时监事会会议。

监事会的议事方式和表决程序，除本法有规定的外，由公司章程规定。

监事会决议应当经半数以上监事通过。

监事会应当对所议事项的决定作成会议记录，出席会议的监事应当在会议记录上签名。

第五十七条　监事会、不设监事会的公司的监事行使职权所必需的费用，由公司承担。

第三节　一人有限责任公司的特别规定

第五十八条　一人有限责任公司的设立和组织机构，适用本节规定；本节没有规定的，适用本章第一节、第二节的规定。

本法所称一人有限责任公司，是指只有一个自然人股东或者一个法人股东的有限责任公司。

第五十九条　一人有限责任公司的注册资本最低限额为人民币十万元。股东应当一次足额缴纳公司章程规定的出资额。

一个自然人只能投资设立一个一人有限责任公司。该一人有限责任公司不能投资设立新的一人有限责任公司。

第六十条　一人有限责任公司应当在公司登记中注明自然人独资或者法人独资，并在公司营业执照中载明。

第六十一条　一人有限责任公司章程由股东制定。

第六十二条　一人有限责任公司不设股东会。股东做出本法第三十八条第一款所列决定时，应当采用书面形式，并由股东签名后置备于公司。

第六十三条　一人有限责任公司应当在每一会计年度终了时编制财务会计报告，并经会计师事务所审计。

第六十四条　一人有限责任公司的股东不能证明公司财产独立于股东自己的财产的，应当对公司债务承担连带责任。

第四节　国有独资公司的特别规定

第六十五条　国有独资公司的设立和组织机构，适用本节规定；本节没有规定的，适用本章第一节、第二节的规定。

本法所称国有独资公司，是指国家单独出资、由国务院或者地方人民政府授权本级人民政府国有资产监督管理机构履行出资人职责的有限责任公司。

第六十六条　国有独资公司章程由国有资产监督管理机构制定，或者由董事会制订报国有资产监督管理机构批准。

第六十七条　国有独资公司不设股东会，由国有资产监督管理机构行使股东会职权。国有资产监督管理机构可以授权公司董事会行使股东会的部分职权，决定公司的重大事项，但公司的合并、分立、解散、增加或者减少注册资本和发行公司债券，必须由国有资产监督管理机构决定；其中，重要的国有独资公司合并、分立、解散、申请破产的，应当由国有资产监督管理机构审核后，报本级人民政府批准。

前款所称重要的国有独资公司，按照国务院的规定确定。

第六十八条　国有独资公司设董事会，依照本法第四十七条、第六十七条的规定行使职权。董事每届任期不得超过三年。董事会成员中应当有公司职工代表。

董事会成员由国有资产监督管理机构委派；但是，董事会成员中的职工代表由公司职工代表大会选举产生。

董事会设董事长一人，可以设副董事长。董事长、副董事长由国有资产监督管理机构从董事会成员中指定。

第六十九条　国有独资公司设经理，由董事会聘任或者解聘。经理依照本法第五十条规定行使职权。

经国有资产监督管理机构同意，董事会成员可以兼任经理。

第七十条　国有独资公司的董事长、副董事长、董事、高级管理人员，未经国有资产监督管理机构同意，不得在其他有限责任公司、股份有限公司或者其他经济组织兼职。

第七十一条　国有独资公司监事会成员不得少于五人，其中职工代表的比例不得低于三分之一，具体比例由公司章程规定。

监事会成员由国有资产监督管理机构委派；但是，监事会成员中的职工代表由公司职工代表大会选举产生。监事会主席由国有资产监督管理机构从监事会成员中指定。

监事会行使本法第五十四条第（一）项至第（三）项规定的职权和国务院规定的其他职权。

第三章　有限责任公司的股权转让

第七十二条　有限责任公司的股东之间可以相互转让其全部或者部分股权。

股东向股东以外的人转让股权，应当经其他股东过半数同意。股东应就其股权转让事项书面通知其他股东征求同意，其他股东自接到书面通知之日起满三十日未答复的，视为同意转让。其他股东半数以上不同意转让的，不同意的股东应当购买该转让的股权；不购买的，视为同意转让。

经股东同意转让的股权，在同等条件下，其他股东有优先购买权。两个以上股东主张行使优先购买权的，协商确定各自的购买比例；协商不成的，按照转让时各自的出资比例行使优先购买权。

公司章程对股权转让另有规定的，从其规定。

第七十三条　人民法院依照法律规定的强制执行程序转让股东的股权时，应当通知公司及全体股东，其他股东在同等条件下有优先购买权。其他股东自人民法院通知之日起满二十日不行使优先购买权的，视为放弃优先购买权。

第七十四条　依照本法第七十二条、第七十三条转让股权后，公司应当注销原股东的出资证明书，向新股东签发出资证明书，并相应修改公司章程和股东名册中有关股东及其出资额的记载。对公司章程的该项修改不需再由股东会表决。

第七十五条　有下列情形之一的，对股东会该项决议投反对票的股东可以请求公司按照合理的价格收购其股权：

（一）公司连续五年不向股东分配利润，而公司该五年连续盈利，并且符合本法规定的分配利润条件的；

（二）公司合并、分立、转让主要财产的；

（三）公司章程规定的营业期限届满或者章程规定的其他解散事由出现，股东会会议通过决议修改章程使公司存续的。

自股东会会议决议通过之日起六十日内，股东与公司不能达成股权收购协议的，股东可以自股东会会议决议通过之日起九十日内向人民法院提起诉讼。

第七十六条　自然人股东死亡后，其合法继承人可以继承股东资格；但是，公司章程另有规定的除外。

第四章　股份有限公司的设立和组织机构

第一节　设　立

第七十七条　设立股份有限公司，应当具备下列条件：

（一）发起人符合法定人数；

（二）发起人认购和募集的股本达到法定资本最低限额；

（三）股份发行、筹办事项符合法律规定；

（四）发起人制订公司章程，采用募集方式设立的经创立大会通过；

（五）有公司名称，建立符合股份有限公司要求的组织机构；

（六）.有公司住所。

第七十八条　股份有限公司的设立，可以采取发起设立或者募集设立的方式。

发起设立，是指由发起人认购公司应发行的全部股份而设立公司。

募集设立，是指由发起人认购公司应发行股份的一部分，其余股份向社会公开募集或者向特定对象募集而设立公司。

第七十九条　设立股份有限公司，应当有二人以上二百人以下为发起人，其中须有半数以上的发起人在中国境内有住所。

第八十条　股份有限公司发起人承担公司筹办事务。

发起人应当签订发起人协议，明确各自在公司设立过程中的权利和义务。

第八十一条　股份有限公司采取发起设立方式设立的，注册资本为在公司登记机关登记的全体发起人认购的股本总额。公司全体发起人的首次出资额不得低于注册资本的百分之二十，其余部分由发起人自公司成立之日起两年内缴足；其中，投资公司可以在五年内缴足。在缴足前，不得向他人募集股份。

股份有限公司采取募集方式设立的，注册资本为在公司登记机关登记的实收股本总额。

股份有限公司注册资本的最低限额为人民币五百万元。法律、行政法规对股份有限公司注册资本的最低限额有较高规定的，从其规定。

第八十二条　股份有限公司章程应当载明下列事项：

（一）公司名称和住所；

（二）公司经营范围；

（三）公司设立方式；

（四）公司股份总数、每股金额和注册资本；

（五）发起人的姓名或者名称、认购的股份数、出资方式和出资时间；

（六）董事会的组成、职权和议事规则；

（七）公司法定代表人；

（八）监事会的组成、职权和议事规则；

（九）公司利润分配办法；

（十）公司的解散事由与清算办法；

（十一）公司的通知和公告办法；

（十二）股东大会会议认为需要规定的其他事项。

第八十三条　发起人的出资方式，适用本法第二十七条的规定。

第八十四条　以发起设立方式设立股份有限公司的，发起人应当书面认足公司章程规定其认购的股份；一次缴纳的，应即缴纳全部出资；分期缴纳的，应即缴纳首期出资。以非货币财产出资的，应当依法办理其财产权的转移手续。

发起人不依照前款规定缴纳出资的，应当按照发起人协议承担违约责任。

发起人首次缴纳出资后，应当选举董事会和监事会，由董事会向公司登记机关报送公司章程、由依法设定的验资机构出具的验资证明以及法律、行政法规规定的其他文件，申请设立登记。

第八十五条　以募集设立方式设立股份有限公司的，发起人认购的股份不得少于公司股份总数的百分之三十五；但是，法律、行政法规另有规定的，从其规定。

第八十六条　发起人向社会公开募集股份，必须公告招股说明书，并制作认股书。认股书应当载明本法第八十七条所列事项，由认股人填写认购股数、金额、住所，并签名、盖章。认股人按照所认购股数缴纳股款。

第八十七条　招股说明书应当附有发起人制订的公司章程，并载明下列事项：

（一）发起人认购的股份数；

（二）每股的票面金额和发行价格；

（三）无记名股票的发行总数；

（四）募集资金的用途；

（五）认股人的权利、义务；

（六）本次募股的起止期限及逾期未募足时认股人可以撤回所认股份的说明。

第八十八条　发起人向社会公开募集股份，应当由依法设立的证券公司承销，签订承销协议。

第八十九条　发起人向社会公开募集股份，应当同银行签订代收股款协议。

代收股款的银行应当按照协议代收和保存股款，向缴纳股款的认股人出具收款单据，并负有向有关部门出具收款证明的义务。

第九十条　发行股份的股款缴足后，必须经依法设立的验资机构验资并出具证明。发起人应当自股款缴足之日起三十日内主持召开公司创立大会。创立大会由发起人、认股人组成。

发行的股份超过招股说明书规定的截止期限尚未募足的，或者发行股份的股款缴足后，发起人在三十日内未召开创立大会的，认股人可以按照所缴股款并加算银行同期存款利息，要求发起人返还。

第九十一条　发起人应当在创立大会召开十五日前将会议日期通知各认股人或者予以公告。创立大会应有代表股份总数过半数的发起人、认股人出席，方可举行。

创立大会行使下列职权：

（一）审议发起人关于公司筹办情况的报告；

（二）通过公司章程；

（三）选举董事会成员；

（四）选举监事会成员；

（五）对公司的设立费用进行审核；

（六）对发起人用于抵作股款的财产的作价进行审核；

（七）发生不可抗力或者经营条件发生重大变化直接影响公司设立的，可以做出不设立公司的决议。

创立大会对前款所列事项做出决议，必须经出席会议的认股人所持表决权过半数通过。

第九十二条　发起人、认股人缴纳股款或者交付抵作股款的出资后，除未按期募足股份、发起人未按期召开创立大会或者创立大会决议不设立公司的情形外，不得抽回其股本。

第九十三条　董事会应于创立大会结束后三十日内，向公司登记机关报送下列文件，申请设立登记：

（一）公司登记申请书；

（二）创立大会的会议记录；

（三）公司章程；

（四）验资证明；

（五）法定代表人、董事、监事的任职文件及其身份证明；

（六）发起人的法人资格证明或者自然人身份证明；

（七）公司住所证明。

以募集方式设立股份有限公司公开发行股票的，还应当向公司登记机关报送国务院证券监督管理机构的核准文件。

第九十四条　股份有限公司成立后，发起人未按照公司章程的规定缴足出资的，应当补缴；其他发起人承担连带责任。

股份有限公司成立后，发现作为设立公司出资的非货币财产的实际价额显著低于公司章程所定价额的，应当由交付该出资的发起人补足其差额；其他发起人承担连带责任。

第九十五条　股份有限公司的发起人应当承担下列责任：

（一）公司不能成立时，对设立行为所产生的债务和费用负连带责任；

（二）公司不能成立时，对认股人已缴纳的股款，负返还股款并加算银行同期存款利息的连带责任；

（三）在公司设立过程中，由于发起人的过失致使公司利益受到损害的，应当对公司承担赔偿责任。

第九十六条　有限责任公司变更为股份有限公司时，折合的实收股本总额不得高于公司净资产额。有限责任公司变更为股份有限公司，为增加资本公开发行股份时，应当依法办理。

第九十七条　股份有限公司应当将公司章程、股东名册、公司债券存根、股东大会会议记录、董事会会议记录、监事会会议记录、财务会计报告置备于本公司。

第九十八条　股东有权查阅公司章程、股东名册、公司债券存根、股东大会会议记录、董事会会议决议、监事会会议决议、财务会计报告，对公司的经营提出建议或者质询。

第二节　股东大会

第九十九条　股份有限公司股东大会由全体股东组成。股东大会是公司的权力机构，依照本法行使职权。

第一百条　本法第三十八条第一款关于有限责任公司股东会职权的规定，适用于股份有限公司股东大会。

第一百零一条　股东大会应当每年召开一次年会。有下列情形之一的，应当在两个月内召开临时股东大会：

（一）董事人数不足本法规定人数或者公司章程所定人数的三分之二时；

（二）公司未弥补的亏损达实收股本总额三分之一时；

（三）单独或者合计持有公司百分之十以上股份的股东请求时；

（四）董事会认为必要时；

（五）监事会提议召开时；

（六）公司章程规定的其他情形。

第一百零二条　股东大会会议由董事会召集，董事长主持；董事长不能履行职务或者不履行职务的，由副董事长主持；副董事长不能履行职务或者不履行职务的，由半数以上董事共同推举一名董事主持。

董事会不能履行或者不履行召集股东大会会议职责的，监事会应当及时召集和主持；监事会不召集和主持的，连续九十日以上单独或者合计持有公司百分之十以上股份的股东可以自行召集和主持。

第一百零三条　召开股东大会会议，应当将会议召开的时间、地点和审议的事项于会议召开二十日前通知各股东；临时股东大会应当于会议召开十五日前通知各股东；发行无记名股票的，应当于会议召开三十日前公告会议召开的时间、地点和审议事项。

单独或者合计持有公司百分之三以上股份的股东，可以在股东大会召开十日前提出临时提案并书面提交董事会；董事会应当在收到提案后二日内通知其他股东，并将该临时提案提交股东大会审议。临时提案的内容应当属于股东大会职权范围，并有明确议题和具体决议事项。

股东大会不得对前两款通知中未列明的事项做出决议。

无记名股票持有人出席股东大会会议的，应当于会议召开五日前至股东大会闭会时将股票交存于公司。

第一百零四条　股东出席股东大会会议，所持每一股份有一表决权。但是，公司持有的本公司股份没有表决权。

股东大会做出决议，必须经出席会议的股东所持表决权过半数通过。但是，股东大会做出修改公司章程、增加或者减少注册资本的决议，以及公司合并、分立、解散或者变更公司形式的决议，必须经出席会议的股东所持表决权的三分之二以上通过。

第一百零五条　本法和公司章程规定公司转让、受让重大资产或者对外提供担保等事项必须经股东大会做出决议的，董事会应当及时召集股东大会会议，由股东大会就上述事项进行表决。

第一百零六条　股东大会选举董事、监事，可以依照公司章程的规定或者股东大会的决议，实行累积投票制。

本法所称累积投票制，是指股东大会选举董事或者监事时，每一股份拥有与应选董事或者监事人数相同的表决权，股东拥有的表决权可以集中使用。

第一百零七条　股东可以委托代理人出席股东大会会议，代理人应当向公司提交股东授权委托书，并在授权范围内行使表决权。

第一百零八条　股东大会应当对所议事项的决定作成会议记录，主持人、出席会议的董事应当在会议记录上签名。会议记录应当与出席股东的签名册及代理出席的委托书一并保存。

第三节　董事会、经理

第一百零九条　股份有限公司设董事会，其成员为五人至十九人。

董事会成员中可以有公司职工代表。董事会中的职工代表由公司职工通过职工代表大会、职工大会或者其他形式民主选举产生。

本法第四十六条关于有限责任公司董事任期的规定，适用于股份有限公司董事。

本法第四十七条关于有限责任公司董事会职权的规定，适用于股份有限公司董事会。

第一百一十条　董事会设董事长一人，可以设副董事长。董事长和副董事长由董事会以全体董事的过半数选举产生。

董事长召集和主持董事会会议，检查董事会决议的实施情况。副董事长协助董事长工作，董事长不能履行职务或者不履行职务的，由副董事长履行职务；副董事长不能履行职务或者不履行职务的，由半数以上董事共同推举一名董事履行职务。

第一百一十一条　董事会每年度至少召开两次会议，每次会议应当于会议召开十日前通知全体董事和监事。

代表十分之一以上表决权的股东、三分之一以上董事或者监事会，可以提议召开董事会临时会议。董事长应当自接到提议后十日内，召集和主持董事会会议。

董事会召开临时会议，可以另定召集董事会的通知方式和通知时限。

第一百一十二条　董事会会议应有过半数的董事出席方可举行。董事会做出决议，必须经全体董事的过半数通过。

董事会决议的表决，实行一人一票。

第一百一十三条　董事会会议，应由董事本人出席；董事因故不能出席，可以书面委托其他董事代为出席，委托书中应载明授权范围。

董事会应当对会议所议事项的决定作成会议记录，出席会议的董事应当在会议记录上签名。

董事应当对董事会的决议承担责任。董事会的决议违反法律、行政法规或者公司章程、股东大会决议，致使公司遭受严重损失的，参与决议的董事对公司负赔偿责任。但经证明在表决时曾表明异议并记载于会议记录的，该董事可以免除责任。

第一百一十四条　股份有限公司设经理，由董事会决定聘任或者解聘。

本法第五十条关于有限责任公司经理职权的规定，适用于股份有限公司经理。

第一百一十五条　公司董事会可以决定由董事会成员兼任经理。

第一百一十六条　公司不得直接或者通过子公司向董事、监事、高级管理人员提供借款。

第一百一十七条　公司应当定期向股东披露董事、监事、高级管理人员从公司获得报酬的情况。

第四节　监事会

第一百一十八条　股份有限公司设监事会，其成员不得少于三人。

监事会应当包括股东代表和适当比例的公司职工代表，其中职工代表的比例不得低于三分之一，具体比例由公司章程规定。监事会中的职工代表由公司职工通过职工代表大会、职工大会或者其他形式民主选举产生。

监事会设主席一人，可以设副主席。监事会主席和副主席由全体监事过半数选举产生。监事会主席召集和主持监事会会议；监事会主席不能履行职务或者不履行职务的，由监事会副主席召集和主持监事会会议；监事会副主席不能履行职务或者不履行职务的，由半数以上监事共同推举一名监事召集和主持监事会会议。

董事、高级管理人员不得兼任监事。

本法第五十三条关于有限责任公司监事任期的规定，适用于股份有限公司监事。

第一百一十九条　本法第五十四条、第五十五条关于有限责任公司监事会职权的规定，适用于股份有限公司监事会。

监事会行使职权所必需的费用，由公司承担。

第一百二十条　监事会每六个月至少召开一次会议。监事可以提议召开临时监事会会议。

监事会的议事方式和表决程序，除本法有规定的外，由公司章程规定。

监事会决议应当经半数以上监事通过。

监事会应当对所议事项的决定作成会议记录，出席会议的监事应当在会议记录上签名。

第五节　上市公司组织机构的特别规定

第一百二十一条　本法所称上市公司，是指其股票在证券交易所上市交易的股份有限公司。

第一百二十二条　上市公司在一年内购买、出售重大资产或者担保金额超过公司资产总额百分之三十的，应当由股东大会做出决议，并经出席会议的股东所持表决权的三分之二以上通过。

第一百二十三条　上市公司设立独立董事，具体办法由国务院规定。

第一百二十四条　上市公司设董事会秘书，负责公司股东大会和董事会会议的筹备、文件保管以及公司股东资料的管理，办理信息披露事务等事宜。

第一百二十五条　上市公司董事与董事会会议决议事项所涉及的企业有关联关系的，不得对该项决议行使表决权，也不得代理其他董事行使表决权。该董事会会议由过半数的无关联关系董事出席即可举行，董事会会议所作决议须经无关联关系董事过半数通过。出席董事会的无关联关系董事人数不足三人的，应将该事项提交上市公司股东大会审议。

第五章　股份有限公司的股份发行和转让

第一节　股份发行

第一百二十六条　股份有限公司的资本划分为股份，每一股的金额相等。

公司的股份采取股票的形式。股票是公司签发的证明股东所持股份的凭证。

第一百二十七条　股份的发行，实行公平、公正的原则，同种类的每一股份应当具有同等权利。

同次发行的同种类股票，每股的发行条件和价格应当相同；任何单位或者个人所认购的股份，每股应当支付相同价额。

第一百二十八条　股票发行价格可以按票面金额，也可以超过票面金额，但不得低于票面金额。

第一百二十九条　股票采用纸面形式或者国务院证券监督管理机构规定的其他形式。

股票应当载明下列主要事项：

（一）公司名称；

（二）公司成立日期；

（三）股票种类、票面金额及代表的股份数；

（四）股票的编号。

股票由法定代表人签名，公司盖章。

发起人的股票，应当标明发起人股票字样。

第一百三十条　公司发行的股票，可以为记名股票，也可以为无记名股票。

公司向发起人、法人发行的股票，应当为记名股票，并应当记载该发起人、法人的名称或者姓名，不得另立户名或者以代表人姓名记名。

第一百三十一条　公司发行记名股票的，应当置备股东名册，记载下列事项：

（一）股东的姓名或者名称及住所；

（二）各股东所持股份数；

（三）各股东所持股票的编号；

（四）各股东取得股份的日期。

发行无记名股票的，公司应当记载其股票数量、编号及发行日期。

第一百三十二条　国务院可以对公司发行本法规定以外的其他种类的股份，另行做出规定。

第一百三十三条　股份有限公司成立后，即向股东正式交付股票。公司成立前不得向股东交付股票。

第一百三十四条　公司发行新股，股东大会应当对下列事项做出决议：

（一）新股种类及数额；

（二）新股发行价格；

（三）新股发行的起止日期；

（四）向原有股东发行新股的种类及数额。

第一百三十五条　公司经国务院证券监督管理机构核准公开发行新股时，必须公告新股招股说明书和财务会计报告，并制作认股书。

本法第八十八条、第八十九条的规定适用于公司公开发行新股。

第一百三十六条　公司发行新股，可以根据公司经营情况和财务状况，确定其作价方案。

第一百三十七条　公司发行新股募足股款后，必须向公司登记机关办理变更登记，并公告。

第二节　股份转让

第一百三十八条　股东持有的股份可以依法转让。

第一百三十九条　股东转让其股份，应当在依法设立的证券交易场所进行或者按照国务院规定的其他方式进行。

第一百四十条　记名股票，由股东以背书方式或者法律、行政法规规定的其他方式转让；转让后由公司将受让人的姓名或者名称及住所记载于股东名册。

股东大会召开前二十日内或者公司决定分配股利的基准日前五日内，不得进行前款规定的股东名册的变更登记。但是，法律对上市公司股东名册变更登记另有规定的，从其规定。

第一百四十一条　无记名股票的转让，由股东将该股票交付给受让人后即发生转让的效力。

第一百四十二条　发起人持有的本公司股份，自公司成立之日起一年内不得转让。公司公开发行股份前已发行的股份，自公司股票在证券交易所上市交易之日起一年内不得转让。

公司董事、监事、高级管理人员应当向公司申报所持有的本公司的股份及其变动情况，在任职期间每年转让的股份不得超过其所持有本公司股份总数的百分之二十五；所持本公司股份自公司股票上市交易之日起一年内不得转让。上述人员离职后半年内，不得转让其所持有的本公司股份。公司章程可以对公司董事、监事、高级管理人员转让其所持有的本公司股份做出其他限制性规定。

第一百四十三条　公司不得收购本公司股份。但是，有下列情形之一的除外：

（一）减少公司注册资本；

（二）与持有本公司股份的其他公司合并；

（三）将股份奖励给本公司职工；

（四）股东因对股东大会做出的公司合并、分立决议持异议，要求公司收购其股份的。

公司因前款第（一）项至第（三）项的原因收购本公司股份的，应当经股东大会决议。公司依照前款规定收购本公司股份后，属于第（一）项情形的，应当自收购之日起十日内注销；属于第（二）项、第（四）项情形的，应当在六个月内转让或者注销。

公司依照第一款第（三）项规定收购的本公司股份，不得超过本公司已发行股份总额的百分之五；用于收购的资金应当从公司的税后利润中支出；所收购的股份应当在一年内转让给职工。

公司不得接受本公司的股票作为质押权的标的。

第一百四十四条　记名股票被盗、遗失或者灭失，股东可以依照《中华人民共和国民事诉讼法》规定的公示催告程序，请求人民法院宣告该股票失效。人民法院宣告该股票失效后，股东可以向公司申请补发股票。

第一百四十五条　上市公司的股票，依照有关法律、行政法规及证券交易所交易规则上市交易。

第一百四十六条　上市公司必须依照法律、行政法规的规定，公开其财务状况、经营情况及重大诉讼，在每会计年度内半年公布一次财务会计报告。

第六章　公司董事、监事、高级
管理人员的资格和义务

第一百四十七条　有下列情形之一的，不得担任公司的董事、监事、高级管理人员：

（一）无民事行为能力或者限制民事行为能力；

（二）因贪污、贿赂、侵占财产、挪用财产或者破坏社会主义市场经济秩序，被判处刑罚，执行期满未逾五年，或者因犯罪被剥夺政治权利，执行期满未逾五年；

（三）担任破产清算的公司、企业的董事或者厂长、经理，对该公司、企业的破产负有个人责任的，自该公司、企业破产清算完结之日起未逾三年；

（四）担任因违法被吊销营业执照、责令关闭的公司、企业的法定代表人，并负有个人责任的，自该公司、企业被吊销营业执照之日起未逾三年；

（五）个人所负数额较大的债务到期未清偿。

公司违反前款规定选举、委派董事、监事或者聘任高级管理人员的，该选举、委派或者聘任无效。

董事、监事、高级管理人员在任职期间出现本条第一款所列情形的，公司应当解除其职务。

第一百四十八条　董事、监事、高级管理人员应当遵守法律、行政法规和公司章程，对公司负有忠实义务和勤勉义务。

董事、监事、高级管理人员不得利用职权收受贿赂或者其他非法收入，不得侵占公司的财产。

第一百四十九条　董事、高级管理人员不得有下列行为：

（一）挪用公司资金；

（二）将公司资金以其个人名义或者以其他个人名义开立账户存储；

（三）违反公司章程的规定，未经股东会、股东大会或者董事会同意，将公司资金借贷给他人或者以公司财产为他人提供担保；

（四）违反公司章程的规定或者未经股东会、股东大会同意，与本公司订立合同或者进行交易；

（五）未经股东会或者股东大会同意，利用职务便利为自己或者他人谋取属于公司的商业机会，自营或者为他人经营与所任职公司同类的业务；

（六）接受他人与公司交易的佣金归为己有；

（七）擅自披露公司秘密；

（八）违反对公司忠实义务的其他行为。

董事、高级管理人员违反前款规定所得的收入应当归公司所有。

第一百五十条　董事、监事、高级管理人员执行公司职务时违反法律、行政法规或者公司章程的规定，给公司造成损失的，应当承担赔偿责任。

第一百五十一条　股东会或者股东大会要求董事、监事、高级管理人员列席会议的，董事、监事、高级管理人员应当列席并接受股东的质询。

董事、高级管理人员应当如实向监事会或者不设监事会的有限责任公司的监事提供有关情况和资料，不得妨碍监事会或者监事行使职权。

第一百五十二条　董事、高级管理人员有本法第一百五十条规定的情形的，有限责任公司的股东、股份有限公司连续一百八十日以上单独或者合计持有公司百分之一以上股份的股东，可以书面请求监事会或者不设监事会的有限责任公司的监事向人民法院提起诉讼；监事有本法第一百五十条规定的情形的，前述股东可以书面请求董事会或者不设董事会的有限责任公司的执行董事向人民法院提起诉讼。

监事会、不设监事会的有限责任公司的监事，或者董事会、执行董事收到前款规定的股东书面请求后拒绝提起诉讼，或者自收到请求之日起三十日内未提起诉讼，或者情况紧急、不立即提起诉讼将会使公司利益受到难以弥补的损害的，前款规定的股东有权为了公司的利益以自己的名义直接向人民法院提起诉讼。

他人侵犯公司合法权益，给公司造成损失的，本条第一款规定的股东可以依照前两款的规定向人民法院提起诉讼。

第一百五十三条　董事、高级管理人员违反法律、行政法规或者公司章程的规定，损害股东利益的，股东可以向人民法院提起诉讼。

第七章　公司债券

第一百五十四条　本法所称公司债券，是指公司依照法定程序发行、约定在一定期限还本付息的有价证券。

公司发行公司债券应当符合《中华人民共和国证券法》规定的发行条件。

第一百五十五条　发行公司债券的申请经国务院授权的部门核准后，应当公告公司债券募集办法。

公司债券募集办法中应当载明下列主要事项：

（一）公司名称；

（二）债券募集资金的用途；

（三）债券总额和债券的票面金额；

（四）债券利率的确定方式；

（五）还本付息的期限和方式；

（六）债券担保情况；

（七）债券的发行价格、发行的起止日期；

（八）公司净资产额；

（九）已发行的尚未到期的公司债券总额；

（十）公司债券的承销机构。

第一百五十六条　公司以实物券方式发行公司债券的，必须在债券上载明公司名称、债券票面金额、利率、偿还期限等事项，并由法定代表人签名，公司盖章。

第一百五十七条　公司债券，可以为记名债券，也可以为无记名债券。

第一百五十八条　公司发行公司债券应当置备公司债券存根簿。

发行记名公司债券的，应当在公司债券存根簿上载明下列事项：

（一）债券持有人的姓名或者名称及住所；

（二）债券持有人取得债券的日期及债券的编号；

（三）债券总额，债券的票面金额、利率、还本付息的期限和方式；

（四）债券的发行日期。

发行无记名公司债券的，应当在公司债券存根簿上载明债券总额、利率、偿还期限和方式、发行日期及债券的编号。

第一百五十九条　记名公司债券的登记结算机构应当建立债券登记、存管、付息、兑付等相关制度。

第一百六十条　公司债券可以转让，转让价格由转让人与受让人约定。

公司债券在证券交易所上市交易的，按照证券交易所的交易规则转让。

第一百六十一条　记名公司债券，由债券持有人以背书方式或者法律、行政法规规定的其他方式转让；转让后由公司将受让人的姓名或者名称及住所记载于公司债券存根簿。

无记名公司债券的转让，由债券持有人将该债券交付给受让人后即发生转让的效力。

第一百六十二条　上市公司经股东大会决议可以发行可转换为股票的公司债券，并在公司债券募集办法中规定具体的转换办法。上市公司发行可转换为股票的公司债券，应当报国务院证券监督管理机构核准。

发行可转换为股票的公司债券，应当在债券上标明可转换公司债券字样，并在公司债券存根簿上载明可转换公司债券的数额。

第一百六十三条　发行可转换为股票的公司债券的，公司应当按照其转换办法向债券持有人换发股票，但债券持有人对转换股票或者不转换股票有选择权。

第八章　公司财务、会计

第一百六十四条　公司应当依照法律、行政法规和国务院财政部门的规定建立本公司的财务、会计制度。

第一百六十五条　公司应当在每一会计年度终了时编制财务会计报告，

并依法经会计师事务所审计。

财务会计报告应当依照法律、行政法规和国务院财政部门的规定制作。

第一百六十六条　有限责任公司应当依照公司章程规定的期限将财务会计报告送交各股东。

股份有限公司的财务会计报告应当在召开股东大会年会的二十日前置备于本公司，供股东查阅；公开发行股票的股份有限公司必须公告其财务会计报告。

第一百六十七条　公司分配当年税后利润时，应当提取利润的百分之十列入公司法定公积金。公司法定公积金累计额为公司注册资本的百分之五十以上的，可以不再提取。

公司的法定公积金不足以弥补以前年度亏损的，在依照前款规定提取法定公积金之前，应当先用当年利润弥补亏损。

公司从税后利润中提取法定公积金后，经股东会或者股东大会决议，还可以从税后利润中提取任意公积金。

公司弥补亏损和提取公积金后所余税后利润，有限责任公司依照本法第三十五条的规定分配；股份有限公司按照股东持有的股份比例分配，但股份有限公司章程规定不按持股比例分配的除外。

股东会、股东大会或者董事会违反前款规定，在公司弥补亏损和提取法定公积金之前向股东分配利润的，股东必须将违反规定分配的利润退还公司。

公司持有的本公司股份不得分配利润。

第一百六十八条　股份有限公司以超过股票票面金额的发行价格发行股份所得的溢价款以及国务院财政部门规定列入资本公积金的其他收入，应当列为公司资本公积金。

第一百六十九条　公司的公积金用于弥补公司的亏损、扩大公司生产经营或者转为增加公司资本。但是，资本公积金不得用于弥补公司的亏损。

法定公积金转为资本时，所留存的该项公积金不得少于转增前公司注册资本的百分之二十五。

第一百七十条　公司聘用、解聘承办公司审计业务的会计师事务所，依照公司章程的规定，由股东会、股东大会或者董事会决定。

公司股东会、股东大会或者董事会就解聘会计师事务所进行表决时，应当允许会计师事务所陈述意见。

第一百七十一条　公司应当向聘用的会计师事务所提供真实、完整的会计凭证、会计账簿、财务会计报告及其他会计资料，不得拒绝、隐匿、谎报。

第一百七十二条　公司除法定的会计账簿外，不得另立会计账簿。

对公司资产，不得以任何个人名义开立账户存储。

第九章　公司合并、分立、增资、减资

第一百七十三条　公司合并可以采取吸收合并或者新设合并。

一个公司吸收其他公司为吸收合并，被吸收的公司解散。两个以上公司合并设立一个新的公司为新设合并，合并各方解散。

第一百七十四条　公司合并，应当由合并各方签订合并协议，并编制资产负债表及财产清单。公司应当自做出合并决议之日起十日内通知债权人，并于三十日内在报纸上公告。债权人自接到通知书之日起三十日内，未接到通知书的自公告之日起四十五日内，可以要求公司清偿债务或者提供相应的担保。

第一百七十五条　公司合并时，合并各方的债权、债务，应当由合并后存续的公司或者新设的公司承继。

第一百七十六条　公司分立，其财产作相应的分割。

公司分立，应当编制资产负债表及财产清单。公司应当自做出分立决议之日起十日内通知债权人，并于三十日内在报纸上公告。

第一百七十七条　公司分立前的债务由分立后的公司承担连带责任。但是，公司在分立前与债权人就债务清偿达成的书面协议另有约定的除外。

第一百七十八条　公司需要减少注册资本时，必须编制资产负债表及财产清单。

公司应当自做出减少注册资本决议之日起十日内通知债权人，并于三十日内在报纸上公告。债权人自接到通知书之日起三十日内，未接到通知书的自公告之日起四十五日内，有权要求公司清偿债务或者提供相应的担保。

公司减资后的注册资本不得低于法定的最低限额。

第一百七十九条　有限责任公司增加注册资本时，股东认缴新增资本的出资，依照本法设立有限责任公司缴纳出资的有关规定执行。

股份有限公司为增加注册资本发行新股时，股东认购新股，依照本法设立股份有限公司缴纳股款的有关规定执行。

第一百八十条　公司合并或者分立，登记事项发生变更的，应当依法向公司登记机关办理变更登记；公司解散的，应当依法办理公司注销登记；设立新公司的，应当依法办理公司设立登记。

公司增加或者减少注册资本，应当依法向公司登记机关办理变更登记。

第十章 公司解散和清算

第一百八十一条 公司因下列原因解散：

（一）公司章程规定的营业期限届满或者公司章程规定的其他解散事由出现；

（二）股东会或者股东大会决议解散；

（三）因公司合并或者分立需要解散；

（四）依法被吊销营业执照、责令关闭或者被撤销；

（五）人民法院依照本法第一百八十三条的规定予以解散。

第一百八十二条 公司有本法第一百八十一条第（一）项情形的，可以通过修改公司章程而存续。

依照前款规定修改公司章程，有限责任公司须经持有三分之二以上表决权的股东通过，股份有限公司须经出席股东大会会议的股东所持表决权的三分之二以上通过。

第一百八十三条 公司经营管理发生严重困难，继续存续会使股东利益受到重大损失，通过其他途径不能解决的，持有公司全部股东表决权百分之十以上的股东，可以请求人民法院解散公司。

第一百八十四条 公司因本法第一百八十一条第（一）项、第（二）项、第（四）项、第（五）项规定而解散的，应当在解散事由出现之日起十五日内成立清算组，开始清算。有限责任公司的清算组由股东组成，股份有限公司的清算组由董事或者股东大会确定的人员组成。逾期不成立清算组进行清算的，债权人可以申请人民法院指定有关人员组成清算组进行清算。人民法院应当受理该申请，并及时组织清算组进行清算。

第一百八十五条 清算组在清算期间行使下列职权：

（一）清理公司财产，分别编制资产负债表和财产清单；

（二）通知、公告债权人；

（三）处理与清算有关的公司未了结的业务；

（四）清缴所欠税款以及清算过程中产生的税款；

（五）清理债权、债务；

（六）处理公司清偿债务后的剩余财产；

（七）代表公司参与民事诉讼活动。

第一百八十六条 清算组应当自成立之日起十日内通知债权人，并于六十日内在报纸上公告。债权人应当自接到通知书之日起三十日内，未接到通知书的自公告之日起四十五日内，向清算组申报其债权。

债权人申报债权，应当说明债权的有关事项，并提供证明材料。清算组应当对债权进行登记。

在申报债权期间，清算组不得对债权人进行清偿。

第一百八十七条　清算组在清理公司财产、编制资产负债表和财产清单后，应当制定清算方案，并报股东会、股东大会或者人民法院确认。

公司财产在分别支付清算费用、职工的工资、社会保险费用和法定补偿金，缴纳所欠税款，清偿公司债务后的剩余财产，有限责任公司按照股东的出资比例分配，股份有限公司按照股东持有的股份比例分配。

清算期间，公司存续，但不得开展与清算无关的经营活动。公司财产在未依照前款规定清偿前，不得分配给股东。

第一百八十八条　清算组在清理公司财产、编制资产负债表和财产清单后，发现公司财产不足清偿债务的，应当依法向人民法院申请宣告破产。

公司经人民法院裁定宣告破产后，清算组应当将清算事务移交给人民法院。

第一百八十九条　公司清算结束后，清算组应当制作清算报告，报股东会、股东大会或者人民法院确认，并报送公司登记机关，申请注销公司登记，公告公司终止。

第一百九十条　清算组成员应当忠于职守，依法履行清算义务。

清算组成员不得利用职权收受贿赂或者其他非法收入，不得侵占公司财产。

清算组成员因故意或者重大过失给公司或者债权人造成损失的，应当承担赔偿责任。

第一百九十一条　公司被依法宣告破产的，依照有关企业破产的法律实施破产清算。

第十一章　外国公司的分支机构

第一百九十二条　本法所称外国公司是指依照外国法律在中国境外设立的公司。

第一百九十三条　外国公司在中国境内设立分支机构，必须向中国主管机关提出申请，并提交其公司章程、所属国的公司登记证书等有关文件，经批准后，向公司登记机关依法办理登记，领取营业执照。

外国公司分支机构的审批办法由国务院另行规定。

第一百九十四条　外国公司在中国境内设立分支机构，必须在中国境内指定负责该分支机构的代表人或者代理人，并向该分支机构拨付与其所从事的经营活动相适应的资金。

对外国公司分支机构的经营资金需要规定最低限额的，由国务院另行规定。

第一百九十五条　外国公司的分支机构应当在其名称中标明该外国公司的国籍及责任形式。

外国公司的分支机构应当在本机构中置备该外国公司章程。

第一百九十六条　外国公司在中国境内设立的分支机构不具有中国法人资格。

外国公司对其分支机构在中国境内进行经营活动承担民事责任。

第一百九十七条　经批准设立的外国公司分支机构，在中国境内从事业务活动，必须遵守中国的法律，不得损害中国的社会公共利益，其合法权益受中国法律保护。

第一百九十八条　外国公司撤销其在中国境内的分支机构时，必须依法清偿债务，依照本法有关公司清算程序的规定进行清算。未清偿债务之前，不得将其分支机构的财产移至中国境外。

第十二章　法律责任

第一百九十九条　违反本法规定，虚报注册资本、提交虚假材料或者采取其他欺诈手段隐瞒重要事实取得公司登记的，由公司登记机关责令改正，对虚报注册资本的公司，处以虚报注册资本金额百分之五以上百分之十五以下的罚款；对提交虚假材料或者采取其他欺诈手段隐瞒重要事实的公司，处以五万元以上五十万元以下的罚款；情节严重的，撤销公司登记或者吊销营业执照。

第二百条　公司的发起人、股东虚假出资，未交付或者未按期交付作为出资的货币或者非货币财产的，由公司登记机关责令改正，处以虚假出资金额百分之五以上百分之十五以下的罚款。

第二百零一条　公司的发起人、股东在公司成立后，抽逃其出资的，由公司登记机关责令改正，处以所抽逃出资金额百分之五以上百分之十五以下的罚款。

第二百零二条　公司违反本法规定，在法定的会计账簿以外另立会计账簿的，由县级以上人民政府财政部门责令改正，处以五万元以上五十万元以下的罚款。

第二百零三条　公司在依法向有关主管部门提供的财务会计报告等材料上作虚假记载或者隐瞒重要事实的，由有关主管部门对直接负责的主管人员和其他直接责任人员处以三万元以上三十万元以下的罚款。

第二百零四条　公司不依照本法规定提取法定公积金的，由县级以上人民政府财政部门责令如数补足应当提取的金额，可以对公司处以二十万元以下的罚款。

第二百零五条　公司在合并、分立、减少注册资本或者进行清算时，不依照本法规定通知或者公告债权人的，由公司登记机关责令改正，对公司处以一万元以上十万元以下的罚款。

公司在进行清算时，隐匿财产，对资产负债表或者财产清单作虚假记载或者在未清偿债务前分配公司财产的，由公司登记机关责令改正，对公司处以隐匿财产或者未清偿债务前分配公司财产金额百分之五以上百分之十以下的罚款；对直接负责的主管人员和其他直接责任人员处以一万元以上十万元以下的罚款。

第二百零六条　公司在清算期间开展与清算无关的经营活动的，由公司登记机关予以警告，没收违法所得。

第二百零七条　清算组不依照本法规定向公司登记机关报送清算报告，或者报送清算报告隐瞒重要事实或者有重大遗漏的，由公司登记机关责令改正。

清算组成员利用职权徇私舞弊、谋取非法收入或者侵占公司财产的，由公司登记机关责令退还公司财产，没收违法所得，并可以处以违法所得一倍以上五倍以下的罚款。

第二百零八条　承担资产评估、验资或者验证的机构提供虚假材料的，由公司登记机关没收违法所得，处以违法所得一倍以上五倍以下的罚款，并可以由有关主管部门依法责令该机构停业、吊销直接责任人员的资格证书，吊销营业执照。

承担资产评估、验资或者验证的机构因过失提供有重大遗漏的报告的，由公司登记机关责令改正，情节较重的，处以所得收入一倍以上五倍以下的罚款，并可以由有关主管部门依法责令该机构停业、吊销直接责任人员的资格证书，吊销营业执照。

承担资产评估、验资或者验证的机构因其出具的评估结果、验资或者验证证明不实，给公司债权人造成损失的，除能够证明自己没有过错的外，在其评估或者证明不实的金额范围内承担赔偿责任。

第二百零九条　公司登记机关对不符合本法规定条件的登记申请予以登

记，或者对符合本法规定条件的登记申请不予登记的，对直接负责的主管人员和其他直接责任人员，依法给予行政处分。

第二百一十条 公司登记机关的上级部门强令公司登记机关对不符合本法规定条件的登记申请予以登记，或者对符合本法规定条件的登记申请不予登记的，或者对违法登记进行包庇的，对直接负责的主管人员和其他直接责任人员依法给予行政处分。

第二百一十一条 未依法登记为有限责任公司或者股份有限公司，而冒用有限责任公司或者股份有限公司名义的，或者未依法登记为有限责任公司或者股份有限公司的分公司，而冒用有限责任公司或者股份有限公司的分公司名义的，由公司登记机关责令改正或者予以取缔，可以并处十万元以下的罚款。

第二百一十二条 公司成立后无正当理由超过六个月未开业的，或者开业后自行停业连续六个月以上的，可以由公司登记机关吊销营业执照。

公司登记事项发生变更时，未依照本法规定办理有关变更登记的，由公司登记机关责令限期登记；逾期不登记的，处以一万元以上十万元以下的罚款。

第二百一十三条 外国公司违反本法规定，擅自在中国境内设立分支机构的，由公司登记机关责令改正或者关闭，可以并处五万元以上二十万元以下的罚款。

第二百一十四条 利用公司名义从事危害国家安全、社会公共利益的严重违法行为的，吊销营业执照。

第二百一十五条 公司违反本法规定，应当承担民事赔偿责任和缴纳罚款、罚金的，其财产不足以支付时，先承担民事赔偿责任。

第二百一十六条 违反本法规定，构成犯罪的，依法追究刑事责任。

第十三章 附 则

第二百一十七条 本法下列用语的含义：

（一）高级管理人员，是指公司的经理、副经理、财务负责人，上市公司董事会秘书和公司章程规定的其他人员。

（二）控股股东，是指其出资额占有限责任公司资本总额百分之五十以上或者其持有的股份占股份有限公司股本总额百分之五十以上的股东；出资额或者持有股份的比例虽然不足百分之五十，但依其出资额或者持有的股份所享有的表决权已足以对股东会、股东大会的决议产生重大影响的股东。

（三）实际控制人，是指虽不是公司的股东，但通过投资关系、协议或者其他安排，能够实际支配公司行为的人。

（四）关联关系，是指公司控股股东、实际控制人、董事、监事、高级管理人员与其直接或者间接控制的企业之间的关系，以及可能导致公司利益转移的其他关系。但是，国家控股的企业之间不仅因为同受国家控股而具有关联关系。

第二百一十八条　外商投资的有限责任公司和股份有限公司适用本法；有关外商投资的法律另有规定的，适用其规定。

第二百一十九条　本法自 2006 年 1 月 1 日起施行

附录二

中华人民共和国国务院令
第 443 号

《直销管理条例》已经 2005 年 8 月 10 日国务院第 101 次常务会议通过，现予公布，自 2005 年 12 月 1 日起施行。

总 理 温家宝
二〇〇五年八月二十三日

直销管理条例

第一章 总 则

第一条 为规范直销行为，加强对直销活动的监管，防止欺诈，保护消费者的合法权益和社会公共利益，制定本条例。

第二条 在中华人民共和国境内从事直销活动，应当遵守本条例。

直销产品的范围由国务院商务主管部门会同国务院工商行政管理部门根据直销业的发展状况和消费者的需求确定、公布。

第三条 本条例所称直销，是指直销企业招募直销员，由直销员在固定营业场所之外直接向最终消费者（以下简称消费者）推销产品的经销方式。

本条例所称直销企业，是指依照本条例规定经批准采取直销方式销售产品的企业。

本条例所称直销员，是指在固定营业场所之外将产品直接推销给消费者的人员。

第四条 在中华人民共和国境内设立的企业（以下简称企业），可以依照本条例规定申请成为以直销方式销售本企业生产的产品以及其母公司、控股公司生产产品的直销企业。

直销企业可以依法取得贸易权和分销权。

第五条 直销企业及其直销员从事直销活动，不得有欺骗、误导等宣传和推销行为。

第六条　国务院商务主管部门和工商行政管理部门依照其职责分工和本条例规定，负责对直销企业和直销员及其直销活动实施监督管理。

第二章　直销企业及其分支机构的设立和变更

第七条　申请成为直销企业，应当具备下列条件：

（一）投资者具有良好的商业信誉，在提出申请前连续 5 年没有重大违法经营记录；外国投资者还应当有 3 年以上在中国境外从事直销活动的经验；

（二）实缴注册资本不低于人民币 8000 万元；

（三）依照本条例规定在指定银行足额缴纳了保证金；

（四）依照规定建立了信息报备和披露制度。

第八条　申请成为直销企业应当填写申请表，并提交下列申请文件、资料：

（一）符合本条例第七条规定条件的证明材料；

（二）企业章程，属于中外合资、合作企业的，还应当提供合资或者合作企业合同；

（三）市场计划报告书，包括依照本条例第十条规定拟定的经当地县级以上人民政府认可的从事直销活动地区的服务网点方案；

（四）符合国家标准的产品说明；

（五）拟与直销员签订的推销合同样本；

（六）会计师事务所出具的验资报告；

（七）企业与指定银行达成的同意依照本条例规定使用保证金的协议。

第九条　申请人应当通过所在地省、自治区、直辖市商务主管部门向国务院商务主管部门提出申请。省、自治区、直辖市商务主管部门应当自收到申请文件、资料之日起 7 日内，将申请文件、资料报送国务院商务主管部门。国务院商务主管部门应当自收到全部申请文件、资料之日起 90 日内，经征求国务院工商行政管理部门的意见，做出批准或者不予批准的决定。予以批准的，由国务院商务主管部门颁发直销经营许可证。

申请人持国务院商务主管部门颁发的直销经营许可证，依法向工商行政管理部门申请变更登记。

国务院商务主管部门审查颁发直销经营许可证，应当考虑国家安全、社会公共利益和直销业发展状况等因素。

第十条　直销企业从事直销活动，必须在拟从事直销活动的省、自治区、直辖市设立负责该行政区域内直销业务的分支机构（以下简称分支机构）。

直销企业在其从事直销活动的地区应当建立便于并满足消费者、直销员了解产品价格、退换货及企业依法提供其他服务的服务网点。服务网点的设立应当符合当地县级以上人民政府的要求。

直销企业申请设立分支机构，应当提供符合前款规定条件的证明文件和资料，并应当依照本条例第九条第一款规定的程序提出申请。获得批准后，依法向工商行政管理部门办理登记。

第十一条　直销企业有关本条例第八条所列内容发生重大变更的，应当依照本条例第九条第一款规定的程序报国务院商务主管部门批准。

第十二条　国务院商务主管部门应当将直销企业及其分支机构的名单在政府网站上公布，并及时进行更新。

第三章　直销员的招募和培训

第十三条　直销企业及其分支机构可以招募直销员。直销企业及其分支机构以外的任何单位和个人不得招募直销员。

直销员的合法推销活动不以无照经营查处。

第十四条　直销企业及其分支机构不得发布宣传直销员销售报酬的广告，不得以缴纳费用或者购买商品作为成为直销员的条件。

第十五条　直销企业及其分支机构不得招募下列人员为直销员：

（一）未满 18 周岁的人员；

（二）无民事行为能力或者限制民事行为能力的人员；

（三）全日制在校学生；

（四）教师、医务人员、公务员和现役军人；

（五）直销企业的正式员工；

（六）境外人员；

（七）法律、行政法规规定不得从事兼职的人员。

第十六条　直销企业及其分支机构招募直销员应当与其签订推销合同，并保证直销员只在其一个分支机构所在的省、自治区、直辖市行政区域内已设立服务网点的地区开展直销活动。未与直销企业或者其分支机构签订推销合同的人员，不得以任何方式从事直销活动。

第十七条　直销员自签订推销合同之日起 60 日内可以随时解除推销合同；60 日后，直销员解除推销合同应当提前 15 日通知直销企业。

第十八条　直销企业应当对拟招募的直销员进行业务培训和考试，考试合格后由直销企业颁发直销员证。未取得直销员证，任何人不得从事直销活动。

直销企业进行直销员业务培训和考试，不得收取任何费用。

直销企业以外的单位和个人，不得以任何名义组织直销员业务培训。

第十九条　对直销员进行业务培训的授课人员应当是直销企业的正式员工，并符合下列条件：

（一）在本企业工作 1 年以上；

（二）具有高等教育本科以上学历和相关的法律、市场营销专业知识；

（三）无因故意犯罪受刑事处罚的记录；

（四）无重大违法经营记录。

直销企业应当向符合前款规定的授课人员颁发直销培训员证，并将取得直销培训员证的人员名单报国务院商务主管部门备案。国务院商务主管部门应当将取得直销培训员证的人员名单，在政府网站上公布。

境外人员不得从事直销员业务培训。

第二十条　直销企业颁发的直销员证、直销培训员证应当依照国务院商务主管部门规定的式样印制。

第二十一条　直销企业应当对直销员业务培训的合法性、培训秩序和培训场所的安全负责。

直销企业及其直销培训员应当对直销员业务培训授课内容的合法性负责。

直销员业务培训的具体管理办法由国务院商务主管部门、国务院工商行政管理部门会同有关部门另行制定。

第四章　直销活动

第二十二条　直销员向消费者推销产品，应当遵守下列规定：

（一）出示直销员证和推销合同；

（二）未经消费者同意，不得进入消费者住所强行推销产品，消费者要求其停止推销活动的，应当立即停止，并离开消费者住所；

（三）成交前，向消费者详细介绍本企业的退货制度；

（四）成交后，向消费者提供发票和由直销企业出具的含有退货制度、直销企业当地服务网点地址和电话号码等内容的售货凭证。

第二十三条　直销企业应当在直销产品上标明产品价格，该价格与服务网点展示的产品价格应当一致。直销员必须按照标明的价格向消费者推销产品。

第二十四条　直销企业至少应当按月支付直销员报酬。直销企业支付给直销员的报酬只能按照直销员本人直接向消费者销售产品的收入计算，报酬总额（包括佣金、奖金、各种形式的奖励以及其他经济利益等）不得超过直销员本人直接向消费者销售产品收入的 30%。

第二十五条　直销企业应当建立并实行完善的换货和退货制度。

消费者自购买直销产品之日起 30 日内，产品未开封的，可以凭直销企业开具的发票或者售货凭证向直销企业及其分支机构、所在地的服务网点或者推销产品的直销员办理换货和退货；直销企业及其分支机构、所在地的服务网点和直销员应当自消费者提出换货或者退货要求之日起 7 日内，按照发票或者售货凭证标明的价款办理换货和退货。

直销员自购买直销产品之日起 30 日内，产品未开封的，可以凭直销企业开具的发票或者售货凭证向直销企业及其分支机构或者所在地的服务网点办理换货和退货；直销企业及其分支机构和所在地的服务网点应当自直销员提出换货或者退货要求之日起 7 日内，按照发票或者售货凭证标明的价款办理换货和退货。

不属于前两款规定情形，消费者、直销员要求换货和退货的，直销企业及其分支机构、所在地的服务网点和直销员应当依照有关法律法规的规定或者合同的约定，办理换货和退货。

第二十六条　直销企业与直销员、直销企业及其直销员与消费者因换货或者退货发生纠纷的，由前者承担举证责任。

第二十七条　直销企业对其直销员的直销行为承担连带责任，能够证明直销员的直销行为与本企业无关的除外。

第二十八条　直销企业应当依照国务院商务主管部门和国务院工商行政管理部门的规定，建立并实行完备的信息报备和披露制度。

直销企业信息报备和披露的内容、方式及相关要求，由国务院商务主管部门和国务院工商行政管理部门另行规定。

第五章　保证金

第二十九条　直销企业应当在国务院商务主管部门和国务院工商行政管理部门共同指定的银行开设专门账户，存入保证金。

保证金的数额在直销企业设立时为人民币 2000 万元；直销企业运营后，保证金应当按月进行调整，其数额应当保持在直销企业上一个月直销产品销售收入 15％的水平，但最高不超过人民币 1 亿元，最低不少于人民币 2000 万元。保证金的利息属于直销企业。

第三十条　出现下列情形之一，国务院商务主管部门和国务院工商行政管理部门共同决定，可以使用保证金：

（一）无正当理由，直销企业不向直销员支付报酬，或者不向直销员、消费者支付退货款的；

（二）直销企业发生停业、合并、解散、转让、破产等情况，无力向直销员支付报酬或者无力向直销员和消费者支付退货款的；

（三）因直销产品问题给消费者造成损失，依法应当进行赔偿，直销企业无正当理由拒绝赔偿或者无力赔偿的。

第三十一条　保证金依照本条例第三十条规定使用后，直销企业应当在1个月内将保证金的数额补足到本条例第二十九条第二款规定的水平。

第三十二条　直销企业不得以保证金对外担保或者违反本条例规定用于清偿债务。

第三十三条　直销企业不再从事直销活动的，凭国务院商务主管部门和国务院工商行政管理部门出具的凭证，可以向银行取回保证金。

第三十四条　国务院商务主管部门和国务院工商行政管理部门共同负责保证金的日常监管工作。

保证金存缴、使用的具体管理办法由国务院商务主管部门、国务院工商行政管理部门会同有关部门另行制定。

第六章　监督管理

第三十五条　工商行政管理部门负责对直销企业和直销员及其直销活动实施日常的监督管理。工商行政管理部门可以采取下列措施进行现场检查：

（一）进入相关企业进行检查；

（二）要求相关企业提供有关文件、资料和证明材料；

（三）询问当事人、利害关系人和其他有关人员，并要求其提供有关材料；

（四）查阅、复制、查封、扣押相关企业与直销活动有关的材料和非法财物；

（五）检查有关人员的直销培训员证、直销员证等证件。

工商行政管理部门依照前款规定进行现场检查时，检查人员不得少于2人，并应当出示合法证件；实施查封、扣押的，必须经县级以上工商行政管理部门主要负责人批准。

第三十六条　工商行政管理部门实施日常监督管理，发现有关企业有涉嫌违反本条例行为的，经县级以上工商行政管理部门主要负责人批准，可以责令其暂时停止有关的经营活动。

第三十七条　工商行政管理部门应当设立并公布举报电话，接受对违反本条例行为的举报和投诉，并及时进行调查处理。

工商行政管理部门应当为举报人保密；对举报有功人员，应当依照国家有关规定给予奖励。

第七章　法律责任

第三十八条　对直销企业和直销员及其直销活动实施监督管理的有关部

门及其工作人员，对不符合本条例规定条件的申请予以许可或者不依照本条例规定履行监督管理职责的，对直接负责的主管人员和其他直接责任人员，依法给予行政处分；构成犯罪的，依法追究刑事责任。对不符合本条例规定条件的申请予以的许可，由做出许可决定的有关部门撤销。

第三十九条　违反本条例第九条和第十条规定，未经批准从事直销活动的，由工商行政管理部门责令改正，没收直销产品和违法销售收入，处5万元以上30万元以下的罚款；情节严重的，处30万元以上50万元以下的罚款，并依法予以取缔；构成犯罪的，依法追究刑事责任。

第四十条　申请人通过欺骗、贿赂等手段取得本条例第九条和第十条设定的许可的，由工商行政管理部门没收直销产品和违法销售收入，处5万元以上30万元以下的罚款，由国务院商务主管部门撤销其相应的许可，申请人不得再提出申请；情节严重的，处30万元以上50万元以下的罚款，并依法予以取缔；构成犯罪的，依法追究刑事责任。

第四十一条　直销企业违反本条例第十一条规定的，由工商行政管理部门责令改正，处3万元以上30万元以下的罚款；对不再符合直销经营许可条件的，由国务院商务主管部门吊销其直销经营许可证。

第四十二条　直销企业违反规定，超出直销产品范围从事直销经营活动的，由工商行政管理部门责令改正，没收直销产品和违法销售收入，处5万元以上30万元以下的罚款；情节严重的，处30万元以上50万元以下的罚款，由工商行政管理部门吊销有违法经营行为的直销企业分支机构的营业执照直至由国务院商务主管部门吊销直销企业的直销经营许可证。

第四十三条　直销企业及其直销员违反本条例规定，有欺骗、误导等宣传和推销行为的，对直销企业，由工商行政管理部门处3万元以上10万元以下的罚款；情节严重的，处10万元以上30万元以下的罚款，由工商行政管理部门吊销有违法经营行为的直销企业分支机构的营业执照直至由国务院商务主管部门吊销直销企业的直销经营许可证。对直销员，由工商行政管理部门处5万元以下的罚款；情节严重的，责令直销企业撤销其直销员资格。

第四十四条　直销企业及其分支机构违反本条例规定招募直销员的，由工商行政管理部门责令改正，处3万元以上10万元以下的罚款；情节严重的，处10万元以上30万元以下的罚款，由工商行政管理部门吊销有违法经营行为的直销企业分支机构的营业执照直至由国务院商务主管部门吊销直销企业的直销经营许可证。

第四十五条　违反本条例规定，未取得直销员证从事直销活动的，由工商行政管理部门责令改正，没收直销产品和违法销售收入，可以处2万元以下的罚款；情节严重的，处2万元以上20万元以下的罚款。

第四十六条　直销企业进行直销员业务培训违反本条例规定的，由工商行政管理部门责令改正，没收违法所得，处 3 万元以上 10 万元以下的罚款；情节严重的，处 10 万元以上 30 万元以下的罚款，由工商行政管理部门吊销有违法经营行为的直销企业分支机构的营业执照直至由国务院商务主管部门吊销直销企业的直销经营许可证；对授课人员，由工商行政管理部门处 5 万元以下的罚款，是直销培训员的，责令直销企业撤销其直销培训员资格。

直销企业以外的单位和个人组织直销员业务培训的，由工商行政管理部门责令改正，没收违法所得，处 2 万元以上 20 万元以下的罚款。

第四十七条　直销员违反本条例第二十二条规定的，由工商行政管理部门没收违法销售收入，可以处 5 万元以下的罚款；情节严重的，责令直销企业撤销其直销员资格，并对直销企业处 1 万元以上 10 万元以下的罚款。

第四十八条　直销企业违反本条例第二十三条规定的，依照价格法的有关规定处理。

第四十九条　直销企业违反本条例第二十四条和第二十五条规定的，由工商行政管理部门责令改正，处 5 万元以上 30 万元以下的罚款；情节严重的，处 30 万元以上 50 万元以下的罚款，由工商行政管理部门吊销有违法经营行为的直销企业分支机构的营业执照直至由国务院商务主管部门吊销直销企业的直销经营许可证。

第五十条　直销企业未依照有关规定进行信息报备和披露的，由工商行政管理部门责令限期改正，处 10 万元以下的罚款；情节严重的，处 10 万元以上 30 万元以下的罚款；拒不改正的，由国务院商务主管部门吊销其直销经营许可证。

第五十一条　直销企业违反本条例第五章有关规定的，由工商行政管理部门责令限期改正，处 10 万元以下的罚款；拒不改正的，处 10 万元以上 30 万元以下的罚款，由国务院商务主管部门吊销其直销经营许可证。

第五十二条　违反本条例的违法行为同时违反《禁止传销条例》的，依照《禁止传销条例》有关规定予以处罚。

第八章　附　则

第五十三条　直销企业拟成立直销企业协会等社团组织，应当经国务院商务主管部门批准，凭批准文件依法申请登记。

第五十四条　香港特别行政区、澳门特别行政区和台湾地区的投资者在境内投资建立直销企业，开展直销活动的，参照本条例有关外国投资者的规定办理。

第五十五条　本条例自 2005 年 12 月 1 日起施行。